普通高等教育规划教材

大学可持续发展教育

张一鹏　主编

郝占虎　张　虹　李　蒙　副主编

中国环境出版社·北京

图书在版编目（CIP）数据

大学可持续发展教育/张一鹏主编. —北京：中国环境出版社，2012.2（2014.1 重印）

ISBN 978-7-5111-0838-8

Ⅰ. ①大… Ⅱ. ①张… Ⅲ. ①可持续性发展—高等学校—教材 Ⅳ. ①X22

中国版本图书馆 CIP 数据核字（2011）第 277635 号

出 版 人 王新程
责任编辑 沈 建
责任校对 尹 芳
封面设计 何 为

出版发行 中国环境出版社
（100062 北京东城区广渠门内大街 16 号）
网 址：http://www.cesp.com.cn
电子邮箱：bjgl@cesp.com.cn
联系电话：010-67112765（编辑管理部）
发行热线：010-67125803，010-67113405（传真）
印 刷 北京市联华印刷厂
经 销 各地新华书店
版 次 2012 年 2 月第 1 版
印 次 2014 年 1 月第 2 次印刷
开 本 787×1092 1/16
印 张 16
字 数 365 千字
定 价 28.00 元

《大学可持续发展教育》编委会

序　言

环境问题的加剧和全球化，引发了人们对人类社会发展方式的深度反思。虽然自 20 世纪 70 年代以来，国际社会包括不同发展程度的国家采取了多样的治理方式和管制工具，但是效果并不显著，甚至形势愈发严峻。究其原因，是近现代人类社会所形成的不可持续发展的价值观。

工业革命以来大量生产、大量消费和大量废弃的发展方式曾经是企业逐取利润，实现业绩目标和国家追求经济增长的成功模式，然而，八大公害事件的发生以及愈发严重的诸如气候变化和资源能源短缺，似乎在宣告“以大机器为代表的和以化石能源为基础的工业文明时代的终结”。①

40 多年前罗马俱乐部的科学家发表了研究报告——《增长的极限》。报告指出人口增长、粮食短缺、资源枯竭和环境恶化将是人类经济增长的极限。经过 30 多年，2005 年联合国发表了《千年生态系统评估》报告。它耗时 6 年，由 95 个国家 1 300 多名科学家共同完成，是目前为止最大规模的科学合作报告之一。报告指出，过去 50 年中，由于人口急剧增长，人类过度开发和使用地球资源，一些生态系统所遭受的破坏已经无法得到逆转。报告说，地球自然资源每年提供价值 15 万亿英镑的物产，如新鲜的水、清洁的空气和鱼等，但是人类活动破坏大约三分之二提供上述资源的生态环境，包括湿地、森林、莱地、河流和海岸等。目前，地球上 10%~30%的珍稀野生动物濒临灭绝；24 个生态系统中的 15 个正在持续恶化。大约 60%的人类赖以生存的生态服务，如饮用水供应、渔业、区域性气候调节以及自然灾害和病虫害控制等，无法进行可持续性生产，前景每况愈下。

根据世界自然基金会 2010 年发布的《地球生命力报告》，2007 年人类的生态足迹为 180 亿公顷，人均生态足迹为 2.7 公顷。但是地球的生态承载力仅为 119 亿全球公顷，人均生态承载力为 1.8 公顷，生态耗竭已经超过了 50%。换言之，2007 年人类消耗的可再生资源地球需要 1.5 年的时间来再生。若我们不改变现有发展模式，到 2030 年，人类将需要两个地球来维持我们目前的生活方式。

我们现在认识到了人类社会的大量生产、过度消费和大量废弃的生产、生活方式本身是不合理的，是不可持续的，地球生态系统根本无法支撑人类社会庞大的人口和富人的过度消费，需要坚决摒弃不可持续的发展模式，改变不可持续发展的价值观。

要真正改变人类社会不可持续的发展模式，就必须达成一种全球性的共识，人类必须在自身的生存观念和发展观念中进行一场深刻的变革，把自身赖以生存和发展的资源、环境、人口、资本、技术以及观念等诸方面要素整合到一个新的目标框架之中，以寻求和建

① 托马斯·弗里德曼：《世界又热又平又挤》。

立一种以保护人类的地球家园和实现自身持续生存和发展的新的战略和行动，“可持续发展”的思想和战略是当代人类克服环境生态危机、重建人类自然家园的唯一选择。

可持续发展的思想和价值观是人类智慧的结晶，它涵盖了环境保护、生活质量、社会公平、道德重建、为未来着想等多方面的内容。大学生是对未来社会的生产方式、生活方式以及环境质量具有相当影响力的群体，他们的行为在一定程度上关系着后代人的生存和发展质量。在大学生中开展可持续发展教育，开设可持续发展教育的相关课程，目的是使下一代真正树立起可持续发展的价值观，只有可持续发展的价值观在全社会确立，地球生态环境才有可能好转。

本书作者十多年来积极开展大学环境与可持续发展教育，多年在环境和非环境相关专业的学生中开设环境与可持续发展教育的选修和必修课程，在理论与实践的结合上取得一定的教学经验，在此基础上编写了面向文、理科不同专业学生的通识教材《大学可持续发展教育》，该教材更多的是从人文社会科学的角度探究和阐述可持续发展理论所包含的思想、内涵和价值观。因为环境问题的产生主要是人对自然不合理的开发活动所引起，而这些不合理的开发活动是在人类社会的组织下进行的，是在特定的社会、政治和经济结构的驾驭下形成的。环境问题反映的是人与自然关系的失衡，而它的实质是人与人、人与社会关系的裂痕。因而在分析环境问题的原因和解决办法时，不但要从自然科学的角度进行探究，更要从人文社会科学的视野中去寻求。本书就是在这样的思想指导下进行撰写的。

传统价值观的改变以及可持续发展价值观在全社会的树立不是一朝一夕可以完成的，何况可持续发展思想的推进需要人类社会整体的协调和配合，因此大学应当为人类社会所面临的重大问题承担更多的责任，大学生应当积极探究和了解可持续发展思想所倡导的价值观念和内涵，从整个人类社会文明发展的视角，从历史和现实的层面，对人类社会的发展轨迹和模式进行深入的分析和梳理。对环境危机的现状、原因以及有可能产生的后果进行客观的认识和探讨，审视和反思人类社会普遍存在的不可持续行为，促使人类社会过渡到可持续发展的彼岸。可持续发展思想所蕴涵的全新的价值观(尽管这种价值观还需要从不同层次上加以阐明和丰富)，毕竟出自人类理性自身的思考，是人类理性的产物。

胡适先生多年前曾经说过：要怎么收获，先那么栽。如果说可持续发展之树需要几十年甚至几代人栽培才能开花结果，那么我们今天就该行动。

环境保护部宣传教育中心主任：

2011 年 12 月 20 日

前言

进入 21 世纪，人们认识到了环境危机是由于近现代人类社会所奉行的不可持续发展模式所铸成，要想缓解环境危机，需要坚决摒弃不可持续的发展模式，改变不可持续发展的价值观。然而，认识归认识，当人类社会试图让可持续发展的思想变为行动时却发现障碍重重。其原因恐怕是我们没有跳出不可持续发展价值观所指导下的思维和行为方式，或者说大多数试图解决环境问题的方案之所以不可行，是因为这些方案正与问题本身同源于一个价值观。人类社会的不可持续发展行为已经对地球的生态环境造成了难以修复的创伤，这一点是明确的，容易理解的，但在人类无限的物质欲望面前，人们无视地球资源的有限性，无视地球生态环境的脆弱性，仍然在谋求经济更快速地增长。

可持续发展作为一种新的价值观和思维方式，倡导满足基本生存需求的适度消费，以免破坏我们赖以生存的生态环境，也给后代人留下生存的空间和资源，以体现当代人的公平和道德风尚。可持续发展的实践证明，其思想对于不同国家、民族和地区的大众是愿意接受的，而行动却往往被资本控制的市场力量所左右。人类无限的物质欲望与市场经济体系以及现代技术高度渗透和结合，使地球上各类资源转化为产品的速度异常地快，被耗散的可再生资源和不可再生资源异常地多，来不及消纳、降解和转化的垃圾、污染物也异常地多。在近现代人类社会所坚持的价值观眼中，大量生产、大量消费是成就和辉煌。而可持续发展的思想认为，人类社会基本的生存需求和适度消费根本不需要那么多以耗散大量资源为代价的消费品，各类资源快速地、大量地转化和过度消费对于地球生态系统以及人类社会来说是危险的、毁灭性的，但资本关心的是一时的利润和资本的增值，不太会理睬地球生态环境和人类社会长久的安全，这与可持续发展的价值观是背道而驰的，然而如何将资本的运行束缚在生态学原理的范围内、控制在可持续发展的轨道上来，是摆在人类社会面前的重大挑战，因此可持续发展思想和价值观在大学生中的普及和接受就显得更为紧迫。

根据国家有关部门的倡导，许多高校已在文、理不同的专业多年开设《环境教育》的通识课程，其目的是为了提高当代大学生的环境意识和树立可持续发展的价值观。而随着环境问题的不断加剧，人们意识到：环境教育应当在更为广阔、更加贴近社会和经济的层面上展开，因为环境问题涉及人类生存与发展的各个方面，波及社会的政治、经济、人口、资源、贸易、文化、科技等众多领域。而可持续发展本身就是一个综合的概念，不仅包括环境问题（如水污染、气候变化、生物多样性保护、可持续生产和消费等），同时也包含了科学发展、社会公平以及建立和谐社会以及生产、生活方式的内容。因此说，可持续发展教育是环境教育的深化与拓展，它意味着教育与时代俱进，与发展俱进。

作为 21 世纪的大学生，需要知道更多的科学知识，应该具有良好的人文素养，而可持续发展思想和价值观的树立同样是必须具备的素质。因此，在文、理科不同专业的学生中开设《大学可持续发展教育》的通识课程，是新时期教育的必然选择。"可持续发展教育"既是国策教育、国情教育，也是实施素质教育的重要组成部分和切入点。

《大学可持续发展教育》通识教材更多的是从人文社会科学的角度探究和阐述可持续发展理论所包含的思想、内涵和价值观。本书第一章对目前全球环境问题的现状进行了较为简单地分类叙述，有关世界环境问题的演变趋势也作了部分阐述。第二章是关于可持续发展的概念、内涵以及形成背景。通过对人类文明不同发展阶段的回顾，来看人类文明对生态环境的影响，并从比较不同时期文明人与自然关系变化的角度出发，重新审视文明的衰落和当代文明。第三章主要讨论可持续发展战略和当代环境问题，本章重点是从人文社会科学的角度分析环境问题产生的原因和特点。对传统经济发展模式的不可持续性、人类开发欲望的无限性以及技术滥用、人口爆炸等造成环境问题的原因进行了比较详尽的分析。同时通过分析全球可持续发展热的背景来了解当代环境问题的复杂性以及对可持续发展战略实施的制约。本章也从不同角度对不可持续发展下的两极分化进行了分析和梳理。第四章专门探讨了可持续发展与现代消费的关系，从多个角度对大量生产、过度消费的不可持续生产、生活方式进行了分析和批判。可持续发展的困惑和愿景列为第五章，主要探究在生态经济、生态城市和低碳生活推进的过程中出现的问题、困惑以及原因，从而进一步地理解可持续发展的思想。第六章主要阐述环境道德观与可持续发展思想之间的关系，认为环境问题的缓解需要道德重建，在全社会树立环境道德观，而可持续发展的理论首先强调的就是社会公平，具有浓厚的环境道德色彩。本章也介绍了马克思和恩格斯关于环境的思想，认为马克思主义意寓着可持续发展思想，是"绿色"的，这也是中外许多学者的认识。第七章的内容是可持续发展教育和公众参与，世界环保事业的最初推动力量就来自于公众，政府、环保部门要满腔热忱地鼓励公众参与，同心协力共创美好明天，实现人与自然的和谐相处。

鄂尔多斯职业学院郝占虎老师撰写了第一章、第七章的部分内容，张虹（武警警种指挥学院教师）、李蒙（美国南加州大学）为本书提供、翻译了大量外文资料并撰写了部分内容；内蒙古建筑职业技术学院乔恩懋老师编写了第六章的部分内容，内蒙古化工职业学院韩春杰老师以及呼和浩特职业学院高海英、李莲华老师编写了相关章、节内容，参与编写以及提供资料和帮助的还有张雯、张雨、高斌，全书由张一鹏教授负责总体设计和统稿。

非常感谢环境保护部宣教中心贾峰主任为《大学可持续发展教育》撰写了序言，本书的编写和出版得到了呼和浩特职业学院领导和中国环境科学出版社领导的大力支持，特别是沈建同志的热情帮助和指导，在此表示衷心地感谢。本书虽然是在多年《环境化学》、《环境与可持续发展》教学和研究的基础上完成的，但由于本书涉及较多的学科，内容的广泛性、复杂性是显而易见的，加之作者水平有限，时间仓促，不当之处在所难免，也敬请读者和同行指正。

作　者

2011 年 12 月 30 日

目 录

绪　论

发展是人类社会永恒的主题，发展也是当今世界最社会化的词汇之一。所有的国家、民族和地区都把发展尤其是经济发展当做是强国富民最重要的手段和目的，把经济和社会的快速发展作为过上美好生活的基础。

20世纪是人类历史上社会发展和经济增长最快的时期，所取得的成就和辉煌是前所未有的。它不但使世界历史上从未有过的庞大的人口得以生存，也使发达国家中产阶级及以上的人群和发展中国家的富人过上了比以往充裕得多的物质生活。而伴随着人类社会的发展与进步，也出现了如环境污染、资源短缺以及生态恶化等属于环境问题范畴的全球性危机，不断显现并加剧的各类环境危机已经威胁到了人类的生存和发展，致使人类社会进一步的发展受到了制约并出现了衰退甚至于崩溃的迹象。

已经显现的衰退和有可能出现的崩溃最基本和最直接的原因是人类社会过度开发和利用可再生和不可再生的自然资源，人类社会对可再生和不可再生自然资源的开发和掠取早已超出自然系统所能维持的产出，由此产生的各类废弃物也大大地超出了地球生态系统对其的消纳、降解和转化的能力而成为污染物和垃圾，这是全球范围内的状况，而不是局部的现象。过度开发一系列的恶果是，森林急剧减少，沙漠不断扩大，每片大陆上的草场都在退化，许多国家的地下水位都在下降，江河湖泊已失去往日的晶莹清澈水体而面目全非，原生动物、植物遭到空前的浩劫，各地的二氧化碳排放量都超过了植物对二氧化碳的吸收能力。城市被垃圾包围，天空被烟雾笼罩，人们的物质生活一年比一年富裕，而所呼吸的空气和饮用水的质量却一年比一年让人更加担忧，蓝天、绿地、碧水已成为都市人魂牵梦萦的一种渴望。这些看似独立的一个个的环境问题越来越频繁地发生，而实际上它们又在相互叠加、相互反馈，我们最为担心的是环境危机的渐变有可能出现的突变，或者说“因过致溃”。

面对日益加剧的环境问题和杂乱无章的局面，人类社会从来不认为是无计可施，也并没有熟视无睹，而是积极地着手治理。几十年来，各国政府包括中国政府面对日益严重的环境问题，采取了科技、经济、法律、行政以及宣传教育等全方位的预防、治理措施，公众也对保护生态环境进行了不懈的努力，然而事与愿违，不但没有根本奏效，反而不断恶化。虽然局部有所改善，但也只是赢得一些小的战役，战略上无疑是失败的。这就好像船只在航行途中漏水了，人们尽全力去堵漏水的窟窿，非但没有堵住，窟窿反而越来越大。进入21世纪，空气污染、水污染等第一代环境问题不仅没有得到实质性的改善，全球气候变化、资源短缺、臭氧层破坏、酸雨蔓延、生物多样性减少等更加耸人听闻的第二代环境问题也一再蔓延和加剧，并成为影响人类生存的现实问题。其发展速度超出人们的想象，且具有全球规模，并与其他世界范围内的政治、社会和经济等疑难性问题交织在一起，其后果的严重性，目前尚难进行准确的预测，但凶多吉少是大多数科学家共同的看法，其认识和解决的难度也是空前的。

至此，人类开始了自己的反思和警醒，并最终意识到，人类社会之所以陷入窘境，是长期以来尤其是近代人类社会不可持续发展思想指导下形成的生产、生活方式所铸成。

不可持续发展思想一贯以经济利益这个几乎唯一的价值尺度作为决策的基石，忽视人类社会多样性价值体系中生态价值的重要性，无视经济发展永远不可能摆脱与其相互制约的生态背景的现实。其结果是极大地损害了后代人的利益，当代人也已经尝到了自酿的苦果。

面对环境危机，我们不禁要提出一系列的疑问，首先，21 世纪全球经济和社会的快速发展还能够继续持续吗？地球上的资源还能够支撑当今经济的快速、持续的发展吗？其次 21 世纪的经济社会发展能够避免 20 世纪的不可持续发展模式而产生的环境恶化的后果吗？能够将 20 世纪产生和累积的环境问题逐步解决和消除吗？如果上述问题解决不了，对于人类社会来说，其后果将如何？

之所以提出这样的问题，是因为近代人类社会的大量生产、过度消费和大量废弃的生产、生活方式耗散了地球上大量的可再生和不可再生资源，不但造成了资源短缺，同时也带来了环境污染和生态恶化等一系列威胁到当代以及后代人的生存和发展的问题。而大量生产、过度消费和大量废弃的生产、生活方式是在不可持续发展思想的指导下所形成的，不可持续发展的思想和实践使人类社会陷入窘境。

需要指出的是，我们认为当今人类社会的发展模式是不可持续的，而在一百多年以前或在工业革命前，人类社会谋求经济和社会的快速发展，试图通过经济的快速发展过上物质较为富裕的美好生活，并不希望出现今天所看到的环境破坏问题，也没有预料到人类社会会发生如此复杂、棘手的生态环境恶化的局面，也极少有人能够较为清晰地认识和预见到这一问题。

当我们全面、历史地考察环境问题产生的背景时，发现广泛地存在着很多人类社会在当时的历史条件下很难认识到的问题，这是历史和人的认识的局限性所致，对人类社会发展的认识也不例外。在工业文明开始发展的一段时间内，我们更多的是看到了工业文明突然带来的好处和取得的成就。另外，在较长的一段时间内，环境问题也没有明显地表现出来，此时，人们并不知道目前的发展模式将会在日后带来潜在的、难以收拾的生态环境问题，没有意识到当前的发展模式是不可持续的。因此，环境问题的出现不是人类社会的故意所为，而是人类社会的发展模式本身所具有的缺陷，或者说是发展中出现的问题。

今天，人类社会和经济经过了工业文明时代的快速发展，和几百年前或几千年前相比，人类社会所聚集的各类财富和资产、已具备的开发自然和利用资源的能力、掌握的科学知识和操控技术的水平不知道要高多少倍。因此，我们在面对不可持续发展状态所显现出的全球环境危机时，心存的坦然总是要超过忧心忡忡，好像认为只要有了充分的准备和应急预案，我们没有必要过于惊慌。我们的财力、物力以及技术实力是可以应对暂时出现的危机的。人类社会不就是在不断应对发生的各种危机中发展起来的吗？几千年来我们经历过的各类危机还少吗？

殊不知，在几百年、几千年以前，人类社会虽然没有目前的财力、物力和现代科学、技术，但也没有今天这样复杂的社会结构和庞大的人口，也根本就不存在人为制造的全球规模的环境危机，人类社会经历过的无论是自然的还是人为因素造成的危机都是局部的、区域性的，自然生态系统也不如今天这样脆弱，地球上的不可再生资源和可再生资源相对也要充裕得多。例如，全球经济之所以能够在经历过 20 世纪 30 年代的大萧条之后得到恢复，原因就在于当时的主要生态系统基本完好无损，而且世界仍拥有丰富的未经开发利用的自然资源。但是如果是由于气候变化和资源短缺共同作用造成大萧条再次爆发，那么世界将不再可能依靠生态和经济上的恢复能力重新振作。因此人类社会当前面临的全球性环境危机呈现出来的复杂性、危害性和涉及的广泛性远超出以往，不仅难以梳理清楚，也很难理解其中的玄机，更不用说来处理这些危机了。

然而，没有哪一个国家、民族和地区的人民愿意面对因为环境问题而有可能出现的经济和社会的衰退甚至崩溃，还是希望通过人类的智慧和努力携手渡过危机，迈向人类社会可持续发展的彼岸。环境危机是人类制造出来的，不可持续发展的状态也是人类社会发展的产物，同样也必须由人类社会来加以解决，解铃还需系铃人。

因此，我们必须要有足够的实现人类社会可持续发展的思想、智慧、勇气和信念。解决目前环境生态危机的关键，乃是必须达成一种全球性的共识，人类必须在自身的生存和发展观念中进行一场深刻的变革，把自身赖以生存和发展的资源、环境、人口、资本、技术以及观念等诸方面要素整合到一个新的目标框架之中，以寻求和建立一种保护人类的地球家园和实现自身持续生存和发展的新的战略和行动，而可持续发展的思想和战略是当代人类克服环境生态危机、重建人类自然家园的唯一选择，如果违背这一选择，就一定会由盛转衰，江河日下，非此即彼，绝无他途。

然而，认识到了环境危机的关键所在，离问题的解决还相距甚远。因为问题不仅仅在于人类社会和人的行为方式能否由不可持续发展过渡到可持续发展，更重要的是怎样从不可持续发展过渡到可持续发展。要认识这些问题，必须要从整个人类文明发展的视角，从历史和现实的层面，对人类社会的发展轨迹和模式进行深入的分析和梳理。对环境危机的现状、原因以及有可能产生的后果进行客观的认识和探究。

一、人类文明对环境的影响

46 亿年前地球就已经存在，在其历史发展的大部分时间内，陆地荒瘠，没有任何生命。大约在地球形成的 10 亿年后，简单的生命形式才开始出现。在漫长的物质演变过程中，有生命的物质在地球上出现是一个奇异的现象。在这个有生命的世界中，人类是地球上较晚出现的生物。和地球漫长的历史相比，人类在地球上生活的时间并不长，大约只有 200 万年时间。如果把地球地表生物出现到现在的时间缩小为一年，那么人类出现的时间是在一年中的 12 月 31 日下午 7 时 8 分。

虽然人类繁衍的时间和地球生物生存的时间相比是微不足道的，但对于人类社会来说，200 万年仍然是极其漫长的。纵观历史，在人类社会生存发展的绝大部分时间中，人类始终处于所谓的古代文明或者说原始和蒙昧状态。在古代文明阶段，人类一直是通过采集食物和猎取动物相结合的方式来获取他们的生存资料，生产力水平非常低下，人与自然的关系非常密切，古人类对生态环境有一定的扰动，但这种扰动是非常轻微的。因此也可以说，古代文明虽然以万年或十万年为计量单位，但古人类并没有对生态环境造成破坏，也不存在环境问题。

最近几十年来，通过考古以及对现存原始部落的研究表明，人类在其历史的绝大部分时间所采取的采集和狩猎生活方式并不像我们想象的那样糟，他们并不生活在持续的饥饿威胁之下，相反他们有着营养充足的食谱，这是从一个可以得到的范围很广的食物源中挑选而来的。丰富的、多种多样的食物，通常只是环境中可以得到的食物总量的一个很小部分。获取食物和其他形式的劳作，通常只占一天时光的很小一部分，留下了大量的时间可用于消闲和祭祀活动。绝大多数群体靠着很少的物质就可以生存下来，因为他们的需要很少，也因为他们发现额外的物质是自己那种流动生活方式的累赘。

总之，原始人类在漫长的岁月里，在极其艰苦的自然条件下，以天当房，以地当床，以动物为伍，以森林为家，和现代人类相比较，他们又耐饥、又耐渴，又耐冷、又耐热，他们不知道什么是营养、卫生，不知道科学、技术，他们以自己辛勤的劳动，以最简单的、与大自然水乳交融的生存方式繁衍发展、生生不息。他们的生存方式对地球生态系统的扰乱和破坏程度非常之小，这也是原始人类的生存方式能够维持那么长的历史阶段的根本原因。此外，还有一个重要的原因就是他们的人数很少，所以他们施加在自然环境上的压力也就有限。

大约 1 万年前，人类进入了农业文明社会。而为什么会发生从采集和狩猎生存方式向种植、养殖的农业生存方式转变呢？通常将此转变理解为进步，是生产力发展的积极成果，是人类千万年的努力追求，好不容易才实现的一场革命。其次还有逐渐增长的人口压力。是人口的增长需要从采集和狩猎生存方式向种植、养殖的农业生存方式转变，还是由于这种转变促进了人口的增长？很难说清楚，恐怕是互为因果。

进入农业文明社会后，粮食产量有了一定程度的增长，也可以养活更多的人口。而更多的人口，要求更大规模和更大强度的种植和养殖，这就意味着再也不可能回到采集和狩猎的生产、生活方式了，因为倒退回采集和狩猎生存方式是养活不了这么多人的。

当时全世界的人口大约是 400 万，仅相当于现在一个中等城市的人口，但这已经比古代文明时候的人口多多了，在公元前 5 000 年期间非常缓慢地增长至 500 万。随后人类定居社会有了一个大规模的快速发展，人口数量每过 1 000 年就要翻一番。

农业文明时代的刀耕火种、毁林开荒、过度放牧，导致一定区域的耕地退化、水土流失、土壤盐渍化等环境问题。并在很大程度上影响到人类文明的进程，玛雅文明、非洲尼罗河流域的古埃及文明、发祥于印度河流域的古印度文明以及发源于西亚的美索不达米亚平原的巴比伦文明，均因无休止地砍伐森林，过度放牧、垦荒等，致使古老的文明衰落，现已成为地球上贫困的地区。这已经表明在农业文明时期，人与自然的关系疏远了，出现了一定程度的松弛。与古代文明相比较，农业文明以千年为一个计量单位。

工业文明的兴起，极大地改变了人类的生存手段和生产、生活方式，社会化的大生产已经主宰全世界，生产力水平与古代文明以及农业文明时期相比有了极大的飞跃。遗憾的是，工业文明对全球生态环境的破坏达到了无以复加的地步。虽然工业文明的兴起只有几百年的时间，但它的影响已波及世界范围内所有的生态场所，所带来的环境污染和生态破坏程度远远超过了古代文明、农业文明的总和。不但影响到了当代人的健康，也威胁到了后代人的生存。仅仅几百年的时间，一系列非常严重的环境问题已遍及全球、积重难返。人与自然的关系非常紧张，与古代文明和农业文明相比，年代计量单位是百年。

进入 21 世纪，人类正在由工业文明社会向后工业文明社会过渡，在后工业文明社会中，社会生产力水平的进一步提高是无疑的。然而，人类对目前存在的环境问题能否解决或缓解还是个未知数，人类赖以生存的生态环境和人与自然、人与人的关系是走向崩溃还是走向和谐？从环境恶化的角度看，年代计量单位会是 10 年一个台阶吗？这些问题不是空穴来风，而是人类目前一再担忧的现实。

由上述可以看出，在人类和人类社会出现前的若干亿年中，地球以及自然界就早已存在了，它们按照自身的演化规律在不断发展变化着。这期间，可能有过小行星的撞击，陨石造访造成地球表面的严重损害以及剧烈的气候波动，由此而引发的地表生物大灭绝和天翻地覆的变化恐怕也不止一次。但这些变化与人类社会的发展是无关的，即使是在人类社会发展到工业社会之前，自然界相对大规模的剧烈变化对人类社会的影响也不是很大，基本是局部的、区域性的。而几千年或者说工业文明社会的几百年期间，由于人类自己的过度开发活动引起的一系列的环境问题则使人类社会感到恐慌、不知所措甚至无奈。这说明伴随着人类社会的发展和进步，我们的文明已经开始呈现出一种“一损俱损”的不可持续发展状态，这是人类所不愿意看到的，我们需要具备新的思想和能力来重新规划人类可持续的生存系统。

如果把“人”字的一撇比做是人和人类社会，那么“人”字的一捺就是自然生态环境。自然生态环境孕育了人类，支撑了人和人类社会的生存和发展，没有良好自然生态环境的支撑，人类社会将轰然倒下。因此，古代人类在创造文字的时候，已经比较充分地认识到了人来自于自然并依赖于自然的道理。

迄今为止，人类社会经历了几十万年甚至于几百万年的演化发展，在这漫长的演化发展之中，人类社会虽然实现了由低级到高级、由简单到复杂的过渡，却始终没有摆脱影响人类生存和发展的战争、饥饿、瘟疫、食物短缺以及自然灾害的威胁。作为万物之灵的人类，所创造的辉煌令人叹为观止，而带来的麻烦也始终如影随行。

二、环境问题产生的原因

环境问题的加剧源自于人类短视的思维方式和不可持续价值观指导下的开发行为，要实施可持续发展战略，缓解环境问题，首先要理清楚当代环境问题产生的原因以及与可持续发展战略的关系。

通过几十年环境治理的实践，人类社会确实也取得了许多经验和教训，认识到了更多、更深层次环境恶化的原因。而且发现，那些深层次的原因远比我们想象的还要多、还要复杂。对于一个复杂系统的复杂问题，不了解它真实的、本质性的原因，要想解决是无从下手的，甚至会适得其反。

今天我们对造成环境恶化多方面的原因以及它们之间的关系，比几十年前有了较为清晰的认识。

（一）大量生产、过度消费带来大量污染

第二次世界大战后，世界经济持续快速增长。经济增长带来的直接好处是毋庸置疑的，它使发达国家人们的生活更加充裕、方便和快捷，是非常值得庆幸的。而大多数发展中国

家不能说一点好处也没有得到，只是比起工业国家经济的快速发展来说，他们的经济增长要缓慢得多，两者的差距也越来越大。因此发达国家和发展中国家都坚持这样的观点：增长是实现更美好未来的关键，并且他们将竭尽所能来实现更大的增长。

对于整个人类来说，快速增长的经济确实能带来一些好处，解决一些问题，但也产生了严重的环境和其他问题。经济快速增长首先显现出来的是大量生产、过度消费，并且由此造就出了所谓的现代生产、消费方式。而大量生产、过度消费必然要掠取和耗费大量的各类能源和资源，由此而产生的大量污染废物也是必然的。

近代人类社会的大量生产、过度消费以及大量废弃的行为违背了自然生态系统在若干亿年的繁衍中形成的平衡规律，打破了生态系统的能量流动和物质循环法则，造成资源短缺和环境恶化。因此，大量生产、过度消费和大量废弃的现代生产、消费方式是造成当前各类环境问题的基本原因，是不可持续的短期行为，只有改变目前不可持续的生产、消费方式，才能缓解环境的恶化，可持续发展才能得到有效实施。

全球资源短缺、环境恶化的警钟早已敲响，人类也看到了大量生产、过度消费的不可持续性，而在人类无限的物质欲望面前，在资本的贪婪面前，人们根本无视地球资源的有限性，仍然是在谋求经济快速增长，并希望增长得更快一些，生产的消费品更多一些。和我们的祖先相比，我们已经生产出了大量的、供人们享受的各类眼花缭乱的消费品，但还是觉得不够，还是觉得不满足。那么，多少算够呢？我们的物质欲望有没有满足的时候呢？

古希腊哲学家亚里士多德早在 2 300 多年前就写道："人类的贪婪是不能满足的。"它是指当一种要求被满足的时候，一个新的要求又替代了它的位置。这句话成了经济学理论的第一格言，并为人类的很多经验所证实。

近百年来，人类社会的过度消费行为已经对地球的生态环境造成了难以修复的创伤，如果任由人类社会的物质欲望继续膨胀，地球有限的资源和消纳废弃物的容量能支撑无限的消费欲望和行为吗？如果不能支撑，人类社会的过度消费行为将会有怎样的恶果？有限资源和无限欲望之间的矛盾应当怎样调和？人类社会在不使这个星球的自然健康状况受损的情况下，是否有可能过一种舒适的生活？是否有一种处于贫穷和生存水平之上但却在适度消费生活方式之下——也就是一种充足的、可持续的生活？

对物质无止境的占有欲望和无止境的消费欲望使人们正陷入困境：更多、更累地工作，更多、更快地消费，以至于对地球和健康更多、更快地损害。

其实，更多地消费并不等于更多的充实和幸福。生活在 20 世纪 90 年代的人们比生活在 19 世纪和 20 世纪之交的他们的祖辈们平均富裕 4.5 倍，但是他们并没有比祖辈们幸福 4.5 倍。生活在 21 世纪的我们，和上一代人相比，和目前较为贫穷的群体相比，占有的各种消费资料要多得多，但我们还总是嫌少，总是感到不如别人多，因而总是感到还不幸福。

实际情况是：世界上最富有的 1/5 人口的过度消费行为正在给地球造成浩劫，而最贫穷的 1/5 人口中的大多数被逼迫到了生态最为脆弱的地区和环境最为恶劣的城乡结合部以及贫民窟，他们被过分边缘化，他们为了生存，对自然的损害也就不可避免，在我国，生态脆弱地区的过垦、过牧、过樵采以及挖甘草、搂发菜而造成土地荒漠化的现象即说明了这一点。

我们应当认识到，更多并不意味着更好，否则我们阻止生态恶化的努力和可持续发展的实践将被我们的欲望压倒。除非我们反思，否则我们将可能看不到抑制这些欲望的动力。

我们可能正处于一个困惑之中，对于那些已得到了过度消费的人，即全世界最富有的1/5人口，限制他们大手大脚的奢侈型生活方式，恐怕是很难做到的。对于那些最穷的1/5人口，解决他们的基本生存需求和生计，好像也没有什么真正有效的措施。现实的情况是，人类社会正在向所有的人推广美国人挥霍浪费、不可持续的生活方式，这样做的结果显而易见地会加速生物圈的毁灭。通过道德的重建和接纳来降低消费者社会的消费水平，减少不切实际、根本与基本生存需求无关的消费行为和物质欲望，是一个理想主义的建议。尽管它与几百年的潮流相抵触，然而它可能是唯一的选择，当然也是可持续发展的选择。

（二）技术是一把“双刃剑”，它的两个刃是朝向一个方向的

曾几何时人类社会对任何的科学发明和技术突破都感到欢欣鼓舞，而现在，对新技术的问世，一方面是考虑它的应用将给人类带来的好处，更多的则是担忧会对生态环境以及人类的生存与发展带来什么难以预料的不良后果。这主要是近现代科学和技术的发展被认为是造成目前环境问题的重要原因之一。

那么科学和技术为什么会造成环境问题呢？人类为什么要滥用科学、技术以至于产生环境问题呢？

与对人类社会发展的认识一样，正确认识科学和技术与环境问题的关系也需要一个过程，新的科学和技术的应用前后的一段时间内，由于技术应用产生的环境问题并没有表现或明显地表现出来。此时，人们并不知道这些科学和技术的应用会造成生态环境问题，但是最后却产生了很多的环境问题。在环境问题还不突出、人们对环境问题不敏感的时候，这种情况是很多的。

人们在主观上并不想滥用科学和技术，但客观上仍然产生了环境问题，这实际上是说明了人类对自然的探究是肤浅的、不够深入的，科学和技术本身是不完美的、有缺陷的，或者说人类对科学和技术的认识是有局限性的，这个缺陷应该是造成生态环境问题的重要原因。

鉴于此，人们现在对新的科学与技术的出现和应用都持审慎的态度，因为人们接受的教训实在太多了。新技术的应用在开始的时候危害性难以发现，发现后又难以收拾。在日常生活中，塑料袋和一次性餐具的大量使用，应当说也是技术应用的产物，它的弊端我们现在已经看得非常清楚，但是为克服使用塑料袋和一次性餐具产生的弊端，政府和环保组织为此做出了不懈的努力，却几乎没有效果。现在，环境科学对科学技术成果的应用所造成的环境问题原因的分析，比较充分地说明了科学和技术的应用是直接造成人类环境问题的重要原因之一。

当然，直到今天人们对技术是造成生态环境危机的祸水还是拯救生态环境的潜在工具的意见分歧依然非常尖锐，争议颇多。争论的焦点虽然是技术对人类社会发展影响的认识问题，实际上也是对可持续发展与不可持续发展的认识之争。一些人认为，如果的确是技术让我们身陷困境，则毫无疑问，出路就在于开发出更好的技术，环境污染和生态破坏是经济增长和社会发展过程中不可避免的阶段性现象，随着时间的推移、科学和技术水平的提高，这个问题就会逐步得到解决，也只有在经济增长起来以后，对环境和生态的保护才能有更多的财力投入。

而另一些人则认为，至少近 30 多年来，人类社会在环境保护和治理上采用了尽可能

先进的技术，这些年来的治污新技术也不断发展，全世界并不缺乏对生态环境进行必要的和基本的保护的科学和技术，全世界的资金也足以用来解决诸如水质的大面积污染和大气的工业污染这样的问题，但环境生态恶化还是在一步步加剧，与此相关的问题仍然是一团糟。这说明，环境、生态破坏后面隐藏着更深刻的社会、政治和文化方面的原因，环境、生态问题绝不仅仅是一个科学、技术问题。

实际上，技术是一把“双刃剑”，而且它的两个刃往往是朝向一个方向的。它既带来了社会繁荣和物质条件的改善，同时也带来了环境和生活条件的恶化，它创造了无与伦比的财富，同时也创造出了更多、更有害于人类的垃圾。不要迷信技术，科学是相对的，技术也不是万能的。技术本身在有些时候可能是中性的，关键的问题是怎样使用技术，将先进技术用在何处，在利用新技术时，怎样做到趋利避害。如果说人类社会的不可持续开发行为受到了所谓先进技术的推波助澜，那么可持续发展战略的实施与推进同样离不开技术的创新。更为关键的问题是，如何创设一个可持续发展的政治、经济以及能够避免滥用技术的社会制度。

（三）不控制人口增长，社会很难发展，环境将难以保护

人口问题，无疑也是造成环境问题的原因之一。美国《科学》杂志近日预测，2011 年 10 月底世界人口将突破 70 亿。而现在发展中国家人口增长仍然很快。目前，全球每年新增人口 7 800 万，其中 95%的新增人口出生在发展中国家。地球人口的迅速膨胀，加剧了人和环境的矛盾。

在大部分发展中国家，由于人口过多，人口增长过快，从而使人均拥有的资源不足，人口压力不断增长，为了生计和还债，在资金和技术资源不足、资源总量得不到发展的情况下，不得不加大开发生态环境的力度，通过消耗资源存量以图生存，对地球生态系统造成巨大的压力，造成资源和环境危机，引发“发展不足”问题。在我国，人口的过快增长也是制约可持续发展的重要因素之一。由于人多地少，人们将斧头挥向了山林，大规模的畜牧业吞噬了草场，导致生态恶化，沙尘暴频频“光顾”。有专家认为，生态环境恶化，人为因素占 80%，尤其是沙漠化、环境污染等人为因素要占 90%以上，这与人口数量的增加有密切的关系。

不仅如此，人口数量的增加将会导致人口素质的低下。人口增加过快对有限的教育资源能力和健康资源能力是一个巨大的冲击，会给人口素质带来一系列的问题：人口教育水平和身体素质低下，文盲半文盲比例扩大，科技进步缓慢或停滞等。

人口的过度增长必将导致多种类型的贫困人口：生产性贫困人口、就业性贫困人口、消费性贫困人口、教育性贫困人口、资源性贫困人口。而这些人口的增加又将抵消任何超过最低人均收入水平的增长，使最低人均收入水平难以提高，呈现出贫困状态。而贫困状态的存在又加剧人们增加劳动力来获得发展的心理动机，导致生育率增长，使现有资源总是处于匮乏状态，也使人口与发展之间呈现恶性循环。

这一切充分说明，对于欠发达国家，人口增长仍然是影响其经济社会发展的一个非常重要的因素。当然，控制人口增长并不一定就意味着发展，因为，发展是多种因素作用的结果。但是，不控制人口增长，社会就很难发展。有效地控制人口增长，对于社会发展和环境保护都是有利的。

三、大量消费与人口增长对环境的影响是一致的

人多消费就多，产生的废弃物就多，带来的污染就多。因而人们一直认为人多是造成资源短缺、生态破坏、环境污染以及生存困难的基本原因。实际上，发达国家和发展中国家一部分富人的过度消费行为同样会产生大量废物（穷人没有大量消费的机会和可能），它与人口众多一样会给环境带来压力，对环境的负面影响是一致的，甚至更为严重，同样制约可持续发展。此外富人的过度消费行为受到世人的攀比和仿效。因为穷人是绝不会甘心永远受穷的，穷则思变，他们希望通过自己的努力过上像富人一样能够自由消费的生活，而富人也不会安于现状，一定要想尽办法使资本增值。由此而引起的竞争和对大量消费行为的拼命追逐是不可避免的，而且竞争是恶性的，是不计后果的，它的直接结果是环境整体恶化，社会成员整体遭受污染之苦（当然穷人受害更多）。

随着生活水平的提高，大量消费行为中的“非生存意义上的消费”和“反生存意义上的消费”的比例在显著提高。它们是非自然欲望的产物，因为基本的生存需求其实很简单，仅仅是一日三餐、夜卧三尺。而“非生存意义上的消费”和“反生存意义上的消费”的过程在大多数情况下对人的健康是无益的，很大程度上是有害的。其结果对于社会生活、社会成员的心理及生态环境的直接、间接的负面影响是不争的事实。因此说，大量消费的过程和结果对于个人和社会都是糟糕的。

大量消费的过程通常是在满足自然欲望和追求幸福生活的名义下进行的，然而人们层出不穷的欲望并不是原生和自然的，而是在资本主义意识形态和资本扩张的逻辑下，由跨国性的生产与销售商团和传媒与广告公司联姻精心建构和再生产出来的。其完全不同于其他生命种群万代不变的自然欲望，也不同于在环境、生态相对和谐的情境下人们对物质资源的占有和利用。大量消费的欲望是当代消费文化和资本引导谋划的产物，与人的所谓自然属性并无直接关系。这种非自然的消费欲望正在大大加剧人类与自然之间的紧张关系。而且事实是，往往为了满足一少部分人奢侈浪费的欲望，多数人的饮水、呼吸、衣、食、住、行等基本而正常的需要反而受到了极大的限制，这也是忽视乃至取消人们更多非物质性欲望（情感的、尊严的、安全的、审美的等）的直接原因之一。在这里，恰恰是以少数人高级（奢侈）的欲望去压抑了多数人低级（基本）的欲望，它不仅阻碍了社会、经济的可持续发展，而且使人类多维度、多层面的“幸福”只剩下对物质的占有和对商品的消费。

实际上，人对物质欲望的满足只有在精神王国才能实现。“欲望并不能让欲望得到满足，相反，欲望使得欲望成为欲望”（Desire does not desire satisfaction.On the contrary，desire desire desire）。大量消费的社会现实严重制约了可持续发展战略的实施，不但污染了生态环境，而且污染了人们的心灵。正是这种无限膨胀的消费欲望造成了世界能源、资源的紧张和环境问题的加剧。

消费社会的扩张，消费主义的盛行，必将导致可持续发展的破产，导致不可持续的生产和消费。因此，必须对传统的消费主义文化进行批判，倡导可持续的消费文化。在这里，我们应当重温一下20世纪最伟大的科学家爱因斯坦的谆谆教导，他是这样认为的：“我强烈地向往着俭朴的生活。并且时常为发觉自己占用了同胞的过多劳动而难以忍受。”“我从

来不把安逸和享乐看做是生活目的本身——这种伦理基础，我叫它猪栏的理想。照亮我的道路，并且不断地给我新的勇气去愉快地正视生活的理想，是善、美和真。”“人们所努力追求的庸俗的目标——财产、虚荣、奢侈的生活，我总觉得都是可鄙的。”

四、可持续发展的困惑和愿景

依据可持续发展的思想和理念勾画人类社会的愿景和蓝图，目的是使经济和社会的可持续发展有一个明确的目标，然而真正要实现可持续发展的愿景又有数不清的困难和阻力，目标和愿景是美好的，但现实却不是这样的，要想改变现状，实现愿景，好像又可望而不可及，这是人类社会可持续发展面临的最大困惑。

虽然工业体系仍在扩张，生态系统每天都在退化或者遭受不可挽回的损害。但转变现有的不可持续发展价值观的呼声也日益高涨，以可再生技术为基础的新技术也正在崛起。如果不可持续的全球体系能快速地转变成可持续的体系，那么人类文明以及地球上的绝大多数物种将会继续生存下去。但是如果我们转变的速度太慢，那么我们熟悉的这个世界将难逃厄运。

转变不仅需要技术的创新和进步，更需要社会革新来改变人们的价值观和社会行为，而且解决技术方面的问题要比解决社会问题容易得多。工业化体系的价值观和组织机构都是以支持竞争、过度消费、不平等和剥削为核心的。由于富有的和掌权的精英统治着世界，并从现存的体系中获利，他们趋向于抵制转变。因此，对转变造成障碍的原因并不是来自技术方面，而是主要来自社会的政治、经济结构和价值观。

现在人们认识到了如果不进行大规模的社会的政治、经济结构和价值观的转变，过度消费的社会是无法转变成可持续的节约型社会的。虽然可持续发展的价值观成为一个社会占主导地位的组织形式还没有出现，但也有一些趋向性的苗头，可持续发展的价值观被广泛接受是需要时间的。

可持续发展的价值观认为时间、空间、能量和物质全都是相互联系的，宇宙被视为一个不可分割的整体，即一个由动态的相互作用的子系统组成的巨系统。这一新的完整的价值观反映出的是一种深刻的变化，即由认为事物的存在是相互隔绝的到认为万事万物相互联系并与环境不可分割的转变，这是一种从只见树木不见森林到放眼全局的转变。

如果把生态环境比做人体，那么人类社会的经济就是人体系统中最为重要的一个器官，这个重要的器官既要为人体系统的健康运转服务、作出贡献，又要受到人体系统这个大环境的滋养，还要与其他器官高度协同，如果大环境衰落、虚弱了，经济这个重要的器官将不能被受到滋养。缺乏滋养的器官不但不能服务于人体，反而会因病而致大环境致病，与其他器官的协同也就很难一致了。即经济不是能够脱离生态环境而孤立存在的运行系统，生态环境也不是我们可以无限获取原材料和排放废物的场所，经济只是生态环境的子系统，这与传统的经济与生态环境之间关系的价值观是截然不同的。

可持续发展社会的经济是在尊重生态学原理的基础上的发展，认为人类社会的经济要想能持续进步，就一定要遵循生态学的基本原理。也就是说，生态是经济和社会发展的基础。地球生态有其自身发展的规律，违背地球生态规律的经济和社会的发展必定是不可持续的。

生态经济是一种与地球的生态系统保持和谐关系的经济，比之今天的这种污染环境、破坏环境的经济，也就是我们目前以化石燃料为基础、以大量消费为中心的经济，有着天壤之别。

然而到目前为止虽然生态经济的概念、思想得到了许多人的接受和理解，但实践起来却是难上加难，生态经济在市场力量左右的经济模式面前显得不堪一击，非常脆弱。因此我们不但应当从生态科学的角度认识生态经济可持续性，认识人类社会可持续发展的必要性，更应当从人类社会政治、经济、制度的结构上了解和认识对生态经济的制约性。

由此看来，人们对生态系统如何可持续运行是心知肚明的，对生态经济的概念、思想和基本原理也是有一定的了解的，生态经济的愿景或者说蓝图也是可以勾勒出来的，也非常希望人类社会不可持续发展的经济尽可能快地转变为可持续的生态经济。但在资本的控制下，为了经济一时的快速增长和利润，一般是不会顾及生态环境的安全与否，更不会过多地考虑可持续发展的问题。生态是大家的，破坏了大家承担，大体上是穷人承担更多。而利润则是自己的，只要有钱，就有可能逃避生态恶化的后果。这充分说明了现行的社会制度和市场经济体系是可持续的生态经济发展的绊脚石，人类社会需要转变的是经济的发展方式，更需要转变的是认识和价值观。

城市是人类社会高度发展的产物，随着历史的推进，社会经济的发展和人口的膨胀，世界城市化的进程不断加快，因此城市生态环境将成为人类生态环境的重要组成部分。

不可持续发展思想指导下快速发展的现代大都市一定程度上背离了生态学原则，目前我国许多城市特别是大城市都面临着城市病集中爆发的挑战，资源大量耗散，垃圾巨量产生，交通拥堵日益严重，城市的生产和生活成本快速上升，严重地破坏了生态系统的有序性和稳定性。致使现代大都市城市病丛生，人们越来越远离自然，为世人所诟病。

生态城市是人类社会可持续发展的愿景，也是由于我们在当今的城市环境中所感受到的种种弊端而期望实现的理想化的人居环境。既然是生态城市，就要依照生态学原理规划和建造，生态城市应当是有序、宜居、低能耗、人与人及人与自然和谐和具有现代文化教育功能以及经济活力的城市。

“把田园的宽裕带给城市，把城市的活力带给田园”是人们对生态城市的形象描述，也就是说城市应当充分拥有农村的自然生态、绿色园林、悠闲的景观，农村应具有城市的基础设施、交通卫生条件和竞争创新意识。这里所说的实际上就是城乡统筹、城乡联动、城乡融合、城乡一体化的思想，也应当是当今城市化进程的主流和愿景。

从生态学原理的角度看，生态城市首先应当能体现出公平、公正、平等和关心并以保护绝大多数人的利益为宗旨，其次应当是低能耗的。只有体现出公平、公正、平等和真正为绝大多数人谋利益的社会，人民才能更加感受到幸福、安全和健康，才是一个以人为本的城市，低能耗的城市才能使生态系统得到真正有效的保护。

然而，我们目前的城市远不能达到生态城市公平、公正、平等和真正为绝大多数人谋利益的要求，纵向比较虽然有了一定的进步，但与生态城市应当具有的目标还相距甚远。现在一方面环境问题造成的影响在人类社会中不公平地存在着，另一方面，社会的不公平性也深深地根植于导致环境问题的原因中。社会不公平既是污染、过度消费、资源耗竭、生态环境破坏、危险技术和人口爆炸的制造者，同时也是这些问题的产物。而且，社会不公平也影响着我们对环境问题的认识。

例如，多年来我们的发展以城市尤其以大城市为中心，造成了城市之间、城乡之间巨大的反差，城市的外表越来越光鲜靓丽，而农村的发展则缓慢得多，在许多欠发达地区，乡村明显走向凋敝、萧条。

城市之间、城乡之间发展的不均衡，资源投入的不平等，城乡之间收入、教育、社会福利等方面的不平等是造成城市病的重要原因。我国的城市化没有能够自然地走向城乡一体化，城乡之间没有能够实现高度的融合，导致城乡差距越来越大，越来越多的人涌入一线大城市。大城市与中小城市和乡镇相比，总能耗和人均能耗都要高得多。因此城市之间、城乡之间的分化和不平等，使得大城市的能耗随着城市的快速发展骤然增加，而乡村则受到冷落和疏远。

公平、公正、平等历来都是人类社会追求的目标，也是生态城市希望实现的愿景。当今的城市病实际上是反映了一定程度的不平等、不公平，城乡的过度分化本身对于大多数普通的老百姓来说就是极大的不公平。造成城乡之间不平等的原因虽然是多方面的，但公平缺失是最基本的原因。这里有市场的因素，也有非市场因素。

而现在，我们在进行城市规划时，仍然是在设计以小汽车为中心的、高能耗的城市，这样做的结果可能是满足了所谓“社会主流群体”需求，而大多数人的基本需求如公共空间、空气质量则受到了挤压、恶化，这当然也是不公平的。

尽管现代城市有种种弊端，但它毕竟是人类社会文明高度发展的产物，所以我们只能在现代城市的基础上依照可持续发展的思想改革旧有的积弊，克服现代城市病，建立生态良好、公平公正、真正以保护大多数人的利益为基础的城市。近年来国家提出的新农村建设实际上也是改善城市生态环境的重要措施之一。

城市之间、城乡之间巨大的差异是社会管理的巨大失误，有其深刻的政治、经济、社会和思想的根源。在过去的几十年中，城市分化的状况一直在激化，社会越不平等，社会关系就越趋紧张。一旦存在一个长长的社会等级阶梯，生活在底层的人们就意味着屈辱与贫困，所有的人都会感到爬上更高一级阶梯的紧迫性和紧张感，社会各阶层的抱怨也就不可避免了。然而在解决此类问题时，我们往往更多地使用了技术手段，就城市论城市，就污染治污染，而缺乏整体的、具有生态思想的思维。其实感冒了只能吃感冒药，而不是手头有什么药就吃什么药，社会问题的解决不能总是在技术手段上兜圈子。

在我国，人们普遍表现出向大城市流动的意愿，并不是我们的城市病不严重，而是更加难以忍受农村的落后和与城市的巨大反差。当然，城市之间、城乡之间、各阶层之间的差距是客观存在的（包括收入），但绝不能像我们现在这样悬殊。

因此，生态城市规划和建设首先要关心的是弱势群体，无论他是城市的还是乡村的，而不能仅仅是关注利润。没有城市之间、城乡之间的均衡发展、公平互动，生态城市的建设只能是纸上谈兵。生态城市是一个更加平等的社会，也是更加幸福、安全和健康的社会。

实现生态经济、建设生态城市的目的是为了使生态系统得到有效的保护和人类社会的可持续发展，最终使人民群众有一个稳定、健康、幸福、可持续的生活环境，而生态经济、生态城市需要低碳生活的支撑，否则就很难实现对生态环境的保护。

近年来西方国家提出了低碳经济、低碳生活的概念，实际上，低碳经济、生态经济说法不一，但本质一样，目的都是大幅削减化石能源消费量，另外就是强调节能减排，这里也包括新能源，尤其是可再生能源的开发，由此实现所谓的低能耗、高能效。低碳经济要求经济运行、城市发展要在保证生态系统安全和可持续的基础上，低碳生活则是倡导抛弃大手大脚、挥霍浪费而实行节制、节约的生活方式。我们在推行低碳经济的同时要倡导低碳生活，或者说，低碳生活应当也是低碳经济的重要组成部分。

低碳生活是可持续的生活方式，它是一种简单、简约和俭朴的生活方式。我们的衣食住行都与二氧化碳排放量乃至于气候变化有关，比如一张A4纸的能源含量接近0.1kW·h电。如果我们绝大多数人的生活能够采取低排碳的适度消费的方式，那么低碳经济的实现是有可能的，有怎样的生活方式就有怎样的经济。

低碳生活不只是制造业、建筑业中许多节能技术改进的细节，它包括日常生活习惯中许多节能细节。中国作为世界第一人口大国来说，每个人生活习惯中浪费能源和二氧化碳排放量的数量看似微小，一旦以众多人口乘数计算，就是巨大的数量。

如今在发达国家，很多人已经接受了由低碳经济带来的低碳生活方式的观念，为了过上低碳生活，他们愿意做出自我牺牲，从关掉暖气到放弃驾车去上班。现在欧洲人越来越喜欢乘坐火车出行，一个主要原因是乘高速列车带来的人均碳排放量只有飞机的1/10。

简约生活，也正成为更多中国人奉行的生活准则。一些收入早已进入中产阶级的市民，也会穿着旧衣服去早市买便宜青菜，骑自行车出行，使用最老款的手机。煮鸡蛋早关一分钟煤气、用洗衣服的水冲厕所、随手关灯，打印用双面纸等习惯早已深入到那些最有教养的阶层中去，以此带来心灵的宁静。

然而，能够自觉地在可持续消费价值观指导下做到适度消费的人不多，过度消费、大量废弃依然是社会生活的主旋律。低碳经济绝大部分时刻还只是一个概念，低碳生活也只处在令人尴尬的纸上谈兵阶段。

在实际生活中，以大量消耗能源、大量排放温室气体为代价的“面子消费”、“奢侈消费”的比例太高。一方面在努力实现“低碳经济”，另一方面又不停地挥霍。这些都是消费主义文化使然。

我们不能一方面耗费大量非再生能源去开发新能源，而另一方面又在大量地挥霍和浪费能源。目前强调生产领域的经济结构调整和经济增长方式的转变比较多，当然这也是节能的题中应有之义，而对生活领域的大量消费行为对资源的浪费却关注不够，对两者之间的联动效应也认识不足。实际上，生活和生产领域所期望达到的节能减排目标是一致的、联动的、相互影响的。对大量消费行为熟视无睹，节能减排的目标是达不到的，无论今后能源结构如何变化发展，节能应当是一个永恒的主题。总之，“低碳生活”的广泛实施，将遏制“高碳经济”的蔓延，促进“低碳经济”发展。而实现这一目标，“低碳生活”的宣传引导和制度保障是缺一不可的。

五、可持续发展具有浓厚的环境道德色彩

可持续发展战略的实施，极需要全社会道德的重建，全社会环境道德观的确立。可持续发展思想本身就有着浓厚的环境道德色彩，它不但要求代内公平，而且强调代际公平。认为不可持续的发展模式是不公平的，这种不公平体现在发达国家和发展中国家的少数富人耗费了过多的资源，破坏了环境，使得当代穷人和后代人不得不生活在一个环境恶化、资源匮乏的状态中，以至于后代人还不得不花费很大的代价去治理前代人遗留下的环境问

题。代际不公平问题是关注的焦点，但要解决这一问题，就必然要首先去关注代内不公平的问题。只有解决后者，才能解决前者，理由在于代内不公平是环境问题的重要原因。“这种不平等是地球上的主要的‘环境’问题，也是重要的‘发展’问题。”这句话意味着人类认识到：其一，代内不公平是原有的发展模式和此种发展模式的政治、经济和社会结构造成的；其二，贫穷是不平等发展的后果，也是环境资源压力不断加重的必然现象，贫穷问题的解决要在发展之中通过加速发展来实现。

因此说，可持续发展的思想与环境道德观是相通和包容的。今天，“可持续发展”已成为人类精神文化领域的普遍理念，成为人类 21 世纪继续保持全面进步的一种最重要的发展意识。将环境污染、资源枯竭及贫富分化以及人类可持续发展所面临的诸多问题纳入环境道德的范畴去认识和解决，人类社会和生态环境的协调以及可持续发展便将充满希望。

所以说，“可持续发展”绝不是关于人类生存发展的一种简单的外在发展观，一种措施、方法或手段，而是人类社会发展在 21 世纪时所形成的一种深刻的道德观念和道德规范，是人类社会数千年传统道德在人类社会发展的转折关头形成的新的道德观念，对人类社会的明天具有重大的理论意义和实践意义。

六、可持续发展的环境伦理观的实践意义

可持续发展所要求的这种新的伦理观念以及在此基础上建立的一整套道德规范能否在实践中得到贯彻，能否真正成为人类行为的基本准则，这个问题实际上也就是可持续发展最终能否成为现实的问题。

应该承认，无论在《我们共同的未来》还是在《里约宣言》中，可持续发展观念都是在现有的国际关系的原则框架内达成的共识。说得更明白点，就是不同国家在根本利益不受损害的前提下达成的一种妥协。可持续发展思想本身的不明确性以及在实践中遇到的种种困难，都和这个现实背景有关。但是，100 多个国家的首脑坐到一起，签署了这样一个文件，毕竟说明人类社会大多数成员已经意识到一个基本的事实，就是人类社会正面临着一个根本性的选择：要么毁灭地球，最终也毁灭人类；要么既保存了地球，也保存了人类。在这两种可能性中，人类无疑愿意选择后者。从这个意义上说，可持续发展思想所蕴涵的全新的价值观（尽管这种价值观还需要从不同层次上加以阐明和丰富），毕竟出自人类理性自身的思考，是人类理性自由选择的产物。

对可持续发展的实践产生怀疑，主要是因为我们看到人类社会现实发展的惯性过于强大。尽管我们意识到现实发展从很多方面看都是不合理的，但又无法想象会有什么力量能够有效地抑制和改变这种趋势。这是让我们普遍感到困惑的一个问题。简单地说，现实是不合理的，但似乎又是无法改变的。

从这个角度说，可持续发展能否实现的问题，实际上就是人类社会自身的理性能否最终战胜非理性的问题。

面对这个问题，我们既要有坚定的乐观主义信念，又必须有足够的现实主义勇气。

就前一个方面而言，可持续发展，只要它出自人类社会的内在需要，代表着人类理性的自由选择，最终就一定能够成为现实。现实发展的强大惯性会减缓它的实施进程，但不

可能彻底抵消这个进程。至于现实发展趋势会在何时出现转机或拐点，会以什么样的方式转变，我们当代人身在其中有时是很难看得很清楚的。首先，我们的眼光受到我们有限的时空的限制，不可能从符合要求的历史距离来看待现实；其次，我们的实践才刚刚开始，许多促成转变的因素尚未形成。但从长远看，不合理的发展现实绝不是不可改变的。

量子力学的奠基人之一普朗克从他一生的科学经历中总结出一个道理。他说："一项新的科学真理的胜利，并不是通过说服他的对手而使他们接受这一真理，而是由于他的对手们最终都死了，而熟悉这一真理的新一代人成长起来。"如果说，可持续发展所启示的科学真理，对我们这一代人以及以后若干代人来说还显得有点陌生、不那么容易接受的话，那么在未来世代中一定能够成为一项公理，成为人类行为的基本准则。一句话，可持续发展不可能永远是一句空洞的口号。如果说可持续发展之树需要几十年以后才能开花、结果，那么我们今天就应当把它种上。

然而，从另一个方面来看，我们所处的世界并非是一个完全合乎理性的世界，人类历史也从来不会一味地遵循理性的原则运行。认识一个真理与实践这个真理之间有着巨大的距离，后者往往需要付出更大的代价。全球可持续发展仅仅靠不同国家间的一种原则性的共识是绝不可能实现的。现行的市场经济准则、国家利益原则以及建立在此基础上的国际关系体系已成为实现全球可持续发展的根本性的障碍。正是由于不合理的现实的存在，处于不同发展水平的国家对于可持续发展的理解大相径庭。大多数发达国家所关心的是全球环境恶化对其发展可能构成的威胁，而发展中国家考虑的则是本国发展所必需的基本的环境安全问题。可以预料，在未来若干年里，人类现行的发展模式将对环境造成更大的破坏，环境问题会成为国际争端的焦点，甚至可持续发展本身也可能成为新的权力压迫的政治借口。原因很简单，尽管人类已经意识到环境危机的存在，但还没有亲身体验到这种危机的毁灭性打击。

在这样一个利益原则支配的世界中，伦理常常是乏力的。但伦理之所以为伦理，就在于它不仅是一种观念，同时也是一种现实的力量。秉承伦理观念的人一旦成为一种社会力量，必然要对世界产生影响。因此，在未来我们应当努力造就这种社会力量，并使之通过制度得以体现，从而与现行的利益原则相抗衡。其最高目标是促成一个更合理、更健全的文明时代的到来，其最低目标是使人类为这个文明时代的到来所付出的代价减到最小。从这一点上说，可持续发展的环境伦理观的实践意义就在于，它可以在当代和未来世界中，借助一定的社会结构，对旧有的环境道德产生抵消作用，进而推动人类发展行为的根本转变。

正如马克思所说："共产主义，作为完成了的自然主义，等于人道主义，而作为完成了的人道主义，等于自然主义，它是人和自然之间、人和人之间的矛盾的真正解决，是存在和本质、对象化和自我确证、自由和必然、个体和类之间的斗争的真正解决。它是历史之谜的解答，而且知道自己就是这种解答。"①这是一个极为深刻的理论阐释，包含着极为丰富的哲学内涵。

全球环境问题的本质说到底，就是人与自然、人与人之间关系出现了裂痕，这个裂痕对于人类社会和人类的生存是非常危险的。在这当中，人与自然之间关系的裂痕只不过是

① 《马克思恩格斯全集》人民出版社 1979 年 9 月版，第 42 卷，第 120 页。

表象，其深刻的背景是人与人之间关系的失衡。而可持续发展的总体思想就是要协调和修正当今人类社会人与自然以及人与人之间关系的矛盾。

而马克思和恩格斯从关于人与自然关系的理论出发，论述了人在自然界中所具有的双重属性——自然属性和社会属性。人类是自然界的存在物，具有自然属性，同时人类是有意识、有目的、能动的社会存在物，具有社会属性。因此，人类在改造自然的同时必须遵循自然规律，必须尊重自然，否则要受到自然的惩罚。人与自然的关系同时也是人与社会的关系，生态问题也是一个社会历史问题，资本主义制度是生态危机的主要社会根源。社会主义也面临着严重的生态环境问题，只有实现了共产主义，人类才能实现两种和解——人同自然的和解以及人与人之间的和解。

马克思和恩格斯是 19 世纪最伟大的思想家，即使是在 100 多年后的今天，他们关于环境保护的思想也为当今环境问题的解决提供了非常富有启发性的观点，因此说，马克思主义的思想体系中包含和寓意着可持续发展的思想，马克思主义是绿色的。

昨天的错误，导致今天的困境，如果我们继续犯错误，明天的我们将陷入更深的泥潭。面对这杂乱无章的局面，我们并非无计可施，唯一的、也是无奈的选择，就是走可持续发展之路。这是一场全球范围内的革命，是人类走向 21 世纪的必然选择。可持续发展思想是人类智慧的结晶，它涵盖了环境保护、生活质量、社会公平、懂得重建以及为未来着想等多方面的内容。它要求我们要认识到，人类属于自然并依赖于自然，它需要我们克制日益膨胀的欲望而学会关心，关心自然，关心社会，关心他人，关心后代。因为只有关心，才能沟通，只有沟通，才能理解，只有理解，才能拯救。

开展高校的可持续发展教育，目的就要使下一代树立起可持续发展的价值观，进而用可持续发展的思维和方法去改变我们的生产、生活方式，建立一个人与自然、人与人和谐相处的“绿色文明”社会，这是人类社会进入 21 世纪的必然选择，也是新时期教育的必然选择。

面对 21 世纪的挑战，我们需要学习更多的科学知识，应该具有良好的人文素养，而环境与可持续发展意识同样是我们必须具备的素质。只有环境与可持续发展意识在全社会确立，地球的生态环境才能真正好转，才能建成一个恩格斯所说的“人类同自然的和解及人类本身的和解”的绿色文明社会。

第一章　环境问题

全球环境问题无所不在，困扰着我们的生活，它的复杂性是不言而喻的。然而正是全球环境问题的凸显使我们对人类社会发展的方向性和可持续性产生了诸多疑问，因此我们在质疑当今世界不可持续发展的同时，首先要认识和了解环境问题基本的概念、现状、危害性以及演变趋势。

第一节　环境问题

一、第一类环境问题与第二类环境问题

环境问题是指由自然因素或人为因素引起的环境污染、生态平衡破坏，最后直接或间接影响人类的生存和发展的一切客观存在的问题。

自然因素引起的环境和生态破坏，如地震、火山、飓风、雷电、干旱、洪涝灾害等被称为第一类环境问题。

由人为因素引起的环境污染和生态破坏，如开发不当造成的空气污染、水体污染、固体废弃物的污染，以及由于乱砍滥伐、乱捕滥杀和乱采滥挖引起的土地荒漠化、生物多样性破坏等被称为第二类环境问题。

第二类环境问题又可分为第一代环境问题（空气污染、水污染、食品污染、固体废弃物、森林锐减、土地荒漠化等）和第二代环境问题（温室效应引起的气候变化、酸雨、臭氧层破坏、生物多样性破坏等）。

所谓第一代环境问题是一些人们可以直接感受到的、相对局部的并且通过现代科技手段可以比较准确地测量，甚至在一定程度上能够判断和预测其严重程度的环境问题，而第二代环境问题则涉及的时空范围较大，不太容易直接感受和准确测量，也很难确切地预测其严重程度和发展趋势。

二、两类环境问题的相互作用

近几十年来人们已经看到，两类环境问题密切相关。这是由于人类对生物圈的过度扰动，破坏了地球原有的平衡，致使自然灾害频繁，并且破坏程度不断加剧，过去百年一遇的洪涝灾害现在几年一遇。例如 1965 年前的 100 年间，武汉长江水位 6 次超过 27 米的警

戒水位，而1966年至今的45年间超警戒水位已13次。2011年在世界和我国的许多地区，都遭遇到了百年一遇的自然灾害和极端气候的挑战，所造成的灾害损失巨大。这些都与人类对生物圈的过度扰动是分不开的。

（一）人类活动与第一类环境问题

由自然因素引发的第一类环境问题的出现，往往是以自然灾害的形式给人类的生活带来破坏性的影响。随着世界人口的急剧增加和经济与生活需求的加强，人类对自然的索求也不断增加。人类为了从自然界摄取更多的资源和能源，就必须进行越来越广泛、越来越深化的自然改造。人类对自然大规模的改造，必然导致自然界物质与能量的交换和结构状态发生较大的变化，也必然会加速某些自然过程，甚至触发某些自然灾害事件。

灾害的本质是长期积累的能量急剧释放的过程。因此，自然灾害一般都具有潜在性和突发性。能量积累的过程必须有一定的环境条件，而且往往是一个时间持续的、不易为人们直观觉察的过程。当有外界因素触发时，会突然释放巨大的能量，产生急剧的运动。

人类活动触发某些自然灾害事件的最大特点是该地区本来就已经具备发生那类自然灾害的基础，只是某些因素尚未达到发生灾害的条件。而由于人类活动的介入，很可能使这类限制因素达到了形成灾害的阈值，从而触发了灾害的发生。

人类活动可能触发自然灾害的方式很多，最主要和最常见的有：大型水库蓄水后，压力增加，引起岩体应力变化，诱发地震；坡地开挖和建筑工程，导致坡面平衡破坏，引发滑坡或山泥倾泻；山区铁路、公路施工，也会引起坡面崩塌；天然植被破坏后引起岩土物质随水运动，形成泥石流；矿山的开挖和地下水抽取引起地面塌陷；城市化发展引起城市洪水，等等。

在一些地质基础比较薄弱，而以地下水为主要水资源的地区，由于经济的发展和人口的增加，工农业用水和生活用水量急剧升高。过量抽取地下水，使得地下水位下降和地面的大面积塌陷。此外，在一些大型的煤矿地区，也会由于地下矿产的大量开采而导致地面的下沉，有些更使陆地积水形成湖泊或沼泽。

（二）人类活动加剧了第一类环境问题的影响

自然灾害的危害能力取决于灾害的规模及其强度，是灾害的自然属性。但灾害所产生的损失程度又与灾害地区的人口密度、经济水平有密切关系，这是灾害的社会属性。如果一个高烈度的地震发生在荒芜人烟的沙漠地区，所造成的损失一定很小，反之，如发生在人口稠密的城市，其破坏性将相当大。因此，环境灾害的影响程度具有自然和社会两重属性。所以，随着人类本身的人口快速增长，社会经济财富的不断增加，各类生产活动的规模和程度大幅度提高，环境灾害发生的潜在可能性越来越大，灾害产生的危害性也越来越高。

有历史记载以来，特别是20世纪以来，无论是自然灾害的发生数量，还是自然灾害所造成的人员伤亡和经济损失，都明显地存在着增多增大的趋势。以中国荆江地区的洪涝灾害为例，据历史文献记载的不完全统计，从公元前185年到1981年的2 166年中，有157个年份发生过损害程度不同的洪涝灾害，平均不到14年就有1个洪涝灾害年，自1840年以来增加为平均每2.6年就有一个洪涝灾害年。据美国海外灾害救援局的统计，20世纪

70年代比60年代灾害发生率增长了33%，死亡人数增加6倍。80年代的各种灾害和灾难死亡人数又超过70年代总数的2倍以上。另据1989年6月的报道，在1989年以前的20年中，全球风暴、洪、涝、干旱等严重自然灾害的发生率增长达80%左右。

美国政府也曾对1970—2000年30年间的灾害损失进行了评估。在假定风险区范围不变和建筑规模不变的情况下，2000年的灾害损失程度比1970年大幅升高。

【专栏1-1】2011年上半年的全球灾害损失

德国慕尼黑再保险公司（Munich Re）最近公布的一个数据显示，2011年前6个月全球自然灾难造成的经济损失已达2 650亿美元（约合人民币1.7万亿元），超过2005年全年的2 220亿美元（约合人民币1.4万亿元）。而2005年一直被认为是迄今为止史上“最昂贵”的灾害年，而2011年“再创新高”已无悬念。

【资料来源】中新社北京2011年7月14日电。

【专栏1-2】2007年极端气候事件频发

2007年11月11日，一场突如其来的强风暴“光顾”了连接黑海与亚速海的刻赤海峡，造成近5年来世界上最严重的海上生态污染事故。12艘船只失事或遇险，有4艘沉没，其中3艘断成两截，超过3 000 t重油泄入海中，7 000 t硫黄沉入海底，此外，至少有3人丧生，23人失踪，12 km长的海岸线受污染，3万只海鸟死亡……

在亚洲，一场中心附近风力超过14级、最高风速高达每小时240 km的强热带风暴，2007年11月15日晚间席卷了孟加拉国南部和西南部地区，造成重大人员和财产损失。截至11月23日，灾难已造成3 199人死亡，近2 000人失踪，680万人无家可归，经济损失23.1亿美元。

不仅仅是飓风，暴雨、洪水、高温、干旱、龙卷风、沙尘暴等越来越多的极端气候近年来频繁出现，而所谓“百年不遇”的气候灾害在10年之内也一再发生。

仅仅在2007年上半年，南亚的洪灾已经让印度、孟加拉国和尼泊尔等国3 000万人流离失所，大面积农田、房屋被洪水冲毁。英格兰和威尔士经历了自1776年以来降雨量最大的年份，大水造成60亿美元的经济损失。而德国则经历了从极度干旱到洪水横行的巨大转变。在欧洲东南部和俄罗斯各地，6—7月的温度纪录不断被刷新。5月的大浪吞噬了马尔代夫68座岛屿。阿拉伯海地区出现有记录以来的首次6月飓风袭击。

【资料来源】瞭望新闻周刊. 2007（49）：16-17.

因此，特别是近几十年以来，自然灾害数量和损失增多的原因，可以概括为以下几点：

（1）人口的迅速增多，并以越来越快的速度向都市地区集中，然而有许多城市由于历史原因或地理条件所决定，往往是建成在依山傍水容易受到多种自然灾害事件侵袭的地方。

（2）世界经济的发展，资产的不断增长和长期的积累，导致自然灾害事件的财产损失率也不断地增高，特别是越来越快地扩展的经济开发，越来越多地进入了为易遭自然灾害事件侵袭的地域。

（3）由于人类的不合理开发，增高了自然灾害事件的发生概率、频度和危害程度。

（4）出现大批高技术、高层建筑的同时，尚有大量不断增多的不安全建筑、脆弱的设施和易损的生命线工程（如输油管道、天然气管道等）仍然在被使用。

（5）全球范围内的人员交往与经济联系的增多，使得自然灾害比以往任何时候都更具有牵连性，它的影响所及越来越远地超出了直接受损害的范围。

（6）全球环境变化的自然趋势进入了一个新的多变异时期，加上人类活动的干扰（如燃烧矿物燃料），使得海、气、地和天、地、生互相之间物质与能量的交换失衡。

这样的自然灾害的发展趋势，迫使人类对自然灾害进行更广泛、更深入的研究，从而尽可能地减轻自然灾害的损失。

第二节　环境问题的现状

生态环境是人类生存和活动的场所，人类为满足生活和生产活动的需求，一方面向生态环境索取自然资源和能源，另一方面又将生活和生产过程中产生的废物排泄到生态环境中去。因此，生态环境既要向人类提供足够的生存空间、物质资源和能源，又要接收并消纳人类活动产生的各种废弃物。伴随着地球上人口数量的不断膨胀和人类活动能力的不断增强，当人类向生态环境索取的物质和能量超过了生态环境所能提供的能力、排放到环境中的废物超越了生态环境所能承载的范围时，生态环境的质量就会下降，人类和其他生物的正常生存和发展就会受到损害。这时，我们就说发生了环境污染或生态破坏，当然这里所说的主要是指由于人为因素引起的第二类环境问题。

人为造成的环境问题的类型形形色色，从环境污染的角度讲，按照环境要素分，有大气污染、水体污染和土壤污染；按污染物的性质分，有生物污染、物理污染和化学污染；按污染物的形态分，有废气污染、废水污染、固体废弃物污染、噪声污染、辐射污染、光污染等；按污染产生的源头分，有生活污染源污染、工业污染源污染、农业污染源污染、交通污染源污染等；按影响的范围来分则有全球性污染、区域性污染和局部污染。

环境污染最早开始引起人类注意的时间可追溯到产业革命时期，由于煤炭的大规模使用，引起粉尘和硫氧化物的大量排放，从而造成了空气污染。后来，伴随着工业的进一步发展与扩大，在社会生产力得到几十倍、成百倍增长的同时，排放到环境中的废气、废水和废渣也几十倍、成百倍增长，使得水、大气、土壤等受到的污染日趋严重。某些地区的大气经常烟雾弥漫，河流和湖泊的水质污浊，垃圾围城，农药、重金属、各种有毒化学品污染严重，导致了一系列震惊世界的公害事件发生，如美国洛杉矶光化学事件、日本的水俣病和四日市哮喘等，使成千上万的人遭难。环境污染造成的严重后果引起了人类社会对环境问题的重视，促使人类社会在致力于经济发展的同时也开始对环境污染采取了各种控制和治理措施。特别是20世纪70年代以后，工业发达国家为治理环境污染，制定了各种法律和条例，投入了大量的人力、物力和财力，使得本国的环境污染逐步得到控制，环境质量在局部地区得到一定程度的改善，但全球环境整体恶化的趋势和程度并未根本改变。80年代以后，除局部及区域性环境污染以外，酸雨、温室效应引起的气候变化、臭氧层破坏、生物多样性破坏等第二代全球性环境问题开始成为世界各国关心的重点。

一、空气污染

空气污染是指空气中某些物质的含量超过正常含量时，形成危害动、植物，影响其生存的现象。

大气中 CO、NH_3、SO_2、H_2S、Cl_2、O_3 和 NO_2 等物质的正常含量均在百万分之一以下，对动、植物没有明显的不良影响。但 19 世纪以来，由于工业和交通运输业的发展，上述物质大量排入大气，使空气污染日趋严重，影响到动、植物生命活动乃至人体健康。污染物的来源有的来自自然界，如火山爆发喷出的烟灰和大量污染气体，有的来自人类活动，其中工业、交通运输业产生的废气是主要的污染源。空气污染可分为气体污染物和气溶胶污染物两大类。气体污染物包括 SO_2、O_3、氮的氧化物以及碳氢化合物等；气溶胶污染物包括固体粒子（粉尘、烟尘气）和液体粒子（烟雾、雾气）两类。直接向空气中排放的污染物质，叫一次污染物。空气中的分子与污染物之间相互作用，发生化学反应，或空气中由于在太阳光的催化作用下发生的光化学反应引起的污染物变质所产生的新污染物，叫二次污染物。

空气污染在城市比较突出，北方城市尤其严重，主要源于冬季取暖、工业生产废气等，汽车废气的污染近年来呈快速上升趋势，一般城市越大，空气污染越严重。

【专栏 1-3】城市大气污染

我国据 2006 年监测的 559 个城市中，空气质量达到 I 级标准的城市有 24 个（占 4.3%），II 级标准的城市为 325 个（占 58.1%），III 级标准的城市 159 个（占 28.5%），劣于 III 级标准的城市 51 个（占 9.1%）。主要污染物为可吸入颗粒物，在北方尤其是到了取暖季节，可吸入颗粒物在人口密集区呈现比较严重的状态。

【资料来源】许英. 环境科学教育基础. 北京：中国环境科学出版社，2008.

世界前十名空气污染最严重的特大城市中，北京、上海、广州、沈阳、西安均榜上有名。中国的大气物理学家采集了南极上空的大气样品，进行了一系列的分析，发现南极洲大气中所含的杂质，如硅、硫、氯、钾、钙、铁、铜和锌等元素的浓度，只是北京天安门广场的 1/10 000～1/100，只是喜马拉雅山脉东端的南迦巴瓦峰的 1/1 000～1/10。

本溪、兰州曾被认为是卫星看不见的城市。有报纸报道，国外卫星所拍摄的照片看不见兰州，外国人以为中国人发明了先进的城市隐蔽系统，马上派了情报人员扮作旅游团来实地考察，结果发现是空气中的污染物遮住了卫星的视线。

2011 年 6 月 3 日环境保护部公布《2010 年中国环境状况公报》，关于大气环境的状况为：全国城市空气质量总体良好，比上年有所提高，但部分城市污染仍较重；全国酸雨分布区域保持稳定，但酸雨污染仍较重。

【专栏 1-4】空气污染指数（API）

空气污染指数（Air Pollution Index，API）是一种反映和评价空气质量的方法，将不易理解的污染物浓度简化成单一的概念性数值形式，便于直观表征空气质量状况和空气污染的程度。空气污染指数（API）的分级标准为：

Ⅰ级，API 小于 50，空气质量优。此时空气清洁，应多参加户外活动，呼吸清新空气；

Ⅱ级，API 51～100，空气质量良好。此时对人体无不良影响，可正常进行户外活动；

Ⅲ级，API 101～150，为轻微污染；API 151～200，为轻度污染。此时心脏病和呼吸系统疾病的患者应适当减少体力消耗和户外活动，但对健康人无明显影响；

Ⅳ级，API 201～300，为中度污染。此时老年人和心肺病患者应尽量留在室内，健康人也应适当减少户外活动；

Ⅴ级，API 大于 300，为重污染。此时除特殊需要，应尽量避免留在户外。

【资料来源】http://www.39.net. 2005-03-04.

2010 年，全国 471 个县级及以上城市开展环境空气质量监测，监测项目为二氧化硫、二氧化氮和可吸入颗粒物。其中 3.6%的城市达到Ⅰ级标准，79.2%的城市达到Ⅱ级标准，15.5%的城市达到Ⅲ级标准，1.7%的城市劣于Ⅲ级标准。全国县级城市的达标比例为 85.5%，略高于地级及以上城市的达标比例。

地级及以上城市（含地、州、盟所在地）空气质量达到国家Ⅰ级标准的城市占 3.3%，Ⅱ级标准的占 78.4%，Ⅲ级标准的占 16.5%，劣于Ⅲ级标准的占 1.8%。可吸入颗粒物年均浓度达到或优于Ⅱ级标准的城市占 85.0%，劣于Ⅲ级标准的占 1.2%。

二氧化硫年均浓度达到或优于Ⅱ级标准的城市占 94.9%，无劣于Ⅲ级标准的城市。

所有地级及以上城市二氧化氮年均浓度均达到Ⅱ级标准，86.2%的城市达到Ⅰ级标准。

113 个环境保护重点城市空气质量有所提高，空气质量达到Ⅰ级标准的城市占 0.9%，达到Ⅱ级标准的占 72.6%，达到Ⅲ级标准的占 25.6%，劣于Ⅲ级标准的占 0.9%。与上年相比，达标城市比例上升了 6.2 个百分点。

2010 年，环境保护重点城市总体平均的二氧化氮和可吸入颗粒物浓度与上年相比略有上升，二氧化硫浓度略有降低。

2010 年，二氧化硫排放量为 2 185.1 万 t，烟尘排放量为 829.1 万 t，工业粉尘排放量为 448.7 万 t，分别比上年下降 1.3%、2.2%、14.3%。

表 1-1 全国废气中主要污染物排放量年际变化

项目 / 年度	二氧化硫排放量/万 t			烟尘排放量/万 t			工业粉尘排放量/万 t
	合计	工业	生活	合计	工业	生活	
2006	2 588.8	2 234.8	354.0	1 088.8	864.5	224.3	808.4
2007	2 468.1	2 140.0	328.1	986.6	771.1	215.5	698.7
2008	2 321.2	1 991.3	329.9	901.6	670.7	230.9	584.9
2009	2 214.4	1 866.1	348.3	847.2	603.9	243.3	523.6
2010	2 185.1	1 864.4	320.7	829.1	603.2	225.9	448.7

资料来源：《2010 年中国环境状况公报》。

2010年11月4日，环境保护部发布《中国机动车污染防治年报（2010年）》，首次公布了中国机动车污染物排放情况，并系统地介绍了机动车污染防治工作的进展。年报显示，中国机动车污染日益严重，机动车尾气排放已成为中国大中城市空气污染的主要来源之一。汽车是机动车污染物总量的主要贡献者，其排放的一氧化碳和碳氢化合物超过70%，氮氧化物和颗粒物超过90%。

总之，空气污染是人类最大的公害，在世界臭名昭著的八大公害中，有五个是空气污染造成的，人每天吸入空气的质量大约为 13 kg，超过食品和水的摄入量的总和，在污浊的空气中，我们成了吸尘器，它的危害是显而易见的。

二、水污染与水资源短缺

除了阳光和空气，在维系人的生存、保障经济建设和维护社会发展的所有自然要素中，水的重要性无须赘述。然而随着工业化、城市化的加速，世界面临着水污染严重、水资源短缺的挑战。

有人说，20世纪是“石油世纪”，而21世纪，将会是“淡水世纪”。有人甚至预测影响中国经济增长可持续性的八大“瓶颈”之一就是缺水和污染，对增长率的负面影响高于能源价格上涨和外商投资下滑的影响。水资源不仅是基础性的自然资源，更是战略性的经济资源。2011年年初，中央一号文件聚焦中国水利问题，把水资源提高到前所未有的高度，文件第一句话开宗明义地指出，“水是生命之源、生产之要、生态之基”，并提出了被称为是“史上最严格的水资源管理制度”，确立水资源开发利用控制、用水效率控制、水功能区限制纳污三条红线。

（一）水污染

水污染是指水体因某种物质的介入，而导致化学、物理、生物或者放射性等方面特性的改变，从而影响水的有效利用，危害人体健康或破坏生态环境造成水质恶化的现象。

当前污染水质的污染物可分为八类：

（1）生活污水和其他耗氧废物；

（2）传染病菌和病毒；

（3）植物营养剂，主要是氮和磷；

（4）有机化学合成剂，如杀虫剂、除锈剂和合成洗涤剂；

（5）来自工业、矿业和农业操作的其他矿物质和化学物质；

（6）来自土地侵蚀的沉淀物；

（7）放射性物质；

（8）热污染。

我国农村地区因农药、化肥的大量施用，加之一些重污染型的企业，如小型制浆造纸厂、纺织印染厂、小化肥化工厂、酿造厂、电镀厂等，造成了水环境的严重污染。此外，我国长江中下游的大面积毁林，造成严重的水土流失，近年来长江水中悬浮物成倍增加，有机物和营养物也相应增加，长江的水质越来越差。近年来到处发生严重水灾，从而污染水源，无不与大面积毁林和水体污染有关。

【专栏 1-5】长江成了最大"排污沟"

目前，长江受污染之重触目惊心，长江污水排放量 2005 年已达 184.2 亿 t，湖泊半数以上已处于富营养化状态，沿江城市 500 余个取水口受到不同程度污染，住在江边没水吃的现象普遍存在。严重的污染致使长江水体呈恶化发展趋势，白鳖豚、鲥鱼等多种珍稀鱼类已濒临灭绝。

据统计，全国 2 万多家化工企业，分布在长江沿岸的就有 9 000 多家，占全国的 45%。三峡库区大中型工矿企业 3 000 多家，化工厂有 2 000 多座。这些化工企业不仅污染严重，而且为发生重大污染事件埋下严重隐患，一旦发生污染事故，后果不堪设想。

长江生态恶化，更是沿江企业环境道德严重缺失的产物。许多沿江企业把长江当成了最大的"排污沟"，以牺牲环境和公众利益来换取暂时的企业效益。不少城市转嫁污染，对废水不进行处理就排放。目前长江流域生活污水处理率只有 15%。

【资料来源】王圣志. 工人日报. 2006-12-14.

我国江河湖泊普遍遭受污染，全国 75%的湖泊出现了不同程度的富营养化；90%的城市水域污染严重，南方城市总缺水量的 60%～70%是由于水污染造成的；对我国 118 个大中城市的地下水调查显示，有 115 个城市地下水受到污染，其中重度污染约占 40%。水污染降低了水体的使用功能，加剧了水资源短缺，对我国可持续发展战略的实施带来了负面影响。

我国水体污染主要来自两方面，一是工业发展超标排放工业废水，二是城市化中由于城市污水排放和集中处理设施严重缺乏，大量生活污水未经处理直接进入水体造成环境污染。工业废水近年来经过治理虽有所减少，但城市生活污水有增无减，占水质污染的 51%以上。据环境部门监测，1999 年全国近 80%的生活污水未经处理直接进入江河湖海，年排污量达 400 亿 m^3，造成全国 1/3 以上水域受到污染。根据环境部门对全国河流、湖泊、水库的水质状况的监测，由于近年来工业废水和城镇生活污水的排放等原因，我国主要水系的水体都遭到了不同程度的污染。我国七大水系污染程度从重到轻依次为：海河、辽河、黄河、淮河、松花江、长江和珠江。其中 407 个重点监测断面中，只有 38.1%的断面满足国家《地表水环境质量标准》（GB 3838—2002）规定的Ⅰ～Ⅲ类水质要求。

2011 年 6 月 3 日环境保护部公布《2010 年中国环境状况公报》指出：2010 年，中国地表水污染依然较重，长江、黄河、珠江、松花江、淮河、海河和辽河七大水系总体为轻度污染，湖泊（水库）富营养化问题突出，近岸海域水质总体为轻度污染。

黄河水系总体为中度污染。黄河干流水质总体为优。黄河支流总体为重度污染，与上年相比，水质无明显变化。主要污染指标为五日生化需氧量、石油类和氨氮。

海河水系总体为重度污染。主要污染指标为高锰酸盐指数、五日生化需氧量和氨氮。海河干流总体为重度污染，海河大闸和三岔口断面的水质分别为劣Ⅴ类和Ⅳ类，主要污染指标为高锰酸盐指数、五日生化需氧量和氨氮。

2010 年，全国废水排放总量为 617.3 亿 t，比上年增加 4.7%；化学需氧量排放指标值为 1 238.1 万 t，比上年下降 3.1%；氨氮排放量为 120.3 万 t，比上年下降 1.9%。2010 年，对全国 182 个城市开展了地下水水质监测工作，水质监测点总数为 4 110 个。分析结果表明，水质为优良级的监测点为 418 个，占全部监测点的 10.2%；水质为良好级的监测点为

1 135 个，占 27.6%；水质为较好级的监测点为 206 个，占 5.0%；水质为较差级的监测点为 1 662 个，占 40.4%；水质为极差级的监测点为 689 个，占 16.8%。

全国地下水质量状况不容乐观，水质为优良-良好-较好级的监测点总计为 1 759 个，占全部监测点的 42.8%，2 351 个监测点的水质为较差-极差级，占全部监测点的 57.2%。

表 1-2　全国废水和主要污染物排放量年际变化

年份	废水排放量/亿 t			化学需氧量排放指标值/万 t			氨氮排放量/万 t		
	合计	工业	生活	合计	工业	生活	合计	工业	生活
2006	536.8	240.2	296.6	1 428.2	541.5	886.7	141.3	42.5	98.8
2007	556.8	246.6	310.2	1 381.8	511.1	870.8	132.3	34.1	98.3
2008	572.0	241.9	330.1	1 320.7	457.6	863.1	127.0	29.7	97.3
2009	589.2	234.4	354.8	1 277.5	439.7	837.8	122.6	27.3	95.3
2010	617.3	237.5	379.8	1 238.1	434.8	803.3	120.3	27.3	93.0

【专栏 1-6】世界 80%疾病由饮用水污染导致

联合国环境规划署（UNEP）发布的《全球环境展望四》综合报告指出，从全球范围而言，污染的水源是人类致病、致死的最大单一原因。

报告指出，由于全球人口的膨胀，地球的生态承载力已经超支 1/3。人类农田灌溉已经消耗了 70%的可用水。预计到 2025 年前，发展中国家的淡水使用量还将增长 50%，发达国家将增长 18%。报告称："水需求量的日益增长将成缺水国家无法承担的负担。同时，水质的下降趋势仍在继续。

世界卫生组织（WHO）的一项调查显示，全世界 80%的疾病是由饮用被污染的水而造成。全世界 50%儿童的死亡是由于饮用水被污染造成。

【资料来源】中国青年报. 2007-11-05（3）.

（二）水资源短缺

中国是世界 13 个最缺水的国家之一，按人均占有水量在世界排 109 位，全国 600 多个城市中目前大约一半的城市缺水，100 多个城市严重缺水。水污染的恶化更使水资源短缺雪上加霜。淡水是人类赖以生存的资源。地球总水量约为 14 亿 km^3，其中淡水仅占 2.53%，而且其中绝大部分封冻在南极等地的永久冰盖中，人类真正可以利用的淡水资源尚不足 0.003%。据联合国统计，主要由于人口增长，20 世纪以来，全世界的淡水消费量增长了 7 倍，近年来每年的淡水使用量达到 3 240 km^3。目前，全世界大约有 26 个严重缺水国家，有 40%的人遭受缺水之苦，每年有 2 500 万人因水污染而死亡，有 10 亿人口喝不到干净的饮用水。尤其严重的是，除了中东和非洲外，原本水源充足的南亚、巴西、中美洲也闹起了水荒；东欧、美国、日本也常感到水源缺乏，供应不足；就连地广人稀的加拿大、俄罗斯也受到缺水的威胁。

【专栏 1-7】水危机

"水多了，水少了，水脏了，水浑了"这是目前我国水利部门不得不面临的"四大难题"。水多：洪涝灾害仍是部分地区发展的心腹大患。20 世纪 90 年代的 10 年中，主要江河流域有 6 年发生大洪水。水少：供给和需求不平衡。河道外用水较多，造成了河水断流，地下水位下降等。水脏：水环境污染等。水浑：包括水土流失，地下水位下降所引发的一系列生态环境问题。

【资料来源】中国证券网-上海证券报. 2007-03-22.

此外，在全球的国际关系格局中，淡水供给的严重不足也是一个重要因子，水正逐渐成为国家安全和全球和平的一个不可忽略的战略资源。全球共有约 250 条国际河流，对这些河流中水资源的利用、水质的防护已经成为国际社会关注的敏感问题。根据世界上一些著名战略研究所的统计资料，"二战"以来全球的 40 多次局部战争有 80%是因争夺水资源发生的。弄得不好，一滴水将与一滴血等价。因此，21 世纪人类能否摆脱淡水危机，对人类来说是一场关系到全球能否可持续发展，乃至人类生死存亡的大事。

地球上可利用的淡水资源是有限的，但全球人口则是爆炸性地增长。目前全球人口正以每年 9 000 万人的速度增加。地球的新居民要靠水生存，人口的增长必然加重对水的需求。

我国是一个干旱缺水严重的国家，我国的淡水资源总量为 28 000 亿 m^3，占全球水资源的 6%，居世界第六位。但由于国土辽阔，人口众多，按人口、耕地平均，水资源占有量都大大低于世界平均水平，我国的人均水资源量只有 2 300 m^3，仅为世界平均水平的 1/4，是全球人均水资源最贫乏的国家之一。然而，中国又是世界上用水量最多的国家。仅 2002 年，全国淡水取用量达到 5 497 亿 m^3，大约占世界年取用量的 13%，是美国 1995 年淡水供应量 4 700 亿 m^3 的约 1.2 倍。不断增长的人口需要水，飞速发展的生产需要水，因而我国的水资源将在很长的时期内呈现供不应求的局面。

此外，我国淡水资源的分布，从时间和空间上来分析，是很不平衡的。例如，东部和南部水资源比较丰富，西部和北部则十分短缺。我国不少地区和流域的降水量年与年之间相差很大，有时连续几年枯水，造成严重干旱，又有时连续的丰水造成洪涝灾害和水资源流失。即使在同一年内，降水量也不均匀，大部分地区降水量集中在 6—9 月。这种在时间和空间上降水分布的不均匀更加剧了水资源严重短缺的矛盾。

此外，我国在水资源的利用上也存在许多失误的地方，如我国农村许多地方的村庄原本有许多水塘，现在大约有 80%多已消失，其面积应该等同于很多个洞庭湖、鄱阳湖的面积。对于单独一个村的水塘消失，可能没有太大问题，但是对于整个国家来说，大部分村庄的水塘消失将是很大的问题。因为我们国家夏天雨季，如果有这些水塘，能够把水都存下来，那么我们旱季时候用水就可以有一定的保障，所以水塘消失对我们国家整个粮食生产的安全危害很大。

农业用水是我国用水的大头，约占总用水量的 72%，但真正被有效利用的水只占农业灌溉用水总量的 1/3 左右，其他多半损失在送水过程和漫灌之中。工业上，我国万元产值的耗水量是 225 m^3，发达国家却仅有 100 多 m^3。另外，城市生活用水的数量虽远远低于农业用水和工业用水量，但生活用水中人们对水资源的毫不吝惜和肆无忌惮的浪费却与前二者相差不大。据统计，北京市仅1年的洗车耗水量就相当大，落后的洗车方法浪费水量惊人，目前很多洗车行用高压喷枪对着汽车，通过猛烈喷水洗去汽车表面的灰尘和污垢，落到地面的水直接流入到下水道。这样洗1辆车消耗的水，相当于1个人1天的生活用水量。洗车后的污水直接排放，也会对江河水资源造成污染。

【专栏1-8】浪费水的高尔夫球场

北京，作为一个极度缺水的城市，却有60～70个高尔夫球场，一年耗水4 000万t，相当于100万人1年的用水量。高尔夫球场是真正意义上的抽水机，其1 m^2的耗水量是普通草坪的数倍。北京地区数十家高尔夫球场，年耗水量相当于41个昆明湖！而且，高尔夫球场需要大量农药来维护草坪，当然也不可避免地随水渗透和残留到土壤中，对地下水造成污染。

【资料来源】中央电视台财经频道（CCTV-2）. 经济半小时——聚焦水流困局. 2011-08-10.

最近几年，北方连年干旱。如果说北方资源性缺水日益严重令人忧心，南方的状况也并不乐观。专家指出，南方地区由于不注意污水的处理，把未经处理的污水大量排到天然河道，污染了水体，影响了水资源的有效性，造成有水不能用，形成了水质性缺水的严重状况。受大陆季风气候的影响，中国水资源在季节上分布极不均匀，总是连枯连涝。时间上不均匀的水资源的变化需要由水库来调节。

【专栏1-9】百年不遇的旱情

2011年3月中国的第一大淡水湖鄱阳湖湖水干涸。

2011年5月中国的第二大淡水湖洞庭湖遭遇百年大旱。

2011年春季长江中下游面临干涸。

【资料来源】中央电视台财经频道（CCTV-2）. 经济半小时——聚焦水流困局. 2011-08-09.

生活在地球上的人，1年平均每个人占有7 800 m^3的水资源，而我国水少，这个数字是2 100 m^3。北京就更少，1个人1年才120 m^3水。我国水标准制定时，参照的是20世纪70年代西欧、北美、日本这些国家的一些排放标准。但是这个标准忽略了一个重要的中国国情，就是100 km长的河道，国外是地广人稀，也就是三五家工厂；可是在100 km河道边上，中国就有300～500家乃至上千家工厂，非常密集。如果到了珠三角、长三角、太湖流域调查，100 km的河道甚至不止上千家工厂。因此，中国河流的水早已不堪重负了。

三、食品污染

我们现在市场上的食品种类繁多、数量充足、琳琅满目、应有尽有，唯一的缺陷是不安全。食品中含有毒素已不是什么秘密。由于人口的急剧增长，不得不大量施用化肥。我国用占世界7%的耕地养活了占世界22%的人口，但使用了占世界35%的化肥和大量的农药。致使粮食中的含氮量剧增，有些氮来不及转化为蛋白质和易于人体吸收的营养物质，有可能被还原为亚硝酸盐或含有亚硝基的化学物质，进入体内造成胃肠道癌的发病率上升。很难回答是人口增多而推动了化肥工业的发展，还是由于化肥的大量使用而促进了人口的膨胀。

【专栏 1-10】食品加工问题

在美国，所有出售食品的 3/4 都经过某种方式的加工，其中许多包含高度人工的加工，如“奶油”中不含奶制品，“橘子”饮料中不含橘子，香肠中很少有肉（其中大多数所包含的动物部分，通常不能食用）。这类加工食品包含许多添加剂，这类添加剂加在食品中，会产生有毒副作用。

【资料来源】[英]克莱夫·庞廷. 绿色世界史. 王意，张学广译. 北京：人民出版社，2002.

蔬菜上残留的农药，不易清洗干净，在人的体内积累，引起一系列的过敏反应。曾有媒体报道，兰州的垃圾场，每天都有上千头猪在吃垃圾，吃垃圾的猪肉微量元素大大超标，据兰州市卫检所对垃圾猪进行测定，镉、汞、铬的含量分别超标 3.2 倍、9.6 倍、150.7 倍，长期食用极易引起体内中毒反应，破坏肾小球。

此外，在食品中掺入添加剂（如增白剂、增稠剂、苏丹红、吊白块等）甚至掺假，为了赚昧心钱而造成的食品污染，更让人防不胜防。如在白面中掺入滑石粉，为了将待出售的大米能保存较长时间而喷洒农药。媒体多次披露小作坊在食品加工中的违法行为，如：豆芽上市前要加四种“猛药”，粉丝为防腐要加氨水，榨菜腌制过程中要加滴滴畏，挂面里加甲醛，红心鸭蛋实际是在饲料中加入了工业染料苏丹红 4 号等。

【专栏 1-11】一岁女童吃路边摊炸鸡亚硝酸盐中毒身亡

近日北京一岁女童吃了路边摊购买的炸鸡后中毒身亡。据医院诊断，女童死于亚硝酸盐中毒。其父称孩子吃完炸鸡后嘴唇发紫、身体发抖后口吐白沫，另外食用过炸鸡的家人均发生呕吐症状。

【资料来源】京华时报. 2011-04-25.

亚硝酸盐是一类无机化合物的总称，主要指亚硝酸钠，亚硝酸钠为白色至淡黄色粉末或颗粒状，味微咸，易溶于水。外观及滋味都与食盐相似，并在工业、建筑业中广为使用。由亚硝酸盐引起食物中毒的概率较高，食入 0.3～0.5 g 的亚硝酸盐即可引起中毒甚至死亡。亚硝酸盐中毒是指由于食用硝酸盐或亚硝酸盐含量较高的腌制肉制品、泡菜及变质的蔬菜所引起的中毒，或者误将工业用亚硝酸钠作为食盐食用而引起，也可见于饮用含有硝酸盐或亚硝酸盐苦井水、蒸锅水后，亚硝酸盐能使血液中正常携氧的低铁血红蛋白氧化成高铁血红蛋白，因而失去携氧能力而引起组织缺氧。

2011 年以来，媒体多次曝光食品污染事件，引起多方关注。

德国汉堡卫生当局 2011 年 5 月 31 日宣布，实验室的最新化验结果显示，近日肆虐德国的肠出血性大肠杆菌（EHEC）感染的致病原并非西班牙进口的黄瓜。被冤枉的黄瓜无罪了，但疫情的原因却还不明确，此时，德国已经有 16 人死亡。

【专栏 1-12】上海超市被曝多年销售染色馒头

据央视报道，在上海多家超市销售的小麦馒头、玉米面馒头是将白面染色制成，制作过程中以甜蜜素代替白糖，加入防腐剂防止发霉。馒头生产日期标注为进超市的日期，过期馒头被回收后重新销售。据了解，每天约有 3 万个问题馒头销往 30 多家超市。

【资料来源】东方网. 2011-04-11.

塑化剂是一种增塑剂，在塑料加工中添加这种物质，可以使其柔韧性增强，容易加工，然而，台湾地区的一些黑心企业却将其加入在各类饮料中，以起到和乳化剂相似的增稠效果，一时激起民众的极大愤慨。

在大陆的一些食品批发市场内，一些号称卖调料的商家，暗地里也在卖着各种添加剂。如火锅粉、增香剂、飘香剂、火锅红、辣椒精、大骨肉汤、"魔粉"、"辣椒精"、"牛肉魔膏""一滴香"、"透香王"、"骨髓魔膏"、"浓香型魔油"、"极品魔精"等字样的瓶装产品，还有各种肉精、色素等。添加剂的滥用使大众对食品的安全性产生怀疑甚至恐慌，但有一点是明确的，食品添加剂过多、过滥的使用，已经损害了许多人的健康。

对于许多中国人来说，"转基因食品"这个名词还比较陌生。但它已经与我们不期而遇，走进了每一个人的生活。我们每天所食用的奶粉、豆浆、方便面、色拉油等，都可能含有转基因成分。转基因作物席卷全球，2002 年全球转基因作物的种植面积创下了历史新高。全球种植转基因作物的面积达 1.45 亿英亩（约 5 868 万 hm^2）。目前，全球已有 16 个国家的 600 万农民以种植转基因作物为生，其中美国仍是头号转基因作物大国，其种植面积占全球转基因作物种植总面积的 66%，据估计有 60%的加工食品为转基因食品。阿根廷和加拿大也是转基因作物生产大国。据《人民日报》报道，我国转基因作物种植面积超过 100 万亩，有 6 种转基因植物已被批准商品化；进入市场的转基因食品有柿子椒和西红柿。

【专栏 1-13】什么是转基因食品？

依赖生物技术，科学家将自然界中的基因分离，把它们转入更能发挥其作用的生物中。例如，一种苏云金芽孢杆菌来源的 Bt 基因编码的蛋白可以杀死许多种昆虫，而且科学证明该蛋白对人类安全无害，科学家把这种基因转入到植物中，让植物本身产生预防害虫侵袭的蛋白。像这样含有转基因成分的产品就是转基因产品，如果这类产品被用做食品就是转基因食品。

【资料来源】蒋晖. 新民晚报. 2007-05-01.

我国最主要的转基因作物是棉花，除了偶尔用棉籽榨油，一般并不作为食品。2002 年中国转基因棉花达 150 万 hm^2，已经占到棉花产量的 1/3。自 1966 年美国大面积种植转基因作物以后，转基因食品以惊人的速度向全球扩散。转基因革新与技术在保证农业的稳产高产方面具有十分巨大的潜力。

这对于一些面临食品严重短缺的发展中国家来说意义非同一般，我国发展转基因食品最重要的原因是出于国家粮食安全考虑。转基因作物具有抗旱、抗杂草、抗虫、抗病毒、高产等特性。国家 863 计划农业生物技术项目，包括水稻、棉花转基因植物、农业微生物、动物生物技术等领域转基因技术，对农业生产品质改良都有重大意义。

虽然转基因作物已经在世界范围内得到成功推广，但不时有科学家对转基因生物提出质疑。他们提醒人注意，大量应用转基因生物或许会破坏生物多样性，甚至可能对人类健康造成伤害。

最近几年，有关转基因食品安全的科学争议一直没有停止。最初开始是 1999 年的转基因马铃薯事件，也称为英国的普斯陶事件，英国的一位研究人员公布的实验结果表示，用含有转基因的马铃薯饲养大鼠，引起了大鼠器官生长异常、体重减轻、免疫系统遭到破坏。这一实验结果立即引起轰动，导致了世界范围内对转基因食品安全性的怀疑。随后争议事件接踵而至。

1999 年墨西哥斑蝶事件：转基因抗虫玉米的花粉飘到一种名叫“马利筋”的杂草上，用马利筋叶子饲喂美国大斑蝶，导致 44%的幼虫死亡。

还有，1999 年加拿大转基因油菜事件，2001 年墨西哥玉米基因污染事件，2002 年转基因食品的 DNA 在人体内残留的试验。

中国科学院的《科学新闻》最近发表的一篇文章，将转基因食物可能对人类健康的危害总结为三点：某些毒素可引起人类急、慢性中毒；某些转基因作物可引起人的过敏反应；转基因产品营养成分变化，使人的营养结构失衡。

各国连续标识转基因食品，正是由于转基因食品的安全性尚无定论，国际上普遍采取了慎重对待的态度，2001 年由 13 个国家和地区签署的联合国《生物安全议定书》明确规定，必须对转基因食品进行安全评价，在转基因产品越境转移时，应当征求进口国的同意，并进行标识。

欧洲是最早为转基因食品采取标识制度的地区。2001 年 11 月 28 日，欧盟 15 国制定出了新的转基因食品法规。根据新法规，凡含有 0.9%以上转基因 DNA 或蛋白质的农作物或食品，在市场销售时，必须带贴“GM01”（转基因）字样的标签。2000 年拉美的墨西哥和巴西也通过了对转基因生物的标识法。2001 年，亚太地区的日本、韩国、菲律宾、印度尼西亚、沙特阿拉伯、斯里兰卡也相继颁布了自己的标识法规。

我国政府也于 2002 年 3 月出台了《农业转基因生物安全评价管理办法》等法规，加强对转基因生物的安全管理，并要求对列入目录的转基因生物进行标识。

四、固体废弃物污染

固体废弃物污染也称为垃圾污染。垃圾污染与前述的大气污染、水体污染及食物污染相比，它有自己的特点，这些特点又往往与危害纠缠在一起。主要表现在以下几个方面：垃圾污染必然以大量空间和土地为代价。由于垃圾的堆放必然要占用大量的空间和土地，从一碗剩饭、剩菜到家庭的一个垃圾袋、垃圾桶再到街头的果皮箱、垃圾桶、垃圾站和每个厂矿的废料场及至城市的垃圾场、焚烧炉，无不需占据一定的空间或土地。因此，垃圾污染往往是伴随着它所占据的一定环境空间而形成的。由于长期以来绝大部分厂矿、城市都采用露天堆放、自然填埋等原始处理垃圾的方式，因此我国目前垃圾侵占土地的面积已相当可观。全国有多座城市已陷入垃圾的包围之中。

【专栏 1-14】电池厂女工生下乌黑婴儿

2006 年 1 月，打工妹付洪琴死在了四川老家。临死前，她给妈妈的遗言是：我真不该进那个厂。

19 岁那年,付洪琴来到了广东惠州先进电池厂。2004 年 5 月，她的双腿肿了起来，检查结果是肾功能不全，慢性肾早衰。这家工厂今年已有三名女工相继死亡。

周华琼也是电池厂的女工，就在付洪琴等工友相继患病的时候，她正好怀有四五个月的身孕。女儿柔柔一落地，她就吃惊地发现孩子竟全身乌黑，脸部还有血管瘤。她带着孩子去了很多家医院，但医生都不知道这个小女孩身上到底发生了什么事情。

2004 年夏天，经过广东省职业病防治医院的诊断，177 名电池厂工人体内镉超标，有的人超标几十倍。接着，惠州的超霸电池有限公司、先进电池有限公司以及深圳的捷霸电池有限公司先后爆发了镉伤害职业纠纷事件。大部分女工选择了解除合同，得到 3 000～8 000 元不等的一次性补偿。过后，女工们意识到，以后病情发展，赔偿的那点钱能做什么呢？

2005 年 65 名女工第一次联合起来向法院要求恢复劳动关系，法院没有立案。2006 年上半年，224 名女工联合起来，再次把电池厂商送上法庭，女工再次败诉。

2006 年 11 月，146 名女工第三次跟电池厂商对簿公堂。这一回她们找到了法律援助专家。

【资料来源】华夏时报. 2006-12-12.

垃圾污染是整个环境重要的污染源头之一，它往往可以导致大气、水体、土壤、居室、食物等其他各种环境污染。比如，前述的垃圾堆放或填埋，必然要占用一定的土地，那么，在堆放或填埋的同时，垃圾就污染了被其占用土地及其周围的土壤，由于雨水等淋洗、渗透，土壤受污染的面积必然大大多于垃圾堆放或填埋的土地面积。这么大面积土地的土壤受到污染，通过雨水浸淋，其渗出液中所含的有害成分又会污染地下水或通过地上径流污染地面水，从而造成对水环境的污染。比如，我国东北某一铁合金厂，在 20 世纪 70 年代时用几十亩地露天堆放了铬渣 10 多万 t，到 90 年代便发现，这些铬渣已把周围方圆几平方千米的土地及地下水全部污染，并使该污染区域内的 100 多眼井水不能饮用，可见垃圾污染的危害多么严重。

此外，还有一部分垃圾由于被洪水冲入江河湖海，甚至有不少船舶以及不少单位和个人直接将垃圾倾倒江河湖海，这些垃圾更直接地造成了水体污染。在垃圾堆放过程中，较小颗粒的垃圾或粉末状垃圾可被风吹起形成扬尘，垃圾堆由于微生物发酵而产生大量有害气体并发出恶臭，有的还会经常自燃或是经人为焚烧。

垃圾也会产生大量的有害气体（如二噁英、苯并[*a*]芘等）。这些扬尘、发酵产生的大量气体、恶臭或燃烧产生的大量有害气体都会造成对大气环境的污染。室内的垃圾如果没有及时打扫清理，当然就会导致居室污染。上述由垃圾造成的土壤污染、水体污染、大气污染及居室污染，都会通过各种途径，如生物链、食物链等造成食物污染，并且还由于它会滋生有害的微生物及昆虫从而造成疾病的传播，最终都会导致对人体健康的危害。加之，20 世纪初塑料问世，由于它价廉物美，到 20 世纪末，全世界塑料的总产量在体积上已超过了钢铁产量，从而使这些哪怕是在地下埋上千百年或在水中泡上千百年仍不会自然降解的塑料所造成对土壤和水体的污染，成为已过去一个世纪的独特“遗产”——白色污染。因此，垃圾是污染环境的一大污染源。

【专栏 1-15】关于“白色污染”

2002 年日本全国共使用了 305 亿个塑料袋。制造一个塑料袋需使用 18.3 mL 石油,该年日本用于制造塑料购物袋的原油约 5.6 亿 L，接近日本 1 天的原油进口量。日本家庭生活垃圾中塑料袋的体积占 6%。一些没能得到回收的塑料袋散落街头，形成白色污染。由于日本四面环海，还发生过鱼类或海龟误食流入海里的塑料袋而死亡的事件。

【资料来源】刘军，严圣禾，等. 文摘报. 2008-01-17.

目前我国每年产生的工业固体垃圾 9.5 亿 t，其中危险废物 1 000 万 t。生活垃圾已达到 1.46 亿 t，而且以每年 6%～7%的速度在递增。另一方面，由于资金技术和管理等各方面的原因，我国城市垃圾的无害化处理率仅为 2.3%，换言之，有 97%以上的城市生活垃圾只能运往城郊长年露天堆放，到今天我国历年垃圾的存堆量已高达 64.6 亿 t，占地 5.6 万 hm^2，有 200 多座城市陷入垃圾的包围之中。垃圾围城的局面，严重损害着城市环境卫生，恶化住区生活条件，阻碍城市建设的发展，加之，目前我国整体环卫作业的机械化程度较低，设备陈旧而不配套，面对着日益严峻的“垃圾围城”现象，我们难道只能望垃圾而兴叹？

垃圾污染必然以严重浪费资源为代价。垃圾本身是可利用的资源，它具备某些天然原料或能源所应具有的物理或化学特性。只要开发得当，就可以充分利用这种资源变废为宝，既消除了垃圾污染，又为人类带来种种好处。因此，努力开发垃圾资源，充分利用一切可利用的资源，以“废物”代替并节省一部分天然资源，应当成为可持续发展战略的一个重要组成部分。比如，从垃圾中回收金属，可满足市场上对金属的部分需求，从而可以延缓对地球金属矿物的开采速度；又如，将有机垃圾经化学处理炼油或焚烧发电，以节约对天然能源的开采等。目前许多城市推行生活垃圾分类堆放管理，就是为开发垃圾资源而进行的一种有益的初期工作。但是，就我国而言，目前绝大部分的垃圾并没有利用起来，垃圾资源化在一些大城市也还仅仅是处于起步试验阶段，因而绝大部分的垃圾既造成了广泛的垃圾污染，又造成了资源的大量严重浪费。因此，也可以说，垃圾污染必然以大量浪费资源为代价。所以，消除严重的垃圾污染，大力开发垃圾资源，保护生态环境，贯彻可持续发展战略，是当前摆在我们面前的又一重要课题。

五、森林锐减与土地荒漠化

（一）森林锐减

森林是人类赖以生存的生态系统中的一个重要的组成部分。地球上曾经有 76 亿 hm^2 的森林，到 20 世纪时下降为 55 亿 hm^2，到 1976 年已经减少到 28 亿 hm^2。由于世界人口的增长，对耕地、牧场、木材的需求量日益增加，导致对森林的过度采伐和开垦，使森林受到前所未有的破坏。据统计，全世界每年约有 1 200 万 hm^2 的森林消失，其中占绝大多数是对全球生态平衡至关重要的热带雨林。对热带雨林的破坏主要发生在热带地区的发展中国家，尤以巴西的亚马孙地区情况最为严重。亚马逊森林居世界热带雨林之首，但是，到 90 年代初期这一地区的森林覆盖率比原来减少了 11%，约 70 万 km^2，相当于平均每 5 秒钟就有差不多有一个足球场大小的森林消失。此外，亚太地区、非洲的热带雨林也在遭到破坏。

（二）土地荒漠化

1992 年联合国环境与发展大会这样定义：“荒漠化是由于气候变化和人类不合理的经济活动等因素使干旱、半干旱和具有干旱灾害的半湿润地区的土地发生退化。”土地开垦成农田以后，生态环境就发生了根本的变化，稀疏的作物遮挡不住暴雨对土壤颗粒的冲击；缺少植被而裸露的地表凭日晒风吹，不断地损失掉它的水分和肥沃的表层细土；单调的作物又吸收走了土壤中的某些无机和有机肥料，并随收获被带出土壤生态系统以外，年复一年，不断减少着土壤的肥力，导致土壤品质恶化，于是水土流失便加速进行。

土地荒漠化是全球性的环境灾害，它已影响到世界七大洲的 100 多个国家和地区，全球约有 1/6 的人口生活在这些地区。目前，全球荒漠化的面积已经达 3 600 万 km^2，占整个地球陆地面积的 1/4，全世界受荒漠化影响的国家有 100 多个，约 9 亿人受到荒漠化的摧残影响和威胁。全世界每年因荒漠化而遭受的损失达 420 亿美元。

我国是世界上沙漠面积较大、分布较广、荒漠化危害严重的国家之一。沙漠、戈壁及沙化土地总面积为 168.9 万 km^2，占国土面积的 17.6%。除西北、华北和东北的 12 块沙漠和沙地外，在豫东、豫北平原，在唐山、北京周围，北回归线一带还分布着大片的风沙化的土地。近 20 年来沙化土地平均每年以 2 460 km^2 的速度在扩展。中国每年因荒漠化危害造成的损失高达 540 亿元。

在中国因风蚀形成的荒漠化土地面积已超出全国耕地的总和。由于水土流失，中国每年流失土壤达 50 多亿 t，使土地资源遭受严重破坏。在我国，直接受荒漠化危害影响的人口约 5 000 多万人。西北、华北北部、东北西部地区每年约有 2 亿亩农田遭受风沙灾害，粮食产量低而不稳定；有 15 亿亩草场由于荒漠化造成严重退化；有数以千计的水利工程设施因受风沙侵袭排灌效能减弱。

【专栏 1-16】我国因荒漠化每天损失 1.5 亿元

（记者刘毅）我国每年因荒漠化造成的直接经济损失达 540 亿元，平均每天损失近 1.5 亿元。这是国家林业局副局长张建龙近日在中国绿化基金会枫桦治理荒漠化专项基金成立仪式上透露的。

【资料来源】人民网. 2007-12-24.

荒漠化的发生、发展和社会经济有着密切的关系。人类不合理的经济活动是荒漠化的主要原因，反过来人类又是它的直接受害者。与荒漠化有关的社会经济因素有人口过剩、过度耕种、过度放牧、毁林和低下的灌溉水平。过度耕种和过度放牧，都与人口增长有着直接的因果关系。人口的增长必然对农产品和畜产品需求量增加，所以导致了过度耕种和过度放牧。过度耕种促进了荒漠化形成条件：土地的肥力下降和农作物产量下降，土壤表层板结，土壤流失，土壤遭侵蚀等。森林的过度砍伐，也是荒漠化形成的重要原因。黄河中游的黄土高原，本是茂密的森林，人类的开发活动，使大面积的森林遭受破坏。缺乏森林保护的土地阻挡不住西伯利亚黄土的侵蚀，形成了干旱、荒凉的黄土高坡，面临荒漠化的严重威胁。

【专栏 1-17】浮尘颗粒越小危害越大

越是微小的颗粒，悬浮于空中的时间越长，而且会被吸入呼吸道的更深处。沙尘暴过后，大颗粒沙土尘埃落定，久久悬浮于空中而多日不散的是那些极细小的微粒，其直径甚至接近 0.001 μm，它们恰恰是对人体最有害的。所以建议沙尘暴过后数日，都不宜进行室外锻炼，尤其不要在第二天晨练，否则得不偿失。

【资料来源】昆仑. 沙尘暴灾害与沙尘天气的防护. 世界环境，2011（4）.

六、海洋污染

海洋占地球表面的 71%，它不仅是大气的热源和水源，而且积极参与着大气的热量平衡和水分平衡，海洋和大气之间广泛存在着物质和能量的交换。但随着人口的增长和沿海地区经济的迅速发展，缺乏海岸带协调管理机制和作为海岸带及海岸开发管理的功能区划，海洋管理的法律框架不健全，多数地区的海洋开发处于“无偿、无序、无度”状态，海洋生态系统遭受严重破坏，导致“海-气”系统的紊乱，气候变化异常，海平面上升；海洋生物资源数量减少，质量降低，也使部分物种濒临灭绝。据有关统计报道，由于过量捕捞和海洋污染，世界上 17 个主要渔场的渔获量全面下降，全球 50%的海洋珊瑚礁死亡。为此，如何合理开发利用海洋资源，保护海洋生态环境，将是 21 世纪人类面临的五大挑战之一。

微小生物使海水变色的现象称为“赤潮”。“赤潮”的形成是相当复杂的，其中过量营养盐（主要是氮、磷）是产生“赤潮”的主要原因。营养物质进入海洋，经过不断的积累，使得海洋中的营养物质达到一定的数量，形成“富营养化”，海洋中的微小生物和海藻等以这些营养物质为食并大量繁殖，呈现红色，以致造成水中缺氧，鱼虾死亡，水色变异，这就形成了“赤潮”。

“赤潮”发生时，由于大量“赤潮”生物繁殖覆盖海面，空气中氧不易充入，而且死亡了的“赤潮”生物极易为微生物分解，从而消耗了海水中大量溶解氧，使海水呈缺氧甚至是无氧状态，由此导致海洋生物的大量死亡。另外有些“赤潮”生物产生的毒素对鱼、虾、贝也有致命作用，所以“赤潮”给水产资源造成巨大损失。

【专栏 1-18】康菲公司“蓬莱 19-3 油田溢油事故”污染带来的部分损失

对在河北乐亭和昌黎的养基围虾的即墨鳌山卫籍 70 多家养虾户而言，“蓬莱 19-3 油田溢油事故”带给他们的可能是灭顶之灾。2011 年 9 月 3 日，养虾户刘强德告诉记者，自己 1 000 亩养虾池因为受到油污的污染几乎绝产，70 多家养虾户总损失预计 2.4 亿元。

【资料来源】羊城晚报. 2011-09-06.

“赤潮”的防治可以通过减少和控制营养物质进入海洋而达到。具体要严格控制未经处理的工业废水和生活污水的排放，最大限度地减少水体中的氮、磷积累；加强富营养化和“赤潮”的预报及其研究等。

七、气候变化

近百年来，世界正以异乎寻常的速率在变暖，全球气候变化已是一个毋庸置疑的事实。历史文献、树木年轮、沉积物、冰芯资料等间接地为人们提供了全球气候变化历史资料。人们构建了许多相关模型预测未来气候变化，虽然预测结果不尽相同，但预测的整体趋势大致相同，在今后 100 年左右的时间内，气球气温将增加 3～5℃。

【专栏 1-19】全球年均气温升高

人们在计算全球气温的平均值时发现，全球最暖的 10 个年份都发生在 1990 年以后，且呈上升趋势，20 世纪 70 年代比 60 年代更热，80 年代比 70 年代更热，90 年代则比 80 年代更热，进入 21 世纪，全球很可能会变得更热。自 1977 年以来，全球年均气温一直不低于 14℃，这是过去 200 年都没有达到的一个水平。

【资料来源】[美]迈克尔·贝尔．环境社会学的邀请．昌敦虎译．北京：北京大学出版社，2010.

全球气候变化是指自 1900 年以来的地球上气候的变化。最近我们看到的和预计今后 80 年将发生的变化，主要是由于人类的行为引起的而非自然的变化。温室气体指大气中自然存在的水蒸气、二氧化碳和甲烷，这些气体由于能吸收地表的红外辐射而成为地球的绝热层。同时，它们又是生命的保障。如果没有温室气体（GHG）全球气温将下降 33℃。其实，影响气温变化的关键不是温室气体的存在，而是温室气体在大气中的浓度，当浓度增加时，地球表面的温度就随之上升，导致地球变暖。

科学家近年来对全球变暖的影响进行了大量的研究，虽然还不能全面预测全球变暖给地球带来的多种变化，但人类对全球变暖的负面影响已经有了更深入的认识。

（一）全球变暖的负面影响

（1）水供需矛盾加剧：全球变暖导致降水变化，全球水资源供需矛盾越加明显。联合国政府间气候变化专门委员会 2007 年年初曾指出，如果地球平均气温上升 4℃，全球就会有 30 多亿人面临缺水问题。

（2）天灾威胁加重：地球“发烧”，热带风暴和飓风的次数和强度都可能增加。

（3）岛国命运堪忧：地球两极冰雪融化会导致海平面上升，众多岛屿将被淹没，一些岛国可能不复存在，岛上及沿海居民生活受到威胁。印尼科学家 2007 年 1 月预测说，印尼约 1.8 万个岛屿中可能将有 2 000 个在 2030 年前被海水淹没。

（4）夏天热浪频发：有关报告显示，如果全球平均气温上升 3℃，北美地区受热浪侵袭的次数将增加 3～8 倍，世界其他地方与北美情况类似。

（5）生物链被打乱：由于气候变化，不少动物开始向南部或北部迁移，生物物种活动范围的变化将导致迁入地和迁出地生物链出现混乱，从而对农林业和渔业产生不利影响。

（6）传染疾病肆虐：由于全球变暖，许多通过昆虫、食物和水传播的传染性疾病的传播范围将扩大，并对贫困地区的人口造成显著影响。

（7）经济发展蒙阴影：据统计，20 世纪 90 年代，全球发生的重大气象灾害比 50 年代多 5 倍，因此造成的年均经济损失从 60 年代的 40 亿美元飙升至 290 亿美元。

【专栏 1-20】2011 年极端气候频现

今年以来，东非遭受 60 年来最大的旱灾，埃塞俄比亚、索马里、肯尼亚等国家超过 1 000 万人面临粮食危机，200 多万人饮水困难。与此同时，澳大利亚的气温创近百年来最高纪录。而在智利却经历了几十年来最寒冷的冬天。美国有 18%的区域气候异常，干旱引发森林大火。

【资料来源】央视网. 中国新闻. 2011-08-04.

虽然全球变暖也可能对少数地区有益，但综合评价其影响，全球变暖已经成为人类未来生活的巨大威胁。

现在，二氧化碳浓度已经从工业革命前估计的 280×10^{-6}（体积比）上升到现在的 380×10^{-6}。在 20 世纪期间，地球的表面温度上升了大约 0.6℃。政府间气候变化专门委员会（IPCC）估计到 21 世纪末气温将上升 1.4～5.8℃。

【专栏 1-21】热浪袭击世界各地

1995 年 7 月 12—15 日，芝加哥连续 4 天最高气温达到 56℃左右。高温造成 739 人死亡。2002 年 4—5 月的热浪造成印度 1 000 人死亡。更为可怕的是，据估计，欧洲 2003 年出现的热浪，使得法国及其他许多欧洲国家死亡的人数达到令人震惊的 14 802 人。

【资料来源】[美]迈克尔 · 贝尔. 环境社会学的邀请. 昌敦虎译. 北京：北京大学出版社，2010.

（二）全球变暖的原因

引起气候变化以及全球变暖的原因有多种，概括起来可分成自然的气候波动与人类活动的影响两大类。前者包括太阳辐射的变化，火山爆发等；后者包括人类燃烧化石燃料以及毁林引起的大气中温室气体浓度的增加，硫化物气溶胶浓度的变化，陆面覆盖和土地利用的变化等。

自然因素与气候变化：气候系统所有的能量基本上来自太阳，所以太阳能量输出的变化被认为是导致气候变化的一种辐射强迫，也就是说太阳辐射的变化是引起气候系统变化的外因。引起太阳辐射变化的另一原因是地球轨道的变化。地球绕太阳轨道有三种规律性的变化：一是椭圆形地球轨道的偏心率（长轴与短轴之比）以 10 万年的周期变化；二是地球自转轴相对于地球轨道的倾角在 21.6°～24.5°变化，其周期为 41 000 年；三是地球最接近太阳的近日点时间的年变化，即近日点时间在一年的不同月份转变，其周期约为 23 000 年。

另一个影响气候变化的自然因素是火山爆发。火山爆发之后，向高空喷放出大量硫化物气溶胶和尘埃，可以到达平流层高度。它们可以显著地反射太阳辐射，从而使其下层的大气冷却。

人类活动引起的全球气候变化，主要包括人类燃烧化石燃料，硫化物气溶胶浓度的变化，陆面覆盖和土地利用的变化（如毁林引起的大气中温室气体浓度的增加）等。自从矿物燃料变成维持工业化世界生活方式的关键因素以来，二氧化碳成为最近200年造成的最大污染形式。现在，年消耗煤比1800年高100倍，年石油消耗在20世纪增加了200倍以上。各种各样人类活动的直接后果是，在最近200年中，大气中二氧化碳的含量增加了1/3，从1750年的大约270×10^{-6}，增加到20世纪80年代后期的350×10^{-6}。这一增加的大约一半发生在20世纪50年代以后，所释放的二氧化碳从1950年的16亿t增加到80年代中期的54亿t。全球矿物燃料的使用每年大约增加4%（这意味着每16年翻一番），二氧化碳在大气中每年增加大约0.5%。到目前为止，二氧化碳占所释放温室气体的最大量，构成总的温室气体的大约2/3。

人类活动排放的温室气体主要有6种，即二氧化碳（CO_2），甲烷（CH_4），一氧化二氮（N_2O），氢氟碳化物（HFCS），全氟化碳（PFCS）和六氟化硫（SF_6）其中对气候变化影响最大的是二氧化碳。它产生的增温效应占所有温室气体总增温效应的63%。且在大气中的存留期很长，最长可达到200年，并充分混合，因而最受关注。

自1750年以来，由于人类活动的影响，全球大气二氧化碳、甲烷和一氧化二氮等温室气体浓度显著增加，2005年全球大气CO_2浓度为379×10^{-6}，目前已经远远超出了根据冰芯记录得到的工业化前65万年以来的自然变化浓度范围，是65万年以来最高的。根据多种研究结果证实了过去50年观测到的大部分全球平均温度的升高非常可能是由于人为温室气体浓度的增加引起的。

（三）全球变暖对人体健康的危害

（1）全球变暖直接导致部分地区夏天出现超高温，因为心脏病及引发的各种呼吸系统疾病，每年都会夺去很多人的生命，其中又以新生儿和老人的危险性最大。

（2）全球变暖导致臭氧浓度增加，低空中的臭氧是非常危险的污染物，会破坏肺部组织，引发哮喘或其他肺病。

（3）全球变暖造成某些传染性疾病的传播。当蚊子叮咬一个带有传染病毒的人时，这种病毒就会跟随血液进入蚊子体内开始繁殖，并通过下一次叮咬进入某个健康人体内完成病毒的传播。在一定温度范围内随着温度的升高，蚊子的繁殖速率和叮咬速率都大大提高，其体内病毒的繁殖和成熟速率也将随之提高。夜晚和冬季温度上升，大大延长扩展了蚊子的生活期和地域，使得靠它传播的疟疾、猩红热、黄疸、脑炎等恶性传染疾病的发病率提高。

（4）全球变暖会在不同地区造成不同的自然灾害，直接导致粮食减产，也使当地居民遭受饥饿和营养不良的威胁，同时会加速某些靠水传播的病毒的扩散速率，如脑炎、痢疾、高烧等。

八、酸雨

酸雨又叫做硫酸烟雾，是大气中的二氧化硫等硫化物，在有水雾、含有重金属的飘尘或氮氧化物存在时，发生一系列化学或光化学反应而生成的硫酸雾或硫酸盐气溶胶。酸雨的危害非常严重，它可以腐蚀金属物质，毁坏农作物以及污染水源等。外国的许多大城市都发生过酸雨事件，我国的某些大城市也曾经发生过，并造成了一定的损失。

随着人口的剧烈增长和生产的发展，化石燃料的消耗不断增加，酸雨问题的严重性逐渐显露出来。20 世纪 50～60 年代以前，酸雨只在局部地区出现。50～60 年代，北欧地区受到欧洲中部工业区酸性排气的影响，出现了酸雨。60 年代末到 80 年代初，酸雨的危害全面显现，酸雨范围由北欧扩大至中欧，同时北美也出现了大面积的酸雨区。80 年代以来，在世界各地相继出现了酸雨，如亚洲的中国、日本、韩国、东南亚各国，南美的巴西、委内瑞拉，非洲的尼日利亚、象牙海岸等都受到了酸雨的危害。

当前，酸雨最集中、面积最大的地区是欧洲、北美和中国。全球降水来源的硫沉降最高的地区是欧洲、美国中部和中国西南部。酸雨危害范围不断加大，危害程度也不断加深。中北欧、美国、加拿大已出现明显土壤酸化现象。美国、加拿大、北欧诸国的水体受酸雨影响而酸化的问题越来越严重，加拿大 30 万个湖泊，到 20 世纪末，有近 5 万个因湖水酸化生物将完全灭绝。酸雨对森林的危害在许多国家已普遍存在。全欧洲 1.1 亿 hm^2 的森林，有 5 000 万 hm^2 受酸雨危害而变得脆弱和枯萎。至于酸性降水现象，在全球范围内都有发生。

在我国，大片酸雨区仍旧存在，全国酸雨分布区域主要集中在长江沿线及以南—青藏高原以东地区。主要包括浙江、江西、湖南、福建的大部分地区，长江三角洲、安徽南部、湖北西部、重庆南部、四川东南部、贵州东北部、广西东北部及广东中部地区。据《2010 年中国环境状况公报》公布的数据显示，我国监测的 494 个市（县）中，出现酸雨的市（县）为 249 个，占 50.4%；酸雨发生频率在 25%以上的 160 个，占 32.4%；酸雨发生频率在 75%以上的 54 个，占 11.0%。2010 年二氧化硫排放量为 2 185.1 万 t，比上一年有所减少。

表 1-3　2010 年全国酸雨发生频率分段统计

酸雨发生频率	0	0～25%	25%～50%	50%～75%	≥75%
城市数/个	245	89	57	49	54
所占比例/%	49.6	18.0	11.5	9.9	11.0

表 1-4　2010 年全国降水 pH 年均值统计

pH 年均值范围	<4.5	4.5～5.0	5.0～5.6	5.6～7.0	≥7.0
城市数/个	42	65	69	238	80
所占比例/%	8.5	13.1	14.0	48.2	16.2

资料来源：《2010 年中国环境状况公报》。

酸雨的发展与燃料消费数量、能源结构、技术水平以及人口增长均有关系。依此分析，目前酸雨最集中的欧洲、北美，尽管人口与经济在今后仍会不断增长，但酸雨问题不会有明显的加重。而发展中国家，却可能因酸性污染物排放的急剧增加，而使酸雨变得越来越严重。

九、臭氧层破坏

臭氧层由大气层中距地表约20～30 km 聚集的无色、活泼的气体臭氧（O_3）所组成。臭氧会吸收太阳光里的紫外线，大量的紫外线会导致皮肤癌的发生，而臭氧层阻挡了近98%的紫外线射向地表，只让那些对生物有益的光线照到地球上。

臭氧也是一种温室气体，它的存在可以使全球气候增暖。但是，臭氧与其他温室气体不同，这是自然界中受自然因子（太阳辐射中紫外线对高层大气氧分子进行光化作用而生成）影响而产生，并不是人类活动排放产生的。

（一）臭氧层破坏的状况

1985 年，英国科学家法尔曼（Farmen）等人总结他们在南极哈雷湾观测站（Halley Bay）的观测结果，发现从 1975 年以来，那里每年早春（南极 10 月）总臭氧浓度的减少超过 30%。这一发现得到了许多其他国家的南极科学站观测结果的证实。如此惊人的臭氧减少引起了全世界极大的震动。臭氧层破坏的问题也从此开始受到不仅来自科学界，而且来自世界各国政府、企业和社会各界的广泛重视。

进一步的测量表明，极地上空臭氧层的中心地带，近 95%的臭氧被破坏。从地面向上观测，高空的臭氧层已极其稀薄，与周围相比像是形成了一个“洞”，直径达上千千米，“臭氧洞”就是因此而得名的。卫星观测表明，臭氧洞的覆盖面积有时甚至比美国的国土面积还要大。

其后的研究和观测还发现，臭氧层的损耗不只发生在南极，在北极上空和其他中纬度地区也都出现了不同程度的臭氧层损耗现象。实际上，尽管没有在北极发现类似南极洞的臭氧损失，但科学研究发现，北极地区在 1—2 月，16～20 km 高度的臭氧损耗约为正常浓度的 10%。与南极的臭氧破坏相比，北极的臭氧损耗程度要轻得多，而且持续时间相对较短。实际上，臭氧总浓度的减少在全球范围内发生。利用地面观测和卫星资料，中国气象科学院的周秀骥报道了我国在青藏高原存在一个臭氧低值中心。中心出现于每年 6 月，中心区臭氧总浓度的年递减率达 0.345%，这在北半球是非常异常的现象。研究还发现，自 1979 年以来，我国大气臭氧总量逐年减少，年平均递减率为 0.077%～0.75%。

（二）臭氧层破坏的原因

在自然状态下，大气中的臭氧是处于一种动态平衡的。然而臭氧在一定条件下能与许多物质反应而被消耗。如近几十年来，人类大量生产、使用的氟利昂（CFCs）、哈龙（Halon）、一氧化二氮（N_2O）及四氯化碳（CCl_4）等气体排放到大气中，在大气中长期滞留并最终到达平流层中，在紫外线辐射下发生光解，产生的活性基团与臭氧反应而消耗臭氧，最终导致臭氧浓度下降。臭氧层被破坏，便出现了臭氧空洞。

氟利昂发明于 1920 年，由于其无毒性、不燃烧、不与其他物质反应，而被许多工业过程采用。它们被用于清洁电路板，用做汽车空调器的冷冻剂，由于其良好热绝缘性能而被用于膨胀气体容器，还用做喷雾器罐的助推剂。氟利昂制造成本廉价，其使用便迅速扩大。其价格低廉和明显安全，意味着很少需要减少废弃物或对其废料特别加以处理。汽车空调的大约 1/3 氟利昂通过“惯常”泄漏释放，超过一半在服务过程中流失。当旧冰箱破损后，这些气体便直接释放到大气中。大气中大约 3/4 的氟利昂来自喷雾器罐，氟利昂使用开始于 20 世纪 50—70 年代初。仅美国每年就使用大约 15 亿氟利昂助动的喷雾器罐。释放进大气的氟利昂从 1931 年的 100 t，迅速增加到 1950 年的 3.5 万 t，1960 年的 13 万 t，1970 年的 50 万 t，到 80 年代中期为 65 万 t。几乎所有的氟利昂都在工业化世界中使用。美国的消费要比世界平均水平高 8 倍，但第三世界正在增加使用。

（三）臭氧层破坏造成的危害

臭氧层被大量损耗后，吸收紫外辐射的能力大大减弱，导致到达地球表面的紫外线明显增加，给人类健康和生态环境带来多方面的危害，目前已受到人们普遍关注的主要有对人体健康、陆生植物、水生生态系统、生物化学循环、材料以及对流层大气组成和空气质量等方面的影响。

1. 对人体健康的影响

阳光中紫外线的增加对人类健康有严重的危害作用。实验证明紫外线会损伤角膜和眼晶体，如引起白内障、眼球晶体变形等。据分析，平流层臭氧减少 1%，全球白内障的发病率将增加 0.6%～0.8%，全世界由于白内障而引起失明的人数将增加 10 000～15 000 人。利用动物实验和人类流行病学的数据资料得到的最新的研究结果显示，若臭氧浓度下降 10%，非恶性皮肤瘤的发病率将会增加 26%。

2. 对陆生植物的影响

臭氧层损耗对植物的危害的机制目前尚不如其对人体健康的影响清楚，但研究表明，在已经研究过的植物品种中，超过 50%的植物有来自紫外线的负面影响，比如豆类、瓜类等作物，另外某些作物如土豆、番茄、甜菜等的质量将会下降。

3. 对水生生态系统的影响

对臭氧洞范围内和臭氧洞以外地区的浮游植物生产力进行比较的结果表明，浮游植物生产力下降与臭氧减少造成的紫外线辐射增加直接有关。一项研究表明浮游植物在冰川边缘地区的生产力下降了 6%～12%。由于浮游生物是海洋食物链的基础，浮游生物种类和数量的减少还会影响鱼类和贝类生物的产量。据另一项科学研究的结果，如果平流层臭氧减少 25%，浮游生物的初级生产力将下降 10%，这将导致水面附近的生物减少 35%。

4. 对材料的影响

因平流层臭氧损耗导致阳光紫外辐射的增加会加速建筑、喷涂、包装及电线电缆等所用材料，尤其是高分子材料的降解和老化变质。特别是在高温和阳光充足的热带地区，这种破坏作用更为严重。由于这一破坏作用造成的损失估计全球每年达到数十亿美元。

十、生物多样性破坏

在恐龙灭绝 6 500 万年后的今天，地球正在发生着第 6 次大规模物种灭绝危机。据专家估计，目前全球12%的植物物种濒临灭绝，在已知的每8个植物种类中至少有一种濒临灭绝；濒临灭绝的各种动物中，哺乳动物有406种，鸟类593种，爬行类209种，鱼类242种，其他低等动物则不计其数。到20世纪末，全球物种大约有20%灭绝。像大熊猫、东北虎、滇金丝猴、西伯利亚虎、亚洲黑熊、非洲黑犀牛、北美石龟、北美玳瑁、巴西红木等许多珍稀物种濒临灭绝。另据报道，在今后30年内，仍将有10%～15%的物种注定要消失。而世界上千百万遗传物种的消失将直接关系到人类生存的大问题。鉴于此，1973年曾经参加联合国人类环境会议的国家在美国首都华盛顿签署了《濒危野生动植物种国际贸易公约》，1992年联合国环境与发展大会上各国政府首脑们又签署了《生物多样性公约》等，充分体现各国政府对尽可能完美地保护好这个生命世界，所作的最高级别的政治承诺和承担国际社会应尽的义务的努力。

钟表的时针每走一个数字，就有一个历经千百万年进化的生物从地球上永远消失。国家濒危物种进出口管理办公室提供的信息显示了这一惊人的生命灭绝过程。据科学家估计，由于人类活动的强烈干扰，近代物种的丧失速度比自然灭绝速度快1 000倍，比形成速度快100万倍，物种的丧失速度由大致每天1个物种灭绝加快到每小时1个物种灭绝。

这些濒临灭绝的物种大多数与人类的关系十分密切，对人类的生存与发展具有十分重要的意义。造成物种灭绝的原因，除不可抗拒的自然历史及自然灾害因素外，人为活动是其主要原因。特别是由于商业贸易而导致人类对野生动植物资源的掠夺式利用，是造成物种濒危乃至灭绝的重要因素。

野生动植物是宝贵的自然资源，是生态环境的重要组成部分，也是人类生存与发展不可或缺的物质基础。可以说人类社会的发展史，就是人类利用野生动植物资源不断发展的历史。然而，特别是自工业化革命以来的近200年里，伴随着人口数量膨胀和经济的快速发展，野生动植物的种类和数量以惊人的速度在减少。

【专栏1-22】自然界的和谐受到人类活动的影响

我们的地球是从一个没有生命、原始荒凉的星球逐步演变、进化，形成今天朝气蓬勃、具有丰富多彩的生物的生命之舟的。千百万年以来，各种生物相互依存、相互制约，通过千丝万缕的食物链和营养金字塔的关系，求得共同生存，抵御各种灾难，使自然界的秩序逐渐和谐、合理。

随着人类征服自然、改造自然能力的加强，人类对自然界的影响越来越大，同时，经过千百万年进化而形成的成熟、稳定的自然环境中的各种关系也开始遭到严重破坏。

【资料来源】梁从诫. 地球家园. 太原：山西教育出版社，1996.

第三节　其他环境问题

一、居室空气污染

多数人多数时间生活在室内。许多人认为室内的空气比外面的空气要干净得多，其实不然。据研究表明，室内空气中的细菌数要远远高于外界空气的细菌数，所以室内空气并不比外界好。其次在住宅的厨房中，由于烧饭燃烧燃料的原因，使得厨房空气中污染物的浓度比室外要高很多，主要有颗粒物、苯并[*a*]芘等致癌物。还有在新建住宅中，放射性氡污染比较严重。人类目前所受到的放射性污染约54%来自氡，它主要是由混凝土、砖、石等建材中的放射性元素蜕变产生。一些装修材料用的涂料、黏合剂挥发有毒气体，是新装修房屋的一大污染源。此外，室内吸烟和室内化学制品也散发有毒物质。目前家用电器的大量使用，电磁污染又成为人们关注的问题之一。总之，室内空气污染不能忽视，应对的办法是：要多打开窗户通风，使室内空气流通；尽量简单地装修房屋，使用绿色装修材料；室内尽量不要留存各类化学及塑料制品；使用清洁燃料。

【专栏 1-23】装修污染每年死亡 11 万人

中国室内装饰协会环境检测中心的最新数据表明：我国每年由室内空气污染引起的死亡人数已达11.1 万人，每天死亡约 304 人。如南京栗先生在新房装修后仅 10 天左右就匆匆入住，不到 4 个月患上了白血病。

【资料来源】文摘报. 2004-08-12.

二、化学品污染

1945 年后，工业日益大量地生产合成化学品，其中许多有剧毒，无法被自然过程降解，以致在环境中积聚着。其中许多被测定为对动物或环境造成影响，不管是单项地还是联合地，许多已在积聚的地方被生物有机体摄入。这些化学品即使释放了很小量，也会对自然生态系统造成灾难性后果。现代工业生产已转移到以更污染的产品，如塑料、洗涤剂、合成纤维、肥料和杀虫剂，代替了天然的、较少污染的产品，如肥皂、天然纤维和有机肥料。美国化学合成品从 1945 年的 10 亿磅（1 磅=0.45 kg）增加到 20 世纪 80 年代的 4 000 亿磅。这些化学合成品主要是杀虫剂和 PCBs（即多氯联苯，氯化的碳氢化合物）。许多化学合成品是致癌物质，由于它们的使用，每年大约 2 万人死掉，另有大约 75 万人健康受到严重影响。

PCBs 很接近 DDT 和其他剧毒化学品，其中一些现在被看做是科学所知的最易致癌的化合物。这些化合物性质很稳定，很少受到生物降解，即使很小剂量也危害极大，并且倾向于在动物脂肪中积聚下来。PCBs 污染在整个工业化世界的人奶中发现，即使很小量也会影响生育。

到 20 世纪 80 年代，大约有 7 万种化学品在被使用，而每年仍以大约 1 000 种的速度在增加新的品种。其中大多数未受安全检测，但最确切的估计表明，这些化学品的大约一半或者明确地或者潜在地有害于人类。1945 年以来，需要处理的有毒废弃物的数量已急剧增加。20 世纪 40 年代，美国产生大约 100 万 t 有毒废弃物。40 年后，总量增加到每年超过 2.5 亿 t——大约占世界总量 3.75 亿 t 的 2/3。按美国政府估计，有毒废弃物的 90%未经适当方式处理。在这一领域，还存在故意的、危险的、高度不负责任的转嫁企图。一些最危险的废弃物被偷运到东欧和第三世界，以利于更松散管理和更少公众非议。在那里，废弃物被存放在安全措施很少的地点，或者干脆被露天放置。

国际绿色和平环保组织经由一年多的采样调查后，于 2011 年 8 月发布了最新调查报告《时尚之毒——全球服装品牌的中国水污染调查》。指出耐克、阿迪达斯、李宁等多家国际著名服装品牌在中国的两家供给商排放的产业废水中，含有能够干扰内分泌并影响生殖系统的环境激素类物质。在倡导健康理念的同时，这些跨国公司的排污管，将对人体和环境有害的化学物质排入中国的江河。

自 2010 年春天起，绿色和平组织曾数次对位于宁波的雅戈尔纺织产业城和位于中山的中山国泰染织有限公司所排的废水进行取样，并将样本送至英国埃克塞特大学的绿色和平研究实验室以及荷兰 Omegam 独立环境分析实验室进行检测。结果发现，废水中的主要有毒有害物质为壬基酚（NP）、全氟辛烷磺酸（PFOS）和全氟辛酸（PFOA）。这些物质干扰生物的内分泌，对生殖系统具有毒性，并对免疫系统和肝脏有影响。研究表明，这些物质即使含量很少，也极具危害性。

欧盟、美国及相关国际公约均已对这些有毒有害物质进行了管制。中国政府也于 2011 年 1 月将壬基酚列入《中国严格限制进出口的有毒化学品目录》。事实上，在全球范围内，全氟辛烷磺酸（PFOS）和壬基酚（NP）的使用正在逐渐减少，但在中国，其用量却仍呈增加趋势。

中国是全球水污染最严峻的国家之一，境内 70%的河流、湖泊和水库都遭受不同程度的污染，其中 20%的有机污染物是由工业废水排放所致。而作为中国经济发展的一个重要行业，纺织业消耗大量的具有持久性和危害性的化学品，成为水污染的主要源头之一。作为世界工厂，中国为众多海内外服装品牌提供了生产基地，但同时中国却因此成了污染重地，中国公众的健康和环境都为此付出了代价。

绿色和平组织要求耐克、阿迪达斯和李宁等品牌起到领导者和立异者的作用，在产品生产过程中逐步淘汰有毒有害物质。与此同时，绿色和平组织呼吁中国政府以预防性原则为基础建立系统性的化学品治理体系，以逐步减少并彻底消除有毒有害物质的使用和排放。

三、热污染

一些温度较高的废水，如直流冷却水，排入水体后会引起水温升高，使水质恶化和水生态系统蜕化，这就是热污染效应。热污染使得水中溶解氧下降，致使水中的溶解氧会比水温低时更快地消耗殆尽，使鱼类和其他水生物因缺氧而死亡。温度的升高也导致水体中化学反应的加速，从而形成三卤代甲烷类化合物等致癌物质。

四、重金属污染

对什么是重金属，目前尚没有严格的统一定义，在环境污染方面所说的重金属主要是指汞（水银）、镉、铅、铬以及类金属砷等生物毒性显著的重金属元素。重金属不能被生物降解，相反却能在食物链的生物放大作用下，成千百倍地富集，最后进入人体。重金属在人体内能和蛋白质及酶等发生强烈的相互作用，使它们失去活性，也可能在人体的某些器官中累积，造成慢性中毒。

重金属元素由于某些原因未经处理就被排入河流、湖泊或海洋，或者进入了土壤中，使得这些河流、湖泊、海洋和土壤受到污染。它们不能被生物降解，鱼类或贝类如果积累重金属而为人类所食，或者重金属被稻谷、小麦等农作物所吸收被人类食用，重金属就会进入人体使人产生重金属中毒，轻则发生怪病（水俣病、骨痛病等），重者就会死亡。所以我们不要过量地进食海产品，每次进食前一定要把海产品彻底煮熟，以免吃入重金属物质。

五、核辐射污染

（一）核辐射对人的危害

核泄漏一般的情况对人员的影响表现在核辐射，也叫做放射性物质，放射性物质可通过呼吸吸入，皮肤伤口及消化道吸收进入体内，一定量的核辐射如被机体吸收，会形成放射病的症状，有疲劳、头昏、失眠、皮肤发红、溃疡、出血、脱发、白血病、呕吐、腹泻等。有时还会增加癌症、畸变、遗传性疾病发生率，影响几代人的健康。一般来说，身体接受的辐射能量越多，其放射病症状越严重，致癌、致畸风险越大。

（二）核辐射症状

短时间内大剂量电离辐射引起的放射性损伤，称急性放射病。较长时间超过允许剂量的辐射损伤，称慢性放射病。此病常见于接受过量射线的工作人员、公众及核武器爆炸的罹难者，主要引发造血功能障碍、内脏出血、组织坏死、感染及恶性病变等。其中，核辐射导致的全身外照射损伤主要出现在急性放射病典型病程的初期，表现为恶心、呕吐、疲劳、发热和腹泻。“假愈期”患者持续时间长短不同，症状有所缓解。严重的发展到了“极限期”则有感染、出血和胃肠症状。经恰当治疗后上述症状逐渐缓解。

核辐射有可能导致的长期健康风险是癌症。通常当体细胞受损或老化到一定程度时，它们会自我消除。当这种自我消除的能力消失时，细胞获得“永生”，可以不受控制地不断地分裂，这就演化成癌症。我们的机体有许多机制来阻止细胞癌变，并替换受损的组织。然而辐射所带来的损害可以严重搅乱机体中的这些机制，从而让癌症风险大大提高。此外，如果机体不能很好地修复辐射带来的对化学键的破坏和改变，我们的基因有可能会产生突变。这些突变不但增高自身的癌症风险，还有可能被传递下去，使得辐射的作用在子孙身上展现出来。这些作用包括较小的头部与脑部、眼部发育缺陷、生长缓慢和严重的认知学习缺陷。

健康受损程度取决于暴露在辐射中的时间以及放射性物质在衰变中产生的电离辐射。它能破坏人体组织里的分子和原子之间的化学键，可能对人体重要的生化结构与功能产生严重影响。我们的身体会尝试修复这些损伤，但是有时损伤过于严重或涉及太多组织与脏器，以至于不可能修复。而且，身体在自然修复过程中，也很可能产生错误。最容易为辐射所伤的身体部分包括肠胃上皮细胞以及生成血细胞的那些骨髓细胞。

（三）实际生活中的核辐射

实际上，人类的生活没有一刻离开过放射性，这些放射性是天然放射性，主要来自三个方面：宇宙射线；地面和建筑物中的放射性；人体内部的放射性。

【专栏 1-24】遭受的辐射剂量当量（单位：毫雷姆 mrem，1mrem=10^{-5}希[沃特]，Sv）的后果

450 000 ~ 800 000：30 天内将进入垂死状态；
200 000 ~ 450 000：掉头发，血液发生严重病变，一些人在 2 ~ 6 周内死亡；
60 000 ~ 100 000：出现各种辐射疾病；
10 000：患癌症的可能性为 1/130；
5 000：每年的工作所遭受的核辐射剂量；
700：大脑扫描的核辐射剂量；
60：人体内的辐射剂量；
10：乘飞机时遭受的辐射剂量；
8：建筑材料每年所产生的辐射剂量；
1：腿部或者手臂进行 X 光检查时的辐射剂量。
【资料来源】百度百科. http: //www.baidu.com/.

专家研究测算表明：全人类集体辐照剂量中，3/4 来自自然界，约 1/5 来自医疗及诊断，核电的份额是 1/400。假定全球人类的预期寿命为 60 岁，则每天抽一包烟将最终减寿 7 年，而核电的影响是减寿 24 秒。

对于核辐射污染，即放射性污染，常人往往只注意到现代科学研究中的核辐射核工厂里某些特殊车间产生的放射性物质造成的危害，或者医院的 X 射线治疗所产生的放射性造成的影响及损害，而未考虑生活中还会有放射性污染源。实际上，生活中的放射性物质能通过多种途径进入人体，造成对机体的慢性损害。要防止生活中的放射性污染源对人体健康的危害。随着工业的发展，经常利用工业废渣做建筑材料，可能造成建材中含有一些放射性物质，经放射性衰变产生了放射性气体及其子体产物，悬浮于室内空气中。氡及其子体产物放射出能量较高的α射线（粒子），人若吸进这样的气体即会照射人体肺组织。如果长期受到照射，便容易产生支气管炎和肺癌等疾病。另据国外报道，大多数家庭居室中自然出现的放射性气体氡，如果与烟气混合，将会有致命的影响。氡是肺癌的一个致病因素。

另外，装修居室用的花岗岩及其他板石材料也含有一定量的氡，特别是通风不良时，可造成居室内放射性污染加重。经监测表明，室内氡气多在通风不良的地方积累，所以经常打开居室的窗户，促进空气流通，使氡稀释，这是减少室内氡浓度的良好措施。装修房屋用的石（板）材要有选择地使用。石材的放射性核素含量随矿床、所在地等天然条件的不同而有所增减，必须对其进行监测，才能知道是否适合居室装修。

中国矿泉水水源丰富，其中也有不少水源在流经途中受到人工或天然的放射性污染。据报道，通过有关部门监测，某些盲目开发的矿泉水水源中含氡的浓度过高，若长期饮用这种矿泉水就会危害身体。燃煤中常含有少量的放射性物质，尽管这些物质含量稀少，但如长期聚集，其放射性物质亦会随空气及烘烤的食物进入人体，造成机体的慢性损害。因此平时生活使用燃煤，要注意通风排气，警惕煤烟通过呼吸进入人体内。禁止食用煤炭直接烘烤食物，尤其是茶叶、烟叶、肉类和饼干等。如果必须使用燃煤（炭）烘烤食物时也要注意屏蔽，不要让食物与煤烟直接接触。

【专栏 1-25】80%癌症发病率与环境恶化有关

卫生部和科技部联合完成的《第三次中国居民死亡调查报告》显示：癌症已成中国农民最主要的死因：肺癌、肝癌、直肠癌、乳腺癌、膀胱癌死亡人数明显上升，其中肺癌和乳腺癌上升幅度最大。过去 30 年分别上升了 46.5%和 96%，据医学专家分析，80%癌症发病率与环境恶化有关。

【资料来源】蒋高明. 北青网. 第一财经日报. 2011-02-23.

第四节　世界环境问题的演变趋势

一、世界环境问题的演变

正如著名历史学家 A・汤因比说，人类“通过求生走向毁灭”。自工业革命以来的 200 年间，人在创造辉煌物质财富的同时也引发了全球性的危机，环境问题已经威胁到人类社会的生存和发展。于是，人类开始了一次伟大的觉醒。20 世纪中叶，在西方资本主义国家首先出现的一系列震惊世界的环境公害事件是这场声势浩大的世界环境保护运动的起端。1962 年，美国女海洋生物学家、科学作家卡逊（1907—1964 年）出版了后来被誉为“绿色圣书”和“改变美国决策的 25 种读物之一”的《寂静的春天》，促进了群众性环保运动的兴起，成为一个具有开创意义的一个里程碑。此后，60 年代末罗马俱乐部发表了一系列有关资源环境和人类未来的研究报告，掀起了悲观主义的“极限增长论”与乐观主义的“无极限增长论”之间的大论战，使全世界对人类环境问题的严重性更为警觉，并促使环境问题首次摆上了国际社会的议事日程。

1972 年在瑞典斯德哥尔摩召开了第一次世界人类环境会议，响亮地提出了“只有一个地球”的口号，标志着 20 世纪 60 年代末至 70 年代初世界环境保护运动第一阶段达到高潮。会议发表了《人类环境宣言》，第一次在社会和经济目标之外，以正式文件的形式将保护环境列为人类行为目标之一，从道德的角度强调人类负有保护和改善世界环境的庄严责任，这是人类行为一个历史性变化。会上，发达国家与发展中国家表现出严重分歧。发展中国家由于当时尚未出现普遍的环境污染问题，坚持认为发展不足造成的贫困状态是环境问题的首要根源之一，强调只有通过发展才能摆脱贫困，解决环境问题。此次会议首次开启了国际社会有关环境问题的对话、讨论与合作之门，促成了联合国环境规划署（UNEP）的创立。

在斯德哥尔摩会议后整整20年，1992年联合国环境与发展大会在巴西里约热内卢召开，使环境问题登上了全球议程的最高位置，标志着20世纪80年代末至90年代初世界环境保护运动第二阶段达到高潮。全球100多个国家的元首或政府首脑出席本次会议，发达国家与发展中国家尽管仍存在分歧，但就制定和实施可持续发展国家战略达成了广泛共识，并通过和签署了《里约环境与发展宣言》、《21世纪议程》等一系列重要文件。《宣言》从地球的整体性和相互依存性的高度提出，人类处于普受关注的可持续发展问题的中心，环境保护是发展进程中密不可分的组成部分，要求各国政府、社会阶层和社会公众广泛合作，建立一种新的、公平的全球伙伴关系，并提出今后在环境与可持续发展领域开展国际合作的指导原则。这次会议一方面提高了对环境问题认识的深度和广度，而且把环境问题与经济、社会发展结合起来，确立了环境与发展相互协调的观点，找到了在发展中解决环境问题的正确道路，即“可持续发展道路”。

二、世界环境问题的发展趋势

进入20世纪90年代以来，世界环境问题出现新的特点，环境问题已的的确确成为影响人类社会发展和世界面貌的一个活跃因素，概括起来表现在三个方面：

（一）环境影响日益国际化、全球化

环境问题往往具有双重性特征：一方面它与一定的地域地理环境和生态系统相联系，表现出地域性、地方性的特征；另一方面又通过生态系统和地理联系的传递作用，具有跨区域性，甚至全球整体性、共同性的特征。不同性质的环境问题其双重特性的表现有所不同。根据其影响大小、范围以及治理的难易程度，环境问题可分为局部性、区域性和全球性三个层次。局部性环境问题通常限于一个地区或国家的内部，地域性、地方性特征很强，而传递性较弱。因此一般影响范围较小，影响程度较轻，比较容易控制或治理，如“三废”污染问题。而全球性环境问题则相反，地方性特征较弱，而传递性很强，其影响危及整个地球生态系统的稳定和安全，关系着整个地球和全人类的共同利益。而且全球环境问题的影响一旦产生，人类控制或逆转就需要较长的时间，代价也十分高昂。如全球气候变化问题和臭氧层破坏问题等。区域性环境问题的特点则介于二者之间，常常涉及污染物跨国界转移，如酸雨问题。

进入20世纪80年代，全球环境状况总体上呈现不断恶化的趋势。环境问题已不限于局部或某一地域的界限，也不限于西方工业化国家。其规模之大、涉及范围之广、影响之深远都必须用“全球性”来概括。毫不夸张地说，环境污染已遍及世界各个角落。近年来

环境问题影响国际化、全球化的趋势越来越明显，主要表现在：污染物跨国远距离传输（如80年代初美、加边境的酸雨问题），对他国环境资产的非法侵害（如以正常贸易为掩护的有害和有毒废弃物的非法转移），对全球公共环境资产的破坏（如全球气候变化、臭氧层破坏、海洋污染、生物多样性等）以及相邻国家间对资源拥有权与使用权的争夺（如中东地区的水资源之争以及美国-墨西哥、俄罗斯-日本之间的渔业资源问题）等。

除此之外，经济全球化的加速发展使全球经济活动的联系日益紧密。在国际资本流动和对外直接投资中，以跨国公司为主体，发达国家将一些环境污染相对严重的产业，逐渐转向环保标准较低、环境法制尚不完善的发展中国家，形成环境污染在国家之间的合法转移，也是环境影响国际化、全球化趋势的一种重要的表现形式。总之，一个国家的环境状况和环境安全除决定于自身行为之外，已经越来越多地受到周围国家以至整个外部世界行为的影响。或利害共担，精诚合作，或利害冲突，危机四伏。

（二）环境问题日益经济化、政治化

环境问题总是与一定的经济活动相联系的，在市场经济条件下，环境问题表现为经济活动的外部成本。控制或治理环境问题就意味着付出相当于外部成本的经济代价。因此，环境问题具有明确的经济含义。而政治无论以怎样的面目出现，其最终目标也是维护经济利益，政治是为经济服务的最高形式。在环境影响日益国际化、全球化的背景下，环境问题日益经济化、政治化的趋势使得环境成为当代国际经济、政治关系中一个相当活跃的因素。其主要表现有：

1. 国际环保技术开发空前活跃，世界环保产业迅猛发展

随着社会经济发展和人们生活水平的提高，人们未来的环境需求也将日益提高，只有掌握先进环保技术，提供满足人们环境需求的商品或服务，才能在激烈的市场竞争中立于不败之地。为了抢占未来环保市场，各国纷纷投资开发环保新技术、新产品，促进本国环保产业的发展，成为全球可持续发展事业的积极推动力量。

2. 规范国际经济贸易活动的环境规则不断增多

为了保护本国环境及居民的健康免受其他国家产品的危害，或是在国际贸易中排挤污染型生产技术的应用，国际贸易中制定了与产品环境标准有关和与产品环境成本有关的两类环境规则，并出现了绿色标志制度，以及ISO 14000环境管理标准系列。环境规则一方面激励各国提高产品品质，减少生产过程的环境影响；另一方面，由于发达国家与发展中国家国内环境标准的差距，环境规则可能成为以环境为借口，在国际贸易竞争中保护本国生产者，谋求经济利益的一种新型贸易壁垒，称为环境壁垒。

3. 与环境挂钩的资金援助或经济制裁

尽管发达国家对发展中国家的资金援助和技术转移义务的履行还远不够充分，但联合国机构、国际金融组织及有关发达国家，已经越来越多地将投资重点及官方发展援助（ODA）与发展中国家的环境保护和可持续发展相联系。国际资本流动中还出现了债务与自然交换的新尝试，即以债权国对债务国债务的减免换取与债务国在保护自然环境方面的协议；另一方面，在国际环境公约或协定中，如《关于臭氧层耗损的蒙特利尔协议》，已经出现了针对违反公约成员国具有经济制裁性质的贸易条款。经济手段已经从正、反两方面日益频繁地被应用于国际环境关系之中。

4. 以环境问题为由对他国施加政治影响

环境问题不仅可以成为某些国家谋求经济利益的工具，也屡屡作为施加国际政治影响的借口和掩护。例如，某些西方发达国家为了遏制中国的快速发展，一再散布中国威胁论，起初是经济威胁论、政治威胁论、军事威胁论，而后提出“下个世纪谁来养活中国”的粮食威胁论和环境威胁论。相比前者，以环境问题为借口更能蒙蔽视听，但其施加政治影响的用意是完全一致的。

5. 环境问题成为国际安全领域的新课题

在环境影响日益国际化、全球化，环境问题日趋经济化、政治化的背景下，环境问题已经构成国际安全的新威胁，如可能引发国际争端甚至军事冲突，产生生态难民潮，以及近年来出现的“生态恐怖主义”等。以“水安全”问题为例：中东地区水资源严重短缺，水成为国家重要的战略资源。对水资源的保护、利用和争夺与原有的政治、种族、宗教方面的尖锐冲突相互作用，使本来动荡不安的中东地区发生“为水而战”的可能性大大增加。正如以色列前总理佩雷斯曾说，如果公路通向文明，那么水就通向和平。

由此可见，环境问题与国家经济、政治利益密切相关。为了适应环境问题日益经济化、政治化的趋势，近年来，国际环境外交日趋活跃，环境外交受到各国政府的重视。例如，1996年，美国国务卿宣布将环境列为外交六个重要领域之一，其用意有领导全球可持续发展进程的成分，但恐怕更多的还在于利用环境问题寻求国家利益的最大化。

（三）国际间环境关系日益制度化

可持续发展需要加强全球性国际合作，协调并处理好国家间环境-经济-政治的复杂关系，避免因环境问题引发国际经济和政治冲突。这就需要建立相应的制度构架。随着近半个世纪以来人们对环境问题认识的不断深化，协调国际环境关系的制度构架也在不断完善之中。根据其性质和对环境关系的约束力不同，可以划分为以下几个层次：

1. 国际环境法规奠定了国际环境关系的法律基础

制定各国共同认可的、具有法律约束力的规则是协调国际环境关系最重要的手段之一，其强制约束力也最强。据统计，迄今为止已达成的全球性宣言、议程、条约、协议或规则等法律文件达300多件，地区性国家集团以及国家之间的环境文件更难以计数。国际环境法规可以起到事前规范和指导各国环境行为，事后调解和仲裁国际纠纷的作用。通常，国际环境法规是有关国家经过艰苦谈判而在发展与保护、公平与效率、权利与义务，现实性与可能性等诸多矛盾中相互妥协的产物。

2. 国际会议充当了国际环境关系的论坛

近年来，大量以可持续发展为主题或与之相关的国际会议频繁召开，为各国政府、国际组织以及各界专家、学者提供了探讨问题、发表见解的论坛。尽管它并不具有法规的强制约束力，但论坛具有对话、辩论、宣传、教育等方面的广泛影响力，其在推动全球可持续发展中的重要作用也不可忽视。

3. 国际组织建设强化了国际环境关系的组织结构

近年来，有关环境保护及可持续发展的国际组织大量涌现，不仅包括联合国的专门机构、各国政府环保机构等官方组织，也包括大量非政府组织或学术研究机构。这些国际组织通过组织各类环保活动、实施行动计划、培训会员、定期召开会议、发行出版物等方式，在协调全球可持续发展行动，促进国际合作研究、信息传播与交流以及大众参与等方面具有重要意义。

4. 多边和双边的国际援助为制度构架提供了融资渠道和经费来源

实施可持续发展战略所需资金来源是国际环境关系的中心问题之一，开辟融资渠道，建立资金机制是制度构架中不可缺少的部分。目前，联合国开发计划署（UNDP）、世界银行等国际援助和金融机构已将环境保护及可持续发展列为优先领域，发达国家对发展中国家的援助也多与此相关，由此建立了各种形式的多边或双边的环境保护基金。

人类是环境的主人，人类在同自然界的斗争中总是不断总结经验，有所发现，有所前进。环境问题是随着人类社会发展而发展，同时也是随着社会进步和科学技术发展而必然要被认识和解决的。

思考与练习题

1．什么是第一类环境问题？什么是第二代环境问题？

2．简述臭氧层破坏的危害。

3．一般认为，我国酸雨形成的主要原因是什么？

4．你认为全球气候变化带来的危害是现实的还是未来的？

5．你认为应如何治理北方沙尘暴问题？

6．下图为长江源地区环境恶化过程示意图，试从自然和人类活动两个方面概述长江源地区环境恶化的原因，并提出防治的建议。

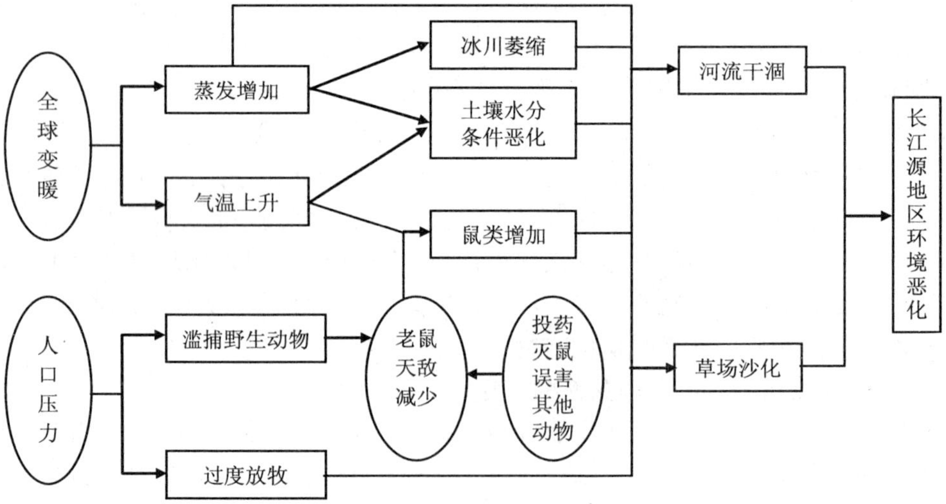

第二章 可持续发展

环境危机的产生是人类社会不可持续发展的产物，可持续发展是人类社会对环境危机的直接回应，它作为当前人类社会重要的概念和思想已经在全世界范围内有了广泛的传播。可持续发展既是思想、理论更是人类社会的实践和行为方式的转变。在国际社会的努力下，可持续发展从涓涓小溪逐渐汇集成了滚滚洪流，成为全球性的运动，在这当中，人类也在重新思考着自然、生命、社会以及发展的意义。

第一节 可持续发展思想

一、可持续发展的定义

可持续发展（Sustainable Development）是指："既满足当代人需求又不危及后代人满足其需求能力的发展。"笼统地说就是：满足当代人的需求，又不损害后代人利益的发展。

可持续发展概念是由联合国于 1983 年组织成立的环境与发展委员会经过 4 年的研究和论证而向联合国提交的报告《我们共同的未来》中正式提出来的。在这之前，一些组织和个人也在国际性的研讨会上讨论和提出过可持续发展的概念，此后各国致力于界定"可持续发展"的含义，现在已拟出的定义已有几百个之多，涵盖范围包括国际、区域、地方及特定界别的层面，可持续发展也是科学发展观的核心思想。

可持续发展的概念以及思想一经提出，在很短的时间里，就被不同社会制度、不同发展水平、不同自然环境背景、不同宗教信仰的国家和地区所接受，为科学、政治、经济、军事、教育等各界所承认，并频繁地出现于政府文件、政党宣言、科学论文、文学作品、外交辞令、产业规划等之中，其应用频率之高、传播速度之快、普及程度之广，历史上是罕见的。

之所以提出可持续发展的理论并迅速传播，是由于全球范围内的不可持续开发行为已经到了非常严重的地步，造成了一系列的环境问题。由此引发的贫富差距拉大、经济畸形发展、社会道德败坏、新疾病肆虐以及与此相关的人口剧增等问题日益加剧，这些问题所导致的人类社会的震荡也日渐激烈。不可持续的发展模式以经济利益这个几乎是唯一的价值尺度作为社会决策的基石，无视人类社会多样性价值体系中生态价值的重要性，无视经济发展永远不可能摆脱与其相互制约的生态背景。而可持续发展强调人口、资源、环境、社会、经济必须协调发展，自然资源的开发和利用必须要考虑地球生物圈的承受能力以及生态系统的再循环功能，必须要兼顾到后代人生存需求和社会、经济的发展。

因此说，可持续发展的提出，不是偶然的科学发现，而是对不可持续发展模式的断然否定，是时代需求的呼唤，是指导人类走向新的繁荣、新的文明的重要指南，是人类发展历程的反思、总结和无奈选择。它的出现有着深刻的背景和必然性。

【专栏 2-1】人类是自然的孩子而不是自然的主人

“文明的人类几乎总是能够暂时成为他的环境的主人。他的主要苦恼来自误认为他的暂时统治是永久的。他把自己看做世界的主人而没有充分了解自然的规律。事实上，人类不管是文明的还是野蛮的，都是自然的孩子而不是自然的主人。如果他要维持对环境的统治，他必须使自己的行动符合某些自然规律。当他试图违背自然规律时，他总是破坏维持他生存的自然环境，而当他的环境迅速恶化时，他的文明也就衰落了。”

【资料来源】[美]汤姆·戴尔，弗农·卡特. 表土与人类文明. 北京：中国环境科学出版社，1995.

在人类文明发展的历史进程中，可持续发展的观念和意识其实很早就进入了人类谋取自身生存和发展的基本价值观念体系之中。早在 2 000 多年前，我们的祖先就有了保护正在怀孕或处在产卵期的鸟兽鱼鳖的思想以及定期封山育林的法令，如《孟子·梁惠王上》中有：“不违农时，谷不可胜收也；数罟不入夸池，鱼鳖不可胜斧也；斧斤以时入山林，树木不可胜用也”。《逸周书·大聚解》中有：“春三月，山林不登斧斤，以成草木之造；夏三月，川泽不入网罟，以成鱼鳖之长。”《吕氏春秋》中有：“竭泽而渔，岂不获得？而明年无鱼；焚薮而田，岂不获得？而明年无兽。”著名思想家孔子在《论语·述而》中主张“钓而不纲，弋不射宿。”齐相管仲，从发展经济、富国强兵的目标出发，十分注意保护山林川泽及其生物资源，反对过度砍伐，他说：“为人君而不能谨守其山林菹泽草莱，不可以为天下王。”伟大思想家荀子也把自然资源的保护视为安邦之策，特别注重遵从生态学的季节规律（时令），重视自然资源的持续发展和永续利用。这些都在一定程度上体现了可持续发展的思想。

近一个世纪以来，由于人口迅速增长和人类社会对地球影响规模的空前扩大，在人口、资源、环境与经济和社会发展的关系上，出现了一系列尖锐的矛盾，不仅对当代人类的健康和经济、社会的发展构成了严重的威胁，而且对人类子孙后代的生存需求也造成了极大的损害。

多年以前，人类社会就发现并感受到了环境问题的危害性，为此各国政府面对日益严重的环境问题，采取了科技、经济、法律和行政等全方位的预防、治理措施，公众也对保护生态环境进行了不懈的努力。然而事与愿违，不但没有根本奏效，反而不断恶化。空气污染、水污染等第一代环境问题不仅没有得到实质性的改善，全球气候变化、臭氧层破坏、酸雨蔓延、生物多样性减少等第二代环境问题也相继出现，其发展速度超出人们的想象，具有全球规模的特点，并与其他世界性的疑难问题交织在一起，其后果的严重性，目前尚难进行准确的预测，但凶多吉少是大多数科学家共同的看法。

面对全球日益加剧的生态环境危机，人类社会并没有退缩，而是开始了自己的反思和警醒，并最终意识到要解决目前生态危机的关键，乃是必须达成一种全球性的共识，人类社会必须在自身的生存观念和发展观念中进行一场深刻的变革，把自身赖以生存和发展的资源、环境、人口、资本和技术等诸方面要素整合到一个新的目标框架之中，以寻求和建立一种以保护人类的地球家园和实现自身持续生存和发展的新的战略和行动，而“可持续发展”的思想和战略作为当代人类社会克服生态危机、重建人类自然家园的唯一选择也就在这种背景下得以提出。

为此，从20世纪80年代初开始到1983年12月，为了解决当代人类社会面临的三大难题，即南北问题、裁军与安全问题、环境与发展问题，联合国成立了以当时的联邦德国总理勃兰特、瑞典首相帕尔梅和挪威首相布伦特兰夫人分别为首的三个高级专家委员会：国际发展问题独立委员会、裁军与安全问题独立委员会和世界环境与发展问题独立委员会。1987年后，三个委员会先后提交了《我们共同的安全》、《我们共同的危机》和《我们共同的未来》三个纲领性报告。三个报告以丰富的资料论述了当代人类社会所面临的重大问题，提出了处理这些问题的具体和现实的行动建议。在这三个报告中，第一次不约而同地提出：为了克服危机、保障安全和走向未来，从现在起，人类必须实施可持续发展的战略。由此拉开了当代人类社会从全球范围具体推行可持续发展战略的行动和实践的序幕。尤其是在《我们共同的未来》这一报告中，更是明确、庄严地指出：不论是发达国家还是发展中国家，可持续发展均是在21世纪正确协调人口、资源、环境与经济和社会之间相互关系的共同发展战略，是全人类求得生存与发展的唯一途径。

经过20多年的实践和认识，人们对可持续发展的概念和思想有了更进一步的理解，认为可持续发展是一个科学概念，既是一个生态的、经济的、政治的综合性概念，又是一种社会发展模式，更是处理人与自然、人与人关系的准则。其内涵之丰富、寓意之深远、影响之强烈，在人类科学史和认识史上是空前的。

【专栏2-2】关于可持续发展的声明

“可持续发展，指满足当前需要而又不削弱子孙后代满足其需要能力的发展，而且绝不包含侵犯国家主权的含义。环境署理事会认为，要达到可持续发展，涉及国内合作及跨越国界的合作。可持续发展意味着走向国家和国际的均等，包括按照发展中国家的国家发展计划的轻重缓急及发展目的，向发展中国家提供援助。此外，可持续发展意味着要有一种支援性的国际经济环境，从而导致各国特别是发展中国家的持续经济增长与发展，这对于环境的良好管理也是具有很大重要性的。可持续发展还意味着维护、合理使用并且提高自然资源基础，这种基础支撑着生态抗压力及经济的增长。再者，可持续发展还意味着在发展计划和政策中纳入对环境的关注与考虑，而不代表在援助或发展资助方面的一种新形式的附加条件。”

【资料来源】联合国环境规划署第15届理事会. 关于可持续发展的声明. 1989.

二、可持续发展的内涵

可持续发展的思想新颖、宽泛，其理论和实践并不很充分、具体，因而从内涵上加以理解更为重要。可持续发展的定义中表达了两个基本观点：一是人类社会要发展，尤其是穷人要发展；二是发展要有限度，不能危及后代人的发展。“满足当代人的需求”，主要指的是满足当代穷人的需求，因为当代穷人的基本生存需求得不到满足（即基本的衣、食、住、行、就业等），且有继续恶化的趋势。如 1971 年，世界上最不发达的国家为 24 个，到 1992 年已增加到 42 个；1998 年全球有 12 亿贫困人口，每天靠 1 美元维持生活。因此对于贫穷国家的人民来说，首先强调的应当是发展，发展才能解决当代穷人的基本生存需求。因为贫穷仍然是全球性环境问题的一个重要原因和后果。由于贫穷，使许多发展中国家不顾环境代价，而对自然资源超限度、粗放型开发和利用，造成自然资源的浪费和生态环境的破坏。同时，环境恶化又使这些国家越加贫穷，形成生存状况与生态环境的恶性循环。另一方面发展中国家的环境问题就像贫穷等社会问题一样，很大程度上是由于发达国家所造成的，如不平等的贸易，污染的转嫁，公害的输出等。如 20 世纪 70 年代后，发达国家将高耗能、高污染排放的工厂（这些工厂的发展在发达国家受到限制），逐渐迁移到发展中国家，因此，全球可持续发展战略的实施，除了发达国家应对发展中国家的经济繁荣和环境保护给予一定的技术和资金支持外，建立公正、合理的经济、贸易和政治新秩序同样重要。其次，满足当代人的需求，也仅仅是需求，绝不是贪婪。而当代发达国家和富人的疯狂消费、奢靡生活以及对社会财富无止境的占有、挥霍，并由此而引起的全社会对不可持续生活方式和物质利益的一味追求、攀比和仿效，更是造成全球环境问题的重要原因和后果。

因此，可持续发展要求全社会在满足当代穷人基本需求的同时，要限制少数富人的奢侈浪费。没有限制也就不可能持续。人类社会的发展和需求应以地球上各类资源的承受能力或者说可再生能力为限度。满足人类基本的需求和提高生活质量的需求，是人类享有的权利，但不能凭借人们手中的技术和财富，采取耗竭资源、破坏生态和污染环境的方式来追求发展和权利的实现。以破坏生态环境为代价的发展是杀鸡取卵式的发展，而应通过人类社会技术的进步和科学、合理的管理协调发展。限制就是为了给穷人以基本生存权和发展权，为子孙后代留出生存空间，提供一个公平发展的机会。1992 年联合国环境与发展大会通过的《里约宣言》中指出：“公平地满足今世后代在环境与发展方面的需求，求取发展的权利必须实现。”这里所提的今世后代，也即当代人与后代人之间的公平及其需要的内涵。限制是必需的，尤其是对富国和富人的限制。人类现在享用的并非是祖先的“遗产”，而是后代人的“借款”。美国加州一个生物研究中心和马里兰大学的科研人员在计算了空气、海洋、河流甚至岩石等物质后称：人类每年欠地球的生态账多达 16 万亿～54 万亿美元，按平均值 33 万亿美元计，人类每年创造的财富不过 18 万亿美元，“透支”高达 15 万亿美元。因此，要考虑到给后代人留下生存和发展的必要资本，包括环境资本。

可持续发展强调建立和推行一种新型的生产和消费方式。无论在生产上还是消费上，都应尽可能有效利用自然资源，以生态型的生产和消费方式去代替过去那种靠高消耗、高投入及大众的高消费来刺激经济增长的传统生产和消费模式。强调对地球资源应当适度开发，同时指出对世界现有资源和财富也要进行公正、合理的分配。而目前，世界资源的占有和财富的分配是极不公平的。在一个贫富悬殊、两极分化的世界中，是无法实现人类社会的可持续发展的，必须给世界以公平的分配和公平的发展权，应把消除贫困作为可持续发展进程中优先解决的问题。人类只有一个地球，全人类是一个相互联系、相互依存的整体，要达到全球的可持续发展，需要全人类的共同努力，这就必须要在全球范围内建立起公平、公正、合理的经济、政治新秩序。国与国之间建立起平等的伙伴关系。鉴于历史和现实的情况，各国可持续发展的目标、政策和实施步骤可以不完全相同，但对于保护环境、珍惜资源，发达国家应负更大的责任。

可持续发展强调经济发展和环境保护是相互联系和不可分割的。发展离不开环境与资源，要使环境与资源基础长期保持稳定，使经济发展具备可持续性，只有把环境与发展结合起来。环境保护需要经济发展所能提供的资金和技术，环境保护的好坏，也是衡量发展质量指标之一；经济发展也离不开环境与资源的支持，发展的可持续性取决于环境与资源的可持续性。特别是在经济高速增长的情况下，必须强化环境与资源的保护。做到对不可再生资源合理开发，节约使用；对可再生资源不断增殖，永续利用。

可持续发展是一种新的价值观。传统的价值观将人与自然对立起来，片面强调人类征服自然、改造自然的主观能动性，而可持续发展思想追求和尊重人与自然的和谐，提倡人类对自然的索取程度应建立在保持自然生态系统循环自如的基础上，寻求人类与自然的协调发展。而新的价值观的建立，必须要有公众的广泛参与、社会的积极倡导、政府的大力支持。

可持续发展思想具有浓厚的道德色彩，要求全社会真正树立环境道德观，认识到自己对社会和子孙后代的崇高责任，能够自觉地为社会长远利益而牺牲一些当前利益和局部利益，这是检验人类是否掌握了可持续发展思想的真谛和现代环境道德观的试金石。

总之，可持续发展的目标是人与自然的和谐，而人与自然和谐的前提是人与人关系的和谐与协调。协调是横向的，各部门、各地区、各利益集团、各国之间利益分配的协调，它需要人类自身、各利益集团的相互退让、折中，需要对满足和节制给予正确认识，需要采取公平、谦让的态度。持续是纵向的，只有协调才能持续。可持续发展的关键不在于自然过程，而在于人类的自觉过程，人类的自觉过程的关键不在于人类的能力，而在于人类的智慧和对利益的合理分配。可持续发展是以人类的全面发展和社会全面进步为目标的持续过程。

第二节　可持续发展思想的形成背景

综上所述，可持续发展思想的形成不是一蹴而就的，它的出现有着深刻的社会和历史的必然性，可持续发展思想与人类文明发展历程的关联也是显而易见的，因此要深入理解可持续发展思想的内涵，需要从人类社会更广阔的时空去了解可持续发展思想形成的背景。

一、回顾人类文明

狭义的文明是相对于野蛮而言的，而广义的文明是对人类社会的进步状态和理性社会体系的概括。文明在《辞海》里的解释是“人类所创造的财富的总和，特指精神财富，如文学、艺术、教育、科学等”。文明是伴随着人类社会的进步而发展的，往往和某种价值观相联系，是指文化的积极成果和进步方面，是一个褒义概念。也可以说，文明的主要内容是人与人的关系，文明的价值取向就是人与人之间的和谐，它在很大的程度上决定人与自然的关系。这里所讨论的文明主要指广义的文明。

英文中的“文明”（Civilization）一词源于拉丁文“Civis”，意思是城市的居民，其本质含义为人民和睦地生活于城市和社会集团中的能力。引申后意为一种先进的社会和文化发展状态，以及到达这一状态的过程，其涉及的领域广泛，包括民族意识、技术水准、礼仪规范、宗教思想、风俗习惯以及科学知识的发展等。

一般认为，人类社会经历了古代文明、农业文明和工业文明三个不同的阶段，这三个文明阶段在发展过程中其生产力水平、人类生存手段、对环境的影响以及人与自然的关系等方面有着显著的不同。

（一）古代文明

1. 古代文明的演进

在漫长的物质演变过程中，有生命的物质在地球上出现是一个奇异的现象。在这个有生命的世界中，人类是地球上较晚出现的生物。和地球漫长的历史相比，人类在地球上生活的时间并不长，可能有 90 万～200 万年。尽管如此，也不要忘记了这个比例：人类的年龄大约只是地球年龄的 1/2 000。

在人类大约 200 万年的存在中，除了晚近的这几千年外，人类一直是通过采集食物和猎取动物相结合的方式来获取他们的生存资料。这样说来，人类历史的 99%都是处在古代文明的状态之中。那时人们都是结成移动的小群体来生活，这也是当时人类采取的最适宜、最成功、最具灵活性的生存方式，也是对自然生态系统损害最小的生存方式。这使得他们能够扩散开来，进入到地球表面的每一种陆地生态系统之中，不仅在容易获得食物的有利地区能够生存，而且在北极、冰期欧洲的苔原和澳大利亚及南非这样干燥地区的严酷条件中也可以生存。

最早的人类数量很少，稀疏地散居着，他们是群居，生存很可能主要依赖采集坚果、种子和植物，此外还可能以吃其他食肉动物杀死的动物尸体来作为补充，另外也许还捕食一些小动物。就是这样一种基本的获取食物方式——采集和捕猎，作为人类的生存方式一直延续到大约 1 万年前农业发展起来时为止。

采集和狩猎作为一种生存方式，现在也还有被一些为数不多的群体在沿用，如西南非洲的布须曼人，非洲赤道树林中的俾格米人部落，东非的哈德扎人，印度和东南亚的一些部落，澳洲的一些阿布里吉人，北极的一些因纽特人和南美洲热带森林中的一些土著居民。这些群体现在基本上处于一些贫瘠地带，一直渐渐地被农业的发展而向边缘排挤。2/3 的因纽特人起先是居住在气候要好得多的北极圈的南边，阿布里吉人原来则主要居住在澳洲东部物产丰富的地区，而不是现在的澳洲中部和北部的沙漠。

以往的考古学，一般是收集大量的古代石制工具，然后解释它们是如何制作的，或者是把在不同地点发现的不同种类的工具进行比较，由此来区分不同阶段的“文化”。而近几十年中，考古学家们对现存的采集和狩猎部族进行深入研究，这种新的做法试图去理解这些当代群体（作为样本）所制作的工具是为了干什么，不同的地点发生了什么样的活动，人类群体是怎样以不同的方式去开发他们的环境以获取食物，他们的季节性迁徙是怎样融

入到这种总体模式中去的。这对于了解人类在他们历史的绝大部分时间中是如何度过的，以及他们是怎样融入到环境之中，提供了一些新见解，产生了对于采集和狩猎群落的积极得多的看法。

现在看来，采集和狩猎者们并不生活在持续的饥饿威胁之下。相反，他们有着营养充足的食谱，这是从一个可以得到的范围很广的食物源中挑选而来的。丰富的、多种多样的食物，通常只是环境中可以得到的食物总量的一个很小部分。获取食物和其他形式的劳作，通常只占一天时光的很小一部分，留下了大量的时间可用于消闲和祭祀活动。绝大多数群体靠着很少的物质就可以生存下来，因为他们的需要很少，也因为他们发现额外的物质是自己那种流动生活方式的累赘。他们依据不同季节所能提供的不同种类的食物，生活模式在一年之中各有不同。绝大部分时间里，这些群体规模很小，为 25～50 人，而到了祭祀活动、结婚和其他社会活动时，他们就聚合为较大的群体，而这些活动都选择在食物供应允许在一个地方聚集较多人口时来举行。在一个群落之中，没有“食物拥有者”这个概念，食物是分发给所有人的。食物不储存起来，因为这会影响迁徙，也是因为他们的经验告诉他们总可以获取到一些食物，即使一时缺乏某些用具也可以做得到。

西南非洲的现存的布须曼人说明了采集和狩猎的群落可以如何轻而易举地获取足够的食物。他们食谱的主要构成是采自一种耐旱树上的营养很高的芒贡戈（*mongongo*）果，这是非常可靠的来源，它可以保存 1 年以上，其中所含的热量是同样数量的谷物的 5 倍，蛋白质是后者的 10 倍，半磅干果（约 300 颗）的热量相当于 2.5 磅煮熟的大米，还有几乎相当于 1 磅牛肉的蛋白质。加在一起，布须曼人总共有 84 种不同的植物物种可供食用，尽管他们通常只食用其中的 23 种，他们还有 54 种可食用的动物，而他们一般也只捕杀其中的 17 种。与现代所推荐的营养水平相比，布须曼人的食谱所摄取的热量超过了标准，蛋白质超过了标准的 1/3，但没有什么营养不良的症状。获取这些食物所需的努力并不是太大，一般 1 周只需 2.5 天。1 年之中，这样的劳作分布均衡（不同于农业），除非是旱季的高峰，否则一天中用于寻找食物的旅行不会超过 9 km。女人和男人用在获取食物上的时间总量是一样的，但由于女人负责采集，所以她们所带回的食物比负责狩猎的男人要多 2 倍。女人一般每天工作 3 个小时，剩下的时间就是娱乐。狩猎由男人来进行，它断断续续地进行，可能是打 1 个星期的猎，而接下来的 2～3 个星期就一点猎都不打。群落中大约 40%的人不从事获取食物的劳作。10 个人中大约有 1 个年龄已经超过了 60 岁，他们享受着荣誉成员的待遇，而年轻人在结婚之前（女人是 20 岁左右，男人是 25 岁）也不要求他们提供食物。东非的哈德扎人和澳洲的阿布里吉人也是相似的生活模式。

所有这些群落，现在都被挤到了贫瘠地区，所以可以可靠地假设，当他们居住在那些拥有更充足资源的地区时，食物的获取无疑还要更为容易。的确，当代这些群落中有许多是看不到农业的吸引力的，这需要多得多的劳作。一个布须曼人对一个考古学家说：“既然世界上已有这么多的浆果，为什么我们还要去种植？”休闲时间被他们看得很重要，超过了去增加食物供应或者是生产更多的物质产品的重要性，他们认为其过多了反而成为累赘。

为了获取必要的生活资料，采集和狩猎部族依赖对自己所在地区的充分了解，尤其是要懂得一年之中什么时候在什么地方可以得到什么类型的食物。他们的生存方式涉及围绕主要的季节变化，把获取食物的方法和社会组织的形式与这些变化协调起来。当代

的采集和狩猎部族同样也说明着历史上的那些部族是怎样去适应他们的环境的。西南非洲的布须曼人生活在一个相对单一的环境中，他们一年之中大约要迁移营地5～6次，但一次从来不会超过 16～19 km 的距离，他们只是为了像婚礼这样的社会活动才作长途旅行。

历史上那些采集和狩猎的群落是如何在自己生活于其中的世界各地不同自然环境中行动的？这些现代的例证告诉我们很多。所有的采集和狩猎群落，无论是历史上的还是当代的，看来都在控制他们的数量，以便不过分地榨取他们生态系统中的各种资源，这是通过一些为人们所接受的社会习俗来达到采集和狩猎群落对食物的需求，以便减轻自己这个生态系统的压力。人口的密度通常很低（尽管人口数量会随着环境类型及其自然产出水平的不同而不同），对于 1 万年前（也就是在一些地方采用农业耕种方式之前）全世界的人口总数，最高的估计不会超过400万，而在更早的时期，还会比这个数字要少得多。

大约在1万年前，几乎地球上的所有大洲都有了人类的定居。这种定居不是靠单纯的采集者和狩猎者来进行的，而是靠那些以原始的农业形式来获取生活资料的群体，尽管这些群体仍然依赖石制工具，仍然要靠时而的捕猎来补充他们的食物。

人类这种缓慢的扩张定居，依赖于一系列相互关联的发展。大脑容量的增加，增长了人类抽象思维、形成概念的能力，对于各种各样困难的甚至是严酷的自然环境所带来的挑战，具有了逐步发达的文化和技术解决手段的能力。这些解决手段包括火的使用和衣物的发明，使得人类能够生活于严酷的气候中，以及采用各种越来越精巧的获取生活资料的策略。

于是，在大约1万年前，在经历了200万年高度稳定和适应很好的生存方式之后，人类用来获取食物的方式，在全球的一些地方，就开始变化。变化的步伐仍然很慢，但比起过去来要快得多了。这些变化带来的后果比起过去的任何变化都要激烈得多，它带来了人类历史上最为根本性的改变，正是在这种改变之上，使得人类社会后来所有的发展才成为可能。

2. 古代文明对环境的影响

目前的证据表明，在远古时代，人类对环境的破坏是很小的，但采集和狩猎群体的许多活动的确在一定程度上改变了自然环境，并导致了环境破坏。东非的现代哈德扎人就以获取少量的蜂蜜而大量摧毁野生蜂窝而出了名，其他的群体也有为了获取自己需要的野生植物而满不在乎地将它们成片连根拔起而毁了它们。而且，采集和狩猎群体也的确在改变野生“作物”生长的条件，他们以牺牲那些自己不需要的植物为代价来扩大对自己有用的那些植物的生产。这样做的效率最高的方式之一就是烧，在采集和狩猎群落中，为了这个目的而使用火是非常流行的。火极大地改变了动植物的生活环境，它可以使对人们有用的一年生植物在新开辟出来的土地上茁壮成长，可以增加养分循环。新西兰的毛利人有规律地用火烧地，用来扩大可食用蕨类的种植面积，这种蕨类的根茎是他们食物中的重要构成。有许多证据表明，在巴布亚新几内亚，从大约3万年前开始，也就是人类首次定居后不久，那里就出现了广泛的毁灭森林，这包括砍伐、环状剥皮和用火烧。把森林植被揭掉，是为了增加可供食用的植物的生长空间，像山芋、香蕉、芋头、西米树等。

不过，采集和狩猎群体对他们的环境影响最大的是捕杀野兽。对于一个生态系统来说，野生动物的这一部分更容易被损害，因为它们的数量更少，尤其是一些大型动物或

是处于食物链顶端的食肉动物，它们的数量在过分的捕杀之后通常要过很长一段时间才能恢复。

尽管有一些证据表明某些群体试图不去过分捕杀，但更多的却是不加控制的捕杀，甚至是物种的灭绝。我们已经看到了北美平原上是如何大规模捕杀野牛的，它可以在一次捕杀活动中就杀死几百头野牛，尽管人们需要的只是几头。野牛的数量很大（5 000 万～6 000 万头），所以即使一年之中如此频繁、如此规模的捕杀也不会实质性地影响到它们的数量。但是，数量较小的动物就会受到严重的损害了。捕猎的后果由于猎人们倾向于集中捕杀某一种动物而排除其他动物而更为严重。在北太平洋的阿留申群岛上，在公元前 500 年左右时人类定居于此后，过了 1 000 年的时间，由于集中捕杀，海獭最终灭绝了。结果，定居者生活资料的基础被毁，他们不得不极大地改变自己的生存方式，使用那些残存下来的资源，被迫接受了一种较低水平的生存资料。

人类对动物数量所产生的影响在马达加斯加岛、夏威夷和新西兰等地的例证中可以很清楚地看到。这些原先是隔绝的岛屿，有着独特的动物群，现在忽然遭遇到了严酷的压力。由于没有大型的哺乳动物能够到达这些与世隔绝的岛屿，大型的不能飞的鸟类就发展起来，它们没有什么利害的天敌，所以就成为岛上主要的动物。对于人类的掠杀，它们是无法抵御的。马达加斯加岛有人定居后的几百年内，这些大型动物中的许多种类，包括一种不能飞的大鸟和一种矮小的河马，就灭绝了。在夏威夷，人类定居后的 1 000 年内，39 种陆地鸟类灭绝了。在新西兰，毛利人遇到的是一种温和的气候，他们传统作物中的许多如香蕉、面包果和椰子，都是来自波利尼西亚人居住的亚热带岛屿，现在在这里都不能生长，甚至像山芋和芋头在北岛也不能生长。这就迫使他们对自己惯常的食物模式作巨大的改变，去食用蕨类植物和甘蓝菜叶，再加上海洋资源。捕猎也变得更为重要。大量的不能飞的鸟类，如鹬鸵、秧鸡和各种恐鸟（恐鸟绝大部分有 1.8 m 高，但也有一种高达 3.7 m），被毫不留情地捕杀，包括它们的鸟蛋也被吃掉。人类定居后的 600 年内，24 种恐鸟就灭绝了，还有 20 种其他的鸟类。

（二）农业文明

1. 农业文明的演进

人类靠着采集、放牧和狩猎生活了大约 200 万年。然后，在数千年的时间内，一种非常不同的生存方式出现了，它建立在对自然生态系统的巨大改变之上——生产谷物，为放牧提供牧场。这种更强有力的谷物生产系统在世界的三个核心地区分别发展起来——西南亚、中国和中美洲，它形成了人类历史上最重要的转变。由于它能够提供数量多得多的食物，就使得人类社会可以演化为定居的、复杂的、分出等级的各种形式，使得快得多的人口增长成为可能。在大约 10 000 年前，在进化到农业之前，全世界的人口大约是 400 万，在公元前 5000 年期间非常缓慢地增长至 500 万。然后，随着此后人类定居社会在一个大规模上的快速发展，人口数量每过 1 000 年就要翻一番。

到了公元前 1000 年时，世界的人口已经达到了 5 000 万。在随后的 500 年内，又增长到 1 亿。到了公元 200 年时，人口数量成为 2 亿。人口发展的趋势一直是上升，尽管这并非总是一种稳定的速率，而且常常由于饥荒、疾病和战争使人口减少。

朝向农业的转变、定居社会的增加、城市的出现和手工业的分工，再加上强有力的宗

教和政治人物的出现，所有这些现象合在一起，就常常被称为“新石器时代革命”。这些变化所用的时间非常之长，至少用了4 000～5 000年。

与采集和狩猎相比，农业绝不是一种容易的选择。它要求在清理耕地、播种、田间管理与收割和照管家畜等方面付出更多的努力。它也并不必然地提供更有营养的食物，也不具备更大的可靠性，因为它所选择和依赖的植物和动物，范围要小得多。与其他获取生活资料的方式相比，农业的一个优势就是：作为更多努力的回报，它可以在一个较小的土地面积上提供更多的食物。

人类对农业的选择现代的解释是以逐渐增长的人口压力为依据的。尽管采集和狩猎群体采取了一系列措施来限制他们的人口，想保持在一个环境不负担过重就可以支撑的水平上，但他们这样做并不总是成功的。人口过多，一个部族业已占据的那片土地已经无法支撑，对此，通常的解决方案就是分离，组成一个新的部落，去开发一片新的地方。在史前部族的情况中，这个过程要持续很长时间，但是最终所有合适的地方都终归会有人去的。400万左右的人类人口（这是10 000年前达到的水平）或者更少，这可能是在那种采集和狩猎的生存方式下，环境所能从容支持的最大限度。如果人口的增长持续下去，超过了这个限度，尤其是在那些人口较为密集的地方，部落就会不得不进入不那么有利的居住地，在那里他们必须依赖质量差一些的植物和动物，或者是不那么富饶的生态系统，所以就需要用更多的努力来获得足够的食物。在数千年的时间内，由于这种持续的移居过程和需要更多的努力来获得食物，就迫使部族转向强度大得多和时间花费多得多的方式来开发自然环境，最终导致了如今被称做农业的这种方式的产生。一旦这些部族中的某些达到了他们被推到的或是别无选择必须采用农业技术方式的这一点时，他们就进入了一种不可逆转的效应：粮食产量会增长，可以养活更多的人口，而由于缺乏人口的控制，更多的人口就会形成更大的压力，要求着强度更大的种植。一代接一代的变化可能很小，但其累积效应却是巨大的。

农业和畜牧业无疑是人类迄今最重要的发明。尽管某些时候和某些地方它们被商业和制造业夺去了光彩，但它们一直是人类生活的经济基础。回顾起来，可以把农业和畜牧业看做是使人类技术力量的发展与保护生物圈的功能相协调的巧妙手段。而生物圈的这种功能是人类和所有物种获得生存的前提条件。

在农业和畜牧业中，人类的技术力量与大自然的生产能力基本是平衡的。农民可以保证他的粮食和牲畜得到补充，因为这些都是动植物。如果不使大自然遭到破坏，生命自然会得到再生产。为保证驯化动植物的延续，人类需要做的就是把他的收获物留出足够的部分，以便明年播种；必须留出足够的幼畜，以维持其畜群的数量。人们必须有所节制，不去过分剥夺大地母亲。他还必须抵制诱惑，不去过量耕种，过量放牧，以免耗尽大地母亲的力量。如果农民能够如此深谋远虑、自我约束，大自然对农民来说将永远是富饶的。事实上，只要生物圈还适于人类生存，农业和畜牧业一旦发明就将永远发展下去。

2. 农业文明对环境的影响

农业的采用，以及随之而来的两种后果——定居社会和逐渐增长的人口——对于环境施加了越来越大的压力。这种压力在一开始时只是局部的，但是，随着农业的扩展，它的效应也在扩展。有些地方，如有着温带森林生态系统、气候温和的北欧和西欧，降雨量大，土壤肥沃，还能够很好地抵御这种压力；而其他的生态系统更容易被破坏、人口密度也更

大的那些地方，在采用了农业、开始了定居生活方式以后的 1 000 年内，就感受到了这种压力的影响。

农业涉及清理自然生态环境，以便开辟出一片人工居住地，人们可以种植庄稼和牧养家畜。于是自然的平衡和原来那种生态系统内在的稳定就被破坏了。多种多样的植物和永久性的自然植被，被种类很少的庄稼所替代。开辟出来的土地，只在部分时间得到了利用，比起从前来，土壤暴露在风吹雨打之下的程度要严重得多，尤其是当地里没有庄稼的时候，所导致的土壤侵蚀程度远远超过了自然生态系统时的情况。

定居社会的扩散也在其他方面增加了对环境的压力。采集和狩猎群体，由于他们那种流动的生活方式，他们的需求很低，对于环境的总体影响相对较小，并且不是集中于一地。村落和城镇的出现（以及增加的人口）意味着对资源的需求更为集中了，为了增加供应而做出的努力不可避免地要对面积较小的地区施加大得多的压力。新的需求产生了，尤其是建造永久性的房屋对建筑材料，以及新的、更多的其他材料的需求。森林被毁是最为严重的，人们需要木材来盖房子、取暖和做饭，这样的需求在增长。一个地方的砍伐森林导致了土壤的日益侵蚀，而这就成为定居地所面临的问题。有证据表明，早在公元前 6 000 年左右时，在定居社会出现后的 1 000 年里，随着砍伐森林而来的土壤侵蚀，地貌被严重破坏，粮食产量下降，最终不再能够生产足够的粮食，于是村落就被放弃。

【专栏 2-3】进步的陷阱

“一次猎杀 1 头长毛象，是生存；一次猎杀 2 头长毛象，是进步；但一次猎杀 200 头长毛象，则是进步过了头”。

著名学者隆纳·莱特在《失控的进步:复活节岛的最后一棵树是怎么倒下的》一书中通过回顾人类文明推演的历程，反省了进步造就的神话，揭示了常常被我们忽略的“进步的陷阱”。

【资料来源】北青网.

创造人工环境来生产粮食和定居社区的增多，不仅是把人类活动对环境的影响集中到一起来了，而且也意味着对人类社会来说，要逃脱自己活动所带来的后果更为困难得多了。在那些特别敏感的生态系统中，在那些人类活动对环境的干扰特别集中的地区，社会的基础也就被破坏，最终导致它的崩溃。早期社会依赖于剩余粮食生产，以便养活人数越来越多的神职人员、统治者、管理人员、士兵和手工艺人。如果粮食生产变得更为困难，产量下降，能够在社会内部进行分配的剩余粮食越来越少，那么，这些早期城邦和帝国的基础就受到了威胁。

在中国，农业的发展和第一批定居社会的出现，是以华北地区那种容易耕作的黄土地上的黍类种植作为基础的。尽管这种土壤肥沃，但只要它上面覆盖的自然草层被除掉以种植黍类，它就很容易被侵蚀。

黄河流域是中华文明的发祥地，4 000 多年前，这里森林茂密，水草丰美，气候温和，土地肥沃。史载周代时，黄土高原森林覆盖率达 53%，但自秦汉开始，大面积的毁林垦荒，使水土流失日益加剧，黄河泥沙含量不断增加，宋代时已达 50%，明代增加到 60%，清代则增至 70%，致使黄河的河床日趋增高，有些河段竟形成高出地面的“悬河”。遇到暴雨

季节，河水冲堵决坝，泛滥成灾，与此同时，流域的沙漠化土地日渐扩大，生态环境急剧恶化。

随着土壤被风吹走、被雨冲掉，巨大的沟壑峡谷很快就形成了。与此同时，山边的林木又被人们取走作为燃料或是用于建筑。砍伐森林逐步增多，直至大约200年前几乎中国所有的原始森林都被砍伐殆尽。中国的高地在整体上丧失了森林，这就是导致黄河常常洪水成灾的主要原因之一（黄河的名称就是因它从土壤侵蚀的上游携带了大量的泥土而来），这导致黄河在低地的定期的大改道，造成了巨大的生命损失。在日本，也可以看到同样的因果关系。尤其是德川幕府时期（公元1600年后不久），随着大量重建城堡和城镇，砍伐森林的规模，达到了这样一个程度，政府必须用颁发许可证的方式来对砍伐加以控制。

20世纪70年代的田野考古发现，古代玛雅人使用的是一种强度要大得多的农业体系。在山坡上，他们把丛林清除掉，造出了广阔的梯田，试图保持住事实上不能避免的水土流失。这种强度很高的耕作体系，就是玛雅人所有成就的基础。然而，当对它的要求过高时，它也是不能承受这种压力的。人口持续在增长，越来越多的人居住在城市里，他们可以用于充实军队和为建筑项目工作。耕作也变得强度更大。然而支撑这样一个庞大的超级结构的生态基础却显然并不具备。只要树林的覆盖被除掉之后，热带森林中的土壤是很容易被侵蚀的。玛雅人的那些定居地很自然地聚集在肥沃的土地地区。但是，古代玛雅人所居住的这片地区，那种肥沃土壤的3/4在今天被鉴定为是极容易被侵蚀的。比如，环绕着蒂卡尔，75%的土壤被鉴定为非常肥沃的，但是，将近60%的土壤只要一旦没有了树林的覆盖就很容易被侵蚀。所以，把树林清除掉，就有着使土地退化、粮食产量降低的危险，而这又会因缺乏家畜——它们可以提供肥料来维持土壤结构和肥力——而进一步加剧。砍伐森林不仅仅是为了给农业提供用地，而且还为了提供燃料、建筑材料，为了挖出大量的石灰膏泥用以粉刷那些祭祀建筑。人口的压力迫使耕地和梯田深入更为边缘的地区，而这些地方更为脆弱，土地更容易被侵蚀。穿越整个玛雅地区，越来越多的土地暴露在风吹雨打之下，流失而去。

靠着使用那些容易得到的自然资源，靠着找到了更充分地开发这些资源的方法，在某些情况下还靠着创造人工环境，玛雅人得以建造了一个复杂的社会，取得了伟大的文化和智力成就。但是，他们却是以毁灭了他们所创造的东西而结束。也许，一个超级结构越是复杂，它就越不容易保持对于种种联系的意识，或者越是要去改变过程。然而，无论是成功还是失败，这在很大程度上都依赖于与之相关的生态系统的弹性。有些生态系统，如北欧和西欧那种温带气候中的生态系统，就能够更好地承受人类持续的占据。这些生态系统本身就不那么容易被扰乱，持续的人类占据（尽管比起地中海地区和中国来，这里的人口密度要低一些）和部分的砍伐森林，在定居农业社会的第一个千年内，只造成了较低程度的环境破坏。在这一地区，没有一个社会受到了重大环境崩溃的威胁。

综上所述，农业文明时代的刀耕火种、毁林开荒、过度放牧，导致一定区域的耕地退化、水土流失、土壤盐渍化等环境问题。并在很大程度上影响到人类文明的进程，除上述谈到玛雅文明的消失外，还有诞生于非洲尼罗河流域的古埃及文明、发祥于印度河流域的古印度文明以及发源于西亚的美索不达米亚平原的巴比伦文明，均因无休止地砍伐森林，过度过牧、垦荒等，致使古老的文明衰落，现已成为地球上贫困的地区。

（三）工业文明

1. 工业文明的演进

近代工业兴起于英国，大约在 1540—1640 年的 100 年间。工业文明相对于农业文明来讲，最显著的特点就是大量开发地球贮藏（但有限）的矿物燃料，当然矿物燃料的大量开发也是有一个过程的，这是一种使世界部分人口拥有富足资源的转变。在这之前，以往使用的所有形式的能源基本上都是可再生的。

几百年前的人类的基本能源需求一般可划分为两类，第一类是用于取暖和照明，第二类是提供完成一系列任务的动力，主要是农业生产、建筑房屋、工业以及运输的动力。

人类在使用可再生能源到大量使用不可再生能源的转变之前，照明基本上是来自自然资源，如植物油灯、动物油脂（尤其是鲸油）做成的蜡烛。就取暖和做饭而言，适合的主要能源是木材和植物残骸，如麦秸和动物干粪。木材在工业文明以前是压倒一切的最重要燃料，随着社会的发展和进步，人口的不断增长，对木材的渐多需求导致世界每一个地方对森林的持续砍伐。但直到 500 年前，木料的供应也几乎是充足的，很少有证据表明出现了地方性短缺。

进入工业社会后，虽然矿物燃料的使用在逐渐增加，也在一定场合替代了木材的消耗，但总体来看，森林的砍伐却并没有因此而减弱。森林被毁掉，不只为了提供更多的农业土地，而且因为需要木料做燃料和木材。木料被用于盖房和各种各样的工程（包括防御工事和桥梁），在工业中制造木桶、生活用品和机械，在造船业中，以及以木炭形式用做工业的首要燃料如炼铁、酿造、玻璃制造和烧砖。在中世纪英国，中等规模的房子需要砍倒 12 棵橡树。

一旦工业使用变得重要，对木料和木炭的需要又向前大跨了一步。木炭生产包括大量劳动和大量的木料。在美国，19 世纪平均每座鼓风熔炉每年就要毁掉大约 250 英亩的林地，宾夕法尼亚的霍普威尔（Hopewell）熔炉 1 年就要用光多达 750 英亩的林地。钾碱的生产也一样具有毁灭性。俄国邻近阿尔汉格尔（Archangel）的一家工厂每年出口钾碱 1 000 t，而每生产 1 t 钾碱，就要消耗 1 000 t 木料。到 1662 年，俄国钾碱生产每年就用光总数达 300 万 t 的木料。蒸发水以生产盐的过程也用掉大量的燃料。在俄国的卡玛（Kama）地区，那里 19 世纪初有超过 1 200 座盐厂，当地所有的森林都被砍掉，不得不从 200 英里以外运输木料来烧蒸锅。

几个世纪以来，这样无情地毁掉森林，几乎没有植树，逐渐耗光了中国和西欧的森林资源。中国的早期工业到 13 世纪就造成了北方严重的木料和木炭短缺。西欧第一次出现木材短缺可以追溯到 15 世纪的造船业。中世纪最大的航海国之一的威尼斯，耗竭了当地的木材供应，转而依赖从达尔马提亚海岸的殖民地进口木材，当时因未能成功地保护意大利本土的最后一片橡树林而制定出了严酷的法律。

当时人们对这一日渐严重的能源短缺的反应是转向当时被广泛认为低劣的燃料——煤。随着木料价格的上涨，先是穷人，后来甚至富人，都不得不使用煤。

1550 年，英国生产煤大约 21 万 t，但到 1630 年，增加到 150 万 t。几个世纪以来，产自纽卡斯尔的煤通过海路运往伦敦，煤的贸易从 1550 年的 3.5 万 t 增加到 1700 年的 56 万 t，一个世纪后达到 85 万 t。尽管多了这种选择，人们在家庭取暖和做饭上还是倾向

于使用薪柴，只在已燃的火上或炉子里使用煤。一些工业如锻造、酿造和制造肥皂行业也是如此。

1610 年后煤被用于玻璃生产，10 年后能用于制砖。到 17 世纪 40 年代，焦炭被用于烘干酿酒的麦芽，到 17 世纪 80 年代，被用于熔化铅、铜和锌。使用焦炭的最后的主要工业过程是生产生铁。1784 年亨利 • 考特发明了精炼铁的过程，焦炭才被用于生产熟铁。然而，直到进入 18 世纪，木炭仍是许多工业过程的至关重要的燃料。

在西欧木材日渐稀缺和紧张的地方，尤其是在英国，从 17 世纪起逐渐使用煤炭，这是比一种能源代替另一种能源远为重要的事情。所有以前的人类社会都依赖于可再生的能源——人、动物、水、风和木材，这些社会总的来说是“祸害”森林而很少去植树或采取其他保护措施，这个事实就意味着这一能源危机是自作自受——许多个世纪以来，这样的短视行为一再重复着。只有短缺变得严重时，社会才开始大规模使用煤而不是原先那更方便更灵活的燃料，转变到实实在在是不可再生的能源上面。首次大量使用世界的矿物燃料贮备（它们来自 2 亿多年前的大量森林）开始于 17 世纪。这一时期的许多历史材料尤其是较为流行的记录，都集中于“工业革命”的观念，所以注意的焦点就是工业技术的变化和新工业过程的采用。这些在扩大生产、利用新材料和发展新工业上的确重要，但所发生的更为根本的变化是能源的转换。尽管其他能源在该过程的早期阶段很重要，但最终转向为工业社会必须依赖于不可再生能源的消费。

自 19 世纪开始，煤炭生产出现了快速增长的局面，1800 年，世界的煤炭产量大约为 1 500 t，到 1860 年，增加到了 1.32 亿 t，到 19 世纪末，超过了 7 亿 t（增加了 46 倍）。英国是 19 世纪大部分时间世界上工业化发展最快的国家，煤炭生产从 1800 年的 1 000 万 t，猛增至 1850 年的 5 000 万 t，1900 年的 2.25 亿 t。人均消费增加了 4.5 倍。19 世纪末的两年时间中（1899—1900 年），世界所使用的煤炭多于整个 18 世纪。煤炭从微不足道的份额迅速激增占到的世界能源消费的大约 95%，新的能源使用速度显然无法继续用木材来充当。1900 年，世界的煤炭消费相当于每年毁掉和运输了 3 倍英国大小面积的森林。世界已没有足够的森林以这样的规模长期持续生产，在整个世界运输这样大量的木材所涉及的问题也可能是难以解决的。

美国 19 世纪的工业化道路不同于欧洲的模式，美国转向大量矿物燃料是一个漫长过程。从总体上看，美国早期工业化主要依赖于木材和水力而不是煤炭。1850 年，木材仍占美国燃料供应的 90%，美国的一半钢铁仍由木炭生产。直到 19 世纪 80 年代中期，煤炭才变成美国的主要能源，当时现成的适用木材供应在很大程度上已经枯竭了。如同在英国，煤炭的使用一旦开始，就急剧地增加。1850—1900 年煤炭的消费增加了 30 倍。到 1910 年，煤炭提供了美国能源的 3/4。美国的经历再一次表明，只有到了其他容易使用且较灵活的能源处于耗竭的边缘时，才使用了煤炭。同样的模式也可以在后来日本的工业化中发现。

世界依赖于煤炭的高峰在 20 世纪初来临。尽管世界煤炭生产在 20 世纪持续增加（20 世纪 30—70 年代翻了一番），但煤炭在世界能源消费中的比例从超过 90%下降到大约 30%，现在煤炭是仅次于石油的最重要能源。煤炭重要性的下降于 20 世纪的早些时候开始于美国，美国发现的大型石油储量促进了这一快速转变。在欧洲，这种转变要晚得多。即使到了 1950 年，使用煤炭的比例仍超过 80%。到 1970 年，由于进口的廉价石油代替了煤炭，

比例下降到不足 30%。这一趋势可由欧洲铁路的发展很好地说明。在 20 世纪 50 年代，大多数铁路网仍依赖燃煤蒸汽机，但到 60 年代后期，这些蒸汽机已由柴油动力机车和电力系统代替。

19 世纪最重大的能源发展之一，是燃料使用的增长已提供出更方便的二级能源形式——电力。1834 年伦敦制造了第一批发电机，但在能够达到商业运用之前，花了几十年时间进行技术开发。照明上第一次大规模应用电是 1875 年在巴黎的诺德广场(GaleduNord)，整个工业世界的工厂和商店接着纷纷争相采用，而随着新的发展如碳丝灯(1881 年首先为英国的下议院所使用)和 1911 年后寿命更长的钨丝灯的引入，电力和照明变得更加有吸引力。尽管 1886 年在尼亚加拉大瀑布修建了第一个水力发电站，但绝大多数的电力仍来自矿物燃料的火力发电站——先是煤，然后是石油和天然气。

一旦昂贵的基础设施修建起来并产生极为方便的能源形式，就能在工厂和家庭中用于照明、取暖和动力，这标志着向很容易得到的能源的根本转变，也导致能源消费的大量增加。电力不仅代替了工业中的蒸汽动力机，通过使用机械工具，造成了自动化程度高得多的加工过程。同时，家庭用电也得到极大增长；工业世界的几乎每家每户都与输电中心相连接，提供照明、取暖、做饭以及大量家用电器如冰箱、冷藏柜、电视、洗衣机和洗碗机的动力。电力消费的增加是世界上能源消费增加的主要原因之一。总的来看，在总的能源增长中，电的增长速度要快 1 倍。例如，在欧洲，1920—1970 年，电力消费增加了 26 倍。

若干世纪以来，石油从渗到地表的地方被人们得到，主要以沥青形式被用于嵌塞船缝。直到 19 世纪中期，才努力开采石油，在商业上大量使用石油产品。世界上第一批商用石油 1859 年产自美国宾夕法尼亚的德雷克。人们想获得大量这种新能源，并克服开采、提炼、贮藏和运输中的技术问题的压力。在 19 世纪后期，85%的原油被提炼为煤油以提供照明用油，剩余的部分变成了工业润滑油。这种境况只在 20 世纪早期随着燃油炉的发展才得以改变。到 1909 年，石油燃料大约占燃料产出的一半，石油工业变成日益重要的工业。内燃机的发展和运输工具数量的巨大增加，极大地促进了石油需求。到 1930 年，汽油变为石油工业生产的主要提炼产品。从 20 世纪 30 年代末开始，另一种新产品——航空用油——变得日渐重要(其消费在美国仅 1935 年后的 20 年中就增加了 40 倍)。石油的大量供应和技术的发展，导致了人工材料的生产，如尼龙、人造纤维和数量巨大的化纤制品。

正如煤炭被证明是支持 19 世纪工业扩展的别无选择的手段一样，作为适用能源的廉价石油是 20 世纪持续经济增长的主要维持者。在过去的 100 年，世界石油消费简直以天文数字增长。1890 年，消费了大约 1 000 万 t。到 1920 年，增长了近乎 10 倍，达到 9 500 万 t，到 1940 年又增长 3 倍达到 2.94 亿 t，然后每 10 年翻一番，达到 20 世纪 70 年代的每年近乎 25 亿 t，总体上看增加了 200 多倍。1900 年，石油只提供世界能源供应的 4%，但到 20 世纪 70 年代，几乎占到了 50%。

世界油田开采的主要副产品天然气在工业化国家能源使用中日益重要。尽管从 20 世纪早期开始，天然气在靠近美国油田的当地使用着，但其广泛使用还是在 30 年代高压管道输送天然气技术的改进之后。60 年代，天然气的使用才在西欧普及。1900 年，天然气只占世界能源供给的 1.5%，但到 20 世纪 80 年代，成为世界上第三种最重要的能源(仅次于石油和煤)，占将近 20%。

所以，19 世纪和 20 世纪的能源史已经由不可再生的矿物燃料——煤、石油和天然气——前所未有的增长所主导。只有其他两种技术有助于提供不同的选择——水力发电和核电厂。水力发电的使用在 20 世纪的前半期大大地增加（美国增加了 43 倍），1929 年，水力提供世界电力的 40%。但水力总的来说变得日渐不重要，现在只占世界能源的很小部分（不到 2%）。核能作为军事项目的有用副产品，20 世纪 50 年代开始商用。核能一直为安全问题、不完善的设计以及生产的电力并不比其他能源廉价所困扰。现在世界上大约建造了 400 座核电站，由于石油短缺，核能在法国提供大约 60%的电力生产，但总的来说，核能还不到世界能源的 1%。

到 20 世纪后期，世界的能源消费已反映了完全不同于在 18 世纪末之前所盛行的消费模式。在矿物燃料的采用之前，人类社会一直面临着能源短缺。从 18 世纪开始，工业化世界发现了生产和消费充足能源的方式。从 1860 年起（当时消费的增长已在进行中），世界能源使用增长了 70 倍。主要的矿物燃料甚至增长得更多——世界现在年消费煤大约是 1800 年的 100 倍，石油消费现在比 19 世纪后期增长了大约 250 倍。在大部分时间中，能源供应是廉价的——直到 20 世纪 70 年代初，公开市场的原油价格 1 桶为几美元，反映了消费国家的经济和政治实力。

在过去的两个世纪，如同以往社会那样，在使用能源供应时仿佛它们是不可耗竭的。工业化世界鼓励消费而不是限制消费。廉价的能源意味着，所消费的大量能源通过各种低效形式连同失效的措施而浪费掉。

尽管电力提供高度方便的能源形式，但电力也是极为低效的能源生产方式。必须修建和运作发电站，必须架设输电线，将电力输运到工业和家庭的消费者手中。在每一个阶段，能量都被消耗掉，也通过发电和传输电力的各种低效浪费掉。在 20 世纪 20 年代，发电站的利用效率只有大约 9%，直到现在仍然只有大约 25%。

对世界有限储量的矿物燃料的大量消费要首先归咎于工业化国家，尤其是美国。美国人口只是世界人口的 5%，但他们占到世界能源消费的 30%（20 世纪 40 年代时甚至更高些——将近 50%）。占世界人口大多数的第三世界只消耗世界能源的 10%。

最近 10 000 年的人类历史经历了能源消费模式的巨大变化，从采集和狩猎群体的极少需求到现代美国的高消费水平。为了获得这些能源，有过一系列技术上日趋精细复杂的方法，从收集薪柴和使用人力、牲畜，到简单的水动风动机器，到深井煤矿、深油井（尤其那些大陆架油井）、发电站和核电力。在整个这一时期，在对待消费能源的态度上有显著的连续性，就是只做短期考虑，将所有能源都看做似乎是不会枯竭的。目前还难以估计世界矿物燃料储量被耗竭的时间，因为难以估计未探明的矿藏规模和未来的消费速度。但是，大多数估计都认为，有足够的煤炭可以消费几百年（甚至以更高的速度消费），而石油和天然气的储量只能使用不到 100 年，也许只有几十年。在这些矿物燃料的储量被耗竭之前很久，随着供应变得困难，从更遥远的矿井开采而提出的尖锐技术问题，以及由此导致的价格上升，会产生严重的问题。到 20 世纪后期，关切未来能源供应已反映在人们更多地感兴趣于可再生能源的供应上，于是发展一些利用太阳能、风力和水力（包括海浪和潮汐）的现代方法，使用动植物废料的方法，转向热动力联合发电厂更高的发电效率。然而，尽管做了许多的实验和推广工作，这些“替代能源”对世界能源消费来说仍只是个零头。工业化世界仍依赖于不可再生的资源，这显然是固守着几千年来对待木柴的习惯和期待，将

后来的矿物燃料也看做似乎是不可耗竭的。

人类社会在主要以薪柴为燃料和动力的时代，并没有太在意薪柴有朝一日会不够用，但随着社会的发展，薪柴已根本满足不了人类社会的需求。幸运的是，薪柴的短缺被煤炭、石油、天然气弥补。在这些以地质学年代而生成的不可再生资源大量使用的前期，人们同样认为煤炭、石油是取之不尽的，日后即使是不够用了，人类也将会找到新的解决办法。然而新的解决办法就是再反过来利用现代技术改造后的老办法吗？用太阳能、风力发电和生物质能吗？

2. 工业文明对环境的影响

毋庸置疑，工业文明对生态环境的破坏是最大的。虽然工业文明的兴起只有几百年的时间，但它的影响已波及世界范围内的所有生态场所，所带来的环境污染和生态破坏程度远远超过了古代文明与农业文明的总和。

几千年来，人类主要的奋斗目标就是改善生活环境，提高生活质量，包括卫生、饮食、居住等条件，而这些问题随着人口数量和城市生活的增加而变得越加尖锐，社会化的大生产和新技术的使用还带来了新的污染因素，对人类健康和环境产生了新的危害。污染起初基本上是地方性的，一般只限于一座城市、一条河流、一处垃圾堆或一个矿坑。到了 20 世纪后期，污染已增加到前所未有的规模，影响到各工业区、海洋、整个大陆甚至全球的运行机制。

（1）对水环境的影响。水的供应有两个紧密相关的问题——需要既保证数量又保证质量。采集及狩猎群体从河流山泉找到他们的饮用水，这些地方常常左右着他们的营地，通过相当频繁的游动，他们通常避免了严重的污染问题。定居社会的兴起意味着可靠的水供应至关重要，大多数定居地兴起于河流、山泉或井的附近。对整个世界的大多数小农庄来说，这些仍是唯一的水供应地（直到进入 20 世纪，在工业化世界的一些农村地区情况仍是如此）。但是，定居区规模和需要水的人口数量的增加，很快就造成常常有限的水供应的紧张。

1610 年，为了从新河通过管道向英国伦敦提供干净水，以取代日渐污染的泰晤士河水，建立了新河公司。其他向首都供应水的私营水公司继续从泰晤士河引用未经处理的水，直到 1869 年才修建了第一座水净化厂。19 世纪中期的巴黎不得不放弃从极度污染的塞纳河取水，1852 年转而使用格雷奈拉（Grenelle）的大型喷水井。随着工业城市的出现，各个地方人口的迅速增加，维持足够的安全水供应成了严重问题。早在 19 世纪 20 年代，英国工业城市修建了人工水库，这一过程在 19 世纪后半期和 20 世纪更进一步扩大，常常在离城市许多英里的地方修建大型的水库，然后将水引向大城市，但很少供应到单个家庭，这样做的结果是有力地限制了个人的水消耗。

18 世纪，整个巴黎市依靠 2 万个使用水桶的盛水器来供应水。在 19 世纪中期，伦敦市中心的 7 万个家庭中，有 1.7 万个家庭依赖自己的水井，其他家庭依赖于街道的蓄水塔，大约每 20～30 家有 1 个水塔。通常水供应只限 1 天 1 小时，每周供应 3 天。

在莫斯科，1914 年，市中心仅有 9 000 用户有自来水，其他用户依赖 140 口井。随着人口的增加，随着修建了更好的水供应系统，随着水处理方法的改进，消费也增加了。1940 年以来全球用水量增加了 4 倍。如同其他资源一样，淡水是稀缺的资源，地球上只有不到 0.4%的水为淡水形式，而且在全球分配得很不均匀。工业化世界使用淡水比第三世界多得

多。平均每个美国人（包括工业）每天消费 7 200 L 淡水，每个印度人每天只消费大约 25 L。尽管工业用水很重要，但世界水供应的大约 3/4 用于农业灌溉，尤其是在第三世界。在世界许多地方，持续从地下含水土层采集水已达到非常高的程度，以致水资源迅速缩减。在泰国曼谷，1958 年以来，地下水位下降了 24 m，继续以每年超过 3.6 m 的速度下降。随着淡水被抽去，海水便以每年超过 457 m 的速度进一步渗向内陆。在沙特阿拉伯，使用现代技术灌溉广大的沙漠地区，但所依赖的地下水耗竭的速度要远高于新水源的补充。

尽管目前在发达国家，已经获得了大量的水供应，但其纯净度仍是个问题。大量的工业废弃物已经造成了水的严重污染，而在农村地区，人工肥料和杀虫剂的残余物渗进河流，不是所有这些污染因子都能被现代技术和处理方法排除掉的。问题的规模还很大程度上不为人所知，部分原因是探测水中杀虫剂残留物的困难，但已经发现了一些紧急情况。加利福尼亚 20%的水井污染指数超过了国家安全界限；在佛罗里达，由于污染，关闭了 1 000 口水井；在匈牙利，773 个城镇和村庄的水不适于饮用；在英国，10%含水土层污染超过世界卫生组织的安全标准；在英国和美国的部分地区，由于硝酸盐含量较高，自来水不能用于喂养新生儿。然而，在第三世界的大部分地方，问题很大程度上仍一如既往。那里 60%的人（世界人口的大多数）得不到安全饮用水，每天有 2.5 万人死于饮用被污染的水。官方估计表明，印度水有 70%被污染了，中国的 44 座最大城市中，有 41 座城市地下水受到污染。

发达国家尚且如此，在第三世界情况更为糟糕，他们现在的情况与 19 世纪的欧洲极为相似，80%的人（换句话说，世界居民的大多数）没有卫生设施，从而仍遭受着由此造成的疾病和肮脏。

（2）对大气环境的影响。世界大多数城市的另一个显著特征，是城市上空飘浮着厚厚的一层烟雾。如同水一样，纯洁的空气也是基本的需要。大幅度空气污染来自从燃烧木材到煤炭燃烧的转变，尽管露天燃烧的或在没有足够烟筒的房间燃烧的木材（这是前现代社会的普遍情况）也会引起相当大的烟，能导致人的眼病（这仍是第三世界的严重问题）。

正是 16 世纪和 17 世纪燃煤的巨大增加，导致伦敦第一次大规模的污染问题。城市上空煤烟密布，在很远的地方都能看得到，正是这时候，伦敦的西部变成了最受青睐的地方，因为西风通常刮掉了西部上空的煤烟。1661 年，大规模的污染以及对人们健康的影响已经被注意到，当时的日记体作家约翰·伊凡林写了《驱逐烟雾》一书，批评当时伦敦的空气状况，这恐怕是最早描述空气污染的书。

在整个 19 世纪，随着城市数量的增加，煤炭几乎成为家用取暖和做饭的唯一燃料，污染问题在每一个城市都更恶化了。伦敦作为当时世界上最大的城市，造成了几乎最糟糕的状况。1880 年，伦敦中心地区 60 万家庭有 350 万个火炉，实际上它们全都燃煤，这些煤炉冒出的烟雾对健康极为有害。

在 19 世纪的中间几十年，伦敦一年中雾天的情况增加了 3 倍，空气中大量煤烟造成的令人恐怖的雾气成了常事，肺病导致的死亡率在每一段恶劣雾天中都急剧上升。1873 年 12 月，特别严重的煤烟导致大约 500 人死亡，仅仅 1880 年 2 月的 3 个周，死亡人数就超过了 2 000 人。随着煤烟污染的恶化，这一模式几十年里每年都残酷地重复着。1920—1950 年，伦敦市中心的平均日照时间几乎比少受集中的煤烟影响的城市外围地区少 20%。正是导致超过 4 000 人死亡的 1952 年 12 月的伦敦烟雾事件，才最终引发了治理行动。

所有工业过程都产生废弃物，其中许多废弃物集中起来达到一定量就有害于生命。在早期的各种污染源中，来自工业和采矿的污染已为人所知，但由于工业产出只是小规模，危害程度有限，其后果通常只是地方性的。

而开始于 18 世纪后期的集中的工业化阶段，就其将污染物质释放到大气中的规模、浓度和种类来说，可算是一场革命。工业生产尤其是冶铁和后来的炼钢而大量增加使用煤炭燃料，构成第一次工业革命的支柱。整个 19 世纪世界煤炭消费量增加了 46 倍，铁的生产量增加了 60 倍，当时还缺乏控制污染物质释放的任何认真尝试，必然使污染物的量大为增加。燃煤生成了煤烟和二氧化硫，炼铁连同其他早期工业过程尤其是化学工业，造成大量的各种有害环境的废气和废弃物。第一次工业革命形成了集中污染和环境退化的地区——喷出浓烟和有毒气体的烟筒、大堆大堆的废品、充满工业废旧下脚料的水道和毁掉了植物的周边地区所构成的毁灭性景观。人们不得不生活和工作在这样的条件下。

在 20 世纪 80 年代后期，前苏联以及东欧国家，大力发展重工业的同时，并没有进行有效的环境治理，结果造成了严重的环境灾难。在莫斯科，已记录的释放出来的二氧化硫高于世界卫生组织（WHO）最大限制指数 20 倍，学龄儿童不得不携带便携式防毒面罩。波兰政府已将西里西亚上游描述为“环境灾难地区”，那里大气中的二氧化硫指数是官方安全指数的 100 倍，历史名城克拉科夫（Cracow）每年要从大气中降落 170 t 铅、7 t 镉、470 t 锌和 18 t 铁。一年超过 1/3 的天数处于烟雾笼罩状况，这一地区所生产的几乎 2/3 粮食受到污染，不适合人类消费，70%的水不能饮用。1/3 的河流内所有生物灭绝了，维斯图拉（Vistula）河有超过 2/3 的长度甚至无法供工业使用，因为河水太过腐蚀性；巴尔干近海有 10 万 km^2 的地区，由于这些河流的毒化，已成为生物学上的死亡区。

1989 年，苏联科学院宣布，整个国家人口的 16%，超过 5 000 万人，受到工业和化学污染的严重影响，构成了“一个生态灾难的时代”。莫斯科的空气质量随着 30 年代工业化的起步而开始下降，树木开始死亡，其成长率下降了 90%。到 1960 年代初，根据官方数字，二氧化硫和二氧化氮的释放在首都的一些郊区几乎达到致命的水平，到 1970 年，属于最严重污染之列的工厂只有 14%制定了某种形式的减少释放的控制措施。尽管国家制定了限制污染的规定，但工业中压倒一切的压力是使生产最大化，很少将资源投到反污染措施上。苏联工业所形成的废弃物大约 3/4 仍未经处理就排入河流。

其他晚一点进行工业化的国家也大致遵循同样的模式。日本采用了西方的工业化模式，也产生了环境问题。在东京，到 20 世纪 60 年代后期，该城河流的 3/4 不再有鱼。

在最近的两个世纪中，污染一直被看做工业化必不可免的伴随现象，是工业制造物品和增长财富的优越性所必须付出的部分代价。那些工业化国家程度不同地采取了行动，限制最恶劣的后果，开始制定标准。然而，这样做的目的不是获得清洁的空气和纯净的水，而是确定某些污染因子可准许的最大限度，即使触犯了，通常也给予非常小的处罚，其目标只是使环境和健康危险保持在“可接受的”水平。无论如何，到 20 世纪中期，污染已不只是国内的而且是国际的问题，这一点已变得很清楚。确实，限制国内污染所采取的一些措施，被证明是转嫁问题的很有效手段。人们乐观地指望污染物会随着风浪消散，但如果一个国家接着一个国家都同样试图转嫁其污染物，污染程度会或迟或早达到极限。形成国际性污染问题的一个很好例子是酸雨的历史，酸雨直接与基本工业过程如燃烧矿物燃料和金属生产关联着。

全球二氧化硫的排放从1860年的大约1 000万t增加到1910年的5 000万t，到20世纪70年代已超过1.5亿t。这些硫释放物的大约一半来自24个西方工业化国家。仅美国和加拿大就要对世界二氧化硫排放量的1/4负责。随着清洁技术的引入，二氧化硫的排放量70年代以来有所下降，但总的来看，世界的释放仍在增加，主要是在东欧、俄罗斯、中国和其他正在工业化的国家。

直到20世纪80年代，酸雨问题被首次发现大约130年后，才采取了一定的措施，试图减少二氧化硫的排放。阻止跨国污染的行动准则被1972年的联合国环境会议和1977年的OECD年度报告接受，并在1979年签署为国际协定，但直到1985年才被批准。在1984年之前，一直没有采取有效行动，直到一些工业化国家组成了“30%俱乐部”，他们同意到1993年二氧化硫的排放量比1980年下降30%。一些国家如奥地利、瑞士和法国还比规定做得好，到80年代后期已降低了超过50%。1988年，前欧洲共同体决定到2003年大型发电站二氧化硫的排放量降低60%。尽管这些下降可缓解地区性问题，但从全球角度看，这些效果还微乎其微，被几乎完全基于燃煤形成能源的日渐工业化的国家如中国和印度抵消掉。

工业污染不仅仅影响产业工人的健康，它也严重危及人口大众的健康，尤其是在高度工业化的地区。早期工业城市由于大量的煤燃烧，空气中的重金属含量很高，连同其他污染因子造成的程度严重的污染状况，形成令人恐怖的生活条件和极高的死亡率。在19世纪40年代的曼彻斯特，工人阶级子女的几乎60%在5岁前就死去（是农村地区死亡率的2倍）。20世纪80年代取自东欧部分地区的统计数字，堪与19世纪工业城市居民所遭受的状况相比。

（3）污染的复合效应。第二次世界大战以来污染在迅速增加的另一个重要因素是内燃机的大量增加。所有的内燃机都产生一系列污染物：二氧化碳、一氧化碳、氮氧化物、其他一些有毒有机化合物和烟雾。这些气体一旦释放进大气中，就造成不同形式的空气污染，然而还没有一个政府准备采取措施直接限制汽车拥有量。所以，控制措施很大程度上依赖于旨在治标而不是治本的技术定位。

以光化学烟雾形式出现的新危害，显示了污染中最惊人的“复合”效应。这一效应的最广泛显示是酸雨、重金属沉降、氮氧化物和臭氧（来自机动车尾气）以及各种有毒化学品。

从19世纪开始，通过酸雨和重金属污染的联合作用，已毁掉了工厂周围的树木。大多数工业区都使森林迅速毁掉，同样的问题仍在整个世界发生着。

在最近两个世纪，随着更多的国家进行工业化，工业产出的规模加大，污染量已急剧地增加，而随着越来越多地使用复杂的人工化学品，污染也变得更加危险。污染的后果已从工厂的邻近地区，通过跨国污染如酸雨，使有毒物质扩展到世界上最遥远的地区。

人类活动极大地增加了现有的温室气体：二氧化碳、甲烷和氮氧化物。增加这些气体的后果使温室效应从维持生命至关重要的机制，也许变成地球上最具威胁的环境问题——全球变暖。

1896年，瑞典科学家S. 阿赫纽斯（Svante Arrhenius）首先从矿物燃料的燃烧上预言全球气温的升高。他的警告几十年来很大程度上被忽视了。20世纪60年代环境主义者首先警告这一潜在问题，但直到80年代科学团体才开始接受全球变暖这一现实。科学上困

难的问题是，要识别人为造成的全球变暖在多大程度上影响了气候改变，以及预言可能造成的后果。随着持续的工业化，道路上更多的机动车辆，气温还可能继续升高。20 世纪 80 年代后期作为对日渐增多的科学界和公众对全球变暖后果的警告的反应，而联合国政府间气候变化专门委员会（IPCC），在一份报告中估计，到 2030 年，气温比 1850 年前增加 1.5～4.5℃，最可能的结果是增加 2.5℃。这样规模的全球变暖的后果对整个世界的影响将极为深远。气候模式可能急剧地但不平均地改变。全球降雨可能增加大约 10%，但一些地区将更为干旱，另一些地区更为湿润，地球气候系统的科学模型还不足以复杂到预言变化的细节。

解决全球变暖问题将引起严重的经济、社会和政治问题。人类社会以前从未面临过这等规模和复杂性的环境问题。因为温室气体的增加量与工业产出、能源消费和其他因素如汽车拥有量如此紧密相关，所以减少排放问题实质上是涉及工业化社会的未来及其能源和资源消费性质的问题。对于政治上、结构上甚至心理上明显依附于经济增长和高消费水平的社会来说，这一特定形式的污染展示着一个根本性的挑战。

整个世界的生态系统现在已受到各种类型污染的不同程度的影响。甚至南极都已被污染，工业污染因子竟能扩展得如此远。活生生的植物、动物和人类在面临着威胁，这已有许多证据，而且与污染有关的长远压力仍在汇聚着。然而，尽管显然污染因子的影响已变得更具威胁，但人类所已采取的行为仍很少顾及后果，尤其是在生产剧毒化学品和氟利昂的情况中。温室气体的排放在人类到目前为止所造成的各种污染中可能具有最重大和最广泛的影响。在定居社会 1 万年和实质性的工业化仅仅 200 年后，人类活动及其所造成的污染已无可挽回地以前所未有的规模威胁着世界气候系统的变化。

【专栏 2-4】24 小时里发生的环境事件

从昨天此时到现在的 24 小时里，超过 200 000 英亩雨林遭到破坏；13 亿 t 毒性化学物质流入环境中；超过 45 000 人死于饥饿，其中 38 000 人为儿童；130 种以上的植物或动物绝种(有如此快速之物种消失速度的最近一次，是在恐龙灭亡时)。以上种种事件都在短短一天内发生。

【资料来源】[美]汤姆·哈特曼. 古老阳光的末日. 马鸿文译. 上海：上海远东出版社，2005.

（四）不同阶段文明的比较

回顾人类所经历和创造的文明，我们可以看到，在不同的文明阶段，人类的生存手段、生产力水平、人与自然的关系等方面有着显著的不同。从多个侧面总结人类文明发展的得失，比较不同文明阶段人与自然关系的演进，将对认识环境问题的本质及可持续发展的产生背景有着积极的意义。

古代文明距今久远，要准确地描述当时人类的生活，有相当的难度，但根据考古学得出的结论以及对残存的现代原始部落的研究，还是可以窥见古代文明阶段人类的生活方式和生存手段。人类历史的 99%一直是处于古代文明的状态，古人类基本是通过采集食物和猎取动物相结合的方式来获取他们的生存资料，他们迫于相对恶劣的自然环境的压力，结成移动的小群体来生活，他们与现代牧民的游牧生活不同，他们的游动是为了寻找更适宜

采集和狩猎的环境，有时只是为了适应季节的更替，有时是由于群体的人口增加了，不得不让一部分人分离出去，寻觅新的生存地点，有时也许是为了躲避其他动物的攻击。他们的生存手段和能力与现代人相比是非常落后的，但人类的祖先却在漫长的远古时代顽强地生存下来，一代代繁衍生息。这说明，当时的人类采取了最为适宜的、最具灵活性的生存方式和生存手段。

可以想象，处于古代文明时期的人类尽管其生产力水平相当低下，但人与自然真正是融为一体，他们以天当房，以地当床，以动物为伍，以森林为家，他们又耐饥又耐渴，又耐冷又耐热。他们对生态环境有一定的扰动，但这种扰动是非常轻微的。因此也可以说，古代文明虽然以万年或十万年为计量单位，但古人类并没有对生态环境造成破坏，也不存在环境问题。

开始于1万年前的农业文明，人类到那时已经有了很长时间的生活经验的积累，人类的生存手段由采集、狩猎逐渐转变为种植、养殖，生存的方式也慢慢地趋向于定居，这一方面是人类社会通过发展有了更强的生存能力，生活资料有了少量的剩余，另一方面也是由于人口增加的压力而不得已为之。但种植、养殖的生产方式确实是养活了更多的人口，也使人类社会有了显著的发展和进步。虽然农业文明阶段的生产力水平和古代文明相比有了较大的提高，但和现代社会相比，其生产力水平以及生存手段还是非常低下的。前已述及，在这一时期已经出现了较大范围的、比较突出的环境问题，如地区性的水土流失、森林锐减等，并在一定时期和地域内导致了社会的崩溃和文明的消失，这已经表明在农业文明时期，人与自然的关系疏远了，出现了一定程度的松弛。与古代文明相比较，农业文明以千年为一个计量单位。

工业文明的兴起，极大地改变了人类的生存手段和生产、生活方式，社会化的大生产已经主宰全世界，生产力水平与古代文明及农业文明时期相比有了极大的飞跃。遗憾的是，工业文明对全球生态环境的破坏达到了无以复加的地步，不但影响到了当代人的健康，也威胁到了后代人的生存。仅仅几百年的时间，一系列非常严重的环境问题已遍及全球，其后果尚难进行准确的预测，但积重难返却是大多数人的认识。

表2-1 不同阶段文明的比较

文明阶段	古代文明	农业文明	工业文明
人类生存手段	狩猎、采集	种植、养殖	社会化大生产
生产力水平	极 低	较 低	产生了大的飞跃
突出的环境问题	没 有	水土流失	环境污染
环境问题的程度	没有出现	总体不严重	非常严重
人与自然的关系	十分密切	逐步松弛	日益紧张
年代计量单位	万 年	千 年	百 年

进入21世纪，人类正在由工业文明社会向后工业文明社会过渡，在后工业文明社会中，生产力水平的进一步提高是无疑的。然而，人类对目前存在的环境问题能否解决或缓解还是个未知数，人类赖以生存的生态环境和人与自然、人与人的关系是崩溃还是走向和谐？年代计量单位会是10年吗？这些问题恐怕不是耸人听闻，而是人们一再担忧的现实。

二、工业文明的战略与成就

古代文明的 100 多万年期间，用现代人的眼光来看，几乎所有的人类都生活在难以忍受的状况之中，即使是到了距今 8 000～10 000 年前的农业文明社会出现后，世界人口的绝大多数（即平民）也始终处于饥寒交迫之中。他们拥有的财产很少，人均收入很低，医疗卫生条件极差，寿命也相对短得多。社会大多数剩余物质都供权贵们消费，或者流向寺庙、墓葬等大型工程。

而工业文明兴起后，也就是最近的二三百年中，世界许多国家的相当一部分人口，突然间改善了物质生活条件，达到了前所未有的物质生活水平。

毫无疑问，是大规模的工业化最终大大提高了人们的物质生活水平。工业产出的巨大增长是人类历史最近两个世纪的最显著特征之一，世界工业生产现在比 19 世纪 90 年代扩大 50 多倍，其中 1950 年以来的产出占到这一增长的 80%。世界出现了不断增加的、令人眼花缭乱的多样化产品，并诱使公众来购买。它们所涉及的技术常常非常复杂精致，但基本的投入并不高多少。在工业化过程中，能源消费（尤其是煤炭和石油）出现了巨量的增加，金属的大量使用也是前所未有的。

英国工业化真正开始的第一阶段就是以铁产量的迅速增加为标志的，1788—1830 年铁的生产量增加了 10 倍，从年生产 6.8 万 t 增加到 70 万 t（是仅仅 100 年前整个世界铁生产量的 2 倍多）。到 19 世纪中期，世界年生铁产量大约为 1 200 万 t。尽管有这么大量的增加，但跟 20 世纪相比就显得微不足道了。到 1980 年，世界钢铁生产总量达到 12 亿 t（大约 5 亿 t 铁和 7 亿 t 钢）——增加了 100 倍。从 1400 年世界上第一次粗略的估计以来，钢铁生产总量增加了 4 万倍。

在 16 世纪的欧洲，大约 90%的人从事农业劳动，寿命很低，只有 5%的人岁数能超过 60 岁，而 1/3 的人寿命不超过 14 岁，人口的绝大多数是文盲。

但最早在 19 世纪 40 年代后期之前，对大多数人来说，生活水平还看不出有明显的提高。在整个这一时期，由于劳动力市场的富集，工业劳动阶级的大约一半人生活在维持生计水平，或者低于生计水平，只有少数工作稳定的熟练手艺人能够改善他们的生活条件。在 19 世纪 40 年代，英国人口的大约 10%仍是乞丐（在 19 世纪 60 年代，降到了 5%），在工业萧条时期，总人口中乞丐所占的比例更高。随着工人涌入城市竭力寻找工作，拥挤地住在本来就不足的住房里，工业城市的生活条件愈加不堪。

在 19 世纪后半期，大众的生活条件逐渐得到改善，到 20 世纪 70 年代，合成纤维的生产量超过了铝、铜、铅和锌的总和，人均消费量增加很快。20 世纪后半期业已被刻画为构成现代工业化第三次浪潮的新工业如电子、通信和计算机的成长期。渐增的工业生产和能源消费，稳步增加了社会的物质财富，随着这些物质财富的增加，工业化世界人口的生活水平得到大大提高。

在美国，20 世纪 20 年代耐用消费品突飞猛进地开始使用，10 年间耐用消费品的花费翻了一番。电冰箱和洗衣机成为美国较富裕家庭的普遍用品。在欧洲，耐用消费品的迅速发展直到 50 年代才开始，日本在 60 年代，拥有电冰箱的家庭比例从 5%激增到 93%；洗衣机则从 29%上升到 96%，电视机从 16%上升到 75%。这些新产品的饱和点很快就达到。

到 80 年代，西德 90%的家庭拥有电话，84%的家庭拥有汽车，83%的家庭有电冰箱，80%的家庭有自动洗衣机，70%的家庭有彩电。但是，由于新产品的发展和引进，这些消费品的花费一直保持在很高的水平。1970 年以来，增长领域已经转移到品质繁多的电子产品上，如摄像机、个人电脑、移动电话等。

20 世纪产生最大工业和社会影响的新产品是汽车。在 20 世纪初，世界上只有几千辆汽车（1900 年，美国有 8 000 辆，日本 1909 年只有 62 辆），它们由几百家企业少量地生产（1908 年，美国有 250 多家汽车制造厂）。到了 1930 年，美国有 2 600 万辆汽车，整个欧洲只有 500 多万辆（英国有 150 万辆）。美国的汽车拥有量大概是每 20 年翻一番，到 20 世纪 70 年代中期超过了 1.2 亿辆。在欧洲，汽车拥有量的巨大增加是在 1950—1970 年，当时正在使用的汽车增加了 4 倍（在英国，从第二次世界大战前的仅仅 250 万辆增加到 80 年代的 2 300 万辆）。在整个世界，小汽车和轻型卡车的拥有量从 1950 年的 5 000 万辆，增加到 80 年代的超过 4 亿辆，当时每年正在制造超过 3 300 万辆的交通工具。汽车生产现在比其他任何工业都消耗更多资源。汽车使用着世界钢产量的 20%，铝产量的 10%，锌产量的 35%，铅产量的 50%，所有天然橡胶产量的 60%。另外，超过世界全部石油的 1/3 为汽车交通工具所消费。同时，汽车的兴起还引发了大量的辅助工业如公路建设和修理行业的发展。

旅游业的增长同样是惊人的，1950 年有 2 500 万国际旅游者，到 1989 年，大约有 4 亿人，估计消费了 1 160 亿英镑，占用 1 050 万个旅馆房间，制造了 6 000 万人的就业机会，超过 80%的旅游者来自工业化国家。欧洲、北美、日本和澳大利亚的居民现在有着甚至一个世纪前他们的祖先不可想象的物质生活水平。这意味着人们获得了巨大的收益，更好的医疗，更好的教育，更轻松、更舒适的生活方式，以及更大范围的旅游经历。

工业文明仅用 300 年左右的时间，就给人类带来如此辉煌的成就，人们禁不住为之惊叹，为之欢呼。正如托夫勒所言：“它把所有一切事物集中联系起来，像一台机器那样组装起来，形成世界有史以来最有力量，最有向心力，最具有扩张性的社会制度。”

三、工业文明的代价与反思

工业文明在取得巨大成就和迅速扩张自己势力范围的同时，也引发了包括环境问题在内的众多问题。它不断地破坏着自然生态系统，加速它无序化的过程，给自然、社会和人的存在造成灾难性的破坏和影响，支付出巨额的生态代价，若长此以往，甚至会导致自然系统的瓦解和崩溃。人类在构筑工业文明的同时，也在为自己的生存发展设下了重重陷阱。

工业文明时代，人类以为自己就是自然的主人。为了实现自身的目的和欲望，人类普遍采用巨型的机械化硬技术，对自然进行不择手段地掠夺和征服。人类用近乎残暴的手段对待自然界，使温顺的、不能言说的自然界在短短 300 年里，已变得千疮百孔，遍体鳞伤。可是长期以来，大多数人却对此熟视无睹，依然我行我素，直至 20 世纪中期仍自我感觉良好，甚至时至今日还有不少国家的政府官员、科技界和产业界人士等仍然踌躇满志，拒绝反思；而为数众多的其他各界人士和社会公众也仍然在欣赏、羡慕、追求和享用这种掠夺和征服所带来的成果。

【专栏 2-5】对文明的反思

在文明发展至巅峰时，对生态的索求也到达顶点，为了追求持续的成长繁荣，只好抢劫未来，以支付眼前的开销，最后将大自然赐予的款待洗劫一空，然后随着生态环境的崩毁而瓦解。

【资料来源】隆纳·莱特. 失控的进步：复活节岛的最后一棵树是怎么倒下的. http://bjyouth.ynet.com.

【专栏 2-6】增长不等于发展

可持续发展这一词条早已被误解成可持续的物质增长，而不是发展生态方面的可持续性。

【资料来源】[美]格雷姆 · 泰勒. 地球危机. 赵娟娟译. 海口：海南出版社，2010.

300 年来，人类在机械论世界观的指导下，集中于物理学方面的科学革命，将复杂的事物还原为所构成的要素，用精确的数学方法加以分析，并且通过机械的组装将各种无机的要素拼成整体，使万物渐渐失去了有机的联系，创造出了一个巨大的、冷冰冰的、无生命的人工物质体系，用以同自然界相对抗。另一方面，病态的生产模式创造出病态的消费模式，病态的需求又拉动着病态的供给。人性中贪婪的一面被现代工业文明所提供的巨大可能性诱惑得无限膨胀，人类征服、掠夺自然的野心和胃口也越来越大了。

然而，大自然的宽容和承受力是有限度的，一旦人类的胡作非为超过生态系统所能承受的限度，大自然便会以它自己的方式对人类进行报复，反击人类的征服和掠夺。资源耗竭将使人类失去生存的物质基础，大气环境恶化会使人感到窒息，受到伤害。实际上，人类基本的生活质量在下降，生存和健康正受到严重的威胁。人类面临的问题越来越多，全球性的不稳定日益增强，已经有形式多种多样的灾难接踵降临到人类的头上，筑成了“人类的困境”。

人类发展技术的本意是为了改善自己的生存状态，把自己从各种物质束缚中解放出来，使自然及其资源为人的生存与发展服务。然而，由于对技术和物质财富的过分迷恋和贪欲，过度地向大自然索取，破坏了生态平衡和环境的承受能力，损害了自然系统的整体性和自我调节机制。自然界便按照自己的法则和方式，恶化着人类赖以生存的生物物理前提，使人类因此而频遭打击和挫折。

山川河流，土壤岩石，花草树木，鸟兽鱼虫等，同人类一样都是大自然的一部分，共同构成了大自然这个有机整体。无论是生命的，还是非生命的，是有机物，还是无机物，都以各自的价值，在这个星球上发挥作用。它们本应该和谐统一，相互依存，共生共荣。然而，这美妙的和谐却被人类的疯狂开发行为所破坏。今天的社会充满了生态危机和其他各种全球性危机，充分说明这个社会协同程度很低。人类凭着想象，妄图建立符合自己意愿的“新秩序”，对自然环境持虚无主义态度，从而理所当然地自食苦果。

【专栏 2-7】对工业文明的反思

对于长期生活在地球上的人类来讲，工业化时代只不过是一个短暂易逝的阶段。不可再生化石燃料使得机械化成为可能。而机械化又使人类以一种不可持续发展的速度去扩张和消耗可再生资源和不可再生资源。现在，这些资源几乎被耗尽，重要的生态系统正在衰退，工业化文明即将崩溃。

【资料来源】[美]格雷姆·泰勒. 地球危机.赵娟娟译. 海口：海南出版社，2010.

人与自然的和谐被打破以后，当自然界的物质资源蕴藏量被人类掠夺剩下的越来越少，而人类的贪欲却不断膨胀时，就必然引起人类为争夺稀缺资源而展开激烈的争斗。于是，人与人之间的和谐也就不复存在。人与自然的冲突，导致人的身体难以承受巨大的环境压力；人与人的冲突，必然使人们心理受到伤害，身心失调就是情理中的事了。

生存智慧本源于生物对环境的适应，源于人类与自然界本属一体的自组织进化过程。从工业文明的整个过程看，人类的物质技术过程超越了自然进化过程和生命的生态过程，这本身就是不和谐和反和谐的。人类为了控制环境，就靠能量和物质技术重新构造人工环境，其结果非但因人类物质技术建造的、自身不会进化的结构不能平衡，而且也将导致自然和人类都不能再进化。

工业文明的科技观，认为世界的一切都可以按照人类的意愿重新进行改造和设计。工业文明的世界观认为，地球是一个巨大的、堆着各种零件的五金仓库，人的使命就是要把这些零件装配成一部能够运转的机器，为自己服务。人类建造的庞大“技术圈”，形成了一种反自然、反和谐的人工自然界。这个被人类异化了的自然界越庞大，就越使得人与自然不和谐，从而陷入生态失序的境地。文明人中的明智者因此而深感困惑，从而意识到不能不反躬自问了。

【专栏 2-8】勿让现代文明失控

“历史每重演一次，代价就上涨一次”。地球上第一个文明苏美尔瓦解时，只影响到 50 万人；罗马的衰亡则影响了上千万人；假若我们的现代文明失控，将为数十亿人带来无尽灾难。在坚持“经济没有极限”的游戏中，过去的输家是穷人，如今玩输的，却是地球。“所幸我们能看到人类的力量是如此巨大，大到我们没有犯错的空间，唯有摆脱过去对进步的迷思，将思考模式从短视近利转换为长远的视界，将行动原则从轻率鲁莽转为节制、谨慎，才能为我们的未来，规划出一条睿智的航道。”

【资料来源】隆纳·莱特. 失控的进步：复活节岛的最后一棵树是怎么倒下的. http://bjyouth.ynet.com.

从某种意义上看，文明史就是人类利用各种力量与自然界的搏斗史。时至今日，似乎我们已取得了胜利，或者说“我们终于变得更加文明了”。我们有了更多的机器，省去了大量的辛勤劳作；我们有了更多的消费品，使家庭的摆设变得更加丰富多彩；我们有了更快的速度，真正实现了“坐地日行千万里”的愿望；我们有了更大的力量，去开采矿物，去生产制造越来越多的实现人类欲望的物品。文明时代是一个崭新的时代，是对野蛮时代的否定。但是，当人类文明时代到来时，我们却又发现自己还是那么野蛮。

【专栏 2-9】工业化文明所崇尚的

工业化文明崇尚的是竞争、暴力和独裁，而不是合作、和平与平等。

【资料来源】[美]格雷姆·泰勒. 地球危机. 赵娟娟译. 海口：海南出版社，2010.

人类变革自然的活动需要工具，工具的发展是创造文明的有效手段。运用工具使人拥有巨大的力量，可以像随心所欲使用肌肉一样地使用机器，用以更有效地掠夺大自然。数百年的工业文明，使得亿万年间大量贮存着太阳能的非再生能源，被洗劫得迅速走向枯竭。工业文明以来的经济发展和科技进步，使人类越来越有能力干预自然本身的进化过程，粗暴地将自己的主观愿望和利益追求强加给大自然，无视自然物的存在意义，肆意践踏、奴役和杀戮自然界的众多物种，严重破坏了人与自然万物原有的和睦关系。

更可悲的是，多少年来人类非但没有意识到自己行为的谬误，反而不断讴歌自己不文明的行为，继续一步步向错误的深渊滑去。如果人类现在还不能正视自己，以及改变错误的观念和做法，很有可能使人类和所有生物赖以生存的地球退化为一颗死寂的行星。文明是一个历史的范畴，野蛮总是与之相伴随的。我们要学会透过文明的窗纱看到自己的野蛮，逐步从野蛮中解脱出来，走向新的真正的文明。

经济学领域有一句流行的话，“世上没有免费的午餐”，说的是任何有利的事都是要付出代价的。没错，人类为了发展自己的社会文明，不是已经付出了巨额的生态代价吗？

技术批评家埃卢尔在《技术社会》一书中说：“历史表明，每一项技术的运用都是从一开始就蕴藏着不可预料的副作用，这些副作用常常带来比没有这项技术的情况下更为严重的灾难。”莫比尔石油公司主席小瑞利·沃纳说：“工业界不得不把越来越多的研究费用花在对付环境、健康和安全条例上，因而与为我们重大科技发展而做的长期努力日益脱节。”这就是我们为工业文明所付代价的代价。人类容易犯的错误，往往并不是不知其错而犯错，大多数情况下，却是明知其错还要犯错。人们在构筑工业文明大厦的同时，也在自己的周围给自己挖下了重重陷阱，但为了进一步前进，又不得不更加劳民伤财地去填塞那些陷阱。

【专栏 2-10】工业化进程的结果

虽然工业化进程正在提高人们的生活标准、人的寿命、知识和个人自由，但它同时也疏远了人与人之间的感情，导致精神疾病、吸毒和犯罪的发生。

【资料来源】[美]格雷姆·泰勒. 地球危机. 赵娟娟译. 海口：海南出版社，2010.

绿色是自然的色调、是生命的本色，人们再也不能拿自己的生命当儿戏。300 年来，人们向大自然透支的财富，大自然已经在向人类严厉追讨了，如果人类不能妥善地弥补和偿还，难免就要付出生命作为代价。

思考与练习题

1．简述可持续发展思想的内涵。
2．简述经济快速增长带来的好处和问题。
3．怎样理解文明失控？
4．后工业文明畅想。

第三章　可持续发展战略与当代环境问题

环境问题的加剧源自于人类短视的思维方式和不可持续开发行为，要实施可持续发展战略，缓解环境问题，首先要理清楚当代环境问题产生的原因以及与可持续发展战略的关系。

客观地说，科学家在几十年以前甚至更早就已经发出了全球环境恶化的警示，而在这之后的几十年中，各国政府和公众也进行了旨在消除或缓解环境破坏的努力和尝试，但除了极少数成功的个案以外，绝大部分的环境治理却以失败告终。究其原因，就在于治标不治本。当然人们并不是不想治本，只是对造成全球环境问题的本质原因没有搞清楚，而导致了南辕北辙。但通过几十年环境治理的实践，人类也确实取得了许多经验和教训，认识到了更多、更深层次环境恶化的原因。而且发现，那些深层次的原因远比我们想象的还要多，还要复杂。对于一个复杂系统的复杂问题，不了解它真实的、本质性的原因，要想解决是无从下手的，甚至会适得其反。

第一节　当代环境问题产生的原因和特点

至少和几十年前相比，今天我们对造成环境恶化多方面的原因以及它们之间的关系，有了较为清晰的认识。因此也提出了认为是较为有效的解决方案，如可持续发展。然而在全球化浪潮下，可持续发展能在多大程度上真正实施，还存在许多不确定的因素。

造成环境恶化的最直接的动因有很多，如人口爆炸、消费过度、技术滥用等，那么，这些原因背后有什么驱动力？给整个人类造成如此被动局面的深层原因又有哪些？这都是我们需要认真分析的。

一、传统经济发展模式的不可持续性

（一）“二战”后经济的快速增长

所谓传统经济发展模式实际上指的是近现代经济发展模式，再具体点说是指20世纪，尤其是第二次世界大战以后并一直延续到现在的全球经济发展模式。传统经济发展模式最显著的特点就是经济快速增长，尤其GDP的增长强劲。一些国家在近几十年内保持了大于10%的经济增长速度。如美国在第二次世界大战期间达到这个水平，日本在20世纪六七十年代保持了10%的经济增长，中国自改革开放以来，平均也以10%的经济发展速度增长。

而根据经济史学家的研究，在公元500—1500年，全球经济增长速度为平均每年0.1%，或每个世纪才增长10%。从1500—1700年，西欧的增长加速了4倍，在18世纪的增长速度更快，甚至达到每年0.5%的速度。英国在整个18世纪达到1%的增长速度，结果成为世界上最富有的国家。

相比之下，近几十年全球的经济增长速度，比18世纪前要快得多。然而在经济快速增长的同时，伴随着全球人口的快速增长，二氧化碳排放量的快速增长，能源和各类消费品数量的快速增长。

表3-1　1970年与1990年世界范围内某些人类活动和产品的增长

年份	1970	1990
人口	36亿	53亿
注册的汽车	2.5亿辆	5.6亿辆
每年行驶里程（仅经济合作与发展组织国家）		
载人汽车	25 840亿km	44 890亿km
卡车	6 660亿km	15 360亿km
每年石油消费量	170亿桶	240亿桶
每年天然气消费量	8 800亿m^3	19 800亿m^3
每年煤炭消费量	23亿t	52亿t
每年发电量	11亿kW	26亿kW
每年软饮料消费量（仅美国）	1.5亿罐	3.64亿罐
每年啤酒消费量（仅美国）	1.25亿罐	1.87亿罐
每年用于啤酒和软饮料容器的铝（仅美国）	7.27万t	125.19万t
每年城市垃圾（仅经济合作与发展组织国家）	3.02亿t	4.20亿t

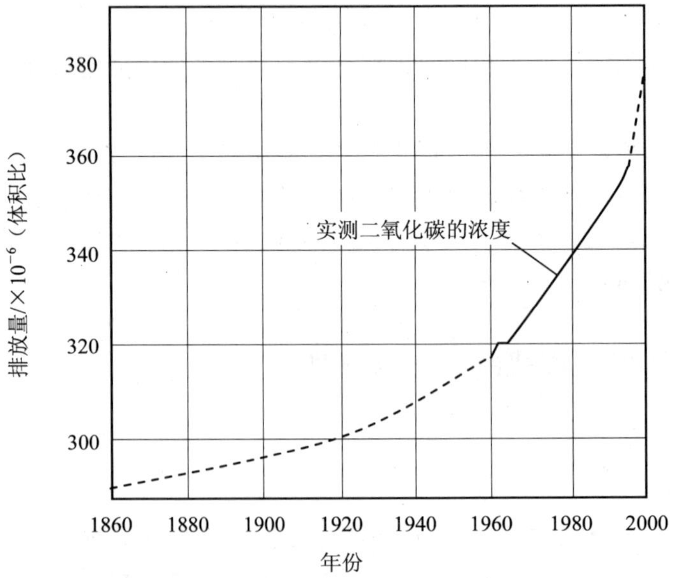

图3-1　大气中二氧化碳排放量的快速增长

注：大气中二氧化碳的浓度已经从20世纪的约290×10^{-6}（体积比）上升到了2000年的375×10^{-6}，并仍在继续呈指数增长。二氧化碳集结的原因是人类大量燃烧化石燃料和毁坏森林。结果可能引起全球气候变化。

（二）经济快速增长带来的好处

经济快速增长是每个国家孜孜以求的目标，因为经济快速增长可以增加国家实力，改善人们的生活和生存条件，解决一些社会问题等。它已经主宰了人类的生活，而且经济快速增长对于工业国家以及非工业国家的少数富人所带来的好处是显而易见的。

（1）工业国家的居民比他们的祖先要健康得多。饮食比较好（除了最穷的人以外）；今天，诸如坏血症和糙皮症之类的维生素缺乏性疾病几乎不为人知；在绝大多数情况下，分娩是一种常规而安全的活动。洁净水在西方几乎是普遍可以获得的。在平均水平上，他们的寿命是两个世纪以前他们的祖先的 2 倍。他们中的绝大多数人终生可以在没有严重疼痛或肢体残疾的情况下生活，至少直到最后的那几天、几周或几个月。

（2）工作不那么使人精疲力竭，且需要的时间较少，并且总的来说不那么简单枯燥。在 18 世纪，大多数男性是农业劳动者，每天工作 10 个小时或更长时间，在夏天工作时间更长，每周工作 6 天。农场工作是多样化的，但是非常消耗体力。妇女们属于奴仆一类，每天都漫长而令人疲劳。童工现在已被废除，至少在西方国家是如此。办公室和工厂的工作条件在身体压力、安全性、疲劳和枯燥等方面已得到很大的改善。

（3）还是在西方，人们已拥有比过去更多的闲暇时间，也就是可自由支配的，用于自己选择的活动的时间。在 19 世纪初，孩子们从 14 岁开始工作，每天工作 12 个小时，每周 6 天，直到他们在 30 多岁或 40 多岁死去为止。事实上，在工业革命早期那一段最糟糕的时期，儿童从 8 岁或 9 岁开始在纺织厂里工作（就像今天的印度和巴基斯坦儿童在地毯编织厂工作那样）。除了地主和食利者之外，人们不知道什么是闲暇。直到 1890 年，西欧的平均工作每年还达到 2 800 小时，或每周 55 小时，每年 51 周。今天。日本每年工作时间为 2 000 小时，美国为 1 900 小时，西欧每年少于 1 700 小时。人们也比两个世纪以前获得较多的可支配收入，享受闲暇的条件得到了巨大改善。

（4）从物质意义上讲，发达国家的生活更加舒适，也更加便利。舒适度提高的主要原因是电灯、通风、中央空调、高质量的窗户、较高质量的衣服、各种家电等。

（5）通信和交通也已便宜得多，且极大地改善了。书很便宜而且很容易获得。在过去已出版了几十万种、印刷了千百万册图书。电话和电视使人们能够以非常低的成本即时地与世界范围内的人或事保持联系。大多数人能亲身直接在一两个小时内进入城镇或城市，并接触其中所有的服务和商店。在一天时间里，西方的大多数人可以到达世界上几乎任何一个城市，其价格多数情况下只相当于几周的平均工资。

所有这些经济快速增长带来的好处在一个世纪以前是很难想象的，它使发达国家人们的生活更加充裕、方便和快捷，是非常值得庆幸的。而大多数发展中国家不能说一点好处也没有得到，只是比起工业国家经济的快速发展来说，他们的经济增长要缓慢得多，两者的差距也越来越大。因此人们一直坚持这样的观点：增长是实现更美好未来的关键，并且他们将竭尽所能来实现更大的增长。

对于整个人类来说，快速增长的经济确实能带来一些好处，解决一些问题，但也会产生严重的环境和其他问题。大而言之，主要是资源短缺和环境破坏。因为地球是有限的，地球的资源当然也是有限的。快速增长的经济依赖于地球源源不断的各种物质和能量流，如空气、水、食物、原材料和化石燃料等。同时人类要将生产和消费过程中产生的废弃物和污染物持续不断地排放给地球。而地球提供这些可再生资源和非再生资源的能力以及降解、转化、消纳这些污染物和废弃物的能力是无限的吗？答案是否定的。

（三）经济快速增长带来的问题

1. 大量生产、大量消费必然会带来环境问题

经济快速增长显现出来的是大量生产、过度消费，并且由此造就出了所谓现代生产、消费方式。而大量生产、过度消费必然要掠取和耗费大量的能源和资源，如石油、煤炭、各类矿产和生态资源，而在大量生产和大量消费的过程中产生大量污染废物则是必然的。

【专栏 3-1】1 秒钟：全球规模的环境变化

1 秒钟　全球排放的二氧化碳达 39 万 m^3，相当于 32 座体育馆的容积

1 秒钟　地球表面的平均气温上升 0.000 000 001 67℃

1 秒钟　格陵兰岛的冰川融化 1 620 m^3

1 秒钟　全球大气中减少了可供 140 万人用 1 天（710 t）的氧气

1 秒钟　全世界使用 252 t 石化燃料，相当于 63 辆卡车的装载量

1 秒钟　Ogallala 地下蓄水层（美国中西部地区有一个相当于日本列岛 7～8 倍的巨大的地下湖）的水减少 380 m^3，相当于一个 15 m × 25 m 游泳池的容量

1 秒钟　世界灌溉农田总面积增加 870 m^2，足以停放 58 辆汽车

1 秒钟　全世界天然林消失 5 100 m^2，相当于 20 个网球场的面积

1 秒钟　地球上平均有 0.002 种生物灭绝，即在 7 分钟里就会有 1 种生物灭绝掉

1 秒钟　中国新沙化的土地达 78 m^2，相当于 48 个榻榻米的面积

1 秒钟　全世界耕地减少 2 300 m^2，相当于 3.45 亩的面积

1 秒钟　全世界生产 4.7 kg 氟利昂气体

【资料来源】[日]山本良一. 1 秒钟的世界. 王莹，崔扬译. 北京：北京出版社，2005.

从自然科学的角度看，什么是污染：耗散了的能量就是污染。根据热力学第一定律，宇宙的能量是守恒的，它既不能创生，也不能消灭，只能从一种形式转化为另一种形式。但这并不意味着可以滥用能量，因为在能量的转化过程中，能量一定要从有效状态转化为无效状态，从可利用状态转化到不可利用状态。比如我们烧掉一块煤，它在燃烧过程中，能量并没有消失，这块煤所含有的内能全部转化为化学能和热能，但我们却再也不能把同一块煤重新烧一次来做同样的功了，无论你用怎样的科技手段都做不到，也就是说不会有任何的科技手段能将煮熟的鸡蛋变成生鸡蛋。这一煤的燃烧过程，就是一个能量耗散的过程，而且必然要产生一些污染（如二氧化碳、二氧化硫等有害气体及热污染）。许多人认为污染是生产的副产品，但实际上污染只是世界上转化为无效能量的全部有效能量的总和。根据热力学第二定律，能量只能沿着一个方向——耗散的方向——转化。

人的生存必然要消费，消费就必然有能量的耗散。根据爱因斯坦质能公式 $E=mc^2$，公式中，E 是能量，m 是质量，c 是光速，由公式可以看出，质量的耗散，也就是能量的耗散，同样不可避免地产生废物。这就意味着不仅是燃烧化石燃料才会产生污染，其他消费行为同样有能量的耗散，一样会产生废物。

然而所谓污染，只是近几十年来才突出出来，这是因为以前人类的生产能力相对低下，没有能力生产大量的产品供人们消费。另外，人口也比较少，资源和能源耗散较少，产生的污染废物自然比较少。其次由于地球生物链的物质循环作用，上一级生物链耗散的能量所产生的废物，是下一级生物链的能源。如人或动物，吃进食物，吸入氧气，经过复杂的生理生化反应，一定要产生代谢产物，即所谓的废物，还有 CO_2 等气体。废物进入到环境中，会在生物和非生物的作用下，逐渐降解、转化、消纳，最终可以成为某些动物、微生物的食物以及植物的养分，变成可以被生物所需要和利用的营养物质。例如 CO_2 则是植物光合作用所必需的物质。生物圈内的能量流动和物质循环构成了地球生命的动态平衡和生生不息。

而近代人类社会的大量生产、大量消费以及大量废弃的行为违背了自然生态系统在若干亿年的繁衍中形成的平衡规律，打破了生态系统的能量流动和物质循环法则，造成一系列的环境问题。如图 3-2 所示。

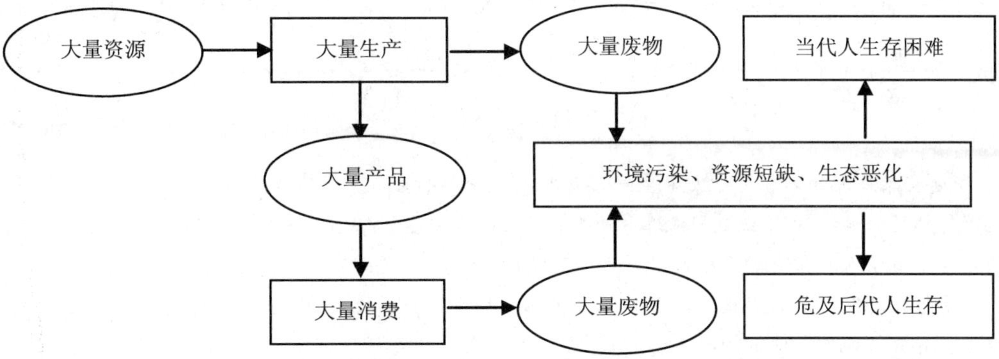

图 3-2 现代生产、消费方式造成的环境问题

从图 3-2 可以看出，大量生产是产生大量污染废物以至于最终产生环境问题的源头，而大量生产的目的是大量消费，没有社会成员的大量消费，生产再多的产品也是没有意义的。因此，大量消费又是产生环境问题最关键的一环。对于大量消费，直接结果同样是产生大量废物，这里所说的废物包括废气、废液、废渣等，不仅仅是指固体废弃物。

现在的问题是，环境对废弃物的降解、转化和消纳是需要一个过程的，环境对废弃物的容量也不是无限的，当大量的废弃物连续不断地被置于环境中，超过了环境正常的降解、消纳和转化能力时，应运而生的就是污染废物。污染废物的长期积累，必然形成一系列环境问题，如环境污染、资源短缺和生态恶化，以至于造成人类的生存困境，并危及后代人的生存。因此说，大量生产、大量消费和大量废弃的现代生产方式、消费方式是造成当前各类环境问题的基本原因，是不可持续的短期行为，只有改变目前不可持续的生产、消费方式，才能缓解环境的恶化，可持续发展才能得到有效实施。

2. 大量生产、大量消费的现状

在全世界范围内，我们每年要加工或使用 260 亿 t 材料，包括 200 亿 t 石料、沙子和砂砾用于修路和建筑，15 亿 t 铁矿石用于炼钢，7 亿 t 金矿石用于炼金。从森林里砍伐 17 亿 t 木材当燃料，约 10 亿 t 木材用于加工木制品，3 亿 t 以上木材用于造纸。为了获取磷、钾以代替作物从土壤中吸取的养分，每年要开采 1.39 亿 t 磷矿石和 2 600 万 t 钾碱。

地球上的60多亿居民用在汽车、家用电器、房屋和其他产品上的钢每年人均达137 kg。这意味着我们每个人每年要消耗将近我们体重两倍的钢。生产这么多钢意味着每个人要加工340多kg铁矿石。

由于我们接触的只是最后产品，而生产这些产品所需要材料的规模要远远大于我们大多数人的想象。比如，我们只看到汽车或冰箱上有钢，但却没有看到提炼这些钢用了多少吨矿石。只知道报纸是纸做的，却没有看到这些纸是用了多少木材和水以及其他辅料加工出来的。

生产某些像黄金首饰这样看似无害的产品，实际上也是令人难以置信地有害。比如，婚礼上未婚夫妇交换的金戒指，在制作时需要加工矿石，加工时很可能要用氰化物沥滤。根据世界观察研究所研究人员约翰·扬的计算，制作一对结婚金戒指需要加工的矿石，相当于在地里挖一个3.05 m长、1.83 m宽和1.83 m深的洞。

上面援引的所有数字是全球平均数，但对原材料的使用，比如能源和粮食的消耗，各个国家间差别很大。比如，美国年人均钢产量是352 kg，中国是98 kg，印度则只有24 kg。

【专栏3-2】大量生产与大众生产

印度圣雄甘地的名言："大量生产帮助不了世界上的穷人，只有大众生产才能帮助他们。" 大众生产超越了原始技术，但又不跳到高级技术上去，而是运用中间技术，让机器为人所用。"大众生产的体系是调动人人都有的无价的资源，即聪明的大脑和灵巧的双手，并且使用第一流的工具辅助他们"。西哲托马斯·阿奎那说："人类是具有双手和大脑的生物，他们最大的乐趣就是创造性地、有益地、富有成效地使用他们的双手和大脑。"

【资料来源】E.F.舒马赫. 小的是美好的. 李华夏译. 北京：译林出版社，2007.

加工大量矿石以生产金属必然会污染当地的空气、水和土壤，并消耗大量的能源。比如在美国，仅钢铁工业一项就消耗了相当于全国9 000万个家庭用的电。

20世纪中叶在生产和消费领域出现了有计划地将产品废弃和东西用完就扔的现象。人们认为，东西耗损得越快，扔得越快，经济也就发展得越快。这种观念作为促进经济增长和就业的途径都在美国被积极采用。

为数众多的消费品年复一年地变换款式，这成了促销的关键。汽车的型号年年变化，新汽车型号的出台，是主要工业国经济日程上的大事。这种做法就自然而然地降低了先前生产的汽车的价值。型号的改变更多的是旨在卖更多的汽车而不是改进车的性能。还有媒体一再鼓吹电动汽车无污染，其实电动汽车只不过是在它行驶的过程中不排放使用汽油的汽车排放的废气。生产电动汽车本身要带来污染，电动汽车充电过程同样带来污染。

服装也有类似的状况，特别是妇女的服装。每年的服装展示会都炫耀最新的款式。妇女服装的变化，可能就是衣裙下摆的贴边是提高一些还是降低一些，是在哪个年份强调哪种颜色或哪种织物。对很多人来说，自我价值就取决于穿着"合乎时尚"。

东西用过就扔的现象是在20世纪下半叶发展起来的。由于用起来方便，制作时使用的能源又人为地保持低价，用过就扔的东西因而占了我们每天产生的垃圾的很大部分，在最后填埋在垃圾填埋场的物资中所占的比例就更大了。

我们用擦面纸代替手绢，用一次性的擦手纸和纸餐巾代替布制的毛巾和餐巾，用一次性木筷代替可反复使用的竹筷，用用过就扔的饮料容器代替可重复使用的容器。最后，把这些用过就扔的物品装回家的购物口袋本身也是准备扔掉的，也要造成危害。

设在美国的基层再循环利用网络对物品的作废比例，亦即扔掉的东西与再循环或再利用的物品之比，进行过计算（见表 3-2），用过就处理的物品比例最高。一次性尿布的作废的比例是 100%。一次性用纸和杯盘的作废比例也是 100%。快餐业的出现，使一次性餐具的使用快速增长。

表 3-2 1997 年美国物品作废的比例和通常被扔掉的物品数量

物品	作废比例/%	数量/10^6t
一次性尿布	100	3.1
一次性用纸和杯盘	100	4.9
服装和鞋袜	87	5.0
轮胎	77	3.3
杂志	77	1.7
办公用纸	49	3.5
器具	48	2.1
新闻纸	45	6.1
铝罐	42	0.7
钢罐	40	1.1

资料来源：美国环保局：《美国城市固体废品特点》，1998 年修订，根据佐治亚州阿斯森基层再循环利用网络的报告。

在大力应付用过就扔的用品的同时，世界正面临着处理台式电脑的新挑战。虽然电脑还没有用到按设计寿命应放弃的时候，但计算机产业革新的速度很快，致使电脑平均的使用寿命还不到 2 年。同比较容易再循环利用的冰箱不同，电脑含有各种各样的原材料，其中很多是有毒的，包括铅、汞和镉，因此难以再循环利用。这就是为什么冰箱的再循环利用比例达到 70%，而电脑的再循环利用比例只有 11%的原因。

美国硅谷有毒物联合会的一份调查报告估计，1997—2004 年，仅美国 1 个国家就有约 3.15 亿台电脑要过时废弃。每台电脑含近 1.82 kg 铅，美国因此需要处理 5.45 亿 kg 铅。世界在排除油漆和汽油含铅方面还相当成功，但电脑中却广泛使用铅。铅到了垃圾填埋场后，会渗透到蓄水层，污染饮水水源。这 3.15 亿台电脑还含约 182 t 汞和 910 t 镉。

【专栏 3-3】中国的能源消耗

2003 年我国人均耗能 1.3 t（标准煤），如果按全世界平均人均耗能 2 t 计算，则我国将耗能 30 亿 t，相当于美国今天的耗能总量；如果按美国人均耗能水平的一半（相当于日本的人均耗能水平），则中国总耗能将达到 70 亿～80 亿 t，这一数字相当于全世界目前耗能的一半!显然这绝不可能的!可见，无论我们设定人均耗能水平多么的低，只要用 13 亿人口数一乘，就将是一个巨量!

【资料来源】肖显静. 环境与社会. 北京：高等教育出版社，2006.

3. 大量生产、过度消费带来的环境问题

（1）大量金属生产带来的环境污染

金属的采掘和加工对环境危害极大，在这个大量开采地下各类矿石的年代，大片地区变得不成样子，矿石的尾渣往往最直接的问题就是污染水源。

比如铝的生产，在采掘和冶炼过程中环境付出了严重代价。因为铝的特点是藏在薄层铝土矿里，进行表层采掘时会破坏地貌。铝土矿经过萃取后，每生产 1 t 铝就会留下 1 t“红泥”——一种腐蚀性的化学物质。这种红色的废料未经处理就留在从生物学观点看是失去生机的大池塘里，最后污染地表和地下水源。铝的生产所造成的危害还表现在冶炼炉运转时要用电，全世界铝工业用的电力与整个非洲大陆用的电力一样多。

就生产每 1 t 金属所造成的危害看，危害最严重的是黄金。每生产 1 t 黄金需要加工等于一座小山那样大的约 30 万 t 矿石。过去 10 年内，一种叫做氰化物堆摊浸取法的新金矿处理技术在广泛使用。氰化物溶液通过捣碎的矿石堆进行滤沥，滤沥时挑拣出少量黄金。这种技术降低了黄金开采的成本，但却留下了有毒的废料。氰化物有剧毒，1 茶勺 2%浓度的氰化物溶液在 40 秒钟内就可使人死亡。

2000 年 1 月，罗马尼亚一个金矿多达 1.3 亿 L 的氰化物溶液溢流到蒂萨河，经匈牙利流入南斯拉夫，与多瑙河合流后再流入黑海。澳大利亚经营的这家金矿溢流的致命溶液，仅在匈牙利河段就留下了估计多达 100 万 kg 的死鱼。这次氰化物的溢流使很长的河道失去了生命，被称为继“切尔诺贝利事件”后欧洲最严重的环境灾难。

表 3-3　1991 年世界金属产量和采掘的矿石量

金属	产量/t	采掘的矿石量/t	生产每吨金属采矿量/t
铁	571 000 000	1 428 000 000	2.5
铜	1 2900 000	1 418 000 000	110
黄金	2 445	741 000 000	303 000
锌	8 000 000	160 000 000	200
铅	2 980 000	119 000 000	40
铝	2 390 000	104 000 000	4
镁	7 450 000	25 000 000	3
镍	1 230 000	49 000 000	40
锡	200 000	20 000 000	100
钨	31 500	13 000 000	400

由上表可以看出，生产 1 t 金属，需要翻动几吨至几十万吨的矿石，要耗费大量的电、水以及各类化学品，整个生产过程所产生“三废”的量是惊人的。

（2）大量化学合成物带来的污染

随着化学合成物（多数是有机物）的出现，现在使用的化学制品已经超过了 10 万种，这些化学制品中多数未进行毒性试验，而这些化学制品在一个世纪前是不存在的。现在随便抽查美国人的血液就能显示出超过 200 种的化学制品。2004 年，一个基金会对欧洲几十个国家的环境部长进行了抽血化验，检测出所有部长的血液中均含有有毒元素，最多的 75 种，最少的也有 30 多种。这些部长们，全部是环境专家，极具环保知识，他们生活在全球环境最好的地区，吃的、喝的全是高档食品，也无须受厨房的油烟毒害，却仍然不能避免污染之苦。普通人就可想而知了。

1999 年，释放到美国环境中的有毒化学物约有 35 亿 kg，亦即人均 12.7 kg。金属矿业释放了 18 亿 kg，发电设备释放了 5.4 亿 kg。从事金属冶炼和制造钢板、铜线和铝罐等金属制品的主要金属产业释放了 3.1 亿 kg 有毒化学物。含有铜、锌和砷的化合物占这些工业部门排放的所有有毒化学物的近 3/4。紧随其后的是化工业，排放了 3 亿 kg 有毒化学物。造纸业居第三位，排放了 1 亿 kg。

金矿的联合采掘机每年向亚马逊河流域的生态系统释放约 9 万 kg 汞，燃煤发电厂则往美国空气里估计释放 4.54 万 kg 以上的汞。美国环保局报告说："发电厂释放的汞沉留在水道上，污染河流、湖泊和鱼。"由于对人体健康有威胁，特别是对胎儿期神经系统的发育有损伤，估计美国有 5 万个淡水湖、河和池塘鱼的食用受到限制。新英格兰的燃煤发电厂每年释放 35 000 磅汞。该地区的 6 个州因此警告儿童和孕妇要有限制地吃淡水鱼。美国国家科学院的一份报告说，总共有 6 万婴儿在出生前就会因汞的影响使神经受到损伤。

大量排放的二氧化硫形成的酸雨，毁坏了包括欧洲、北美和中国工业地区的森林。2000 年的一份报告说，欧洲有 1/4 的森林受到破坏。西伯利亚诺里尔斯克的一个镍冶炼厂毒死了方圆 3 500 km^2 地区内所有的树。由于酸雨，各个工业国北部成千的湖泊因为酸化已失去了生机。

大量生产排放的废物使地下水源受到污染，分析地下水污染的科学家们敏锐地指出，我们现在只是看到冰山的一角，因为可溶于水的有毒化学物渗入土壤、最后污染地下蓄水层需要时间。今天地下蓄水层的有毒物可能还是 30 年前工业活动的产物。

世界现在面临的一个巨大挑战是如何清除地球上已存在的、正在威胁人类生存的毒物，而更大的挑战则是下一步的发展中如何不产生或尽量少的产生新的污染物质，使人类生存环境比较稳定和适宜。对于这两者，目前还没有比较好的解决办法。由此可以说明，快速增长的经济、大量生产和大量消费的传统发展模式是不可持续的，是可持续发展战略实施的障碍。

二、地球资源的有限性与人类开发欲望的无限性

（一）大量生产、大量消费对地球有限资源的威胁

大量生产、大量消费会产生大量废物和污染，从另外一个角度讲，地球的资源是不能够支撑连续不断的大量生产、大量消费的。自然资源分为可更新资源和不可更新资源（也称矿产资源），不可更新资源的生成需要地质学意义上的年代和时间，如石油和煤炭的生成要几百万年甚至上亿年的时间，因此实际上是用一点少一点。

表 3-4　世界主要金属矿产资源的情况

金属资源	世界储量/kt	世界生产量/t	可采年数/a
铅	120 000	5 586 000	21
金	49.4	2 060	24

金属资源	世界储量/kt	世界生产量/t	可采年数/a
锡	6 000	223 200	27
银	420 000	14 200 000	30
锌	295 000	7 187 500	41
镉	970（纯含量）	20 989	46
铜	574 000	106 590 000	54
铋	250	3 200 000	78
钨	3 438（纯含量）	44 008（纯含量）	78
锑	4 695	52 537	89
钼矿	11 810（纯含量）	99 100（纯含量）	119
镍	111 586（纯含量）	891 100（纯含量）	125
锰矿	35 380 000 000	23 872 000 精矿	148
钴	8 340（纯含量）	38 512（纯含量）	217
铝土矿	24 500 000	110 650 500	221
铁矿石	229 000 000	906 000 000	253

注：* 表中可采年数为已查明世界蕴藏量除以目前 1 年的生产量。
引自：1996 年中国矿产资源报告。

由表 3-4 可以看出，世界主要矿产资源的开采年数是非常有限的，虽然人类有可能依靠技术进步继续增加和探明各类矿产资源的储量，提高不可更新资源的利用率，对于有些不可更新矿产的短缺也可能找到可更新资源的替代品，或者说是“车到山前必有路”、“天下没有过不去的河”。但这只是有可能，是根据经验外推得到结论，是人们认识事物所习惯采取的方法。现实的情况是，近年来，国际、国内市场石油、煤炭以及铁矿石价格的持续走高，已经预示了不可更新资源开发和利用形势的严峻性，预示着不可持续的发展模式快走到了尽头。

除了不可更新资源外，地球上的有些资源是可更新的，这主要是指生态资源，也包括水资源。但在现代社会大量生产、过度消费和大量废弃的生产、消费方式下，可更新资源的更新速度往往赶不上耗散的速度，从而造成资源短缺。

据英国《卫报》报道：来自 95 个国家的 1 360 名科学家联合发布报告，人类已耗尽 2/3 的世界可更新资源。该报告列举了一些触目惊心的数字：

为了满足人类对食物、淡水、木材、燃料的需要，在过去的 60 年中，被人类开垦为农田的土地比 18 世纪和 19 世纪的总和还要多。

迄今为止，地球陆地表面 24%的面积已经被人类开垦为耕地。高度采伐森林可能导致疟疾和霍乱肆虐危险的增加，并有可能引发不知名的疾病。

人类现今消耗的地表水约占所有可利用淡水总和的 40%～50%。

至少 1/4 的渔业储备已被人类过度捕杀。一些地区的捕鱼量已经不到大规模工业捕鱼开始前的 1%。

1980 年以来，全世界 35%的红树林、20%的珊瑚礁已经不复存在（《法制晚报》2005-03-31）。

上述可更新资源的大量损失，无一不与人类的大量生产、过度消费行为有关。也许有人会说，随着科学技术的发展，我们可以有能力从其他星球获取资源，如月球。然而从任何地方（包括其他星球）获取资源，都是要耗费地球的能源的。即使是发明了从其他星球获取资源的技术，地球上的能源根本就承担不起，因此，在可预见的将来，这仅仅是幻想。

实际上，全球资源短缺的警钟早已敲响，人类也看到了大量生产、过度消费的不可持续性，而在人类无限的物质欲望面前，人们根本无视地球资源的有限性，仍然是在谋求经济快速增长，并希望增长的更快一些，生产的消费品更多一些。前已述及，我们已经生产出了大量的、供人们享受的各类眼花缭乱的消费品，但还是觉得不够，那么，多少算够呢？我们的物质欲望有没有满足的时候呢？

（二）大量生产、过度消费来自欲望无限

古希腊哲学家亚里士多德早在 2 300 多年前就写道："人类的贪婪是不能满足的。"它是指当一种要求被满足的时候，一个新的要求又替代了它的位置。这句话成了经济学理论的第一格言，并为人类的很多经验所证实。公元前 1 世纪，罗马哲学家卢克莱修写道："我们已经失去了对橡树果的兴趣。我们也已经抛弃了那些铺着草、垫着树叶的床，于是穿兽皮已经不再时髦……昨天是皮衣，今天是紫衣和金衣——这些是用怨恨加重了使人类生活痛苦的华而不实的东西。"

将近 2 000 年以后，列夫·托尔斯泰模仿着卢克莱修的说法讲道："在从乞丐到百万富翁的男子当中寻找，1 000 人中你也不会找到一个对自己的财产感到满足的人……今天我们必须买一件外衣和一双与之配套的鞋；明天，还得买一块手表和一条项链；后天，我们又必须在一所大公寓里安装一个沙发和一盏青铜灯；接着我们还必须有地毯和丝绒长袍；然后是一座房子、几匹马和马车、若干油画和装饰品。"

曾经有一位叫刘易斯·拉帕姆的美国人，几十年来，他一直询问人们当他们拥有多少金钱时才感到高兴，最后，他得出结论说："不论他们的收入怎样，许多美国人都认为他们能有两倍的钱，他们将得到独立宣言许诺给他们的幸福水平。年收入为 1.5 万美元的人确信如果他每年只要收入 3 万美元，就会解除忧虑。年收入为 100 万美元的人认为如果他每年收入 200 万一切就会更好了……"而一旦人们达到了目前收入的两倍，他们马上就会产生新的、希望再增加一倍收入的欲望，因此他总结说："没有人曾拥有足够的金钱。"

这一事实说明了人对物质的欲望是不可能满足的。然而，人类的大量消费已经对地球的生态环境造成了难以修复的创伤，如果任由人类的物质欲望继续膨胀，留给我们的疑问会是很多的：地球的有限资源和消纳废物的容量能支持无限的消费欲望吗？如果不能支持，人类的大量消费将会给地球带来怎样的严重后果？有限资源和无限欲望之间的矛盾应当怎样调和？人类在不使这个星球的自然健康状况受损的情况下，是否可能过一种舒适的生活呢？是否有一种处于贫穷和生存水平之上但却在过度消费生活方式之下——也就是一种充足的、可持续的生活呢？

1992 年，美国世界观察研究所资深研究员艾伦·杜宁出版了《多少算够？——消费社会与地球的未来》（How Much Is Enough? ——The Consumer Society and the Future of the Earth）一书，在这本书中，他对人类的大量消费现象进行了详尽的分析和评价。他说："如果人类的需求实际上是可无限扩张的，消费最终将不能得到满足——这是一个被经济理论忽略的逻辑结果。事实上，社会科学家已经发现了令人吃惊的迹象：高消费的社会，正如奢侈生活的个人一样，消费再多也不会得到满足。消费者社会的诱惑是强有力的，甚至是

不可抗拒的，但它也是肤浅的。”

对物质无止境的占有欲望和无止境的消费欲望使人类正陷入困境：更多、更累地工作，更多、更快地消费，以至于对地球和健康更多、更快地损害。

最近的40年，购买更多的物品，需求更多的“东西”（things），已经成了西方工业化国家的人民超乎一切的目的。然而，超过一定界限之后，更多的消费并不等于更多的充实。生活在20世纪90年代的人们比生活在20世纪初的他们的祖父们平均富裕4.5倍，但是他们并没有比祖父们幸福4.5倍。生活在21世纪的我们，和上一辈人相比，和目前较为贫穷的群体相比，占有的各种消费资料要多得多，但我们还总是嫌少，总是感到不如别人多，总是感到还不幸福。

而全世界最贫穷的1/5的人口却只有一个目的：活过明天，觅到一点食物，拾到一些柴薪，为他们的孩子遮衣蔽体。一无所有的农民以砍伐和焚烧拉丁美洲深处的森林谋生过活；饥饿的牧民把他们的畜群驱赶到脆弱的非洲草原，使其变成荒漠；少数印度农民和菲律宾人在陡峭的坡地上耕作，使土地暴露在雨水的冲刷之下。也许世界上赤贫的10亿多人中有一半以上的人正陷入生态和经济枯竭的恶性循环中。在绝望中，他们无计可施地滥用土地，通过损害未来而拯救现在。这也就是说，过多消费的反面——贫困——亦是既不能解决环境问题也不能解决人类问题的。它对于人们是无限糟糕的事情，对自然界也是如此。

由此是否可以看到的是：世界上最富有的1/5人口的过度消费行为正在给地球造成浩劫，而最贫穷的1/5人口中的大多数由于被逼迫到了生态最为脆弱的地区和环境最为恶劣的城乡结合部以及贫民窟，他们被过分边缘化，他们为了生存，对自然的损害也就不可避免。在我国，生态脆弱地区的过垦、过牧、过樵采以及挖甘草、搂发菜而造成荒漠化的现象即说明了这一点。

我们应当认识到，更多并不意味着更好，否则我们阻止生态恶化的努力将被我们的欲望压倒。除非我们反思，否则我们将可能看不到我们周围刺激这些欲望的动力。

我们可能正处于一个困惑之中，对于那些已得到了的人，即全世界最富有的1/5人口，限制他们大手大脚的奢侈型生活方式，恐怕是很难做到的。对于那些最穷的1/5人口，解决他们的基本需求和生计，好像也没有什么真正有效的措施。现实的情况是，社会正在向所有的人推广美国人不可持续的、奢侈浪费的生活方式，这样做的结果是显而易见的，只会加速这个生物圈的毁灭。通过道德的重建和接纳来降低消费者社会的消费水平，减少不切实际、也根本与基本生存需求无关的消费行为和物质欲望，是一个理想主义的建议。尽管它与几百年的潮流相抵触，然而它可能是唯一的选择，当然也是可持续发展的选择。

三、对科学、技术的再认识

在环境日益恶化的今天，人们对近现代科学的认识和以前相比有了不同的看法，这主要是近现代科学对生态环境产生的影响。曾几何时人类对任何的科学发明和技术突破都感到欢欣鼓舞，而现在，对新技术的问世，一方面是考虑它的应用将给人类带来的好处，更多的则是担忧会对生态环境以及人类社会带来什么难以预料的不良后果。这主要是人们认为近现代科学和技术的发展是造成目前环境问题重要原因之一。当然也有另外一些人认为，科学和技术本身是中性的，环境问题是人类滥用技术的结果，如果正确应用技术，是不会出现环境问题的，即使是出现一些环境问题，也是由于技术有缺陷或不过关，通过改进技术这些缺陷是可以克服的，而且最终解决环境问题，还得靠现代科学和技术。

对于科学家关于近现代科学和技术对环境影响的如此对立的看法，应该怎样判断呢？

（一）科学自身的欠缺与出路

科学和技术是造成环境问题的一个重要原因，这是不言而喻的。问题是科学和技术为什么会造成环境问题呢？人类为什么要滥用科学、技术以至于产生环境问题呢？一种流行的解释是：一些人为了获取个人利益，在明知某些科学、技术的应用会带来生态环境破坏的情况下，仍然利用其成果。确实也有很多人为了追求个人利益的最大化，在明知某项技术应用会带来环境问题的情况下，仍然利用其成果，而不顾环境恶化。不过，如果我们全面、历史地考察环境问题的产生，将会发现广泛地存在着很多科学和技术的应用前或应用后的一段时间，环境问题没有表现或明显地表现出来，此时，人们并不知道这些科学会造成生态环境问题，但是最后仍然产生了很多的环境问题。在环境问题还不突出的时候、人们对环境问题不敏感的时候，这种情况是很多的。

比如环境科学的研究表明，引起臭氧层破坏的原因有多种，其中公认的原因之一是哈龙类物质氯氟烃（CFCs）等的大量使用。CFCs 被广泛应用于制冷系统、发泡剂、洗净剂、杀虫剂、除臭剂、头发喷雾剂等。CFCs 化学性质稳定，20 世纪 20 年代合成的，其化学性质稳定，不具有可燃性和毒性，易挥发，不溶于水，但当其进入大气平流层后，就会受紫外线辐射而分解产生氯（Cl）原子，引发破坏臭氧层的循环反应。臭氧层在保护地球生态环境方面起着十分重要的作用：一方面，它吸收太阳紫外辐射把电磁波转变为热能，使平流层大气因吸收太阳短波辐射而增温，这好比对流层上的“热盖子”，使我们地球上的生命得以持续下去；另一方面，臭氧层有强烈吸收太阳紫外辐射的功能，特别是有效吸收对人类健康有害的 UV-B 段紫外线，使地球生命免受伤害。与此同时，它让对地球生命无害的紫外线和可见光等太阳辐射通过，支持各种生物生长，构成食物链的基础。此外，透过的少量紫外线，可起到杀菌治病的作用。正因为如此，有人把臭氧层称为地表生物系统的保护伞。

在 20 世纪 70 年代，美国科学家舍伍德·罗兰（Sherwood Rowland）和马里奥·莫利纳（Mario Molina）研究表明氯原子可以消耗平流层的臭氧层，德国的保罗·克鲁岑（Paul Crutzen）更进一步提出，一类被称为氯氟烃类化学物质（CFCs）是平流层中氯原子的主要来源，对臭氧层有破坏作用。之后，各国科学家进一步进行研究，基本上弄清了大气中 CFCs 对平流层臭氧的损耗的过程。1985 年英国南极探险家法曼（J. C. Farman）等首先提出南极出现了“臭氧空洞”，之后科学家对此进一步研究，发现臭氧空洞的面积呈现增长的势头，在这种情况下，联合国环境规划署为保护臭氧层，于 1987 年主导签订《蒙特利尔议定书》。蒙特利尔协议决定管制 5 种 CFCs 和 3 种哈龙，亦即溴氯氟烃的生产。议定书要求签约国在 1998 年之前将 5 种 CFCs 消费量减少 1/2，三种哈龙则冻结在 1986 年的消费量。后来又通过修正条款准许在过渡期间以 HCFC 替代 CFCs，因前者的破坏力仅为后者的 37%。这一协议通过后，世界 CFC-11 和 CFC-12 的生产量有所降低。但是，由于 CFCs 的停留期太长，而且可破坏臭氧层的其他化学物质的含量仍在增加，因此世界气候组织研究报告认为50年内臭氧层不可能恢复到1980年的状况。

从这一例子可以看出，应用这项技术之前以及在最初应用的几十年中，人们只是想到它能满足制冷的需要，并不知道、也根本不会想到会造成今天的恶果。而在广泛使用CFCs的今天，为防止臭氧层破坏，停止使用CFCs类制冷剂或用其他物质取代它，已是非常之难。这有点像笼子里的老虎，放出来就很难再回去。这种情况下的科学、技术的应用就不能被看做是滥用，当时，人们在主观上并不想滥用科学和技术的过程中仍然产生了环境问题，这是否说明科学和技术本身应该是有缺陷的，或者说人们对科学和技术的认识是有局限性的，这个缺陷应该是造成生态环境问题的重要原因。

鉴于此，人们现在对新的科学和技术的出现和应用都持审慎的态度，比如很多科学家认为转基因技术的应用将大幅度提高世界的粮食产量，实际在转基因技术应用的几十年中，也未发现对人体有明显的损害，尽管这样，许多科学家以及公众仍然非常担心转基因技术对人类潜在的危害，因为人们接受此类的教训实在太多了，当时它的危害性发现不了，事后发现了却难以收拾。所以许多国家禁止转基因食品进入市场，以防不测。在日常生活中，塑料袋和一次性餐具的大量使用，应当说也是技术应用的产物，它所带来的白色污染和种种弊端我们现在已经看得非常清楚，但要克服使用塑料袋和一次性餐具产生的弊端，政府和环保组织为此也做出了不懈的努力，却几乎没有效果。现在，环境科学对科学、技术成果的应用所造成的环境问题原因的分析，比较充分地说明了科学和技术的应用是直接造成人类环境问题的重要原因之一。

（二）技术悲观主义与技术乐观主义

1968年4月，来自10个国家的30个人——其中有科学家、教育家、经济学家、人文主义者、工业企业家，以及国家的和国际的文职公务员——应奥雷利奥·佩西博士的邀请，聚集在罗马的林西研究院，讨论一个范围空前广大的题目——人类目前的和未来的困难处境。这次会议产生了罗马俱乐部，这是一个非正式的国际协会，其宗旨是为人类的未来提出预测和建设性的意见。

1972年，罗马俱乐部推出了丹尼斯·L. 梅多斯等撰写的第一个报告《增长的极限》。这个报告选取了人口、工业生产、污染、粮食生产和资源消耗5种因素，通过对它们各自的变动和互动来研究世界经济的变化。报告认为：如果维持现有的人口增长率和资源消耗速度不变，那么，由于世界粮食短缺，或者由于资源耗竭，或者由于污染严重，世界人口和工业生产能力将会发生非常突然和无法控制的崩溃，以致早在公元2100年来到之前，增长就会停止。要避免这种前景，唯一的办法是在1975年停止人口的增长，到1990年停止工业投资的增长，从而达到一种全球性平衡状态。全球性平衡状态的定义是：人口和资本基本上稳定，同时有一些力量会在一种精心控制的平衡中增多或者减少人口和资本。

这就是一种所谓“零增长”模式。梅多斯等人称，他们绝不是有史以来给人类社会建议一种“无增长”状态的第一批人。据说，在他们之前，许多哲学家、经济学家和生物学家已经讨论过这样的一种状态，给了它许多不同的名称，具有同样多的不同意义。这些人是：柏拉图（《法律》）、亚里士多德（《政治》）、托马斯，罗伯特，马尔萨斯（《人口论》）、约翰·斯图亚特·穆勒（《政治经济学原理》）、哈里森·布朗（《人类前途的挑战》）、肯尼思·E. 布尔丁（《未来宇宙飞船地球的经济学》）、E. J. 米山（《经济增长的代价》）。

尽管如此，由于罗马俱乐部是一个在学术界令人瞩目的国际团体，他们在建立模型时又采用了计算机处理因而显得言之凿凿，所以此言一出便激起了轩然大波，许多人把他们的模型称作“世界末日模型”。

《增长的极限》引发了许多批评甚至抨击。最猛烈、最全面、最有名的当数 1981 年出版的美国未来学研究者朱利安·林肯·西蒙所著《最后的资源》一书，其观点和主张与梅多斯等人完全相反。

关于资源，西蒙认为：因为技术总是在不断进步，所以自然资源的供应在任何一种经济意义上说都是无限的。资源的短缺导致补救办法，自然资源的供应和使用的这种相辅相成的进程，贯穿整个历史。从历史上看，各个时期都发生过相应的资源体系界限的变动，从东半球扩展到西半球，从陆地到海洋。现在我们已经开始探索月球，为什么我们取得资源的界限不会像从前那样继续扩展呢？这是在原则上不把资源视为“有限”的又一条理由。

西蒙还认为，从能源来看，一旦核聚变能够实际应用，即使假设将来能源消耗比现在大上百倍，世界重氢的供应为我们提供的电力将足以维持几十亿年。而且这是一种“干净”的能源。目前核裂变发电的成本已经显示出逐步低廉的趋势。如果考虑所有影响健康的因素，煤炭生产和使用对人体健康的影响比裂变核能循环产生的影响要大得多。如果措施得当，处理放射性废料过程中的危险比核能循环其他环节所遇到的危险还要小。

关于人口，西蒙认为，人口增长会大大改善社会基础结构，特别是在交通运输和通讯方面，这又会引起经济的发展。人口增长也会增加农业的劳动储蓄。当然，在非农产业方面，人口增长可能使储蓄降低，但就这个问题而言，科学上还存在着不同意见。从长远观点看，人口规模和人口增长对经济最重要的影响，是新增人口的知识积累。从长期来讲，知识积累的贡献足以抵偿人口增长的费用。

西蒙作了一个分析：从纵向来看，20 世纪与更前的世纪比较，科学发现更多、生产率增长得更快，这是因为在 20 世纪以前人口较少。如果人类很早就拥有众多人口，那么技术的发展速度本来是会更快一些的。从横向来看，一个国家的人口越多，科学人才就越多。在收入水平相等的国家里，科学成果与人口数量成正比。人口较多可以带来规模经济性，较大规模的生产具有更高的生产效率。

西蒙相信污染与人口短期增长关系很小，而与生产总量和劳动力总量有关，但解决污染不存在不可克服的技术问题。历史表明，在工业化初期污染状况曾经一度严重，但随着经济的发展、社会富裕和支付能力的提高，人们对清洁环境的要求也相应提高，污染状况不断改善，用期望寿命表示的污染程度正在迅速下降，人口增长有利于经济发展，而只有经济发展才是解决污染的根本出路。

西蒙断言，如果我们加上人口创造和推动技术发展带来规模经济性等因素制作人口增长动态影响模型，从较长的一段时间考察其综合结果就会发现，人口的增长将是经济发展和人均生活水平提高的动力之一，近几年世界发达国家人口和经济增长的历史充分证明了这一点。

很显然，从根本上说，罗马俱乐部把人类面临的一系列全球性问题归咎于技术的滥用，而西蒙则认为技术进步的力量足以克服任何危机。这是 20 世纪下半叶在西方思想界中有代表性的两种思潮。人们一般把前者称为技术悲观主义，把后者称为技术乐观主义。

回顾这段历史，我们可以清楚地看到，这场争论的焦点虽然是技术对人类社会发展影响的认识问题，而实际上是对可持续发展与不可持续发展的认识之争。罗马俱乐部的观点固然偏激、悲观，他们做出的那些石破天惊的预言也并没有得到充分验证，但是这在很大程度上就是由于技术的进步，它那振聋发聩的轰动效应本身就说明了它的积极意义，它引起了强烈的反对和支持。无论如何，从此人们对关系到整个人类的生存与发展问题不再漠不关心了。

40 年后的今天，人们对技术是环境危机发展的祸水还是拯救环境的潜在工具的分歧依然非常尖锐。一些人认为，如果的确技术让我们身陷困境，则毫无疑问，出路就在于开发和利用更好的技术，环境污染和生态破坏是经济增长和社会发展过程中不可避免的阶段性现象，随着时间的推移和科学、技术水平的提高，这个问题就会逐步得到解决，也只有在经济增长起来以后，对环境和生态保护才能有更多的财力投入。而另一些人则认为，至少近 30 多年来，人们在环境保护和治理上采用了尽可能先进的技术。这些年来的治污新技术也不断发展，全世界并不缺乏对环境生态进行必要的和基本的保护的科学、技术，全世界的资金也足以用来解决诸如水质的大面积污染和大气的工业污染这样的问题，但环境生态恶化还是在一步步地加剧，与此相关的问题仍然是一团糟。这说明，环境、生态破坏后面隐藏着更深刻的社会、政治和文化方面的原因，环境、生态问题绝不仅仅是一个科学、技术问题。

实际上，技术乐观论者与技术悲观论者的认识都有其片面性。技术是一把“双刃剑”，而且它的两个刃往往是朝向一个方向的。它既带来了社会繁荣和生活条件的改善，同时也带来了环境和生活条件的恶化，它创造了无与伦比的财富，同时也创造出了更多、更有害于人类的垃圾。技术本身在有些时候可能是中性的，关键的问题是怎样使用技术，将先进技术用在何处，在利用新技术时，怎样做到趋利避害。如果说人类的不可持续开发行为受到了所谓先进技术的推波助澜，那么可持续发展战略的实施与推进同样离不开技术的创新。更为关键的问题是，如何创设一个可持续发展的政治、经济以及能够避免滥用技术的社会制度。

【专栏 3-4】文明的本质

技术（即人们利用自然的方式）的发展水平并不是文明程度的指标，所谓“现代物质文明”不是上述意义上的文明。我们还可以断定，文明就是用和平的方式来解决过去用武力解决的人与人之间的冲突。文明的本质就是人与人之间的和谐。

【资料来源】 李慎之. http://user.qzone.qq.com/250392208. 1994.

（三）科学是相对的，技术不是万能的

事实上，科学家并非都是客观的，科学事实并非总是客观事实，科学是人的科学，科学对自然的认识并非是绝对正确的，科学知识体系只具有相对的真理性。这是科学哲学、科学技术史、科学社会学、技术哲学等学科经过深入而广泛的分析得出的结论。然而，持有绝对的科学真理观的人们没有认识到这一点，导致他们滥用科学技术去改造自然，造成了环境破坏。

也许正因为如此，否定科学真理观的人们一般会走向科学和技术悲观论、生态悲观论。认为科学、技术是造成环境问题的罪魁祸首，科学、技术的进步非但不能解决环境恶化的问题，而且还会带来新的更严重的环境问题。要解决环境问题，唯一的出路就是彻底否定和抛弃科技，科学、技术必须停止乃至后退，甚至主张人类应该回到前工业社会中去。

这种态度显然是不可取的。它会导致相对主义和科学虚无主义，会导致反科学，不利于科学发展、环境保护和社会进步，是应该抛弃的。实际上科学并非一点正确性也没有，它是一个具有相对真理性的知识体系。它给人类带来负效应的同时，也会给人类带来福利。我们不能因为它能够产生负效应而将它抛弃。而应该在具体分析科学认识真理性的基础上，坚持科学的相对真理观，给出科学的正确看法：不反对科学本身，而反对将科学绝对化；不否定科学是真理性的知识体系，而反对绝对的科学真理观；不反对科学的方法可以应用到人文社会科学中去，而反对机械地将科学方法盲目地应用到所有的人文社会科学中去；不反对科学能够给人们带来幸福，而反对视科学为导向人类幸福的唯一工具；不反对科学所起的广泛作用，而反对科学万能的霸权主义。这样做的目的是深化对科学的理解，矫正科学的发展方向，让它们更好地为人类社会发展服务。这种观点与普及科学知识、传播科学文化、弘扬科学精神、倡导科学方法是相辅相成的，是科学精神的具体体现，应该大力提倡，这本身也有利于环境保护。

1. DDT 使用案例

DDT，也叫二氯二苯基三氯乙烷。这种化合物是 1874 年由德国化学家 O. 蔡德勒（O. Zeidler）首先合成的，60 多年后的 1939 年，瑞士化学家 P. H.米勒（Miller）发现它具有杀虫的特性。经过几年的改进，于 1942 年正式投放市场。

1943 年美国农业部试验用 DDT 杀灭马铃薯甲虫，证实了 DDT 有很好的杀虫效果。1944 年 1 月在意大利那不勒斯战役中，虱传斑疹伤寒流行，每天出现 60 例病人，官兵们处于绝望之中，这时运来了 DDT，在 3 周内为 130 万人灭了虱，斑疹伤寒的流行顿告平息。

以后 DDT 作为一种农药广泛应用于农业生产，成为战胜田间虫害的得力手段。同时，在医疗卫生方面，DDT 则是根绝传染疾病的良药。

由于 DDT 的杀虫和药用功效，1948 年，米勒获得了诺贝尔生理学和医学奖。

那时，在人们的心目中，DDT 是一种对人体无害的杀虫药物，但是，50 年代以后，科学实践证明 DDT 对生态系统是有害的。生态系统通过两个途径吸入人类喷洒的 DDT 并经过食物链加以富集。一是经过植物的茎、叶及根系进入体内，在体内积累起来，被食动物吃掉再被肉食动物所摄取，逐级浓缩、富集；二是喷洒的 DDT 落入地面的土壤中，动物如吃土壤中有机物碎片的蚯蚓等，再被地上的食虫动物如小鸡所捕食，小鸡再被鹰等食肉鸟所捕食，逐级浓缩、富集，这种通过食物链加以浓缩的过程称为生物富集，或生物放大。

基于以上的实践和认识，人们渐渐地达成了这样的共识：绝不能低估 DDT 对生物和人体的危害性，不能再继续使用 DDT 了。20 世纪 60 年代后，各国陆续停止生产和使用 DDT。到 70 年代，DDT 已是世界各国明令宣布的禁用品。

DDT 的合成是符合化学规律的，能够用作杀虫剂、农药，也表明它符合一定的生物学规律，它的使用为什么会造成环境破坏呢？主要原因是它不符合生态学规律，从而使它在应用于上述领域时，对人体和生态环境造成危害。

不过，深入分析上述观点，仍然存在不恰当之处。如果我们考察 DDT 的实验室合成过程，将会发现，DDT 的生产确实是人类分离、简化、纯化、强化、干预自然的结果。但是，这里所涉及的自然更多的、更直接的是人工自然而非天然自然，所发生的反应在自然界中并不存在，并不是自发的，所生产出来的物质是人工物，而非天然物。也就是说，合成 DDT 依据的化学规律其实并不是在自然中原先就存在的、发生于自然界中的自然规律，而是人类在实验室中发现创造的人工自然规律。这种人工自然规律被应用后的产物进入自然界，能够用作杀虫剂、农药。但是，一旦它所面对和涉及的是更大的生态环境也就是要面对自然规律时，它就要与自然规律、与自然演进的产物、与天然自然物（包括人）相对抗，从而与自然界中所发生的过程不相符合，不符合生态学规律和动物与人的生理学规律，从而对人体和生态环境造成危害，产生环境破坏。

【专栏 3-5】现代社会的特点引导着人们接受对环境有害的技术

假如可资利用的技术可分为无害的和有害的两种，应认真考察究竟是什么因素让有害的技术在过去泛滥成灾。例如，为何以石化为本的农业会大举扩散而有机农业却日见萎缩？我们必须审视现代社会的特点，而不单是现代科学的特点，因为正是现代社会的特点屡屡引导着人们开发并接受对环境有害的技术。

【资料来源】[美]丹尼尔 · A. 科尔曼．生态政治．梅俊杰译．上海：上海译文出版社，2002.

2. 科学认识的是人工自然

这里给我们提出了这样的问题：科学对自然的认识究竟是对天然自然的认识，还是对人工创设的自然的认识？它所获得的规律究竟是真正的自然规律还是人自己认为的所谓“自然规律”？它在多大意义和程度上获得了真正的自然规律？这一点对于环境保护的意义非常重大。因为如果科学对自然所获得的认识反映了外在的、真正的自然规律，那么这样的科学应用就应该也不会产生环境问题；如果科学所获得的对自然的认识是关于人工创设的自然的认识，也就是说获得的是关于人工所创设的自然规律的认识，那么人工所创设的自然规律与天然自然规律就有不一致的或根本不同的地方，如此，将这种人工所创设的自然规律应用于改造自然时，造成环境问题也就是必然的了。

科学实验是人们根据一定的研究目的，运用一定的物质手段，在人为地控制或模拟自然现象的条件下，使自然过程以纯粹的、典型的形式表现出来，暴露它们在自然发生的条件下无法暴露的特性，以便进行观察、研究，探索自然界的本质及其规律。由此看来，科学实验的最大特点就是在实验过程中干涉、变革自然，获得对自然的认识。

要进行科学实验，首先就要确定实验对象。有些实验确实是在自然界中做的，是以自然界为对象或以自然界中的事物为对象的。这类实验更多地属于直接实验或野外实验。但从今天的科学研究来看，这类实验是不多的。主要原因可能在于，自然是广袤而博大的，自然界中的事物是无限的，事物的内在结构和性质是复杂的，事物与事物之间的联系以及由此所形成的关系是无比复杂的，这种状况使得科学家在很多情况下不可能在大自然环境界对自然做系统而完美的实验，不可能对自然界中的某一事物的所有方面做实验，而只能对自然界中的某一事物的某一方面进行实验。或者说，科学家不可能在实验室中模拟出真正的自然来。为此，我们可以回顾一下美国建造的“生物圈 2 号”的实验过程。

科学家们把人类休养生息的地球称为“生物圈 1 号”。为了试验人类离开地球是否能够生存，美国从 1984 年起在亚利桑那州的荒漠中开始建造一座几乎密封的“生物圈 2 号”实验基地。这个基地是一个大型玻璃和钢架结构组成的温室建筑，一切仿照地球生态系统建造。该实验室占地 1.3 万 m^2，容积 20.4 万 m^3，由美国前橄榄球运动员约翰·艾伦发起，并与几家财团联手出资，委托空间生物圈风险投资公司承建，历时 8 年，耗资近两亿美元。“生物圈 2 号”由 5 个部分组成：一个拥有微型山脉的热带雨；一个有珊瑚礁和 100 万美加仑（1 美加仑=3.79 L）水的海洋；一个沙漠；一个大草原和一个沼泽地；另有占地半英亩的园地供种植粮食和蔬菜。

“生物圈 2 号”内有土壤、水源、空气和 3 800 多种植物和动物，科学家们希望这个模拟地球环境的实验室能够提供足够的食物、水、空气。

1991 年 9 月 26 日 4 男 4 女共 8 名科研人员首次进驻“生物圈 2 号”，1993 年 6 月 26 日走出，停留共计 21 个月，在此期间，他们经历了空气中氧气含量降低，二氧化碳含量猛增，一氧化氮含量增高等危机，不得不进行人工干预。科学家还发现，除了藤本植物比较繁茂外，所有靠花粉传播繁殖的植物都灭绝了，大树也摇摇欲坠。科学家们还发现，昆虫除了白蚁、蟑螂和蝈蝈外，基本死亡。人造海洋中的生物情况略好于陆地，由于没有控制好降雨，人造沙漠变成了草地。更为糟糕的是，到了 1993 年 1 月，“生物圈 2 号”内的氧气含量从 21%下降到 14%，不得不从外界补充氧气，自给自足的幻想彻底破灭。其后，来自英国、墨西哥、尼泊尔、南斯拉夫和美国等 5 国的 4 男 3 女共 7 位实验人员在对首批结果进行评估并改进技术后，于 1994 年 3 月 6 日二次进驻，在此期间对大气、水和废物循环利用及食物生产进行了广泛而系统的科学研究，然而工作几个月后由于笑气（N_2O）积累过多，于 1994 年 9 月 17 日被迫离开，实验再度以失败告终，至此以后，再也没人在“生物圈 2 号”中过日子了。一个“乌托邦”式的科研计划宣告破产，“生物圈 2 号”遭到了一些人无情的嘲笑，有人甚至斥之为“奢侈的伪科学”。

1996 年 9 月，由多名科学家、专家组成的委员会对“生物圈 2 号”实验进行了总结，宣布为期几年的“生物圈 2 号”实验失败。这证明，在现有科学技术条件下，人类还无法用人工方法模拟地球环境，保持地球的活力，人类离开地球将无法生存。

尽管实验失败了，但各学科的科学家还是在各自的研究领域内均积累了丰富的科学数据和实践经验。另外，科学家们在“生物圈 2 号”工作期间，由于粮食歉收，他们不得不控制饮食，结果第一批居民中的 4 名男性体重平均下降 18%，4 名女性体重平均下降 10%，胆固醇的平均值由 195 下降到正常值 125，使得这些平常为减肥而痛苦不已的人平添一份惊喜，真可谓无心插柳柳成荫。当时的一位居民，加利福尼亚大学洛杉矶分校的罗·沃尔福德教授甚至继续维持当时的食量，“因为那样有助于健康”。

“生物圈 2 号”是世界上最大的封闭式人工生态系统，它使人类首次能够在整体水平上研究生态学，从而开辟了了解目前地球生物圈全球范围生态变化过程的新途径。更为重要的是，它将作为首例永久性生物再生式生态保护系统的地面模拟装置而有可能应用于人类未来的地外星球定居和宇宙载人探险。

美国“生物圈 2 号”实验的失败充分说明了利用现代科学和技术试图模拟天然自然的动机是可以理解的，但其想法是幼稚的，自认为掌握了现代科技的人类对自然的认识仍然是肤浅的，大自然不像我们想象的那么简单。

实际上，科学家在实验室中获得的实验对象是在对人工自然进行分离、纯化、简化、强化、弱化、加速、延缓、跟踪和控制基础上进行的，由此所构建的世界就是科学与理论所描述和反映的世界，是在实验室中构建的世界，也就是实验室中的微观世界或科学理论所描述的世界——科学世界。

既然科学家的实验对象是人工创设的“自然”，那么实验的结果和认知怎么能够保证真正反映了真正的自然规律呢？如果拿科学家在人工创设的“自然”中得到的所谓“自然规律”去应用于自然，那么必然就受到自然的对抗和报复，因为所谓的“自然规律”与真正的自然规律是不同的，甚至是违反自然规律的。因此，现代科学、技术对生态环境的负面影响不是没有根据的，现代科学、技术本身的方法是有局限性的，在认识生态环境以及相关的问题的能力上是有限的，甚至是有缺陷的。

【专栏 3-6】我们为什么缺少远见？

今天我们的环境处于一个十分棘手的尴尬境地，其内在的原因不仅仅是错误地积累技术，而且在于缺少远见。这是无拘无束自由发展的工业主义所持有的世界观。

【资料来源】[巴西]何塞·卢岑贝格. 自然不可改良. 黄凤祝译. 北京：生活·读书·新知三联书店，1996.

四、人口爆炸

（一）20 世纪世界人口增长趋势

人类历史上最重大的变化之一是人口前所未有的迅速增长，由于人口激增而导致的资源短缺、环境污染和恶化深刻地影响着人类社会的可持续发展，人口问题已成为人类社会可持续发展的重大问题。

揭示这一增长加速度最明显的方式是分析增加 10 亿世界人口所需的时间。世界的总人口量 1825 年前后首次达到 10 亿，大约用了 200 万年，当然这期间人口数量的变化是有起伏的，而达到第二个 10 亿只用了 100 年，又一个 10 亿（总人口达到 30 亿），从 1925 年到 1960 年只用了大约 35 年时间，第四个 10 亿只用了 15 年左右的时间。而最近的约 20 年中，世界的人口又增长了 25%，从这里可以看出，全球人口的增长主要集中在 20 世纪，100 年中从 15 亿增加到 60 亿（见图 3-3）。而且，增长的速度不断加快。

1987 年 7 月 11 日，世界人口总量达到 50 亿。为纪念这个特殊的日子，联合国决定每年 7 月 11 日定为“世界人口日”，以唤起人们对人口问题的关注。此后，由于各国对人口问题的重视，世界人口增长情况略有好转。但人口增长速度仍然不慢，据统计，全世界每秒钟就有 4 个小生命降临人世，每天则有近 32.8 万个婴儿出生。减去死亡人数，全世界每年增加 7 700 万人。据世界人口年会公布的最新统计数字，截至 2005 年 6 月，世界人口已达 64.77 亿。

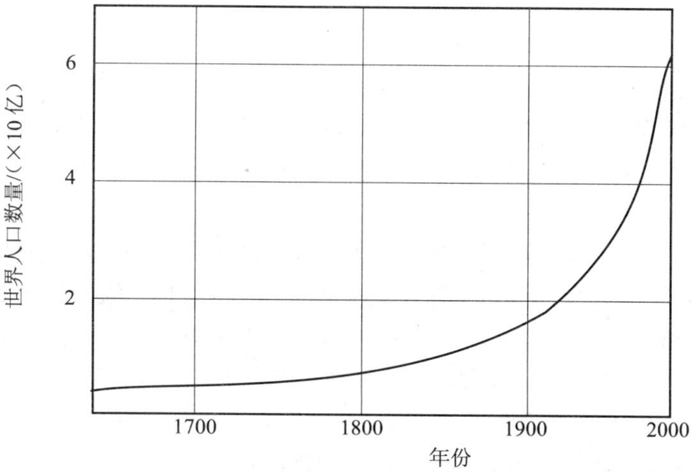

图 3-3 世界人口增长趋势

注：从工业革命开始以来，世界人口一直呈指数增长。1991 年时估计世界人口增长率为 1.7%，相当于比 40 年前增加 1 倍。

美国《科学》杂志 2011 年 8 月预测，2011 年 10 月底世界人口将突破 70 亿。目前，全球每年新增人口 7 800 万，其中 95%的新增人口出生在发展中国家。地球人口的迅速膨胀，加剧了人和环境的矛盾。

近几十年来，世界人口猛增主要集中在由占世界人口 75%的发展中国家，人口增长最快的是非洲，20 世纪 50 年代初其平均增长率为 2.1%，1985 年前后上升到 2.9%，1990 年已上升到 3.02%。

（二）“人口爆炸”的后果

1992 年 11 月 18 日，由世界 1 575 名科学家联名起草的《世界科学家对人类的警告》指出：“地球是有限的，不加限制的人口增长构成的压力，对自然界的要求，可以压倒为实现持续发展的未来所做出的任何努力。”这一警告，充分说明了人口增长，即“人口大爆炸”的严重性。

世界性的人口大爆炸会带来一系列关系人类生存与发展的问题，比如粮食需求增加造成缺乏问题、资源消耗与环境恶化问题、城市化问题、人口老龄化问题、城乡贫困问题、劳动力人口增长与就业问题以及世界性饥饿等问题。

1. 粮食需求增加

随着世界人口的不断增加，人类对粮食的需求越来越多，其结果是粮食供给紧张。据统计，目前世界人均粮食占有量比人类历史上任何时期都高。1985 年每人约有 500 kg 作为主要食物来源的谷物和块根作物。1950—1985 年，谷物产量从约 7 亿 t 上升到 18 亿 t 以上，年增长率约 2.7%，超过了人口的增长速度。但是还有 7.3 亿以上人吃不饱，无法全力从事生产性劳动。人体对营养的需要最基本的是两方面：一是热量，二是蛋白质。然而贫穷使相当数量的人口不能满足这两个基本条件。根据联合国粮农组织和世界卫生组织的确定，一个人满负荷投入每天所有活动所需的热量标准为 2 600 千卡（10 878 kJ）。如果实际摄入的热量低于该标准的90%，就不能维持人体正常的工作和生活；如果摄入量低于该标准的30%，会出现发育不良和严重的健康危险。

2. 城市化问题

城市化的日益加剧是21世纪的社会特征之一。城市是经济繁荣、文化发达的地区，也是生活条件比较方便的地区。但是，如果城市人口过多，又会显得臃肿。臃肿的城市会给人带来很多不便。

据有关专家测算，目前世界上超过500万人口的城市有40多座，超过1 000万人口的城市有近20座。东京的人口是2 600万，近似加拿大的人口总数。最新的人口普查显示，我国的北京、上海城市人口均已达到2 000万以上，墨西哥城人口是1 800万，预计这些数字还将增长。如此之快的发展速度，使全球在今后10年将经历一个人口结构的重大转折点——人类历史上将首次出现城市居住人口多于农村居住人口。这么快的发展速度也是城市贫困现象迅速蔓延的主要原因。世界银行预言，城市中的贫困现象"在下世纪将成为最引人注目的、政治上最为敏感的问题"。

人口增长带来的城市化问题，已成为全世界面临的挑战。到2025年，城市人口将达到40亿——相当于纽约市现在人口的60倍。到21世纪末，世界上最大的10个城市人口加起来将达1.63亿，相当于最小的26个国家的人口总和。

【专栏3-7】法国一研究报告说世界城市人口占总人口的比例突破50%

新华网巴黎2007年7月14日电（记者　郑甦春）：法国国家人口研究所日前发表报告指出，随着世界人口城市化进程加快，2007年世界上已有33亿人生活在城市，超过了全球人口总数的50%。这份研究报告称，到2030年，城市人口占总人口比例将扩大到60%，城市人口总数将达到50亿。

报告指出，目前人口城市化进程仍然快慢不一。亚洲和非洲的城市化速度比其他地区慢，而欧洲和北美是城市化最快的地区，城市人口已达这两个地区总人口的3/4。

【资料来源】新华网. 2007-07-14.

城市规模增大，约60%是由于这些城市本身的出生率高造成的，另外40%是由于农村人口大量涌入所造成的。如果这样，很可能使大多数发展中国家的城市人口在今后10～15年内增加1倍。如此惊人的增长会给这些城市带来严重的后果。目前，在大多数第三世界国家的大都市外围已出现贫民窟，那里交通不便，通信不灵，没有电，也没有干净水源。大量的垃圾无人清理，交通严重堵塞，空气污染等已到了危险的地步。世界卫生组织说，单是在拉美国家，就约有2 000万人流浪在城市街头。这个数字相当于伦敦和巴黎的人口总和。发展中国家城市居民中，拥有卫生设施的人不到60%，只有30%的人能利用排水系统。

墨西哥城，20世纪初只有30万人，1960年增至480万人，1970年达800万人，1985年已超过1 800万人，给墨西哥的经济发展造成了极大的困难。

（三）人口爆炸原因

在20世纪70年代，不少发展中国家的人口增长速度保持在3%以上，甚至接近4%，这就意味着用不了20年人口就会翻一番。增长之迅速比当年马尔萨斯担心的25年翻一番还要快5年。究其原因主要是：人口死亡率的大幅下降和妇女生育率的居高不下。其一，20世纪下半叶，众多发展中国家纷纷走上独立道路，战乱锐减，社会稳定，医疗水平逐步改善，消灭了长期以来造成高死亡率的因素——战乱、饥荒和传染病，从而促使人口死亡率大大降低。其二，劳动力多少是发家致富的原因，妇女长期处于“奴仆”、“工具”的地位使得发展中国家妇女的生育率居高不下。其三，传统文化、封建迷信盛行使得重男轻女、多子多福仍然影响着发展中国家人民的生育观。其四，科学文化不发达，避孕节育难以实施。

【专栏3-8】发展中国家的儿童

在发展中国家，每天有3.5万个生命本来可以很容易从死神手中夺回来，且他们都是儿童。在这种情况下，当父母看见那么多儿童死于疾病时，他们便没有什么兴趣实行计划生育了。同样重要但容易被忽视的一点是，生活贫困者容易绝望，他们纵然不直接抵抗政府，也极有可能支持游击队运动。

【资料来源】[美]诺曼·迈尔斯. 最终的安全——政治稳定的环境基础. 上海：上海译文出版社，2001.

事实上，在发展中国家，过多地生育孩子给妇女带来了沉重的负担，甚至给她们的生命构成了严重威胁。对79个第三世界国家的统计表明，妇女的地位低下，教育水平低，她们没有更多的选择，因此就出现了高出生率、高文盲率和低就业率，它们相互连带互为因果。

发达国家目前的人口增长率普遍较低，但在较早时期发达国家也曾经历过人口激增的阶段，使世界人口增加了10多亿。

（四）世界人口变化新趋势

工业革命以来的历史表明，世界人口是以指数增长的，呈现人口爆炸的状态，与此对应的是资源环境问题的凸显，导致一些人对人口增长抱有悲观的情绪，做出一些人口数字过高的估计。曾有专家预言：世界人口若按目前的年增长率增长，到2015年，将可能达到73亿～80亿，到2050年将可能达到78亿～125亿。一位人口学家甚至声称，到5000年，人类的重量将会超过地球本身的重量。美国人口咨询局从人口增殖力出发，提出这样的数字，1980年世界人口为44亿，按当年人口增长率——每41年人口增加1倍计算，到2021年世界人口为88亿，2062年为176亿，2103年为352亿……700年后，世界人口便达至百万亿的天文数字。那时地球上的土地，包括山脉和沙漠都将为人所占据，平均每人占地仅有0.3 m^2，根本没有可供耕种的土地。

这种预计是不会真正发生的。根本原因在于人口不可能永远地按指数形式增长下去，而是增长到一定阶段会发生变化。1968年7月，联合国秘书处国际经济社会事务部人口司在《世纪转换之际的世界人口》的报告中，根据当今世界人口生育水平、死亡水平变动的实际情况，运用平均预期寿命和总的生育率指标，划分和测定了人口转变的四个阶段。第一阶段是人口转变发生之前的阶段，即工业化以前的阶段。人口发展的模式为高出生率、高死亡率、人口低增长。第二阶段是人口转变的起步阶段。这大致是工业化的起步阶段。

人口发展模式为死亡率大幅下降，而出生率却维持原状，甚至略有增长，因而使人口增长速度大大加快。第三阶段是人口转变的关键阶段，发生在工业化后期。人口发展模式为低出生率、低死亡率。第四阶段是人口转变的完成阶段。此阶段是第三阶段发展的最终结局，达到人口出生率和人口死亡率大致相当。

从过去的历史看，世界人口的转变与上述人口转变的四个阶段理论相符合。出生率下降和死亡率越来越低，这两种情况并存，就是人们所说的“人口过渡期”。发达国家进入“过渡期”较早，发展中国家进入“过渡期”较晚。法国从 18 世纪末就开始进入这一时期，亚洲和拉丁美洲在第二次世界大战后进入过渡期。从 20 世纪末开始，大多数发展中国家也开始了人口过渡期。2000 年以前，世界上近一半国家的人口出生率已经低于更新换代的最低界限（通常指每个妇女生育 2.1 个孩子以下），今后可能还会有更多的国家加入这个行列。到 2045 年以后，发展中国家的平均出生率也将低于人口更新换代所需的最低界限。

这种状况的出现，使得全球生育率水平呈不断下降的大趋势，在过去的半个多世纪中，全球平均生育率水平从 1950 年的 5.02 降到了 2.69，其中，发达国家从 2.84 跌到 1.56，发展中国家从 6.16 下滑到 2.92，就连最不发达国家的生育率也从 6.64 下降到 5.13。不仅如此，越来越多的国家和地区正在走向超低生育水平。1980—1985 年东德和西德的总和生育率下降到 1.5 以下，成为第一个跨入超低生育水平的国家。到 2004 年生育率低于或等于 1.5 的国家和地区已经达到 36 个，主要分布在欧洲、亚洲和北美洲。其中，中国澳门和香港的生育率水平最低，分别只有 0.8 和 0.9。另外还有 30 多个国家和地区的总和生育率也已经降到了更替水平以下，遍及除非洲大陆以外的所有大洲。1997 年 8 月 1 日，欧洲统计局公布的数字显示，欧盟 15 年内每个妇女平均生有 1.44 个孩子。其中，西班牙是世界上人口出生率最低的国家，每位妇女平均生育 1.15 个孩子，某些地方甚至低于一个孩子。日本这一数字是 1.3，在美国和加拿大，这个数字也只有 1.8 和 1.7。欧洲委员会说，欧盟国家 1998 年出生的孩子少于第二次世界大战后的任何一年。在这些国家中，生育率如此之低，以至于人口量必定会下降——即使现在还没有下降。联合国预测说，到 2050 年，俄罗斯的人口将会减少 900 万，日本减少 2 100 万，意大利减少 1 600 万，德国和西班牙各减少 900 万。人口将呈灾难性下降的是爱沙尼亚。在下一个 50 年内，它的人口估计会减少 1/3 以上。到 2100 年，欧洲和日本的人口将减少一半。西欧和北美人口增长率将为零或呈负增长。全世界有 61 个国家没有足够的儿童来替换现有人口。发达国家正面临“人口出生率不足”的问题。上述情况的存在，使得世界人口的年增长率，在 1965 年到 1970 年这段时间内以 2.1%达到最高水平后便逐步下降。

【专栏 3-9】联合国对 2000—2150 年世界人口增长的预测

根据联合国的中位预测，世界人口可由 2000 年的 60.57 亿增加到 2025 年的 79.37 亿，2050 年的 93.22 亿，2100 年的 94.59 亿，2150 年的 97.46 亿。即 21 世纪的上半个世纪增加 32.65 亿，增长速度仍较快；2050 年以后增长速度变得缓慢，但仍在不断增长。

【资料来源】肖显静. 环境与社会. 北京：高等教育出版社，2006.

鉴于此，现在人们一般不会根据过去的人口增长来预测未来世界人口的增长，而是认为人口数量在增加到一定程度后会稳定下来甚至下降。这一点迫使所有的预测家们（包括联合国）调低了他们的预测。

世界人口变化的新趋势，使得人口乐观论有所抬头。实际上，人口过渡期的来临只是意味着人口问题已没有原先严重，并不意味着不存在人口问题。现在只是发达国家人口增长过慢，而发展中国家人口增长仍然很快。而且，就世界人口的分布而言，发达国家和地区所占的比例较少，发展中国家和地区所占的比例较多，世界人口主要分布在发展中国家。如在 1999 年的 60 亿世界人口中，发达国家和地区人口总数为 11.8 亿，仅占世界人口的 19.7%，发展中国家和地区（包括中国）人口总数为 48.2 亿，占世界人口的 80.3%，中国为 12.7 亿，占世界人口的 21.2%。

上述状况的出现，必然给发达国家以及发展中国家的可持续发展提出挑战。在欠发达国家，由于人口过多，人口增长过快，从而使人均拥有的资源不足，人口压力不断增长，为了生计和还债，在资金和技术资源不足、资源总量得不到发展的情况下，不得不加大开发环境的力度，通过消耗资源存量以图生存，对地球生态系统造成巨大的压力，造成资源和环境危机，引发“发展不足”问题。在我国，制约可持续发展的因素首推人口的过快增长。由于人多地少，人们将斧头挥向了山林，大规模的畜牧业吞噬了草场，导致生态恶化，沙尘暴频频“光顾”。有专家认为，生态环境恶化，人为因素占 80%，尤其是沙漠化、环境污染等人为因素要占 90%以上，这与人口数量的增加有密切的关系。

不仅如此，人口数量的增加将会导致人口素质的低下。人口增加过快对有限的教育资源能力和健康资源能力是一个巨大的冲击，会给人口素质带来一系列的问题：人口教育水平和身体素质低下，文盲半文盲比例扩大，科技进步缓慢或停滞等。

至于人口与贫困之间的关系更是为许多学者所关注，人口的过度增长必将导致多种类型的贫困人口：生产性贫困人口、就业性贫困人口、消费性贫困人口、教育性贫困人口、资源性贫困人口。而这些人口的增加又将抵消任何超过最低人均收入水平的增长，使最低人均收入水平难以提高，呈现出贫困状态。而贫困状态的存在又加剧人们增加劳动力来获得发展的心理动机，导致生育率增长，使现有资源总是处于匮乏状态，也使人口与发展之间呈现恶性循环。

这一切充分说明，对于欠发达国家，人口增长仍然是影响其社会发展的一个非常重要的因素。当然，控制人口增长并不一定就意味着发展，因为，发展是多种因素作用的结果。但是，不控制人口增长，社会就不能发展。有效地控制人口增长，对于社会发展和环境保护都是有利的。

【专栏 3-10】比节制生育更显紧迫的问题

称我们目前的困难主要由人口过剩引起，这一说法仅适用于人口稠密的局部地区。为实现立竿见影的生态改良，节制权力、节制大规模生产、节制垃圾、节制污染都比节制生育更显紧迫。

【资料来源】刘易斯 · 芒福德. 权力的五角大楼.

（五）中国的人口

中国是人口最多的国家，约为世界人口的 1/4。这既是中国人的骄傲，也是中国人的悲哀！经济的发展，文化的繁荣，生活的改善，社会的进步无一不受人口因素的制约。20 世纪 50—70 年代，中国人口以史无前例的高速度增长，对世界人口的“爆炸”起到了推波助澜的作用。

1. 新中国人口迅速增长的原因

除了与其他发展中国家客观上相似的社会经济原因外，还有自身的主观因素。首先，新中国成立初期实施按人头分配粮食、住房和补贴的政策，同时人工流产和绝育受到谴责和禁止。其次，50 年代末马寅初教授的人口理论受到严厉批判，造成了控制人口在那时候噤若寒蝉。再次，当时的领导者鼓励生育，认为“人多力量大”。最后，“文化大革命”中，无政府主义使得人口失控。综上原因，中国人口从 1949 年的 5.4 亿迅速猛增到 1972 年底的 8.7 亿，其间不过短短的 24 年。

20 世纪 70 年代以后，我国开始实行计划生育政策。虽然 1972—1990 年平均自然增长率远低于发展中国家平均水平，但由于人口基数大，每年仍净增 1 400 万人左右，平均每过 1.8 秒就有 1 个孩子出生，每天新增人口 4.5 万人。1989 年，中国人口数达到 11 亿，1995 年人口数突破了 12 亿。

第六次全国人口普查主要数据于 2011 年 4 月 28 日正式发布。全国总人口为 1 370 536 875 人（包括港、澳、台地区）。与 2000 年第五次人口普查相比，10 年增加 7 390 万人，增长 5.84%，年平均增长 0.57%，比 1990—2000 年年均 1.07%的增长率下降了 0.5 个百分点。

大陆 31 个省、自治区、直辖市和现役军人的人口中，居住在城镇的人口占 49.68%；居住在乡村的人口占 50.32%。同 2000 年第五次全国人口普查相比，城镇人口比重上升 13.46 个百分点。

在未来几十年内，中国人口仍呈增长趋势。据预测，2020—2030 年将达到 15 亿，而后将进入稳定期。

2. 现阶段我国人口的基本特点

（1）人口基数大。自 1998 年开始，中国大陆人口的自然增长率就下降到了 0.953%，1999 年进一步下降到了 0.877%。2010 年第六次人口普查的数据表明，年平均增长率仍然在下降，但中国的人口总数依然很大。

（2）人口地域分布不均，人口密度差异大。我国东部地区占全国国土总面积的 46%，其人口占全国总人口的 94%；西部地区占全国总面积的 54%，人口却仅占全国总人口的 6%。全国人口密度平均值约为 107 人/km^2。长江三角洲、珠江三角洲、成都平原等地的人口密度为 570～900 人/km^2，而西藏地仅为 1.6 人/km^2。

（3）农村人口比重大，人口城市化在加快。自第四次人口普查之后，乡村人口的绝对数量却开始减少，这表明农村人口向城市的流动速度加快了，也表明中国城市吸纳农村人口的能力增加了。到 2001 年年底，中国各大城市，基本都对原有的户籍制度进行了程度不同的改革，放宽了农村居民转变为城镇户口的政策限制。户籍制度的改革，在很大程度上预示着中国未来人口城镇化的速度将更为加快。

（4）老龄人口增多，男女性别比偏高。由于社会的安定和生活水平的不断提高，我国的人均寿命已从 1949 年的 35 岁提高到现在的 71 岁左右。老年人口比重逐年上升，2000 年第五次全国人口普查时，65 岁及以上的人口为 8 811 万人，占总人口的 6.96%，同第五次人口普查比，60 岁及以上人口的比重上升 2.93 个百分点，65 岁及以上人口的比重上升 1.91 个百分点。男性人口为 686 852 572 人，占 51.27%；女性人口为 652 872 280 人，占 48.73%。总人口性别比（以女性为 100，男性对女性的比例）由 2000 年第五次全国人口普查的 106.74 下降为 105.20。男女性别比例的差距略有缩小，但男女性别比还是偏高，这给未来中国人口发展埋下了隐患。

（5）人口素质亟待提高。随着我国社会经济的迅速发展，人类物质文化生活水平的不断改善，我国的人口素质已有了明显的提高。但与发达国家相比，我国人口的总体科学文化素质仍处于较低水平。目前，全国受过初中以上教育的人口占总人口的比率在逐步增加。同 2000 年第五次全国人口普查相比，每 10 万人中具有大学文化程度的由 3 611 人上升为 8 930 人；具有高中文化程度的由 11 146 人上升为 14 032 人；具有初中文化程度的由 33 961 人上升为 38 788 人；具有小学文化程度的由 35 701 人下降为 26 779 人。同 2000 年第五次全国人口普查相比，文盲人口减少 30 413 094 人，文盲率由 6.72%下降为 4.08%，下降 2.64 个百分点。

3. 中国控制人口增长的意义

我国近 30 年来，累计减少出生人口 3.38 亿，这一成就的意义可从下面几个方面看出：

（1）节约了大量抚养成本。据一个权威的课题组 1999 年抽样调查数据显示，0～16 岁孩子的抚养成本，城镇为 9.5 万元，农村为 3.6 万元，城乡加权后的年平均成本为 7 781 元。以此为标准，按历年当年价格计算，少生人口 3.38 亿，就为家庭和社会节约了 7.4 万亿元，相当 1997 年的国内生产总值。

（2）节约了少增加人口的物资技术装备费用。新增人口成长为劳动力以后，必须同一定的生产资料相结合才能生产财富并生存下去，为此社会必须为每一个劳动力提供物资技术装备。按 1998 年标准，我们少生的 3.38 亿人口为国家节约了 69.9 亿元的费用。

（3）节约了少增加人口的社会福利费用。作为新增适龄劳动人口，国家还必须为其提供具有原有人口平均水平的社会福利费用、社会救济费用、文教卫生费用、非生产性建设费用和为新增劳动人口追加的那部分社会后备资金。

（4）节约了大量的消费资金。假设少生的 3 亿多人，都能存活为劳动力，也于社会财富的增长无补（其生产者功能可由原有人口替代），而只会加大待业队伍，增加国民收入中的消费资金份额。而现在少生的 3 亿多人口，就为社会节约了这笔可观的资金。

（六）正确看待世界人口增长问题

一般认为，人口迅速增长是引起人类苦难和环境退化的第一原因。例如，在过去的 20 多年里，从人均水平看，发达国家与欠发达国家之间的相对差距几乎没有缩小，而绝对差距实质上是增大了，其原因不在于欠发达国家国民生产总值增加的速度比发达国家慢，而在于这些收益的大多数被高的人口增长率消耗掉了。比较 1965 年到 20 世纪 80 年代中期的印度与美国，印度的国民生产总值（GNP）总量增长是很明显的，但是因为人口增长速度是美国的 2 倍，印度的人均收入仅增长 1.6%，低于美国的 1.7%。

这种观点是新马尔萨斯人口理论所持有的，有一定道理。不过，这种观点受到新古典经济学家的批判。如美国未来学家西蒙在其《没有极限的增长》一书中认为，科技的进步能够使人类为自然资源找到人工制造的替代品，为稀缺的资源找到更丰富的自然资源。他认为有大量的事实支持这一点。当树木在 16 世纪稀缺时，美国人学会了使用煤。当 19 世纪用于制作象牙台球球丸的象牙短缺时，便奖励寻找替代品，结果先发明了赛璐珞（硝纤象牙），接着是塑料的出现；当 19 世纪为生产灯油而将鲸捕猎得近乎灭绝时，煤油从石油中提炼出来用以点灯，并产生了最早的石油工业。现在，卫星和光纤维（来源于沙子）代替了制作电话线的昂贵的铜。

更重要的是，新的资源比老的资源更便宜也更丰富。这被认为是文明的进步过程。西蒙认为，当人口增长、资源稀缺时，会刺激投资和技术进步，促进替代能源的产生。在人类历史上，人口增长是同资源增长而不是资源减少联系在一起的。随之而来的是人类更加健康，寿命和幸福也同样增加。他认为，与新马尔萨斯论者预期的相反，短缺（无论它们是否是由人口的增长、消费的增加或环境问题引起的）已使我们比短缺没有出现时的日子更好过。如 1 万年以前，只有 400 万人能活下来，但到 19 世纪，地球上能够养活 10 亿人，今天，它能够养活 60 多亿人，且后代人的生活要比前代人更好。

上述观点是存在问题的。因为替代资源的寻找不是无限的，和前农业社会相比，工业社会依靠技术进步确实是找到了许多当时紧缺的资源替代产品，如煤炭、石油等，化肥和农药的大量使用也养活了更多的人口。但是能源性资源的储量是有限的，化肥和农药对粮食产量的增加同样是有限度的，而且是对人体的健康是有负面影响的。由于绝对的人口增长所积累的环境损害，给我们带来的是更少的选择余地，更少的斡旋空间，一个级别更低的资源基础和比以往历史更缺乏从环境损害中吸收和恢复的能力。因此，在工业时代发展到一定时期以后，替代资源的寻找是非常不容易的。过去能找到替代资源不等于永远能找到。

此外，还有一种被称为是结构主义的观点认为，人口增长所引起的问题是严重的，但这并不意味着人口增长是一切环境问题和社会问题的根源。可以这么说，人口规模是一个问题，但是，这一问题以及由这一问题所引发的人类苦难和环境问题，又是由社会的结构性组织引起的。如对于粮食问题，现阶段部分国家和人群的饥饿和营养不良（大约有 7 亿～8 亿人）以及使人们经常挨饿的周期性饥荒，并不是由人口增长引起的，而是最直接地由分配不公所引起。一国内部粮食分配不均会导致饥饿和营养不良，全球粮食供给的不均也会导致这一点。近几十年来，虽然人口增长很快，但粮食总产量的增加超过人口增长的速率。那么，分配不公则说明了某些国家或世界经济、政治、贸易体系、农业政策以及土地拥有模式等方面存在着许多不合理的因素。

既然如此，要解决人口及其相关问题，就不能单纯减少人口，而应该改变刺激人口增长的那些政治、经济和文化因素，使它们向积极的方向发展，从促进社会的整体进步来减缓人口的增长并解决资源环境问题。换句话说，像饥饿、贫困和水污染等现象更直接的是由社会政治和经济因素引起。民主政体、有责任的政府、较为完善自由市场经济等能够更有力地处理干旱、价格波动和饥荒等问题。

从现实的情况看，虽然人口的增长率在不断变化，但是，总体增长的趋势短时间不会改变。一般而言，更多的人将消耗更多的资源，产生更多的废弃物，造成更大的环境污染，很可能使我们更难处理由此带来的环境问题。

从现在以及未来的形势看，人口增长所带来的环境和资源压力还没有超过临界点，但是已经越来越大。狼仍然没有到门前，但可以确信的是已到附近，并且要比100年前更近了。如果我们不控制世界人口增长，对人类无疑是灾难。相反，如果控制人口增长，使世界人口迅速降下来并稳定在一个较低的数量，那么我们现在和将来的所有与资源和环境有关的问题将会更容易处理和降低复杂性。

从全球伦理来看，任何一个人都有获得等量资源的权利。既然如此，发展中国家就可以遵循发达国家的生产模式和消费模式，消耗等量的资源。但地球承担不起这么多人的如此消费，因此有必要控制人口增长。

从人类生存的价值看，并不在于养活更多的人。也许地球能够养活更多的人，有人计算，声称地球可以养活400亿人。但真要养活这么多人，人类的生活质量将如何保证？将地球变成一个圈养人类的基地有何意义？

总之，控制人口增长仍然是一个世界性的问题：尽管单纯控制人口增长并不能解决问题，但是，如果不控制人口增长，则问题将会更加严重和更难解决。问题是怎样控制人口增长呢？从目前来看，社会公平、公正地发展，妇女地位和教育水平的提高，计划生育政策的实施，社会福利和保障事业的普及等是首先要考虑的方面。

第二节　当代环境问题对可持续发展战略实施的制约

虽然可持续发展的概念和思想得到了不同社会制度、不同经济发展水平、不同宗教信仰的国家和地区所接受，但在可持续发展战略的实施中，不同发展水平的国家对可持续发展战略的实施有着不同的理解，对造成全球环境问题的责任以及解决环境问题应当实行的义务也有很大分歧。这些都是可持续发展战略实施中出现的现实矛盾。

一、发达国家对于环境恶化的责任

不言自明，只有发达国家和发展中国家的富人才有可能进行大量消费并带来大量污染，从而导致生态环境破坏。1992年6月在巴西召开的世界环境与发展大会期间公布的材料显示，美国人口占世界人口的4.7%，消耗的石油占世界总消耗的40%，天然气占36%，铝占46%，锡占25%，铜占23%，铁占22%，排放废气占30%，生产固体废物占70%。美国人每年扔掉16亿个剃须刀，11亿个化妆盒，重达5.4万t，可装满1万辆卡车。每出生一个美国人对环境污染的威胁，比第三世界出生1个人大99倍。维持1个美国人的生存方式平均需要消耗10.3 hm^2的地球面积（即所谓生态足迹），也就是说，至少要有20个足球场那么大的土地才能供养1位美国人“大手大脚”的生活。

美国当之无愧地被称作“头号能源消耗大国”和“头号污染大国”。因此在环发大会期间，美国成为众矢之的。

发达国家人口占世界人口的23%，消耗能源占世界总耗能量的75%，商业用燃料占

79%，消费原木占46%，消费板材占78%，钢铁产量占72%，排出的二氧化碳占75%，排出的氟氯化碳占90%。其人口增长很慢，但人均消费的能源却是发展中国家的35～50倍。印度人口占世界的16%，消费能源占世界总耗能的3%，二氧化碳占3%。因此，发达国家被称为“地球上最大的污染者”。

其实，以美国为首的西方发达国家的发展和繁荣不仅依赖第三世界的资源、市场、廉价劳动力，而且还依赖全球范围内的生态恶化。特别是在第二次世界大战以后，以美国为首的西方发达国家，凭借其占有的优势地位，在国际经济领域内建立了一套有利于自身的“游戏规则”。它以国际货币基金组织、世界银行、关贸总协定为支柱，主要体现在国际生产、国际贸易和国际货币金融三大领域。帝国主义的长期殖民统治所造成的“工业欧美，原料亚非拉”的状况难以得到根本改变；西方发达国家利用其垄断地位和便利条件，抬高工业制成品的价格，压低农矿等产品的价格，形成国家贸易中的“剪刀差”，盘剥第三世界国家。因此说，发达国家是全球环境问题的主要肇事者，应当对世界范围内的环境恶化负主要责任，应当要求发达国家在环境治理及有关问题上承担更多的经济份额和技术支持。

【专栏3-11】西方国家的滔天大罪

出口武器和军事技术到像波斯湾这样的地方，以换取原材料，特别是石油，这是西方国家的滔天大罪。其他罪孽包括出口在当地环境下不能安全使用的危险技术，如有毒杀虫剂，以及像烟草这样的易上瘾的有毒消费品。

【资料来源】[美]罗伯特·艾尔斯. 转折点. 戴星翼，黄文芳译. 上海：上海译文出版社，2001.

二、发展中国家的责任

毋庸置疑，发达国家的不可持续消费行为是造成全球环境问题的祸首，而发展中国家也难辞其咎，这一切虽然有深刻的社会原因和背景，但不可持续消费的浪潮已席卷全世界。

发展中国家正在以与发达国家不同的发展方式威胁着地球环境，使之不能向良性方向发展。环境问题在发达国家或发达地区表现为“富裕病”，与人们生活中的过度消费行为和生产中的过度消耗行为直接相关。主要表现为过度消费和大量消耗水资源、能源、粮食及其他原材料等。对这些资源的过度消费和消耗，一般表现为对异地环境的破坏，尤其是对发展中国家造成的环境破坏，因为全球化为发达国家提供了几乎来自全世界资源丰富的发展中国家的廉价的基本生产资料和生活资料。

而在发展中国家或落后地区，环境问题则表现为“贫穷病”，一般表现为对当地环境造成的污染和破坏。因为发展中国家与地区的人们拼命地工作或劳动，从自然获取资源，只为了能到更多发达国家的市场上销售，换取生活必需品和基本的生活条件以维持简单的生存状态。例如，我国内蒙古地区大量存在的挖甘草、搂发菜、过垦、过牧、过樵采等破坏草原生态的现象就是如此，乱采滥挖的结果是陷入“越穷越垦，越垦越穷”的恶性循环，这种过度开发和出卖资源的状况很难持久，与可持续发展战略的实施是背道而驰的。

中国是发展中国家，其特色首先是人口众多，资源短缺，技术落后，基础设施不足。这就使中国既不可能，也不应该以西欧或美国早期的不可持续发展模式为现代化的样板和赶超目标，而必须实施可持续发展战略，要突出节约资源、反对奢侈浪费和建立节约型社会的发展方针。而在实际社会生活中，奢侈浪费已经成了一种上至国家党政机关、企事业单位，下至民间个人和家庭的遍及社会各个方面的相当普遍和相当严重的社会现象。

公费大吃大喝，公款旅游、豪赌，无休止的饭局，花样翻新的大操大办，不计其数的以浪费大量资源、污染环境为代价的假冒伪劣产品充斥市场、屡禁不绝，盲目追求西方过时的、落后的、铺张性的消费方式，衣物穿用的次数越来越少，堆放丢弃的越来越多。

2005 年北京“两会”期间，一位政协委员算了一笔账：“八五”期间，公车耗费 720 亿元，年递增 27%，大大超过 GDP 的增长。到 2000 年，公车已多达 350 万辆，包括司勤人员耗资约 3 000 亿元。每年公款吃喝费用高达千亿元[①]。

现在全国很多地方的水资源都严重缺乏，但即使是在这些严重缺水的地区，仍然不时掀起大兴土木的热潮。高级宾馆高档写字楼层出不穷，而一个三星级宾馆的标准间的设计供水，居然是每天 1 t。很明显，只是笼统地说缺水，不是毫无意义吗？

我们是穷国，我们的生存真的需要喝那么多的酒吗？真的需要那么多的小汽车吗？面对这样一个“天育物有时，地生财有限，而人之欲无极”野蛮消费时代，我们应当有清醒的认识和正确的对策。

现代人的消费，已不是生存意义上的消费，不但量大，而且无度。本来，物的价值在于它作为客体具有能够满足人的需要的工具性价值，而人的价值则在于他赋予物以价值的主体性价值，所以物的价值不可能等于人的价值。但在以物的依赖性为基础的社会中，相对独立的人与人之间要以物为中介发生联系，人的价值很容易被物的价值所取代，导致“拜金主义”，以消费水平衡量人的地位，结果是奢侈之风盛行。

我国重要矿产资源人均储量的最低值，只占世界平均水平的 1/25，而每万元工业产值却比发达国家多消耗近 40%的能源和矿产资源。我国已成为煤炭、钢铁、铜的世界第一消费大国，石油和电力的世界第二消费大国。要改变这种状况，必须痛下决心转变粗放型经济增长方式，唤起全社会对资源浪费的切肤之痛，则是重中之重。

经济发展离不开资源的支撑，资源的承载能力也制约着经济的发展，许多资源特别是不可再生的资源，不是取之不尽、用之不竭的，其供给能力是有限的。而且从总体上看，目前我国经济的快速增长在很大程度上是依靠物质资源的高消耗实现的，并没有从根本上改变“高投入、高消耗、高排放、不协调、难循环、低效率”的粗放型增长方式。我国经济今后还将以较快速度增长，资源短缺和经济快速发展之间的矛盾将日趋加剧。要保持经济持续快速增长，就必须重视节约资源、有效利用资源，使有限的资源实现效益的最大化。

任何一个经济体的发展，都要受到资源的制约。“经济”这个名词本身的含义，就是在充分考虑制约的前提下，如何以最少的消耗，获得最大的效益。然而，现状是，制约极为突出，发展却不“经济”。中国万元 GDP 能耗是世界平均水平的 3.4 倍，是日本的 9.7 倍；33 种主要产品的单位能耗比国际平均水平高出 46%。我们正在透支自己子孙的财富。

发展是硬道理，这是针对民族积弱甚深情形的一种政治选择。但发展是硬道理，并不

① 组织人事报. 2005-03-31.

等于增长是硬道理，GDP 是硬道理，更不等于破坏环境或毁灭生态是硬道理。而我们现在仍然还是在以粗放型的生产、浪费型的消费在发展经济，只重视数字指标，不注重经济效益和环境代价。

欧美国家的现代化是建立在其早期大规模地掠夺资源破坏生态，同时伴随着对外殖民、贩奴和侵略的殖民主义扩张和帝国主义掠夺基础上的，本土的人口、资源矛盾因为大量向外移民而得到缓解，域外的资源因为其殖民主义的政治、军事霸权和强国的经济、文化霸权而得到控制和支配，核心国家（占全球人口的 15%）和边缘国家（占全球人口的 85%）之间的经济、政治、文化的依附关系在现代化过程中得到确立。在经济发展顺利的时候，这种不平等关系可以得到缓和；在经济发展出现萧条的时候，这种不平等关系则得到强化和加剧，并引发各种危机，包括战争。这种以外疏内、以外养内以及以外安内的现代化过程，是他们利用了特殊的历史条件的特定发展道路，是后发展国家不可能重复和照搬的。

三、全球可持续发展热的背景

很长一段时期以来，各种利益集团一直处于竞争的态势下，总是各扫门前雪，总是以邻为壑，甚至不惜诉诸武力用战争方式解决问题。但近一个世纪以来，人类的生产能力及其对环境的破坏力都变得空前强大，以致这种影响无论是由谁造成的，无论是从哪里开始的，都会殃及整个地球，某一国家和地区局部的成功将失去意义。不可持续的生产、生活方式难以为继，而独善其身的可持续发展也难在一地、一国顺利实现。在这种情况下，任何企业、国家和某一局部的经济成功都会失去意义，不论其中一方采取怎样的制胜手段，胜利者和失败者将同样面临毁灭的结局。竞争的双方因此而只是隐约地意识到了继续下去将是对谁都不良的结局，各方才不得不暂时罢手，愿意认真地想一想，希望通过协商、谈判和互谅互让来共同解决问题。谈判也将是漫长的过程，各方不免讨价还价、激烈争吵。但问题的拖延就是走向灾难，谁也没有更强有力的武器，在这种情况下，妥协成了唯一的选择。人类如果能在最后期限到来之前，终于摒弃前嫌、合作努力，那么这是地球获救的唯一希望。

环境恶化，穷人富人均受害，穷人受害多，但富人的命值钱。同时发达国家也意识到，仅有发达国家对全球环境保护的努力而没有第三世界的参与，环境恶化的趋势不可能根本好转。因此富人首先提出共同保护环境，共同走可持续发展道路。而当竞争的双方在谈判桌前坐下来的时候，却发现与对方的观点非常不同。

发达国家认为，我们只有一个地球，我们都是“地球村”的公民，要共同保护我们的家园。而发展中国家则认为，“地球村”的确是一个很好的比喻，但比喻毕竟是比喻而不是现实。这个“村”里的人划分为“穷国”、“富国”和“穷人”、“富人”，于是有了林林总总的争斗，有了非洲的黑奴、有了“一战”、“二战”、有了对伊拉克的封杀、对南联盟的轰炸以及近年来对中东局势的干预。

发展中国家认为，它们面临的比环境问题更为迫切的问题是饥荒、疾病、教育落后和失业。而发达国家主要关注的是污染、人口过剩和自然保护。

发展中国家认为，发达国家的殖民主义掠夺政策造成了我们的贫穷。而发达国家则一再强调发展中国家的腐败加剧了不合理的开发和环境破坏。

发展中国家认为，要共同生存，但要平等的生存。发达国家则说，要共同生存但不要计较平等与否。

发展中国家同时认为，片面地听从发达国家保护环境的劝告，不尽快发展经济会免遭欺辱吗？

现实的情况是，少数发达资本主义国家凭借其经济、技术、军事上的优势，控制、消费了地球上的大部分自然资源，损害了当代穷人的基本需求。为了维护、扩张其既得利益及其富人的后人的需要，少数发达资本主义国家在环境与发展问题上，对发展中国家推行双重标准，夸大发展中国家发展本国经济和科学技术对自然环境的负面影响，以此对发展中国家的工业化进程进行种种阻挠。如果真的制定一个国际法，全都实现“停止增长”，那就是发展中国家不能赶超富国，且该永远贫穷，现存不合理的国际经济秩序永恒不变，一统万世，历史到此终结。西方人的“后人满足自身的需要”也就一劳永逸地解决了。从现实是解读不出所谓的面向未来的“代际平等”和体现整体观念的“代内平等”的，而只是遮遮掩掩的“只许州官放火，不许百姓点灯”。

绿色和平组织在西方兴起，他们不仅反对任何形式的核试验，而且要求绝对保护生长在或残存在发展中国家的热带雨林，这就带来了一系列深层的伦理学问题。人们当然可以把热带雨林视为共同的价值，甚至视为人类共同的财富，热带雨林的各种价值不断被认识到，没有了它，整个地球的气候会变得难以想象的恶劣。但这种“共同财富”实际控制在一些发展中国家的手中。对于这些国家的政府来说，雨林是他们发展的唯一资源，对于这里的人民来说，采伐林木几乎是他们唯一的谋生手段，禁止采伐就断了他们的生路，断了这些国家民族经济兴起的希望。这时，笼统地要求保护热带雨林未必合理，简单地宣布热带雨林是人类的共同遗产也是不合理、不现实的。

【专栏 3-12】谁是热带雨林砍伐的受益者

在亚马逊河流域和马来西亚，森林砍伐的受益者是当地政府以及那里的黑色党成员，其中甚至还包括那里的环境部长，正是因为他的妥协，才使这一切得以进行。来自欧洲的解释是，如果他们停止从热带雨林地区进口木材，将会导致木材生产国的大量失业。这同时也是当地政府中那些强盗的论点。

【资料来源】[巴西]何塞·卢岑贝格. 自然不可改良. 黄凤祝译. 北京：生活·读书·新知三联书店，1996.

同时，发展中国家还认为，自己的贫穷落后是发达国家历史上的掠夺和殖民主义政策造成的，因此发达国家有一双“肮脏的手”，他们的资本每一个毛孔都滴着血和肮脏的东西，全球污染物的大部分就是由发达国家排出的，他们有什么资格对我们进行指手画脚、说三道四，发达国家在奢侈挥霍的同时还需要一个好的环境，而我们就只能为了他们享受好的环境而永远受穷吗？我们永远只能跟在发达国家的后面喝粥吗？

而发达国家则不断指责发展中国家的政府或官员在开发过程中的腐败行为与自私自利。如印度尼西亚热带雨林的砍伐。

【专栏 3-13】市场是最终驱动力

你无力保护亚马逊雨林，由它带来的金钱的诱惑实在是令人无法抗拒。透过现象你会真正了解，市场是最终驱动力。

【资料来源】[美]格雷姆·泰勒. 地球危机. 赵娟娟译. 海口：海南出版社，2010.

应当说，上述两方面的相互攻击都有合理的方面。发达国家应当对全球环境恶化负有更大的责任，例如地球温室效应、臭氧层的破坏都应该追究工业国家的历史责任，应要求他们在治理环境时承担更多的经济份额和技术支持。

另一方面，发展中国家的确有严重的腐败行为阻碍了环境和资源的保护。例如中国近年“洋垃圾”进口事件屡禁不止，据报道，广东省南海市一个面积仅 1.5 km^2 的小镇上，就有十二家名为“废旧五金加工厂”、实为美国和日本的垃圾处理厂的“企业”。这里固然有西方工业国家企业转嫁工业废料的问题，但这种转移污染源的行为却是少数人通过合法手续完成的。而且是“周瑜打黄盖，一个愿打一个愿挨”，中国和外国的交易者“双赢”，损害的是第三者——穷人和后代人的利益。对这些肮脏的交易，中国的海关、商检、卫检、接受企业以及地方政府的有关部门等一系列环节为什么总是那么迟钝？恐怕个人的经济利益夹在其中，才是问题的主要症结。淮海流域十五小企业的厂长和当地政府的领导对造成的污染应负有最主要的责任，然而，正是他们得利最多受害最少。这就说明了谁搬起了石头，砸了谁的脚，为什么要搬起石头砸别人的脚。

中国百年历史证明：落后就要挨打。对于发展中国家来说，为免受侵略、蹂躏，必须强国，必须以快于发达国家的经济发展速度去发展，但发达国家也绝不会停滞不前，因为他们绝不愿意放弃过度消费的生活方式，尤其是富人，他们会由奢返俭吗？他们也要竭尽全力地加速发展，这南北方、东西方竞争的结果，必将带来对地球资源新一轮的疯狂开发。邓小平同志对世界问题的高度概括就是“东西南北”，这实际上指的是东西方、南北方的贫富差距和经济竞争。

巨大的经济差距致使可持续发展战略的实施陷入僵局，无度的贫富分化必然伴随激烈的经济竞争。而激烈竞争、疯狂开发、滥用能源与环境破坏是一枚硬币的两面，环境问题的缓解还有待时日，但时间不允许拖延。

【专栏 3-14】检验我们的许多基本假设

已经到了再次检验我们的许多基本假设的时候了，特别是关于增长和竞争的必要性，自由贸易和无限制市场经济的至高美德，以及“贪婪是好的”哲学。

【资料来源】[美]罗伯特·艾尔斯. 转折点. 戴星翼，黄文芳译. 上海：上海译文出版社，2001.

第三节　不可持续发展下的两极分化

全球环境问题尽管错综复杂、积重难返，但也只是近代人类社会发展困境的表象，其根源在于不可持续发展的思想方式和价值观指导下的发展模式。不可持续发展所看到的直接结果是贫富分化、大量生产、过度消费等一系列社会问题，环境污染只是它们的衍生物，即没有过度消费又何来环境污染和资源短缺。

在人类社会发展的进程中，工业文明社会的发展不是偶然的，是人类社会思想解放的必然产物，是非常必要的一个发展阶段。工业文明社会的出现和存在为科学和技术的进步提供了思想和物质基础；创造了大量的社会财富；延长了大多数人的寿命并使之生活得更加美好；使许多人的收入和财富拥有量显著增长，少数人还相当富有；教育在发达国家已经相当普及，发展中国家的教育水平也有较大的提高；人们生活的商品消费量也增长迅速。然而，这些利益是以破坏环境和生态为代价的，同时出现的还有贫富分化以及人口的平均寿命、受教育水平、消费量以及排污量的两极分化，这些社会问题与环境恶化纠缠在一起，制约着人类社会的持续发展。显而易见，无论是国家之间还是一个国家的内部过度分化的结果极易造成贫困阶层和富裕阶层关系的紧张和对立，从而使社会的不稳定和发生冲突的可能性增加，引发社会的震荡和不安。因此工业文明发展的持续性和方向性受到广泛质疑，这不是理论的推测，而是近几十年来不断出现的环境破坏造成的恶果的现实反映。

一、人口平均寿命的两极分化

人口平均寿命的上升是社会发展水平提升的重要标志之一，一个国家和地区的经济和社会发展了，人们的物质生活水平也会有相应的提高，人口平均寿命的上升也是顺理成章的事情，工业文明的发展不但养活了比以往多的多的人口，和农业社会相比，还较大幅度地提高了全世界人口的平均寿命。而近年来，联合国的人口统计学家公布了让世界震惊的资料：在有 7.5 亿人口的非洲南撒哈拉地区，人口平均寿命从 61 岁降到了 48 岁。造成这种陡降的主要原因是政府未能制止艾滋病病毒的蔓延。当发达国家把成人之中的艾滋病感染率控制在 1%以下时，在一些非洲国家却超过了 30%。人口平均寿命由于非战争因素的突然下降，这在人类进入现代文明后还是第一次，虽然是局部的，但它包括的区域范围并不算小。这说明，非洲南撒哈拉地区的前进步伐实际上已发生逆转。这种政治和社会体系管理的失效是否是个例外？我们希望它是社会发展中局部地区的、暂时出现的低谷，但很有可能它所反映出来的是一个早期征兆，表明问题的严重程度已经超出了人类政治和社会系统的掌控能力。

在第二次世界大战之后的几十年间，随着公共卫生、疫苗接种、抗生素以及食物生产等方面的进步，人口的平均寿命在世界范围内均有所上升。但是当 20 世纪接近尾声时，艾滋病的传染使得许多国家原本的人口平均寿命上升的趋势停滞甚至倒退。

现今，国家之间人口平均寿命出现了严重的两极分化，其差异比历史上任何时候都要严重，低的有 33 岁的斯威士兰和 37 岁的博茨瓦纳，高的有 82 岁的日本和 81 岁的冰岛，这显然不是个好兆头。毫无疑问，除了分配严重不均的地方，平均寿命通常与收入水平相关。在美国，收入集中在富有者手中，却有 2.4 亿人没有健康保险。其预期寿命比像瑞典、德国或日本这样的国家短。事实上，美国目前的预期寿命为 77 岁，低于哥斯达黎加这个发展中国家的 78 岁。

人口平均寿命出现的严重的两极分化，表明了全球经济和社会的发展是极度不均衡的，实际上也是由许多不公平的贸易和国际规则造成的。欠发达国家或者说局部地区发展的倒退一定会影响到全球经济和社会的持续发展，发达国家也难以幸免。

二、收入的两极分化

如果说国家间人口平均寿命的分化还只是征兆的话，那么在经济方面世界上富人与穷人之间收入的分化则是更为严酷的事实。在今天的世界上，在最富有的 10 亿人和最贫困的 10 亿人之间，社会和经济差距达到了空前的程度。差距不仅巨大，而且还一直在扩大。从营养状况、文化程度、疾病类型、家庭规模和人均寿命的反差对比可以看到，陷入苟活状态而难以自拔的最贫穷的 10 亿人和最富有而且变得更加富有的 10 亿人，两者之间的经济鸿沟在逐年加深。

进入 21 世纪，全世界的平均人均年收入是 6 987 美元，与此形成鲜明对比的是，世界上最富有的 57 个国家的年均收入为 35 131 美元。虽然美国并不是世界上最富有的国家，但其人均年收入也已达到 43 740 美元。最富有的国家是卢森堡，其人均年收入达到 65 630 美元。

在资本主义制度和市场经济体系的框架下，收入总是流向高收入阶层，因为富人“用钱挣钱”比起穷人靠出卖劳动力挣钱要快速得多，最终的总体结果一般是富人更富、穷人更穷，因而自然地留给低收入阶层的财富也就微乎其微。世界上最贫穷的 54 个国家的人均年收入仅有 580 美元，平均每天 1 美元多一点。刚果民主共和国 5 300 万人口的人均年收入最低，仅为 80 美元。埃塞俄比亚和布隆迪的人均年收入只有 100 美元。塞拉里昂的人均年收入为 140 美元。依靠如此微薄收入的生活，在很多人看来是难以想象的，但这却是事实。

尽管全球取得了技术上的巨大进步，世界经济也日趋市场化，收入不公平在近些年还是在明显加剧。1960 年，世界上生活在最富国家的 1/5 人口占有的财富，相当于生活在最穷国家 1/5 人口收入的 30 倍。大约在 100 多年前的 1879 年，这一比例还是 7∶1。到了今天，这一比例已经增加到 66∶1。

以上数据都是以国家为单位的人均收入比较，实际上在国家内部同样存在巨大的财富分配不公平。通常，一个国家内最富有的 20%人口与最贫穷的 20%人口的收入差距为 6∶1 或者更低。然而在许多贫穷及中等收入国家，收入差距远高于此。塞拉利昂的情形最为极端，该国最富有的 1/5 人口获得的收入，为最贫困 1/5 人口的 57.6 倍。在巴西和南非等另外 6 个国家，这一数字为 30。在其他 13 个国家，这一数字为 15。

虽然富裕国家的收入不公平通常会小一些，但是一些国家仍然超出了世界正常值。德国最富有的 20%人口与最贫穷的 20%人口的收入比为 8∶1，美国为 9∶1。有趣的是，美国的情况反映出一种历史性的逆转。1920 年（这是经济数据可得的最早年份），美国是世界上经济平均程度最高的国家之一。相比之下，大多数欧洲国家（例如英国）财富分配的阶层差异格外明显。不过现在，欧洲国家的分层已不那么显著，大多数都已相当低，例如，在斯堪的纳维亚，最高与最低收入比为 4∶1，法国、比利时、瑞士、西班牙和荷兰为 5∶1 和 6∶1。世界上财富分层程度最低的国家是日本，其最高与最低收入比为 3.4∶1。

国家内的收入分配不公平意味着，居住在最富有国家的 1/5 人口和居住在最贫穷国家的 1/5 人口之间 66∶1 的收入比率，实际上少报了全球的不公平程度。如果把世界各国最富有的 1/5 人口和最贫穷的 1/5 人口的收入合在一起统计，则最高与最低收入的比值有可能达到 150∶1。

因此，将世界人口作为一个整体考虑，最贫穷人口的收入低而参差不齐。12 亿人口日均收入不足 1 美元，28 亿人口日均收入不足 2 美元。如果从更积极的角度来考虑，可以发现，世界上每天依靠不足 1 美元生活的人口比例要低于 1980 年，二者分别为 24%与 28%。但也正如我们所见，生活在贫穷国家的人口基本维持不变，而顶层和底层之间的差距则在不断扩大。如果我们把今天与 1960 年进行比较，贫穷人口的比重仍旧非常接近，但其绝对数量却几乎翻了一番。

世界上最富有人群的财富同样参差不齐。20 世纪 90 年代后期，全球经济膨胀达到顶峰，1999 年，世界上最富有的 200 人的财富总额达到 1 万亿美元，平均每人 50 亿美元，这一惊人的数目约是他们 1994 年拥有的 2 倍。而生活在世界上最贫穷 43 个国家的 5.82 亿人口，他们的财产如此之少，以致几乎可以认为年收入就是他们所有拥有的财富。这些人的收入总额共为 1 560 亿美元，比 200 名最富有者财富的 1/6 还要少（114 亿美元）。现在我们以日均收入少于 2 美元的 28 亿人口作一简单（偏高的）假设，假定他们每人每天有 2 美元收入，则其年收入总额（粗略计算）共计 1.02 万亿美元，那么，可以发现：200 人与 28 亿人的财富相同。事实上，世界上有 3 名最富有者的财富超过了 1 460 亿美元。这也就是说，3 个人比 5.82 亿人合起来更加富有。

美国民众于 2011 年 9 月 17 日发起了名为“占领华尔街”（Occupy Wall Street）的和平示威活动，“占领华尔街”抗议活动在全美范围愈演愈烈，并波及加拿大、英国、荷兰等国。该抗议活动直击美国贫富悬殊“软肋”。《纽约时报》发表社论称，收入不平等正在碾碎美国的中产阶级、扩大贫困人群，并可能制造出一个有能力、有意愿工作却没有工作的永久性下层阶级。抗议者中大多数是年轻人，他们正表达失去机遇的一代人的愤怒。社论认为，极端不平等是经济机能失调的标志，当前美国公司利润在美国经济中的份额为 20 世纪 50 年代以来的最高水平，而工人薪酬的份额则降至最低。研究显示，这种极端不平等与教育退步、健康恶化、公共投资减少等密切相关，并扭曲了政治权力。正因为如此，“占领华尔街”抗议活动吸引了越来越多的不满者。

由于内外因素的影响，美国经济持续疲软，失业率维持在 9%以上，导致贫困人口大量增加。2011 年美国人口普查局最新发布的报告显示，2010 年美国贫困率为 15.1%，贫困人口达到 4 620 万人，为 52 年来最高。与此同时，社会财富高度向以华尔街为代表的少数富有的美国人集中。有数据显示，最富有的 5%美国人拥有全国 72%的财富。贫富差距进一步拉大，必然导致社会矛盾深化。

在我国，收入的两极分化对于社会来说也是一个非常棘手的问题，其表现形式有地区之间、行业之间等，收入差距的拉大，潜藏了以下社会危机。

【专栏 3-15】市场是最终驱动力

不仅美国与贫穷国家之间的不平等性在继续扩大，而且美国国内也存在着不平等。收入上的贫富差距从未如此悬殊，财富、权力和媒体的控制力从未如此集中在少数人手中。

【资料来源】[美]格雷姆 · 泰勒. 地球危机. 赵娟娟译. 海口：海南出版社，2010.

（一）导致内需不足，阻碍经济增长

当社会财富集中于一小部分人手里时，就会形成富人阶层和穷人阶层。富人并不会因为有钱而无限制地消费，他们会拿钱去投资，用于消费的钱是极有限的。另一方面，更多的人则普遍贫穷，无力消费，或无信心消费。这不是仅靠政府出台几个政策就能刺激得了的。在中国这样一个以内需为主的国家里，内需的不足必定会影响各行业的产出，最终阻碍整体经济的增长。

（二）资源分配异常，促使差距扩大

在一个合理分配的社会里，社会资源总是趋向于具有竞争力、有市场前景的行业。那些收入较高的行业为社会带来更大的财富，往往也会吸引到更优质的各种社会资源。而在我国，收入高的行业并非社会财富的主要创造者，而是那些垄断性企业和坐享了国家倾向性政策的特权行业。它们不以为社会作贡献而获利，却是以高利润、高收入、低风险而吸附了大量的社会资源，在竞争中处于绝对的有利地位，使不公的社会更加不公。

（三）垄断行业腐败，国有资产流失

行业收入差距形成的主要原因不在于知识改变收入，而是垄断造成悬殊。原本应该走向市场，参与自由竞争的企业却因为受到政策保护，始终处于极不正常的垄断地位。行业规程的制定优先考虑他们的利益，这些享受着特权的垄断者不必进取即可获得极高的回报，为其员工谋取垄断福利，人为造成社会财富分配不公现象。

（四）引发社会失范，社会秩序混乱

我们在分析行业收入差距时要分清合理差距和非合理差距。合理差距不但没有危害，而且十分必要。当这种差距是因不合理因素造成之时，则会引发社会固有规则受到蔑视，潜规则大行其道的现象。腐败、欺诈等行为会竞相效仿，社会呈无序化发展趋势，出现信用危机。

（五）中产阶级锐减，社会阶层断裂

过大的行业收入差距必然导致社会阶层的两极分化趋势。富有者愈发富有，贫穷者愈发贫穷；富有者少而巨富，贫穷者多而剧增。社会阶层本应呈橄榄形状态，即富裕者为少数，贫穷者也是少数，80%的人为中产阶级。然而由于垄断和特权而形成的行业收入差距悬殊使得富有者因权力因素而不合理地占有巨大财富，大量原本属于中产阶级的劳动者却滑向了贫穷的一端，中产阶级的锐减破坏了合理的社会结构，橄榄形不复存在，一种“工”

形社会结构悄然形成，这种极不稳定的结构潜伏着巨大的隐患。

（六）弱势心理蔓延，幸福感普遍缺乏

早在新中国成立初期，贫穷是普遍现象，人们却普遍有幸福感，那是因为社会财富实现均分，孔子云：“不患贫而患不均，不患寡而患不安。”人们的幸福感不是因为富有而生，而是因为公平而生。现在，物质普遍富于那个时代，一种弱势心理却在社会上蔓延。这里所说的是弱势心理，而不是弱势群体，这种心理超越了弱势群体而普遍存在于多数人的心中。一个大学教授会认为自己是弱势，一个开私家车，经常坐飞机的人也会认为自己是弱势，那些普通上班族就更有这样的心理了。这是一种蔓延了的、扩大了的弱势心理因素，这是社会不公带来的直接后果。

（七）伤害劳动积极性，败坏社会风气

真正凭诚实劳动吃饭的人始终贫穷，真正合法经营的人无法致富，反是投机钻营者占便宜，凭借特权者得实惠。当善良的下层劳动人民无法通过自身劳动改变社会财富的分配额时，劳动的主动性和积极性就会遭到极大的挫伤。人的智慧就不会朝着改造劳动工具、提高产生效率方向发展，一种消极的劳动态度将会在社会上盛行，向垄断看齐，向特权努力，崇拜权力，崇拜金钱，拜金主义盛行，社会风气日渐败坏，人的思想日渐改变。

（八）滋长不满情绪，产生仇富心理

中国经济这块蛋糕正在做大，然而当政府高调宣称 GDP 飞速增长时，普通百姓无法体验到自身收入的改变，却发现身边的富有者并非靠着令人信服的个人劳动奋斗换取，一种被剥夺感在社会上扩散，一种仇富心理在群众中蔓延。对社会的不满、对特权的抵触使得社会矛盾不断扩大。民众情绪的不稳必会导致社会的不稳，失业率上升，犯罪率上升，各种危害社会的极端行为正在迅速增加。

我们应当努力缓解不可持续发展导致的收入分配不公和不均的问题，但是，既得利益者定然会成为最大的阻碍者。

【专栏 3-16】差距增大威胁着人类和全球环境的稳定

在经济技术发展过程中，获益的人和没有获益的人之间的差距会越来越大。这是一种不可持续的财富和贫困极端化的趋势，它威胁着整个人类和全球环境的稳定。

【资料来源】周海林，谢高地. 人类生存困境——发展的悖论. 北京：社会科学文献出版社，2003.

三、消费的两极分化

富有国家较高的人均财富，导致巨大的全球消费差距。相比发展中国家的人均消费水平而言，富有国家粮食、鱼和淡水的人均消费量是其 3 倍、肉类是其 6 倍、能源和木材是其 10 倍、钢铁是其 13 倍、纸张是其 14 倍。此外，富有国家化学品的人均消费量则是发

展中国家的 18 倍。这些消费数据不像 66∶1 的收入差距那么严重，因为这里比较的是世界上 20%生活在发达国家的人口与 80%其他国家的人口（而非最富有的 1/5 人口）和最贫穷的 1/5 人口。如果将处于中游的 60%人口从计算出剔除，前述许多比较项目的消费差距将可达到或超出 66∶1 的财富差距（当然，对部分比较项目来说并不会如此，因为即使非常富有的人也吃不了那么多的粮食、鱼类和肉类）。

【专栏 3-17】必须依靠协商达成公平的经济原则

历史告诉我们，每当社会资源（财富）集中在一些人或组织手中时，社会其他成员的生存便因资源丧失而受到威胁……自然界恢复平衡要靠生物规律作自我调节，而社会要达到同样目的，则必须依靠协商达成公平的经济原则。

【资料来源】[美]杰里米·里夫金，等. 熵——一种新的世界观. 吕明，等译. 上海：上海译文出版社，1987.

四、污染物排放量的两极分化

与消费差距相伴的是同样巨大的污染物排放量的差距。富有者的人均污染排放量远高于贫穷者。例如，在富有国家，人均二氧化碳排放量是贫穷国家人均排放量的 12 倍。不仅如此，富有国家也更有能力保证其所处环境免受污染带来的恶劣影响，这与有毒废弃物出口的情形极为相像。

上述差距的确导致了严重后果。中低收入国家营养不良的人数约为 9 亿，占全世界人口总量的 14%。在发展中国家，34%儿童的体重低于相应年龄段的正常体重，孟加拉国体重不足的儿童高达 66%，该国也是世界上最贫穷国家之一。由于严重的营养不良，成人的工作能力下降，儿童身体发育矮小，学习有障碍，心智能力遭受永久性损伤。

对于世界上许多贫困者来说，保护自己免予环境伤害是非常困难的（如果不是不可能的话）。总的来说，10 亿人缺乏足够保护他们免予雨、雪、高温、严寒、肮脏、老鼠和其他害虫等自然威胁的居住条件。1 亿人流离失所。而且，世界上的贫困者往往生活在陡坡地带和低洼地区，很容易受到山体滑坡和洪水的威胁。10 多亿人无法获得安全的饮用水。25 亿人的卫生设施条件不足。贫穷者通常还不得不在生产力最低下的土地上进行耕作，尤其依赖自身的能力为自己提供足够的食品（及收入）。综合考虑这些情况可以发现，贫穷人群与高污染水平、有毒废弃物危害和危险工作条件之间存在着普遍联系。

富裕人群虽然比起贫困人群来说遭受环境污染的危害要轻许多，但他们的健康面临的是另外的难题。据统计，全世界超重人数已达 10 亿，这一数字超过了食物缺乏的人数。3 亿人口过度肥胖。许多与食物摄取相关的疾病发病率正在上升，像糖尿病（特别是Ⅱ型）、高血压、心脏病、中风，以及其他多种形式的癌症。在英国，2/3 的男性和 1/2 的女性超重或过度肥胖。1980—1998 年，过度肥胖症在英国的比例增加了 3 倍，21%的女性和 17%的男性患有这一病症。在美国，情况更加严重，2000 年有 65%的成年人超重或过度肥胖，其中过度肥胖症的比例已是 1980 年的 2 倍，达到 31%。随着越来越多地选择安逸的生活方式和增加摄入高热量食物，其他富有国家也在经历肥胖症。

然而，并不仅是富裕国家的人口面临身体超重问题。贫穷国家的超重人口也在显著增长，因为人们的生活更加安逸，加之食品消费逐渐摆脱了家庭生产转而从市场中获得，使得贫穷者更不容易获得健康食品，这一问题在城市地区表现得尤为突出。在萨摩亚群岛上的城市里，75%的成年人过度肥胖，而不只是超重。在中国的一些大城市，20%以上的人口过度肥胖。相对而言，糖尿病、循环系统问题及癌症的治疗，对于穷人来说也要更加难以获得。

鉴于这些明摆着的事实，富裕国家人口的平均寿命比贫穷国家多出 28 岁（78.1 岁：50.4 岁）也就不足为奇，尽管贫穷国家的就医率已有大幅提高。在 14 个极度贫困国家，人均寿命达到 40 岁的概率不超过 50%。在最不发达国家，24%人口的寿命甚至不超过 5 岁。

国内收入差距对贫穷者的生活质量有巨大影响，即使在富裕国家也是这样。根据一份 2000 年的研究，美国有 350 万人在当年无家可归，其中约 1/3 是儿童。美国市长委员会 2001 年对 27 个城市的调查发现，22 个城市紧急庇护服务要求在上升。根据 2002 年的一项研究，虽然欧盟的情形自 20 世纪 90 年代中期以来已有明显改善，但仍有 39 万左右的德国人口、20 万左右的意大利人口和 16 万左右的英国人口流离失所。美国农业部宣称，3 000 万美国人（约占美国总人口的 11%）遭遇“食品安全威胁”，即家庭成员的基本食物需求得不到全部满足。有报告表示，这些家庭中的 1/3 在一年内经历过受迫性饥饿。黑人家庭与拉美裔家庭的食品安全威胁率是白人家庭的 2 倍。2001 年，这种情况非但没有出现好转，反而变得更加糟糕。当年的一项研究显示，700 万美国人在几周时间内接到了来自紧急食品储备站和其他机构的食品救助。研究还显示，这些食品救助组织中约有 60%都报告称，接受其服务的人数正在上升。

世界卫生组织的资料表明，在当今世界上，约有 12 亿人营养不良、体重不足、时时挨饿。与此同时，又有约 12 亿人营养过剩体重超标，其中许多人缺乏运动并且摄入热量过多。因此，在 10 多亿人整天发愁是否能填饱肚子的时候，另外 10 亿人却因吃得太多而郁闷。这同样是一种两极分化的现象。

疾病类型也反映了正在扩大的分化。10 亿最穷的人所得的疾病大多数是传染病，如疟疾、结核病、痢疾和艾滋病。营养不良使婴幼儿极易患上传染病。不合标准的饮用水使得因饥饿而免疫系统受损的人雪上加霜，导致全球每年百万人丧失生命。与此相反，在居于全球经济阶梯顶端的 10 亿人中，更多的是死于年老和与养尊处优有关的疾病：肥胖、吸烟、富含脂肪和糖分的饮食，以及缺乏运动等。

五、受教育程度的两极分化

贫富分化也体现在教育程度的差别上。当代的一些工业国家，如加拿大和日本，半数以上的青年毕业于两年制或四年制的高等院校。与此相反，发展中国家里仍然有 1.15 亿的学龄儿童根本没能上学，8 亿成年人仍是文盲。他们不会读，也与计算机和互联网无缘。由于不识字，他们摆脱贫困的前景相当渺茫。

有近 10 亿人生活在人口数量稳定的国度，但另外又有 10 亿人生活在预计 2050 年时人口要翻一番的国家。世界上的文盲集中在少数几个人口特别稠密的国家里，大多数在亚洲和非洲。从 1990 年到 2000 年，中国和印度尼西亚在降低文盲数量方面获得了较大的成功。墨西哥、尼日利亚和巴西等国家也在这方面有可观的进步。然而，在孟加拉国、埃及、巴基斯坦和印度这四个国家，文盲的数量却在增加。

文盲和贫穷往往是一对孪生子，这是因为，文盲妇女的家庭人口数要大大多过识字妇女的家庭，并且文盲妇女每多上 1 年学，便能提高 10%～20%的赚钱能力。例如在巴西，没文化的妇女平均每人生养 6 个子女，而有文化的妇女平均只有 2 个孩子。另外，没有文化的妇女会受大家庭的牵累，挣钱的能力极为有限。

人口的平均寿命、受教育水平、消费以及排污量等所有的两极分化基本上是源于贫富分化。显而易见，无论是国家之间还是一个国家的内部过度分化的结果极易造成贫困阶层和富裕阶层关系的紧张和对立，从而使社会的不稳定和冲突的可能性增加，引发社会的震荡和不可持续性。

思考与练习题

1. 科学技术能解决所有环境问题吗？
2. 简述我们的日常消费与环境恶化的关系。
3. 如何区分环境破坏的肇事责任？
4. 国际间的经济竞争会给生态环境带来怎样的后果？

第四章　可持续发展与现代消费

第一节　现代消费的不可持续性

一、评价大量消费

在众多引发环境问题的原因中，过度消费问题越来越受到人们的关注和引发人们的深思。要使可持续发展战略得到有效地实施，必须要节制消费，实现适度消费，以此来克服大量生产、大量消费和大量废弃带来的环境破坏。然而在现实生活中，企业、媒体和政府往往把社会成员的大量消费看做是拉动经济增长的好事，是社会经济发展的显著标志。对充斥社会生活的、人为制造的各类不可持续消费浪潮，认为是时尚、品位、格调，并加以提倡和激励。这就使得全社会加剧了对物质和财富的崇拜，使得可持续发展的实施遇到了极大的障碍。美国人奢侈、浪费的生活方式和价值观在全世界范围内被广泛推销和争相仿效，社会绝大多数成员也把大量占有财富和能够大量消费作为极力追求的目标，看做是事业成功的标志、社会地位以及身份的象征。总是希望通过不遗余力的竞争获取更多的财富，以获得更多的大量消费空间，这已成为大多数人终生追求的奋斗目标。

在这个问题上，首先应当指出的是：发达国家的生产方式、消费方式是不可持续的，他们的模式是不可复制的，人类根本也不可能在高消费的同时不破坏环境。首先可以从地球生物承载力和生态足迹这个宏观角度来认识这个问题。

（一）现代消费造成地球超载

地球的生物承载力是指能满足人类需求的、可用的、具有生物生产力的土地面积，包括农田、牧场、森林和渔场。生态足迹是按照生物学上一个地区的生产性土地和海洋供人类使用和消纳人类产生的废物所需要的资源，来衡量人类对大自然的需求。生物承载力和生态足迹通常以地球公顷为计量单位；全球平均 1 hm^2 土地所能生产的资源和消纳的废物，就被称为“1 地球公顷”单位。表 4-1 中的数据来自于世界自然基金会（WWF）、伦敦动物学会（Zoological Society of London ZSL）、全球足迹网络（Global Footprint Network）联合发布的《生命行星报告 2006》（Living Planet Report 2006）。

表 4-1 生态承载力和生态足迹（2003 年）

类别	人口/百万	生物承载力/（地球 hm²/人）	生态足迹/（地球 hm²/人）	总生态足迹/本地区生物承载力	总生态足迹/全球生物承载力
全世界	6 301.5	1.78	2.23	125%	125%
高收入国家	955.6	3.3	6.4	194%	55%
中等收入国家	3 011.7	2.1	1.9	90%	51%
低收入国家	2 303.1	0.7	1.8	114%	16%
美国	294	4.7	9.6	204%	25%
中国	1 311.7	0.8	1.6	200%	19%

从表 4-1 可以看出，从全球来讲，人类的生态足迹已经超出地球负荷的 25%，我们早已不再是依靠自然的“利息”生存，而是在消耗大自然的“本金”。照目前这种消耗生态资源的速率走下去，发生生态系统全面崩溃的可能性是不可避免的。而超载最严重的，不是人口众多的中低收入国家，而是科技发达，人口密度相对较低的高收入国家。尤其是美国，由于历史上的殖民政策，抢占了印第安人的北美大陆，那里虽然资源丰富，但却仍然超载 100%以上。

美国人口不到全球人口的 5%，从生物承载力来说，占有全球资源的 12%，但却消耗了 25%。中国、印度等人口众多的发展中国家是无法复制美国模式的。利用表 4-1 中的数据可以算出，哪怕我们突然有了美国现有的“高科技”和“先进制度”，如果每个中国人都要过美国人的生活，光我们就需要 1.12 个地球。很显然，无论想什么办法，都不可能变出 1.12 个地球资源给中国。

所以，所谓科技发达制度进步的西方，虽然他们相当程度上也保持了青山绿水，但其本身恰恰是全球环境恶化和不可持续发展的罪魁祸首，他们目前的发展模式也是不可能长时间维持下去的。而作为世界第一人口大国的中国，人均资源不到全球人均的一半，真正是地大物“薄”，就更加不可能沿着西方的老路走下去，我们需要的是变换思路，探索如何构建一个可持续的发展模式。

（二）大量消费与人口增长对环境的影响是一致的

人多消费就多，产生的废物就多，污染也就多。因而人们一直把人多是造成资源短缺、生态破坏、环境污染以及生存困难的基本原因。为了减轻对环境的压力，坚定不移地采取计划生育的措施，并在我国取得很大成效。

实际上，发达国家和发展中国家一部分富人的大量消费同样会产生大量废物（穷人没有大量消费的机会和可能），前以述及世界最富的 1/5 人口的大量消费行为正在给地球造成浩劫。其次是富人的大量消费行为受到世人的攀比和仿效，因为穷人是绝不会甘心永远受穷的，他们要穷则思变，希望通过自己的努力过上像富人一样能够自由消费的生活，而富人也不会安于现状，一定要想尽办法使资本增值，由此而引起的竞争和对大量消费的拼命追逐，就是不可避免的。而且竞争是恶性的，是不计后果的，它直接结果是环境整体恶化，社会成员整体遭受污染之苦（当然穷人受害更多）。它与人口众多一样会给环境带来压力，它们对环境的负面影响是一致的，甚至更为严重，同样给可持续发展以制约。

消费是为了生存、健康和幸福，获得更多的消费资料是为了能有更好的生活质量。而由于我们大量的、毫无节制的消费，使我们的生活又不得不面对污浊的空气、糟糕的饮用水以及令人忧心忡忡的食品的窘境，在这样的环境中，我们又怎么能感受到好的生活质量，又谈何健康、幸福？这就从根本上改变了消费的本来意义。还有，大量消费又给我们带来了什么？是声誉、体面、炫耀、一时的愉悦，还是污染、生存困难？很难直接回答这一问题，因为一部分富人的大量消费对其本身来说，带来的好处是毋庸置疑的，富人在大量消费的同时并不见得一定要遭受污染之苦，即使是受到一些污染，也是轻微的、可以忍受的。因为有钱人可以通过迁徙、到旅游胜地度假、购买价格昂贵的有机食品等办法来避开污染，因此要让富人节制消费显然是困难的。而穷人是不可能享受到大量消费的好处的，也不会有富人选择迁徙等的自由，等待他们的只能是污染之苦。其次，大量消费是怎样形成的？它的本质原因又是什么？

（三）大量消费是资本主义意识形态迷谋划的产物

1. 非自然的欲望加剧人类与自然之间的紧张关系

对于社会成员的个体来说，现实社会中大量消费的过程和结果，同样有待重新认识。如果把大量消费的行为略作区分，可以分为生存意义上的消费、非生存意义上的消费和反生存意义上的消费。

表 4-2　大量消费分类

生存意义上的消费	满足基本的衣、食、住、行及健康的精神生活的消费
非生存意义上的消费	为了面子、声誉、时尚等的炫耀性、奢侈性消费
反生存意义上的消费	吸烟、酗酒、吸毒等一系列有损精神和健康的消费行为

随着生活水平的提高，大量消费行为中的“非生存意义上的消费”和“反生存意义上的消费”的比例在显著提高，它们是非自然欲望的产物。因为基本的生存需求其实很简单，仅仅是一日三餐、夜卧三尺，虽然在不同时期对“生存意义上的消费”的理解和标准是不同的。

而“非生存意义上的消费”和“反生存意义上的消费”的过程在大多数情况下对人的健康是无益的，在很大程度上是有害的。其结果对于社会生活、社会成员的心理及生态环境的直接、间接的负面影响却是不争的事实。因此说，大量消费的过程和结果对于个人和社会都是糟糕的。

大量消费的过程通常是在满足自然欲望和追求幸福生活的名义下进行的，然而人们层出不穷的欲望并不是原生和自然的，而是在资本主义意识形态和资本扩张的逻辑下，由跨国性的生产与销售商团和传媒与广告公司联姻精心建构和再生产出来的。其完全不同于其他生命种群万代不变的自然欲望，也不同于在环境、生态相对和谐的情境下人们对物质资源的占有和利用。例如一家一辆汽车，一人多件貂皮大衣或多件羊绒毛衣，每周打高尔夫球，每年到避暑圣地度假等，显然是当代消费文化引导和谋划的产物，与人的所谓自然属性（假设有的话）并无直接关系。这种非自然的消费欲望正在大大加剧人类与自然之间的紧张关系。而且事情往往是，为了满足少部分人的这类欲望，多数人的饮水、呼吸、衣、食、住、行等基本而正常的需要反而受到了极大的限制，这也是忽视乃至取消人们更多非物质性欲望（情感的、尊严的、安全的、审美的等）的直接原因之一。在这里，恰恰是以少数人高级（奢侈）的欲望去压抑了多数人低级（基本）的欲望，它不仅阻碍了社会、经济的可持续发展，而且使人类多维度多层面的“幸福”只剩下对物质的占有和对商品的消费。正如恩格斯所说：“我从来没有看到过一个阶级像英国资产阶级那样堕落，那样自私自利到不可救药的地步，那样腐朽，那样无力再前进一步……在资产阶级看来，世界上没有一样东西不是为了金钱而存在的，连他们本身也不例外，因为他们活着就是为了赚钱，除了快快发财，他们不知道还有别的幸福，除了金钱的损失，也不知道还有别的痛苦。”从而对人类的欲望构成了严重的扭曲和践踏。

【专栏 4-1】全球吃死的人比饿死的人多

据世界卫生组织统计，全球肥胖症患者达 3 亿人，其中儿童占 2 200 万人，11 亿人体重过重。肥胖症和体重超常早已不是发达国家的“专利”，已遍及五大洲。目前，全球因“吃”致病乃至死亡的人数已高于因饥饿死亡的人数。

2002 年，美国因肥胖症致死者达 43.5 万人，2003 年则达到 40 万人，均比 1990 年增长了 33%！一些发展中国家肥胖症现象也越来越严重。世卫专家指出，肥胖症的直接后果是导致心血管疾病、癌症，容易诱发糖尿病并使人的寿命减少 10 余年。2003 年，美国用于治疗肥胖症的费用为 750 亿美元，而用于治疗因肥胖症而产生的疾病的开销总额高达 1 400 亿美元。

【资料来源】光明日报. 2004-05-28.

实际上，人对物质欲望的满足只有在精神王国才能实现。“欲望并不能让欲望得到满足，相反，欲望使得欲望成为欲望”（Desire does not desire satisfaction.On the contrary，desire desire desire）。大量消费的社会现实严重制约了可持续发展战略的实施，不但污染了生态环境，而且污染了人们的心灵。正是这种无限膨胀的消费欲望造成了世界能源、资源的紧张。

【专栏 4-2】工业革命的动力是贪婪

工业革命的动力是贪婪，不是简单的生存需要。其结果就是物质财富生产的增长给人类带来的自相矛盾和不幸。造成这种社会弊端的原因在于那些掀起工业革命的企业家们的动机——贪欲，而贪欲则使人们摆脱了传统的法律、习惯和意识形态的束缚。

【资料来源】周海林，谢高地. 人类生存困境——发展的悖论. 北京：社会科学文献出版社，2003.

2. 宗教对人类物质欲望的抨击

当今世界上的主要宗教都对人类贪得无厌的物质欲望进行了猛烈的抨击，并指出了一味追求物质财富可能招致的危险。

犹太教：“发怒的日子，资财无益。唯有公义才能救人脱离死亡。”

基督教：“骆驼穿过针眼，比富人进入天国还容易。”

伊斯兰教："渴望今世荣华富贵之人，将会得到荣华富贵，他们将应有尽有。但这些人来世除了地狱之火，必将一无所有。他们终将劳而无获，空图一场。"

印度教："如果你拥有了知足常乐这份宝贵的礼物，你就拥有了一切。"

佛教教义："追逐名利，放纵情欲，就像逆风玩火，终将烧得焦头烂额。"

尽管有这些教诲，我们还是生活在一个消费的社会里，一个物质的世界中，人们的消费需求似乎永无止境。那么情况为什么会是这样的呢？

显然，回答可以是多种多样的。其中一个答案就是：消费除了满足人的基本需求之外，还能给人带来愉悦，使人忘记痛苦，忘记最糟糕的枯燥和乏味之感。消费还能制造娱乐，令人兴奋，使人心有所念，轻松闲适，自我满足，花钱买东西，确实让人很喜欢。

过去，人们的消费只限于衣食住行的基本需要，往往是生产的产品满足不了基本的需求。而现在，由私有企业生产出来的、可供使用和消费的商品与服务丰富之极，只要有钱，几乎可以买到任何东西。而为了刺激人们的购买欲望，企业主们不惜花大量的资金来进行富有创意的广告促销和夸张的营销手段，以形成对无限丰富的商品与服务的挖空心思的高度消费。

然而，各种社会服务、卫生 保健、教育——尤其是政府为穷人提供的平民住房、食品以及保护生命和环境的举措，这一切都大大地供不应求，即使在发达国家也并不乐观。

当然，能激起消费欲望的不仅是广告。攀比他人是一回事，但追求豪富名流之辈的生活方式却是另一回事。经济上的不平等——贫富两极巨大的、不断增加的差距——更刺激了人们日益更新的消费需求。

3. 市场失灵和政策失效

对环境具有破坏作用的个人消费居高不下，其中有人为因素，而市场的扩展和政策失灵也难辞其咎。各种商品和服务的自由市场定价并没有完全反映出该产品或服务在生产、使用和处置过程中因环境破坏所要付出的代价。对环境具有破坏力的产品或服务，其价位越低，消费量就越高。政策实施不力是家常便饭，而且这还常常加重了市场失灵。而这些问题引起人们的注意，在一定程度上是因为很多时候，政府并没有要求厂家支付其环境破坏费。不仅如此，政府还经常对许多对环境有破坏的活动提供补助，使情况变本加厉，每况愈下。我们的能源价格和水的价格不仅没有将经济学家称之为负面外部损失的环境损害费包括进去，而且由于有政府的补贴，能源和水的价格过于低廉。

美国作家诺曼·梅尔斯（Norman Myers）和珍妮佛·肯特（Jennifer Kent）在 2001 年出版的著作《不正当的补贴》（Perverse Subsidies）一书中，分析研究了几百份政府补贴，并把政府在农业、能源、交通、供水、渔业和林业等方面提供的补助进行了量化，他们把那些对经济和环境都有明显负面作用的补助称为"不正当的补贴"。他们的结论是："在巨大的经济利益驱动下，世界各地的政府干预市场，每年提供不当的补贴，总额高达 8 600 亿美元。据粗略估计，这一数额约占全球经济总量（35 万亿美元）的 2.5%，从而成为破坏环境的一个巨大的经济诱因。"

市场失灵的另一个原因就是，即使有环保意识的绿色消费者也很少能够方便地得到可靠资讯，并据此做出购买决定。对商品进行绿色生态认证的工作还处于萌芽状态，几乎所有的食品都自我标榜为"绿色食品"，然而实际上，真正意义上的绿色食品是极少的。

由此可以看出，资本主义意识形态极力鼓吹的市场经济体系，对于生态环境的保护恐怕是起了负作用的，至少是不昌明的，而政府的政策对于市场失灵带来的环境破坏不但没有加以遏制，反过来倒是推波助澜。

4. 大量消费的价值观

大量消费的行为不是偶然的，是由当代人类社会的价值观念所决定的，人类社会的价值观是主张大量占有和大量消费的，并在文明进化过程中得到了肯定，现在已逐渐形成了所谓的消费主义文化。当一个人有能力占有这些大量消费品的时候，他就会赢得威望、地位和声誉，并且有利于赢得更高的地位和财富。生物学家杰伊·费兰（Jay Phelan）和经济学家特里·伯纳姆（Terry Burnham）在他们的著作《不良基因》（Mean Genes）一书里说，人们的占有欲有某些基因遗传方面的因素。书中写道："我们原本就喜欢那些高脂肪、高盐分、高热量的食品，我们的这种口味并不是快餐商创造出来的，他们只是生产出了一些加重了味道的食品，以此来调动我们原来就有的欲望。我们的味蕾因此变得不正常了，因为每一顿饭菜都添加了越来越多的调味品；当然，我们的祖先能生存下来，靠的也是越来越多的调味品……一切产品——不管是环保的，还是不环保的——都有一个共同特点，那就是它们激起了我们潜藏的本能欲望。而经常让我们陷入困境的恰恰就是这些本能欲望。"但是这些欲望还是有救的："虽然进行自律自控十分艰难，但是至少我们还有战斗的机会。而大多数动物，甚至包括智力颇高的大猩猩，无论怎样，也都无法克制自己的情欲。"

保罗·艾金斯（Paul Ekins）则认为，一些人为的决定，例如"二战"后为了刺激消费者的购买欲而采取的一些举措，将我们本能的占有欲推向了一个极致。他曾引用美国零售业分析家维克多·乐勃（Victor Lebow）在那一时期说过的一段话："我们的大规模生产的经济……要求我们把消费变成我们的生活方式，把商品的买卖变成例行习惯……我们需要以越来越快的速度把商品消费掉，烧掉，毁掉，换掉，甚至扔掉。"在过去的 20 年里，全球用于商品广告的费用翻了一番，这比全球人口增长的速度还快了 3 倍。

消费社会的扩张，消费主义的盛行，必将导致可持续发展的破产，导致不可持续的消费。因此，必须对传统的消费主义文化进行批判，倡导可持续的消费文化。

二、消费主义文化批判

文化价值观念是与环境问题的产生及其解决紧密相关的。有些价值观念，如关于消费方式的，虽然看来只是与人们对待生活的态度有关，但是，由于人们的生活与环境密不可分，这样的观念也就与环境问题紧密相连了。而且与人口危机、技术滥用相比较，大量消费对环境的影响一点也不小，只是由于大量消费表面上看好像能够促进经济和社会的发展，给人们带来一时的幸福，所以，它对资源环境的影响就被普遍地忽视了。如此，就非常有必要考察消费社会中消费文化与环境保护的关联，建构可持续发展的消费文化，以达到推进可持续消费的目的。

（一）消费主义文化刺激消费欲望

消费主义文化是指这样一种生活方式：消费的目的不是为了实际需要的满足，而是在不断追求被制造出来、被刺激起来的欲望的满足。换句话说，人们所消费的不是商品和服务的使用价值，而是它们的符号象征意义。合理满足消费的使用价值与无度占有符号意义的消费是基于两种不同类型的生活伦理、观念、价值的生活方式和生存状态。

消费社会既是消费主义文化产生的现实基础，也是在消费主义文化的支撑下运行的。没有消费，就没有人类的生存，也就不需要人类进行生产。从这一意义上说，消费是生产的动力。当然，人类的消费水平受着生产力水平的限制。有什么样的生产力水平，就有什么样的消费水平，从而也就有什么样的消费方式。在20世纪之前，人类的生产能力有限，生产出来的商品有限，对商品的消费是一种物质性的消费，消费的是它的使用价值，满足的是人们的物质生活需要和基本的生理需要。虽然有少数人也追求穷奢极欲的生活，但这只是个别人的选择。

随着经济、社会的发展和科技进步，生产出来的商品数量有了显著的增加，首先在美国，然后在其他国家，人们对食品、衣物、住房等的自然需求得到了满足，出现商品过剩以及经济危机。此时，经济生产不再与商品短缺而是与商品过剩相联系，传统的以商品匮乏为特征的社会转变为商品过剩的社会。生产过剩和消费不足成为摆在资本主义社会面前的一个大问题。经济学家和企业主们认识到，如果不扩大消费者的需求，大规模生产出来的产品将卖不出去，经济将会处于停滞状态，使市场经济潜在的无限生产力与生产销售产品的必要性之间的矛盾加剧，也使资本主义内在的生产逻辑（在资本主义商品经济条件下，商品生产者所追求的是尽可能地提高生产效率，无限制地扩大再生产，以便获得更大的利润）难以实现，资本主义追求利润的目的也就不能实现。在这种情况下，通过广告、电视以及其他媒介宣传把大众培养成为消费者，就成了极为重要的事情。消费社会广泛运用广告系统、时尚系统、商品设计和产品包装等手段，使商品成为文化意义、目标、价值、观念、理想等的象征符号，以此强烈吸引消费者注意，达到刺激消费扩大生产的目的。

本来做广告是为了向购买者提供某种商品及服务的信息，但是，现在很多广告已不把这作为一个主要的目的。而往往是利用科技手段加以包装，利用某种表面上的美好以及含情脉脉对此进行粉饰，赋予它广泛的文化联系，把罗曼蒂克、奇珍异玉、欲望、美、幻想、成功、科学进步与舒适的生活等各种意象附着于各种普通的消费品上。运用形象化的、夸张的描述，如永远年轻、幸福美好、价值意义等来代替产品的信息，使它们成为现实的享受、力量的象征、快乐的获取、幸福的获得的同义语。广告就是以这种特定的方式生产了商品的文化意义，使其成为人生价值以及文化意义的展现者，成为人们消费的对象，让人们在消费它所代表的意义中来消费这种产品。正所谓："如果我们把产品当作物来消费，那么，通过广告我们消费它的意义。"正是这种意义的消费引导、刺激了我们的消费欲望，使我们产生匮乏感，并向我们展示解决匮乏感的方式——购买。在这里，广告的主要功能是生产消费和消费者。广告成了一个获取更多利润的必不可少的工具。

消费主义想实现的大规模消费需求就是这样被创造出来的，无形中把越来越多的人都卷入其生活方式，它使人们总是处在一种"欲购情结"之中，从而无止境地跟着广告和时尚追求高档和名牌。这本身又构成了现代消费社会中社会关系再生产的条件，消费从而成为人自我表达与认同的主要形式和意义来源，对商品的符号意义的消费过程构建了新型的社会统治与社会支配的方式，并且体现着一种新的社会生活组织原则。

消费主义引导下的消费，培养着人们的社会态度和社会需求，控制着市场行为，刺激了人们的欲望，使人们的心理服从于他们的调节和控制。消费主义激发了人们对现状的不满以及对各种新产品的向往，培养了需求，生产了消费和消费者，兜售了消费主义，产生了消费社会。此时的社会“已经从传统的以‘生产’（制造）为中心的社会转变到以‘消费’为中心的社会。消费不但对经济的作用和贡献加大，而且在社会和文化生活中也从原来所扮演的‘边缘角色’变成了‘时代的主角’之一。”此时的生产“已经不仅仅是产品的生产，而且同时也是消费欲望和消费激情的生产，是消费者的生产。”

【专栏 4-3】消费主义不是世界所需要的

消费主义就是西方的一项出口，它既不是世界所需要的，也不是这个世界供得起的。

【资料来源】[美]罗伯特·艾尔斯. 转折点. 戴星翼，黄文芳译. 上海：上海译文出版社，2001.

（二）消费主义制造消费和人性的扭曲

一般来讲，对财富的欲望以及通常对“炫耀消费”的欲望在各个时期都是普遍存在的。然而，消费主义在城市高消费群体中所表现的消费需要受到三个主要信息的来源刺激和引导，即广告与大众媒介、高档消费购物场所以及攀比与模仿，所追求的目标大多是西方生活方式流行的趋势。在消费过程中主要达到三种明显的目的：满足高档商品和服务的实用使用价值方面的欲望；满足占有方面的欲望：能享受别人没有的东西；满足虚荣的欲望：有炫耀和显示财力、身份的意义。第一种满足虽然经常与其他两种满足有密切的关系，但是它与以往的其他时期相比已经不那么突出，这一点通常表现在消费商品本身的功用越来越模糊不清。比如花大价钱买下艺术品、钢琴（实际上对艺术毫无兴趣，而只是按照画报、电影中看到的样子装饰房间）、名酒，不断更换屏幕更大、功能更全的彩电及音响等。更确切地说，这种满足更注重的与其说是消费商品的使用价值，不如说是奢侈消费所带来的刺激感和面子，争夺消费领先权。人们必须借助消费来“找感觉”，否则生活变得“太无聊”。在消费中人们才找到了价值，感觉到存在的充实，没有这种奢侈消费就觉得自己什么都不是。这与传统的满足基本需求的消费相比，已完全被扭曲。

对于消费主义来说，消费不只是一种满足物质欲求或满足生存需要的行为，而且还是一种出于各种目的需要对象征物进行操纵的行为。在生活层面上，消费是为了达到建构身份、建构自身以及建构与他人的关系等一些目的；在社会层面上，消费是为了支撑体制、团体、机构等的存在与连续运作；在制度层面上，消费则是为了保证种种条件的再生产，而正是这些条件使得所有上述这些活动得以成为可能。可以认为 19 世纪、20 世纪的历史，既是工业主义也是消费主义产生的历史。这两个世纪以来，消费主义使我们对人的动机、人的态度、个人与社会之间的关系，以及人类生存的总体逻辑所作的最基本的假定产生不同的看法，做出与文化传统完全不同的评价。

消费主义比工业资本主义对人性的扭曲更加严重。首先，比较消费主义与工业资本主义，我们可以看出工业资本主义比消费主义更诚实，少一些欺骗性。工业资本主义直截了当地告诉人们：这是老板，那是出卖劳动力者，因而人是被区分开来的，社会能为你提供的唯一东西就是这样一种可能性，即如果你尽最大努力，你就有进入更高一个层次的可能性，虽然赢家和输家也始终存在。

而消费主义则并非如此直接明了，消费主义甚至还允诺它无法给予的东西。事实上，它允诺的是一种幸福的普遍性：每个人都可以自由地选择，也就是说，人们被同样允许进入消费主义的商店，他们同样被允诺将得到幸福，这是欺骗性之一。消费主义的另一欺骗性在于它设定了一个虚假命题：一旦你提供了消费者的自由，你就完全解决了自由问题。因此，自由事实上被降格为了消费主义。这一虚假命题使人们忘却了除了买一套漂亮衣服以外，还存在着其他自我实现的途径。消费主义欺骗性中的第一点在于它藐视公正原则；第二点在于它藐视自我实现原则。

（三）消费主义文化倡导下的人与人关系

在消费主义文化倡导下的消费活动大大超越了人与商品之间的关联，进入到社会、历史、文化乃至人类社会的所有领域，成为社会、交流和表演的过程，也成为人与人之间关系的消费。

法国后现代思想家波德里亚（Baudrillard）就认为，在西方现代社会中，一个人越来越多地依据于他或她所使用的或消费的物的等级来识别，而越来越少地依据其出生、血统、种族等级和阶级成分来划定。在这里，消费成为一种人的价值的展示，成为某个人社会地位的有形标记。如某一消费者有能力购买昂贵的、具有时尚品牌的奢侈品，他的行为反映了一种社会现象，即他已属于了较高的社会阶层，或者是已从一个社会阶层迈向另一个更高的社会阶层。这里对物品的选择，表面上是满足物质需要，实际上是为了满足价值需求、社会需求，是为了寻找依附于这些物品上的那些社会价值以及社会意义。在这里，消费不但是物质生活过程，而且也是文化、交往和社会生活的过程。

这说明，“消费并不仅仅是一种经济现象，而是一种复杂的、综合性的经济、社会、政治、心理和文化现象。”消费者对一些物品的选择实际上是选择了一种特殊的生活风尚，从而也是选择了一种特殊的社会阶层。如此我们可以得到这样的结论：某个成员消费某种物品，因此他属于某一群体；某个成员属于某一群体，因为他消费某种物品。消费者在消费时体现的不仅是一种人与物之间的关系，而且也是一种人与人之间的关系，是每个成员向社会所公认的某一价值规则——消费至上靠拢的结果。人们对名牌的青睐一定意义上正说明了这一点。这本身使得消费社会中的名牌商标有了一个非常类似于传统社会中神话的作用。对名牌商标物品的选择已经成为选择者把自己从一个较低的社会地位的团体中脱离出来，进入到另一个与消费这种物品相对应的地位较高的团体中去的标志。

每一个人都希望能通过不断地努力进入到上一阶层，而通过消费某种高档消费品来彰显自己已经进入到了上一阶层，虽然这是一种比较普遍的社会心态，但其中的虚伪和荒唐是显而易见的。

三、消费主义的扩张趋势

（一）以“现代化”的名义启动消费主义

以市场经济和高技术结合为推动力的现代社会，积累了前所未有的巨大物质财富。财富本身又为自身进一步开发创造了新的技术手段和动机。但是，也正是这种物质繁荣的景象掩盖了社会内部和外部的重重危机。富裕的国家为了保持和扩展自己的繁荣，持续不断地从经济、政治等领域拓展其领土，利用自身的技术和资本优势，将其进一步的发展建立在全球性的基础之上。这是一种新的殖民方式，它采用的不是野蛮的掠夺，而是通过推广自己的价值观念和制度，获得持续繁荣的物质基础。贫穷国家由于不能够再闭关自守，于是只能通过“现代化”的方式来追赶发达国家，采用发达国家的技术手段和生活方式，增强其经济实力。这种被称为“赌赛式”的资本主义现代化方式，其根本就是唤醒人们的消费欲望，开拓人类新的需求领域，竭尽所能地维持以市场为基础的经济体系的运转。正是这种成功的运转体制，使得作为发展动力的“消费”变成了现代社会赖以存活的基础。

消费主义蔓延正是以“现代化”方式启动的。没有被“现代化”的传统社会被视为“落后、贫穷和野蛮”的代名词，这样，现代化为消费主义谋取了社会领域中的合法性。

人类追求“现代化”的观点可以从两个方面来理解，即“消费主义”方面（定义为发达国家中物质消费文化的增加）和“生产主义”方面（动员社会人口去工作，并在非消费领域中增加劳动生产率），由此得出的逻辑结论是：发展需要最大限度的生产主义，消费主义在根本上能够保障极大化的生产主义的存在。依此，我们可以把现代世界体系分成四种类型：高生产-高消费社会（过度发达的享乐主义社会类型），高消费-低生产社会（衰退中的寄生性社会类型），低生产-低消费社会（不发达的传统社会类型），以及高生产-低消费社会（禁欲式的发展主义社会类型）。高生产-高消费的社会，就像北美和西欧国家。那些生产和消费水平都低的社会，特别是非洲和亚洲的第三世界国家，更多的是由于缺少生产的手段和消费的能力，而不是由于有意识的选择。高消费-低生产、停滞的或衰退中的寄生性社会，主要是由现代一体化的经济体系促成的金融中心和贸易中心，如香港和纽约等地。

最后一种类型处于那些在最近 10 年发生变化的地区，即一些社会主义国家，特别是文化大革命时期（1966—1976 年）的中国，就非常符合禁欲式的发展主义社会类型的特点。在那里，高度的生产主义，特别是对重工业和资本商品的注重，与压低群众可支配收入增加的政策所造成的低度消费主义结合在一起。但这类社会在现代世界体系中被证明是不能长期存在的。

（二）消费主义是为全球资本主义体系服务的

消费成了“现代化”的主要动力。在消费主义蔓延过程中，美国对全球有着巨大的影响，但是消费主义的扩张又不一定是以国家中心主义为基础的，它是一种现代资本主义体系扩张的结果。消费主义是为全球资本主义体系服务的，这个体系在 20 世纪相当长的时间内由受美国所驯化的跨国公司所支配。资本主义工业产品消费的持续增长过程，推动了现代社会体系各个个体单元最大限度地获取利润的运作，从而维持着整个资本主义体系，并丝毫不顾它会对这个星球带来什么后果。

全球资本主义体系在第三世界有一个特别的倾向，就是向人们推销消费主义，而不让他们去考虑自己的生产能力和实际的支付能力。在这种意义上，消费主义和满足人们的生理需要没有任何关系，因为生理需要是不需别人提醒的。消费主义所造成的“诱导性的需求冲动”是指：当人们的生理需求满足后，还会有几乎是无限多种的可能被诱发的需求。

这同时意味着，在满足“诱导出的需求”的意义上，第三世界的人们只有接受教导才知道如何去“消费”。广告，这种消费主义的文化意识形态传播的主要渠道，常常把它自己装扮成教育的、至少是提供信息的行为。这种逐步主导人类生活的大众传播行为正积极地支持着消费主义的文化意识形态的蔓延。

在几乎所有资本主义或准资本主义社会中，加工过的食品、饮料、香烟、汽车、个人和家庭的用品以及和娱乐相关的项目，占据了广告业的大部分收入。尽管广告的类型（包括每日出版和定期出版的媒体、电台、电视等）在国家和国家之间有小的差别，但商品和服务广告的绝大多数都是与消费相关的，而无关于生产。各种类型的广告充斥着生活的各个领域，消费主义正在成功地左右着人类的生活。在第三世界国家，消费广告比生产广告多出很多，消费商品在一些第三世界国家的城市中和在第一世界国家中一样，同样得到强烈的宣传推销。

资本主义方式的消费主义通过“美国化”一词而被神秘化，同时，人类历史上最成功地进行物质生产的社会所采用的方法——美国化，正式认可资本主义的消费主义。与资本主义发源于欧洲西北部所造成的期望正相反，是美国，而不是欧洲中心，正成为资本主义在全球化身的同义语。这样，资本主义的重构，就是资本主义的美国化，消费主义的文化意识形态正是它的基本逻辑。美国化本身是一个过程的特殊形式，这个过程是全球资本主义的扩张，亦即消费主义文化意识形态的蔓延。美国的政策制定者比任何其他人更了解这一点，即通过直接与外国民众接触能够比和他们的政府接触更好地达到某些目标。在今天，通过通讯技术和中介机构，有可能接触到其他国家人口中重要而富有影响力的那部分人，从而给他们传达消息，左右他们的态度，甚至能成功地促使他们采取某些果断的行动。然后，这些团体就有能力对他们的政府施加相当大的影响。

消费主义的文化意识形态既消解，又重新解释文化传统，并且是通过一种窒息大众反抗的办法达到的。这是全球资本主义在明显的敌对的文化氛围中的最为有效的一种运作方式。选择自由和消费者的主权等意识形态对于西方人来说已经是显而易见的习惯。对大多数第二世界和第三世界的处于产品匮乏中的消费者来说，传递这种信息毫无疑问有极大的潜力和动力。“美国方式”的信息已经借助通讯技术的更新绕过政府领导人直接传送给了各国的民众。这一点，在东欧社会主义的垮台，特别是 1989 年柏林墙的倒塌等事件中得到了最好的体现。这种信息传播的主要目的是促进消费主义的文化意识形态的传播，即使是传播给那些仍然得不到消费品，或者实际上没有能力购买消费品的人们，也是如此。

在全球化过程中，消费的跨国化除了预示着国际范围内需求的同质化之外，还包括国际化了的同质的行为模式。跨国化的过程远远不是一个局限于大财团扩张意义上的经济现象，而是在政治和市民社会变化层面上的经济现象。资本主义的跨国化阶段正在侵蚀着民族国家，它所造成的通讯跨国化，是诸如“全球超级市场”和“全球村”等现象产生的必要条件。在这个阶段，通讯手段渐渐地变成主导意识形态的工具，并且部分地代替了传统的社会化机构，当前媒体无所不在的范围和强度给媒体带来了前所未有的高效的社会化功能。

正是通过消费主义，传统社会一定程度上变得西方化和“现代化”了。资本主义体系对外围国家的入侵意味着两个过程：越来越强化的市场关系，伴随着消费主义的强化和大众文化的扩张以及生产的集中化和分化，外国商品流通在满足即使是最贫穷阶层的需要中扮演着越来越重要的角色。把消费主义文化引入第三世界在三个互相矛盾的层次上发生着作用：首先，选用廉价的进口商品对贫穷的消费者来说在经济上是理性的；其次，被消费主义所压制的下层人们利用它来掩饰他们困苦的物质生活状况；最后，它被当做“存在”的象征，以便和被蔑视的过程形成反差，而这个被蔑视的过程本身也正是消费主义的压制性质的结果。一旦消费主义的文化意识形态被引进，贫穷的人们就无法应付。

人们并非是只知盲目地服从剥削社会秩序的命令，人们，特别是第三世界的穷人，接受消费主义的文化意识形态，是因为这是他们所能做出的唯一的经济上合理地选择。这是一个圈套，但是钻进圈套的人并非出于愚蠢或无知，而是由于他们没有其他选择。当然，消费主义的文化意识形态不是一蹴而就的过程，它是一系列的实践过程，以多种多样的方式渗透到整个社会。

四、消费主义与市场经济

（一）消费者已从属市场

几百年以前，人们只有在自己不能生产物品的情况下，才到市场上去采购，以弥补生活中的不足，或者使自己的生活变得丰富一些。市场并非必不可少，因为即便不到市场上去购买，生活也能照样进行。然而，随着经济体系分工越来越细、社会组织越来越复杂，生活中的一切就都离不开市场了。在世界许多发达国家，直接从事农业生产的人数已经不到国民总人口的3%，也就是说，只有不到3%的人直接生产食物，其他社会成员只能到市场上去获取自己的食物，离开了市场交换，97%的人1天都不能生存。现代社会就如此这般地向前发展，在提供给人们生存需要的食物的同时，也不断地生产新的商品，提示人们新的需要，刺激人们新的欲望。从市场的偶然出现，到市场为自己确立其存在的必要性，这一过程使人类最终又从“自为的人”转变成“自在的人”，生活的主动权完全托付给了“商品交换”的市场。

市场具有使消费者依赖于市场自身的那种能力。新产品使必要的日常杂务变得更简便，如果没有这些商品的帮助，这些杂事就会成为一些困难的事情，以致使生活无法进行。私人汽车的产生和城市的不断扩展制造了人们生活和交往的距离，如今若没有汽车，人们就再也无法跨越这些距离。而且，随着新产品的引入，人的生存技能被破坏了。因为新产品的被接受，意味着人的生存环境也将随之重塑。事实上，新的商品使自己成为人们生活中必不可少的环节，它们为自己创造了必要性。市场具有创造“人为”需求的能力，并使新的需求无法与人的“自然”需求相区别。

随着生活必需品的数量急剧膨胀，并向各个领域扩张，人们对市场依赖的现象在进一步加剧。所有这些必需品几乎成为生活的全部内容，生活似乎是围绕着对于未来所要购买之物品的时间序列组织起来的。逛市场购物这一行为，不仅意味着满足人们对已丧失了的技能、确定性和生活目的的渴望，而且极其有意思的是，它使超级市场变成了一个取之不竭的提供感官刺激的宝库，一个可供其他所有人分享的最终场所。

为使消费者在市场中始终处于一种持续的兴奋状态，“新的”和“改进”产品不断涌现。而新产品的作用主要在于使昨日的产品过时，并使人们不再想到这些“旧”的产品不曾兑现的承诺。致使消费者的兴趣总是在变化，随着不断出现的新产品而转移。时尚似乎是一种机制，通过这种机制，永不停止的创新的链条维持着“基本秩序”——消费者对市场的从属。

（二）人成了“经济动物”

现代化以经济上的工业化、社会上的城市化、政治上的国家主义等集中化方式，开辟了人类迈向整体性社会发展的道路。它不仅实现了宗教与政治的分类，而且实现了经济与政治的分离。经济生活同时摆脱政治和道德的束缚，在获得了巨大物质增长的同时，也使经济上升为整个社会的核心，甚至成了一种宗教。正如博兰尼所言，它为现代社会造就了一个基本特征：“不是经济被嵌入社会关系之中，而是社会关系被嵌入经济制度中”。并使整个现代化进程从 19 世纪起，“开始成为一种纯粹物质水平上的运动”。它的支撑点在于，“无限丰富的物质商品可以解决所有的人类问题”。这一简单的信条并最终完全把人塑造成了“经济动物”。

从社会结构的角度看，现代社会是以资产阶级为主导力量而构筑起来的。以资产阶级为主导的现代社会，发展出了对物质世界的大规模控制。当我们正视资本主义对现代经济的“主导”，从市场的角度来把握现代社会的本质特征时，发现市场或交换的一般关系不过是资本主义生存的外部基础，而由资本主义所主导的现代社会则使这种市场关系获得了最为成熟的发展，这种成熟的发展创造了市场存在的这种特殊形式。在这种市场存在的特殊形式中，流通构成了整个经济过程的起点和终点。

现代社会的“理性”发展道路的结果是，弱肉强食的经济法则以其至高无上的地位，把此前人类历史漫长过程中的所有权限制性观念，全部抛在脑后。物质占有与精神价值的分离、个人财富的价值对其自身外在力量的依赖、财富所具备的形式越来越不能为所有者直接利用以及只有通过市场出售才能直接利用这一财富的事实，使“人不再感受到他是自己的力量和丰富感情以及品质的主动拥有者，他感到自己只是一个贫乏的‘物’，依赖于自身之外的力量，他向这些外界力量投射出他生存的实质”。在资本主义统一的经济过程中，存在着不可弥合的、巨大的文化矛盾。从作为起点的生产来看，经济的功能原则无视对直接需求的满足，强调的是严格的劳动伦理和纪律；而在作为终点的消费中，经济的功能原则则是建立在享乐主义态度和持续扩张消费需求的基础上。更为重要的是，消费的本来意义，是人实现幸福的手段，消费的行为应当是一种有意义的、有人情味的、创造性的经验。但在现代社会中，消费成了它自身的目的。消费主要表现为一种人为激发的幻想的满足，一种与我们具体的、实在的自我相离异的幻想行为。不断增长的需要迫使人要不断地努力，消费使人依赖于这些需要，在物欲的追逐中忘记了消费的意义，忘记了“人是谁”的问题。每个人都千方百计在别人身上唤起某种新的需要（已经成了生产的根本性动力），以便迫使对方做出新的牺牲，把他置于一种新的依赖地位。每个人都力图创造出一种支配其他人的、异己的本质力量，以便从这里面找到自己本身的利己需要的满足。因此，随着消费需要的增长，压制人的异己本质的王国也在扩展。

现代社会就这样造就了一种与其他制度部门分离开来的、独立化的“经济”的存在。依凭这种分离，它使经济因素的动力作用居于支配地位，或者说，经济支配了社会。它导致了由市场因素所构成的经济功能条件与文化整合的冲突，亦导致了它和象征意义的世界观、行为准则的共性相冲突。同时，在这种外在形式的、政治与经济的分离中，现代社会却内在地塑造了比以往更为紧密的政治与经济的联系。人们在法权意义上所获得的、名义上的自由等，实质上转化为死去的物的力量，以资本这种典型的形式，对现存的、活的、有生命力的绝对控制和支配。物质越是获得价值，人就越是没有价值。个体依赖于物质或技术的范畴来把握自己、自己与他者的关系，结局只能是人的智力财富的衰减和人性的扭曲。一个活生生的人，不再是自己的目的，而成了他人或自身经济利益的手段，或成了非人的经济机器的工具。这样，资产阶级按照自己的面貌为自己创造出来的这个世界，在物质层面上带来最巨大进步的同时，也在社会和心理层面上带来了对人类最严重的摧残。

（三）社会、文化对市场的依赖关系

“消费者生活方式”已经成为我们时代的一个不可阻挡的特征。作为当代西方社会枢纽的市场制度通过商品的生产和再生产，导致整个社会以及个人生活对它产生了一种总体性依赖，随着这种依赖性的增强，市场主宰社会系统和个人生活的地位变得不可动摇。

伴随市场无限制扩张和发育的是一种反映现代社会特征的消费者文化，文化的每一个方面都体现了商品的属性。不管是通过一种直接的经济机制，还是通过一种间接的心理机制，文化已成为市场逻辑的从属者。对世界的所有看法、对未来的期待、生活的节奏、对往事的回忆和关注焦点的特质、相关动机和论题是在这个新的“基本”制度中被养成、被铸造的。甚至当代的艺术或政治也需要求助于市场逻辑才能得到正确的理解和阐释。

消费者时代的来临，意味着社会整合的核心统治模式发生了实质性变化。新的统治模式的独特之处在于：以诱惑取代镇压，以公共关系取代警察，以广告取代权威性，以创造出来的需求取代强制性规范。今天，使个人连接成社会的力量，是他们作为消费者的活动，是他们由消费构成的生活。

消费诱惑和排斥之所以有着如此巨大的效果，是因为我们只有一种非此即彼的选择，或者诱惑，或者排斥。市场是一种民主制度，它向每一个人开放，就像豪华旅馆。在它的内部，它不需要通行证或特别许可。男男女女们要进入市场，钱是唯一需要的东西。没有钱，他们只能待在外边，在外面，他们发现了一种性质完全不同的世界。这一切使钱具有如此可怕的魅力，并使人们产生殚精竭虑去赚钱的力量，严格地说，就是为走出这被排斥的世界买一条出路的强烈愿望。与这个世界相对，市场经济如同一个自由的王国，一个解放了的化身，闪烁着迷人的光芒。现代社会已经变成了由消费特权者与平民组成的两个国度。过去被马克思批评的两个国度：一个雇主的国家和一个被雇佣者的国家，一个剥削者的国家和一个被剥削者的国家，已经转变成我们时代的被诱惑的成功者和被排斥的压抑者的国度，前者随心所欲，后者被迫遵守规范。同样，没有后者的存在，现代世界的形象注定是不可想象的。

（四）市场经济体制下必然产生的穷人

在19世纪初，人口的40%从事食物的生产，但到20世纪末，这一比例降到了3%。农业劳动力的数量骤减的同时，世界的农业产量却剧增。在农业领域所发生的事情，现在在工业品制造领域中同样发生了。统计结果表明，25年后，要达到目前的工业总产量，只需 5%的劳动力就够了。从事手工生产的工人正被越来越多的自动化操作和机器人替代，后者将比使用“活的”工人要合算得多。今日的厂房与不久以前的庞大丑陋的“集中营”

相比，几乎难以找到任何相似之处，以前，在那些“集中营”里，涌动着无产阶级被压迫的愤怒，铸造着革命的动力。如今，这个类似集中营的工厂却具有无穷的吸引力，因为许多工人一旦离开它们，就将被排除在消费者社会之外。

在某些核心工业部门，雇员的总量虽然并未以同样速度减少，但这里却发生了一场极其重要的结构调整：雇工的实际状况与所描绘的无产阶级状况之间的差距正在急剧扩大着。这种新的劳动力结构特征，首先在于“在劳动”的总人口中，存在着二元分裂：一方面是一个持续的、可靠的、专职的精英集团，迷恋自己的工作和社会地位，担负工业制度传统价值储备库的角色；另一方面是大量的、经常失业的、只是偶尔打些短工的不稳定的工人，他们没有资质或地位，干的是一些粗活，做的工作是“粗鄙的、琐碎的”。他们变成了“新的穷人”，真正处于社会的最底层。消费者社会已经完全忽略了越来越多的人依靠补助或福利来维持他们肉体的生存，忽略了那些穷困潦倒的人、残疾弱智者、失业的缺乏技能的人，或者从最新的技术革命中被淘汰的人，他们均已被剥夺了作为一个经济活动者的角色，他们在受苦。

边缘化，正在使今日之穷人呈现出某种不同于以往的“新”的特征，这被认为是资本从劳动中得到解放的一个成果。今天，资本不仅不能使社会的其他成员加入生产劳动，更准确地说，它使参与生产劳动的人数越来越少，人数对于资本越来越不具重要性。反之，资本使社会的其他成员成了消费者。资本产生出来的消费者数量越来越多，消费者的重要性也就越来越大。消费者与其说是被压抑，不如说是被引诱，与其说是被规范所强制，不如说是被需求所引导。对他们而言，广告与公关技巧取代了警察与意识形态。他们是资本再生产主要依靠的对象，惟其如此，以资本和市场为核心而组织起来的社会系统才具有持久性。在资本从劳动力中解放出来之前，“劳动的储备大军”首先是穷人，他们使资本的进一步发展具有灵活的选择权，且有助于使“劳-资”冲突保持在一定的限度之内，不至于危及系统的维持。那时，穷人不但是不可或缺的，而且是系统绝对必要的组成部分，绝不是一个异己的部分。在资本从劳动力中得到解放之后，穷人只有当他们真正地被认为是“消费的储备大军”时，他们才扮演了一个类似于“系统内部的”角色。

在现代社会的早期阶段，运用权威以及强制性的规范对人民进行镇压、管制和严格控制，构成了整合机制的统治网络。在这一阶段，只有极少数特权者及豪富可以免予这一网络的控制。这种控制网络可以非常有效地运用于对人的管理，这正是工厂制度运行的前提。随着资本越来越向着摆脱劳动力的方向发展，旧的控制网络越来越成为一种反生产性的（或者可以更准确地说“反消费性的”）力量，因为他们的消费能力比他们的生产潜力更有价值。目前，通过建构一系列的新兴制度——诱惑、公共关系、广告、需求的增长，这些人得到了更有效地、更有力地整合。然而，并非所有的人都能跨越分割这两个世界之间的界线。

（五）新穷人的困境

“新穷人”不是消费者，更准确地说，他们的消费对于资本的顺利再生产来说无关紧要，他们不是消费社会的一员。他们不得不受到压制、管束、权威和法规的联合训诫。这里，我们可以引用杰里米·西布鲁克所说的一个故事：

“这让我想起米歇尔。15 岁时的一天，她开始染起了头发，先是染成红色，然后染成金黄色，后来她的头发变得乌黑发亮，随后她又像非洲人一样把头发编成细辫子，然后又梳成马尾状，后来又梳成了辫子，最后当她剪了一个平头时，头发在脑壳上熠熠发光。她戴着鼻饰，耳朵穿洞，佩羽饰，挂水晶、钻石、陶制品或银器。她的嘴唇涂成红色，或紫色，或黑色。她的容颜时而惨白如鬼魅，时而艳若桃花，时而呈现青铜色如同一块被浇铸的金属。为了追逐飘忽不定的梦想，16 岁时，她与 26 岁的男友离家出走。父母要把她带回家，她要自杀。

母亲争辩道：‘可我总是让你随心所欲的呀。’‘这就是我要的。’18 岁时她带着两个孩子回到了母亲的身边，那个男人打了她。她在卧房里坐着，逃离这里已有三年了；挂在墙壁上的流行歌星的相片已经褪色，他们仍然向下注视着她。她说她觉得自己已经行将垂暮。她觉得精疲力竭。她对生活已厌倦了。除了厌烦，没有给她剩下什么东西。”

消费者的乐园也附带着它自己的地狱，这些地狱留给那些非法闯入者。对于是否能够成为消费者社会的合格成员，市场提供了一种决定性的测试。请求成为消费者社会的成员，其程序完全是民主的：凡是信从者，均将一视同仁，这些信从者或被怂恿或被强迫。每一个人都是潜在的被诱惑者，或是能够被诱惑的。然而一旦被诱惑了，米歇尔和她的同类们很快就会发现，他们所垂涎的商品尽管对每一个人都有吸引力，但只是给某一些人带来了快乐。米歇尔或许能够推断，她唯一所确知的只有一件事：她并不属于这“某一些人”。商品游戏并不带来回报，游戏本身就是回报，它提供了一种不断翻新的成功的希望。但是，为了得到这种回报，一个人必须能够无休止地把这个游戏玩下去，这样的话，希望才永远不会破灭，失败则总是意味着一场战役的失利，而不是失去了整个战争。一旦你不再能够继续把这场游戏玩下去，希望就会破灭，你知道，你已经失败了，不会有下一场战斗来补偿你的损失。在希望的庙宇中，只有那些能够玩下去的人，才有合法的准入证。现在米歇尔知道，她是非法的：在某些人的聚会中，没有她的位置。她被给予了一次机会，但她失败了。现在她必须回到卑微的位置上去。

她是卑微的，是国家“慈善事业”的社会救济金或福利补助的对象。这种存在于福利救济中的“接受赠送的关系”，是以个人的屈辱为代价，来换取国家对个人的资助。请求者必须表现出哀求者的样子，如同中世纪的麻风病人，要把他的伤口在大庭广众之下公之于众。在那种对申请补助者的经济情况进行调查以确定应享有的补助金额的福利活动中，并没有看到那些福利国家的提倡者所寄予的过高期望有能够实现的任何痕迹。

【专栏 4-4】为了环保，穷人为富人埋单

为了 1 年赚 1 万美元的人可以呼吸纯净的空气而让一年赚 200 美元的人掏腰包，这是不应该的。我们同在一艘船上。少数人坐着头等舱旅行，而大多数人坐的是统舱。但是，倘若这艘船沉没，我们将一同淹死。

【资料来源】[美]诺曼·迈尔斯. 最终的安全——政治稳定的环境基础. 上海：上海译文出版社，2001.

穷人们发现，必须学会系上由官僚机构所定的类型标签如“接受政府资助赡养的儿童”或“就业培训计划的参与者”来演戏。对于这些角色来说，一个令人困窘的问题就是他们必须心甘情愿地佩上社会给他们的标签，这样，这些穷人才会被政府机构了解，有时也会被公众了解。一旦被系上了这个标签，便再难以取消。这些穷人会发现，无论他为了改善收入状况做出多大的努力，社会依然主要通过他的穷人标签来认识他，而这种标签往往是有害的、侮辱性的和令人沮丧的。

社会救济法及其实践的根本后果就是，穷人失去了任何的权利。他们权利的被剥夺，也就意味着这些接受救济者被阻挡在消费者社会的门外，无法再一次回到消费者社会中去。事实上，社会救济制度没有任何促进穷人重返消费者社会的意思。消费者要维持他们的自我认同，就需要构造出一种非消费者，作为他的深恶痛绝的、背道而驰的对立面，作为一种需要时刻警惕防范的威胁。即使没有穷人，也要创造出穷人。纳入被救济者的范围，就意味着不再是消费者社会的一员。于是，消费者的紧张而充满挫折的生活，与穷人的处境相比，就变成了无关紧要的、完全可以忍受的了。

事实上，新穷人是消费者市场的产物。不是由于消费者市场的“功能性障碍”（正如前面所述，以产量为导向的资本主义经济使得穷人边缘化了），而是因为它的存在方式。消费者社会通过对富人的定义，从而铸造了穷人，富人就是好炫耀的消费者，他并不是一个老板，不是一个创业者，不是另一阶级的成员，不是敌人，而是使模式得以确定的人，是可以追随的样板，是可以达到、超越和过时的目标，是在前进道路上的前导，每一个人都渴望追随着他，并且证明这种渴望是现实的。在我们的社会中，被规定的贫穷，不是与需求相对立，而是与生产和出售的无限的能力相对立。这样，贫穷就成为一个无法解决的问题。更准确地说，它的解决并不在于对穷人进行补偿这种矫正性的活动，而在于纠正富人这一观念，因为正是在富人的臆想中，穷人被重新构造了。

消费者社会的“悲剧”在于，如果没有使不平等维持在一个不断加剧的水准上，如果没有坚持所有的社会问题必须转化成为个人的需求问题——这种个体需求可以通过对市场化商品的个人消费行为得到满足，那么，这个社会就无法得以持续。通过这种方法，它每天都在生产着它自己的痼疾：需求无法通过市场得到满足，从而恰好削弱了这一社会得以维持的条件。可以说，消费者社会无法根治它自己所产生的痼疾，除非带着它们走到末日。

不管什么原因，那些受到压制和被各种规范管制的群体在消费者社会内部确确实实地存在着。也不管这个社会是如何的繁荣，在“消费者—市场”的生活的整个阶段中，他们将始终存在着。因此，消费社会的最显著和最重要的特征就是，它安排了两种截然不同的社会控制系统，两种完全不同的机制。通过它们，这些围绕着消费活动而组织起来的社会成员才能够被整合。

如果无法达到消费社会物质欲望的减少、技术的改变和人口的稳定，人类就不能拯救地球。不控制消费，依靠其他因素是不能解决人类目前所面临的环境危机的。

第二节　树立新的消费观

消费主义鼓吹少消费就衰退、消费能够满足人的需要、消费越多越有价值、消费越多越幸福等。在这里，消费成了经济的增长、需要的满足、价值的追求和幸福的获得的代名词，成为一种权力话语，成为一切行为的诠释语句，成为很多人经济和社会生活活动的信条，更成为消费社会向前迈进的观念先导。控制消费，对消费主义文化进行批判，是要倡导适度消费，树立可持续消费的文化。这对于可持续发展战略的顺利实施是题中应有之义。

一、少消费并不意味着衰退

“少消费就衰退”的观念起源于20世纪30年代的美国。那一时期大萧条沉重打击了美国经济，失业率达到美国历史上的最高水平。这时美国著名的经济学家凯恩斯（Keynes）认为，这是由消费不足、供给过剩造成的，而消费不足的原因又是由于人们收入不足引起的。要解决这些问题，就要扩大消费，消耗财富，以此促进就业，提高穷人收入，刺激全社会消费，扭转经济衰退，使经济走向繁荣。因此，“大量消费”就被看成经济增长和社会发展的必需，多消费就是好的，少消费就是坏的，不消费就衰退成为消费社会的信条。第二次世界大战后，销售分析家维克特•勒博的一席话充分表达了这种消费主义观念在消费社会中的特殊地位：“我们庞大而多产的经济……要求我们把消费当成我们的生活方式，要求我们把购买和使用货物变成宗教仪式，要求我们从中寻找我们的精神满足和自我满足……我们需要消费东西，用前所未有的速度去烧坏、穿坏、更换或扔掉。”

少消费真的就意味着衰退吗？这要具体分析。没有消费，哪有生产；没有生产，哪有人们的就业与社会经济的发展，消费与生产和就业以及人们生活水平的提高紧密相关。就此而言，不消费或者是过少地消费，肯定意味着衰退。但是，必须清楚的是，消费得越多并不意味着越不衰退、越繁荣，也不意味着少消费就一定意味着衰退。事实上，如果按照现在的大量生产、大量消费、大量废弃的模式来行动的话，必将带来自然、经济、社会和消费的不可持续，最终必将导致难以拯救的整体衰退。单靠消费的增长来带动经济的增长并不能消除社会的缺陷，带来社会的繁荣。这是由于消费中无限制地扩大消费的目的并不是为了人，而是为了扩大再生产，刺激经济增长，经济增长并不能保证社会繁荣。

在近代经济学家中，西斯蒙第（J. C. L. Simonde de）是第一个对以经济生产率的增长本身作为目的提出质问的人。他认为生产率的提高并不等同于公益的改进。这是由于他看到了在他所处时代存在着大量的剥削现象，由此使他发出了这样的感慨：“若一个人以经济物品的增长作为社会的目的，他必将丧失运用这些手段的真正目的。一个人获得更大的产量，更多的人会因此而陷入水深火热之中。这是多么昂贵的代价。”这就是说，人类为了生产那些商品，支付的代价太大了。“一种优秀的文化不仅仅意味着不断增长的物质生产。如果生产率的不断增长是通过非正义的经济体制实现的，这种增长带来的恶果可能比好处更多。”

这种道德的困境对于现代社会仍然成立。目前以扩大消费追求经济增长为目的的社会并没有消灭剥削，也没有消除不公，而且还带来了资源危机和环境危机，威胁到后代人的发展和人类的长期生存。如果不对这种状况进行改变，那么，以这种目的运行的社会所支付的代价太大了，最终必将导致自然、经济和社会的不可持续发展。

正因为这样，我们必须寻找其他的途径，采取其他的措施，在较少消费的前提下，保持经济的持续发展和社会繁荣。对于这一点，有人可能提出疑问：不用消费刺激生产，依靠没有经济增长的发展，我们能在多大程度上缓解贫困和就业以保证经济和社会不衰退？

当然，扩大消费，通过经济增长增加财富，实现富裕，确实是缓解贫困和就业的一个手段。但是，由于不平等的存在，更由于环境资源的限制，经济增长不可能永远持续下去，从而使得不可能实现上述目标。实际上，要摆脱贫困，就必须调节不平等、限制人口数量和人类对资源的消耗，坚持停止经济增长的发展，即贯彻“稳态经济”。

在稳态经济中，停止物质数量方面的增长并不妨碍需求、技术、制度质量的进步。而且，正是这些方面的进步，促使经济不断地发展和贫困就业问题的解决。

不可否认，穷国目前的贫困使得经济增长成为必然的选择，但是，如果穷国人口再进一步增长，穷国仍然在采用规模庞大、资本资源密集型的富国增长方式，而富国仍然在推行原有的经济增长模式，则穷国摆脱贫困是不可能的。实际上，摆脱贫困在一定程度上可以通过财富分配的调整来进行，这是稳态经济关注的焦点。

在稳态经济中比在失败的增长经济中更容易达到充分就业。“稳态经济的条件之一就是以最小和最大收入形式对不平等进行调节。最小收入相当于为失业者提供的最低工资，使他们获得有保证的生活津贴。对最高收入和最大财富进行限制，将减少总储蓄率，从而保证一定的总需求水平和就业水平。再者，对物质或能量的耗用进行限制，会提高能源和资源对劳动的相对价格，这将导致在生产过程和消费模式中更多地用劳动替代能源，从而扭转以机器和能源替代劳动的历史趋势，我们知道，后者的相对价格正在开始下降。稳态经济的另一项政策，即人口零增长，由于降低了需要就业的人口，也会缓解失业问题，尽管它的效果 20 年之后才能体现出来。”

二、大量消费并不能使人的需要得到满足

在传统的经济学、社会学中，消费理论是以需要为出发点的，消费的目的通常是为了满足人们对衣、食、住、行、教育、娱乐等方面的基本需要。根据这样的消费理论，消费就是一种物质性的实践活动，消费就与“我买这东西是因为我需要这东西”相联系。东西买到了，需要也就满足了。

在消费社会中，这种观念得到了扩张。消费主义认为，我们的社会是一个由需要、生产、消费、欲望构成的社会，社会的推动似乎是由生产实施的，实际上是由隐藏在其背后的其他东西，如消费的增加、需要的满足、资本的扩张等决定的。生产的越多，消费的越多，人们的生活水平越高，人们的需要就越能得到满足。

消费真的能够使人的需要得到满足吗？要回答这一问题，首先就要弄清人的需要有哪些。马斯洛（Maslow）在《动机与人格》前言中，将人的需要归结为三大类型：一是“低级需要”、“物质主义动机”，即生理需要，也就是物质需要。其最高表现是发财致富和健康长寿。二是“中级需要”、“社会性动机”，也就是社会需要，包括安全需要、归属和爱的需要、自尊需要三个层次。其最高表现是达官显贵和爱情美满。三是“高级需要”、“超越性动机”，也就是精神需要，包括认识和理解的欲望、审美需要、自我实现的需要三个层次。其最高表现是著书立说、成名成家，成一家之言。根据这三个需要层次的划分以及消费的符号象征价值，消费一般能够满足人们的物质需要，部分满足人们的社会需要，较少满足人们的精神需要。可以这么说，低级需要一般更多地由消费来满足，而中级的社会需要和高级的精神需要就不可能也不应该由消费来满足了。

不仅如此，在消费社会中，人们的需要并不单纯或主要不是受着生理或基本生存需要所支配或影响，而主要是由消费社会中消费主义文化所激扬起来的消费欲望支配。消费社会充分运用媒体，宣扬消费主义文化，装载、宣示并展现商品的文化意义和价值，使人们面对无数梦幻般的、向人们诉说着欲望的、使现实审美幻觉化的和现实化的影像，刺激人们的消费欲望，产生强烈的心理需要短缺，渴望去购买并消费这种产品。在这种情况下，消费就不仅仅是商品和服务的使用价值，而是它们的符号象征意义，是一种无度占有符号意义的消费。它与合理满足消费的使用价值所体现出来的伦理、观念、价值的生活方式和生存状态是完全不同的，前者满足的是真实的需要，后者是在不断模糊真正的需要和欲望之间界限的过程中，尽量去追求需要之外的东西，无止境地占有商品，以此体现人生的意义和价值。消费的目的不仅是实际需要（need）的满足，而是试图去满足被制造出来、被刺激起来的难以满足的欲望（desire），去证明自己的权利和高贵的身份、地位、自我价值以及经济上的实力。此时消费者已经不能认清自己真正缺少的是什么，真正需要的是什么，而是随着社会媒体的转动而转动，从一个商品走向另一个商品，完成消费的转化及其增长。本来在提高消费的过程中，人们是会获得更多的需要的满足的，但是，由于这一追求永无止境，个人的欲望永无止境，个人的需要也就永无止境，因此，需要永远也不会得到满足。而且，一旦将自己的需要及其所得与别人相比较时，就会明显地感到不满足。

总之，在消费社会中，人的消费行为以及展现于其中的人的欲望是被生产出来的，它们不是服务于实际需要，而是服务于资本和利润增长的目的，资本和利润的增长是无限的，由此导致消费社会中生产出来的人的消费欲望也是无限的。

进一步地，由欲望作为基底的需要，更多地表现为一种心理需要，而非具体的生理上的以及生活上的原因所引起的客观需要，也是无限的。既然这样，消费者在这样的消费过程中，越是消费，就越是感到匮乏，从而他也就越要消费。人们的需要也就不可能被满足。

【专栏 4-5】自由地满足贪欲来促进生产将会伴随浪费与混乱的竞争

亚当·斯密 1776 年出版了一本有影响的著作《国民财富的性质和原因的研究》。该书认为，如果每个人都自由追逐自己的经济利益，结果将带来全社会最大的经济繁荣。尽管亚当·斯密提出这个观点的前提被人们忽视了，但无论如何，这个观点本身是令人难以置信的。通过更为自由地满足贪欲来促进生产将会伴随浪费与混乱的竞争，而在无政府状态下的经济竞争中，成功者只是少数，而牺牲者却是多数。

【资料来源】周海林，谢高地. 人类生存困境——发展的悖论. 北京：社会科学文献出版社，2003.

三、消费越多并不越有价值

消费主义的一个中心内涵是，消费越多，人就越有价值。传统社会中勤俭节约的美德，在消费社会中就不是美德了，它与吝啬、平庸、无为、呆板、闭塞相联系，代表着生活的失败、人生价值的失落。相反，消费享乐成了人们生活的目标、炫耀的资本、能力的体现、潇洒的表现。根据这种观点，人类的价值应该由物质体现，生产财富、控制财富和消费财富成为人们生存的一切。

在消费主义文化的背景下，现实情况似乎还真是这样。但是细究之后，情况并非如此。主要原因在于由消费主义文化所刺激起来的消费很多是异化消费，消费的目的已经主要不是满足人们对物质和能量的需要，以达到维护生产人的生命，而是为了满足经济不断增长的需要，满足资本不断扩张的需要，满足经济人不断追求利润的目的。这样一来，“消费者被消费所支配，被生产经营者所支配。生产经营者为了获得更大的利润不断扩大再生产，并通过广告宣传诱导消费者的消费，把他们的产品强加给消费者，使人们在‘幸福’的感受和对欲望的满足中舒舒服服地、自觉或不自觉地接受和屈从这种操纵和控制。同时，由于消费者是在消费中并通过消费来表现自己的地位、证实自己的能力、展现自己的价值，消费者也被自己的消费所支配。消费者已经不再是消费的主体，而是成为过剩商品的‘消耗器’或‘消费机器’。结果一切都反了过来：‘虚幻’被当成‘真实’，痛苦被当成幸福，‘受制’被当成‘自由’。”“在工业化的国家里，人本身越来越成为贪婪的被动的消费者，物品不是用来为人服务，相反，人却成了物品的奴仆。”如此，人失去了自我，变成了消费社会的工具，变成了资本的工具，成了资本、经济和社会利用的对象，失去了独立的人格和价值。

【专栏 4-6】超出需求的消费是不道德的

在一个人类遭受饥饿折磨的世界上超出我们需求的消费不仅是不道德的，而且还是导致环境毁灭、情感和精神空虚、战争和经济遭受破坏的一种手段。我们生活在一个没有贫困、污染、疾病、犯罪和战争的和平世界中将会感到更加幸福。

【资料来源】[美]格雷姆·泰勒. 地球危机. 赵娟娟译. 海口：海南出版社，2010.

不仅如此，在消费社会中，消费已经背离了维护人的生存的最终意义，成为消耗资源、破坏环境、伤害人的身体的最重要因素，这样的消费还有什么价值和意义？

更重要的是，消费主义鼓励个体到消费中去寻找人生的意义，鼓吹“我消费我高贵”，“消费就是我们精神满足和自我满足”。它使人们把占有和消费尽可能多的、尽可能高档的物品当做人生的价值，将人生的意义和价值附着于对物品及其所内含的各种意义上，通过物的价值求证和彰显人的价值。这种通过单纯的消费能够承载得起人生的价值和意义吗？显然是不能的。一切物质性的东西，如金钱等都是可变的、易逝的、易失的，在人类生活中，它们虽然不能少，但却无法使我们获得生命的超越性，相反它使得现代人的生活被狭隘化和平庸化，缩小了人的价值领地、放逐了人的价值和意义的高贵性、精神性、独特性、多元性，失去了一种更高、更普遍意义上的价值理性。经济学家舒马赫（Schumacher）指出，人的需要是无穷无尽的，而无穷无尽的需要只能在精神王国中实现，在物质王国中不可能实现。消费主义者试图用物质的东西来代替并且实现人生的价值和意义，是用物质来代替精神，最终会因陷入对商品不断变换的符号价值的无尽追逐中而疲惫不堪，失去对人生价值和意义的认定以及人性的体验，成为一个没有灵魂的漂浮的存在。所导致的结果只能是：现代人虽然物质生活富足，但精神生活却更多了焦虑、痛苦、压抑和忧郁，丧失自我价值感和意义感。关于这一点，全球自杀人数不断上升就是一个证据。不可否认，人类有情感、有意志、有非理性思维、有想象、有直觉、有信念和信仰，他的心灵需要安慰，他的行为需要伦理的支持，所有这些，通过消费是不能解决的。消费能够使人富足、舒适、博学、健康、长寿、快捷、方便，却无法治愈贫困、不平等、战争、恶欲、屈辱、无爱、奴役、缺德、犯罪、腐败、虚无主义、无家可归等人类痼疾，相反，它的不恰当扩张，很可能会引发和加剧社会问题，扭曲人生的价值和意义。

要记住海德格尔的一句话："没有审察的人生没有价值。"现代人生最根本的问题是日常生活的物质化、功利化、实效化、自我化日趋强烈，生命安顿之普遍性、超越性、永恒性却日趋萎缩。人们应该在现实的生活过程中，通过对人性、人的本质、人之理想、人生目标、人生价值、人生准则等的阐释反思，确立体现人的真正价值之所在，然后身体力行，使自己以崇高的人生理念为指导，去更多地进行精神性的创造，把自我之生命、心血凝聚成某种永恒性之物，如道德文章、丰功伟业、发明创造等，为他人、为社会发展作出个人贡献，从日常生活的自我性达到一个普遍性的生命存在。只有这样，当我们的生命不可避免地结束时，这些包含着我们心血的创造物才能够使我们的生命在死后永存，使我们的生活达到一个普遍性的生命存在。

四、消费越多并不代表越幸福

消费主义文化的盛行已经形成了一种普遍的社会心理，就是一切的幸福都可以在生存的现实中实现，可以由社会展示给我们的物品，包括实际的物品以及媒体上的那些物品符号体现。我们的很多欲望及奋斗的志向和生活的目标，从某种意义上说，就是由这些商品及其所附着的符号象征价值所体现决定的。它使得我们的生活目标清晰，动力巨大，感觉现实；它成为我们人生的最终目标——起点是工作和奋斗，终点是消费。消费社会中的人们更多的不是在其他诸如道德、宗教、信仰、主义上寻求幸福，也不是在家庭、闲暇、事业中寻求幸福，而是在对物品的拥有上寻找价值感、归属感、满足感，寻找幸福。对他们而言，消费是第一位的，工作是为了消费，消费成了满足需要和获得幸福的唯一手段。

消费越多真的越幸福吗？要回答这一问题，首先就要清楚什么是幸福？关于幸福，从古至今一直争论不休。概括他们的观点，可以分为两派：主观主义幸福论和客观主义幸福论。前者的代表人物有穆勒、休谟、霍布斯。他们一般认为，幸福就是快乐的主观体验。穆勒就说："幸福就是指快乐与免除痛苦，不幸福是指痛苦和丧失愉快。"是不是这样呢？不是这样。如今天我吃了一顿美味，这很快乐，但不是幸福。实际上，快乐并不都是幸福，快乐不等于幸福。快乐的时候很多，而幸福的时候就不会那么多了。不快乐有时也能获得幸福。如父母含辛茹苦地哺育子女就是一种幸福。把幸福定义为快乐是犯了定义过宽的错误。

既然如此，幸福的定义是什么呢？客观主义幸福论认为，幸福是客观的、不依个体的主观感觉而转移的自我完善、自我实现。按照这一观点，不能实现自我完善、自我实现的人，就不能获得幸福。这就排除了绝大多数人获得幸福的可能性。实际上，自我完善及其实现肯定能获得幸福，除此之外，其他方面也能获得幸福。客观论把幸福界定为自我实现是犯了定义过窄的错误。

综合这两种观点，我国学者王海明将幸福定义为："幸福是对一生具有重要意义的需要、欲望、目的得到实现的心理体验。”这种观点还是比较客观的。它将幸福的主观形式——心理体验和幸福的客观标准——与人生目的之实现结合了起来。既避免了主观主义幸福论的过分主观性，又避免了客观主义幸福论的过分客观性，将实际生活中需要的满足和心理体验结合了起来。这也表明，一个人所享有的幸福取决于他的人生需要、欲望、目的的实现，在此基础上，他觉得幸福了，他确实就是幸福了。

根据需要的三种类型——物质需要、社会需要、精神需要，幸福可分为三类：物质幸福、社会幸福、精神幸福。

这三种幸福有什么关系呢？我们应该追求什么样的幸福呢？这和三种幸福的关系以及我们每个人的实际情况有关。

【专栏 4-7】消费并不是人类幸福的最重要的因素

过度消费并不是人类幸福的最重要的因素，恰恰相反，正是我们的享乐主义和奢靡的生活方式，在富裕的国家滋生了人与人之间的疏远感、绝望的情绪与吸毒的现象，在贫困的国家造成了更多的贫困。

【资料来源】[巴西]何塞·卢岑贝格. 自然不可改良. 黄凤祝译. 北京：生活·读书·新知三联书店，1996.

（一）物质幸福是基础

不可否认，生理需要强于爱的需要，爱的需要又强于尊重的需要，而后者又强于个人特质的需要——我们称为自我实现的需要。只有满足了低级需要之后，才能去尽量满足高级需要。只有有了低级幸福之后，才有高级幸福。没有物质幸福，其他幸福是很难实现的。即使实现了，也是一种不完整的幸福。古今中外，多少盖世奇才，如曹雪芹、卡文迪许、陈景润、斯宾诺莎等的生活经历都说明了这一点。

（二）幸福是有等级的

“整个社会自我，比整个物质自我高。我们为名誉、为朋友、为承诺、为信义，应该胜过我们为自己快乐、为自己发财。至于精神自我，更属高尚得不可以道理计、宝贵到不可以金钱数。一个人宁可抛却朋友、鄙弃名誉、丧失财产，甚至牺牲生命，也不该丢了它。”而且现代心理学已经证明，不论从种系进化上看，还是从个体发育上看，精神需要都是最迟的、最高阶段的产物。物质需要是最初的、最低阶段的产物，而社会需要则介于两者之间。因此，物质幸福是低级幸福，社会幸福是中级幸福，精神幸福是高级幸福。

（三）幸福是有价值大小之分的

马斯洛认为，“那些两种需要都满足过的人通常认为高级需要比低级需要具有更大的价值。他们愿为高级需要的满足牺牲更多的东西，而且更容易忍受低级需要满足的丧失……与两种需要都熟悉的人，普遍地认为自我尊重是比填满肚子更高更有价值的主观体验。”穆勒也指出：“做一个不满足的人比做一个满足的猪好；做一个不满足的苏格拉底比做一个傻子好。”这些都表明幸福是有价值的，而其价值是有大小之分的。精神幸福的价值大于社会幸福的价值，社会幸福的价值大于物质幸福的价值。

正因为如此，我们应该在获得物质幸福满足的基础上，尽量满足社会需要和精神需要，以获得社会幸福和精神幸福，这样才能获得比较完整的幸福。

通过消费能够获得这样的幸福吗？不能。其原因如下：

1. 由消费获得的幸福是低级幸福

高级幸福只是低级幸福相对满足的结果而不是它的必然结果。消费的主要功能是减弱乃至消除人们的物质匮乏状态，获得物质幸福。而且，伴随物质需要的满足，对社会需要和心理需要也会产生某种满足感、幸福感、快乐感和美感，从而获得部分的社会幸福和较少的精神幸福。不管怎么说，有一点是肯定的，由消费获得的幸福更多地属于低级幸福，缺乏中级幸福和高级幸福。不可否认，需要越低级，其心理体验便越强烈，因而就越优先；需要越高级，其心理体验便越淡泊，因而就越后移。但是，这并不意味着只要有了低级幸福之后就有高级幸福。要想获得更多的高级幸福，就必须在低级幸福得到相对满足之后，努力追求高级幸福。否则，满足的仅仅是消费性的需要，是非创造性的、非自我实现的需要，不能获得高级幸福那种持久的幸福的心理体验。后者才是人生最大的幸福。

2. 由消费获得的幸福是利己幸福

按照道德的眼光，幸福可以分为利己幸福和利他幸福。所谓利他幸福就是利他目的得到实现的幸福，也就是对一生具有重大意义的利他的需要、欲望、目的的实现。它是无私的幸福，是最高的正当幸福。而利己幸福就是利己目的得到实现的幸福，也就是对自己一生具有重大意义的需要、欲望、目的得到实现的快乐。从这种区分来看，由消费所获得的幸福就是利己幸福。这样的幸福正当吗？需要我们具体分析。从消费者的主观看，消费是为自己的，因此是利己的。但这是不是就一定意味着不利他呢？不一定。一个人如果盲目消费、过度消费，消费了过多的物品，那么也就意味着他占有过多的资源，产生了过多的废弃物，加剧了资源环境危机和贫富两极分化，是不利于他人的，其所获得的幸福是不正当的幸福，应该反对。反之，如果他采取的是适度消费的策略，那么，他没有占有过多的资源，而且他的消费对促进社会的发展也有一定的作用，他的这种消费在一定程度上就是利他的，由此所获得的幸福是为己利他幸福，是基本的正当幸福，应该提倡。

总之，消费确实能够在一定程度上满足人们的物质需要、欲望、目的，从而获得物质幸福。不仅如此，由于物品的符号化以及消费的符号化，消费的社会需求在消费社会中体现得越来越明显，社会幸福甚至精神需要的一部分也可以由消费部分完成。但是，这并不意味着通过消费就能获得完整的幸福，它只是意味着现代人更多的幸福可以由消费获得和体现。消费与幸福不能画等号。

3. 消费越多并不一定使人感到越幸福

对富裕国家消费者的调查表明，高收入阶层比中等收入阶层略幸福一些，中等收入阶层比低收入阶层幸福，并且最低收入阶层倾向于最不幸福。这给我们什么启示？它表明，并不是消费得越多越幸福，收入水平与幸福之间并不是直线关系，而是曲线关系。在收入水平达到一定高度前，收入提高会增加幸福，但当收入水平超过一定高度时，它的进一步提高未必会明显增加幸福感。做一个中等收入阶层，适度消费就能够获得比较大的幸福。

不仅如此，消费的增加并不能使得现代人比以前的人更幸福。如果将同一国家中的公民与以前该国公民的幸福程度相比，便会发现这一情况。自从 1940 年，美国人自己已经使用的地球矿产资源的份额就同他们之前所有人加起来的一样多了。按理说，这么多的消费应该使得消费者阶层更加快乐。但是，由芝加哥大学国民意见研究中心所做的常规调查表明，并没有更多的美国人说他们现在比 1957 年“更高兴些”。尽管在国民生产总值和人均消费支出方面都接近翻番，但“更高兴些”的人口份额之比例自从 20 世纪 50 年代中期以来一直围绕着 1/3 波动。

而且，将不同国家的公民幸福相比较，也可以得出这样的结论：发达国家的上等阶层并不比更贫穷国家的上等阶层更幸福，不快乐的人数所占的比例并不比贫穷国家少。在法国、英国和美国等发达国家，最近的十几年间，精神抑郁的人数在不断增加，差不多占了总人口的 11%，而在经济发展相对迟缓的非洲国家，此比例仅为 7%左右。

这表明，收入和幸福、消费和幸福之间的关联是相对的而非绝对的。实际上，一个人的幸福是与他的财富成正比而与他的欲望成反比的。对于消费社会来说，虽然每个人所拥有的财富增加了，但是，由于人们的欲望也被极大地煽动了起来，因此在这种日益膨胀的欲望面前，要获得幸福的确是非常困难的。这也是在消费社会中，通过消费不能获得幸福的一个重要原因。

4. 崇尚消费不能够获得幸福

消费只是获得幸福的许多要素中的一种。现代社会的一个主导观念是“工作越多，挣得越多，花得越多，越幸福”。这本身是错误的。实际上，决定幸福的因素除了工作和消费外还有社会关系和休闲活动。在消费社会中，这些因素受到了怎样的影响呢？由于在消费社会中，消费者的独立性增强了，彼此的信赖性减弱了，人们对物质投入了过多的关注，忽视了人与人之间的关系尤其是家庭和团体中的关系。情感式的社会关系比以前淡漠了许多，利益关系受到了人们的普遍重视。而且家庭经济的商业化、地方经济的衰弱、零售业的转变、传统社区的消亡等无不加剧了这一趋势。这在一定程度上影响了人们的幸福感受。

对于工作，消费社会的人们更多的不是从自我发展的角度去进行，而是为了工作而工作，是为了挣更多的钱而工作。从事更多的工作，挣更多的钱，消费更多的物品，成了人们的信条。这必然导致工作的异化和人的全面发展的丧失，使工作成为人们的负担，而不是成为幸福的一个要素。

【专栏 4-8】消费主义衰退的标志

当大多数人看到一辆大汽车并且首先想到它所导致的空气污染而不是它所象征的地位的时候，环境道德就到来了。同样，当大多数人看到过度的包装、一次性产品或者一个新的购物中心而认为这些是对他们的子孙犯罪而愤怒的时候，消费主义就处于衰退之中了。

【资料来源】[美]艾伦·杜宁. 多少算够——消费社会与地球的未来. 长春：吉林人民出版社，1997.

消费社会的另一个特点是生活节奏的加快。本来技术的进步能够缩短人们工作的时间，但是，由于国家工业化、商业化程度的增加和加快、人们提高生活水平的欲望的增强，人们越来越重视时间和节省时间了，以至于工作时间无法缩短。这造成闲暇时间变得越来越宝贵，越来越少，人们没有时间去享用它，甚至对此的享用也成了消费的一部分。旅游产业的兴起就说明了这一点。这也影响了人们的幸福感。

上面的论述告诉我们，必须抛弃消费主义文化，建立可持续消费文化，转变人的需要、人生价值、幸福等观念，改变现有的消费模式，提倡适度消费，崇尚俭朴生活，在获得物质幸福的基础上，把更多的精力用在建立良好的家庭和社会关系上，用在有意义的工作上，用在闲暇的享受上，以追求更多的社会幸福和精神幸福，获得更多的非物质的满足。要知道，“人们并不需要大量的汽车，他们需要的是尊重。他们不需要整柜的衣服，他们需要的是感觉到自己有吸引力，另外，他们需要刺激、多样化和美丽。人们也不需要电子娱乐，他们需要的是做一些值得去做的事情等。人们需要认同、团体、挑战、被承认、爱和欢乐。如果想用物质的东西来填补这些需要，那就无异于对真实的和从未解决的问题提出一大堆错误的解决办法。在对物质增长的渴望背后有一项主要的推动力就是心理上的空虚。一个社会如果承认并明确指出其非物质的需要，并找到非物质的方法来满足它们，那么这个社会将会只需要低得多的物质和能量产出，并且可以提供更高层次的人类满足。”“那些设法克服内在持续增长的物质欲望并代之以非物质目标的人们将渡过危机。结果，整个星系将在一个宇宙学上的短时间内变成稳定、高度伦理和精神文明的社会。”

思考与练习题

1. 消费社会中的消费与传统社会中的消费有什么不同？

2. 消费社会的环境代价有哪些？

3. 不改变消费社会的现状，可持续发展有希望吗？为什么？

4. 简述消费主义文化。

5. 从你的或他人的住宅或公寓选一个房间。把房间里的东西列一个清单，将它们分成以下四类：

（1）生存必要的物品；

（2）功能上讲是必要的，但物品体现了不必要的环境影响（比如说，衣服也许是必要的，但毛皮大衣或十双鞋就不是了）；

（3）不是生存必要的，但从文化角度是必不可少的；

（4）身体上和文化上都没有必要的物品（虽然大概是令人想要的，不然也不会有它）。

你能从调查结果中推断出你或他人大体的消费模式吗？基于这些结果，你的或他人的消费在多大程度上对环境造成了不必要的影响？

6. 塑料袋的大量使用，给我们带来许多方便，但同时也带来了难以克服的白色污染。日常生活中还有许多这样两难的环境问题，如汽车、化肥、农药、一次性木筷及餐具的大量使用。除此之外，请再举出 3 个实例，并说明之。

7. 请阅读下列报道，谈一下感想。

青藏铁路豪华游专列8月试运行　每节车厢坐两人

http：//www.sina.com.cn 2008-03-15 01：18 京华时报

本报讯（记者　王京）昨天，青海省副省长骆玉林在京透露，青藏铁路豪华游专列每节车厢将仅搭乘两名游客，而在列车上睡一晚的费用为500美元。

骆玉林透露，青藏铁路豪华游专列整列车造价为1.5亿美元，制造费用由合资外方负责，每节车厢仅搭乘两名游客，而在这样的专列上睡一晚的费用为500美元。此外，专列每到一个重要景点都将停车，供游客游览。预计专列将于8月初首先在西宁到拉萨的区段上试运行。

此外，骆玉林表示，根据他从青藏铁路公司获得的消息，青藏铁路豪华游专列经媒体公布后，一天就有40多人预订。

青藏铁路豪华游由青藏铁路公司与国际联合列车公司共同成立的唐古拉旅游列车有限公司负责运营，由凯宾斯基饭店管理集团管理。预计9月初将开通北京到拉萨、北京到丽江两条线路。

第五章　可持续发展的困惑和愿景

依据可持续发展的思想和理念勾画人类社会的愿景和蓝图，目的是使经济和社会的可持续发展有一个明确的目标，然而真正要实现可持续发展的愿景又有数不清的困难和阻力，目标应当而且必须是这样，但实际又不是这样，要想改变现状，实现愿景，好像又可望而不可及，这是人类社会可持续发展面临的最大困惑。

工业革命以来，物质至上、唯利是图的价值观日益崛起，由此带来的个人利益超越集体利益、对物质的占有胜过良好的社会关系、金钱比道德更重要的行为和思想已经深入到社会生活的每一个角落。这对于地球的生态系统来说是毁灭性的，其所遵循的价值观是片面的、短视的以及不可持续的。要使人类社会的经济活动转变成为在地球生态系统承载能力范围内运行的、可持续的经济，没有价值观的转变是不可能的，然而如何转变则是一个更大的问题。但人类社会是有智慧的、富有爱心的，只要全人类能够携起手来，将生态思想、现代科技、古代智慧、爱与信仰连接起来，拯救地球是有希望的。

虽然工业体系仍在扩张，生态系统每天都在退化或者遭受不可挽回的损害。但要求转变现有的不可持续发展的价值观的呼声也日益高涨，以可再生技术为基础的新技术也正在兴起。如果不可持续的全球体系能够比较迅速地转变成为可持续发展的体系，那么人类文明以及地球上的绝大多数物种将会继续生存下去。但是如果我们转变的速度太慢，那么我们熟悉的这个世界将难逃厄运。

这个转变不仅需要技术的创新和进步，更需要社会革新来改变人们的世界观、价值观和社会行为，而且解决技术方面的问题要比解决社会问题容易得多。工业化体系的世界观、价值观和组织机构都是以支持竞争、过度消费、不平等和剥削为核心的。由于富有的和掌权的精英统治着世界，并从现存的体系中获利，他们趋向抵制变革，这些人害怕急速的和激进的变革有可能毁掉各自家族的事业和奢侈的生活方式。因此，对变革造成障碍的原因并不是来自技术方面，而是主要来自社会的政治、经济结构和价值观。

现在人们认识到了如果不进行大规模的社会的政治、经济结构和价值观的变革，过度消费的社会是无法转变成可持续的节约型社会的。虽然可持续发展的价值观成为一个社会占主导地位的组织形式还没有出现，但也有一些趋向性的苗头，变革和可持续发展的价值观被广泛接受是需要时间的。

可持续发展的价值观认为时间、空间、能量和物质全都是相互联系的，宇宙被视为一个不可分割的整体，即一个由动态的相互作用的子系统组成的巨系统。生态学家早已经开始利用地球上所有生命都相互联系的证据来挑战工业化世界观的短视行为。基于系统的、跨学科的工作取得了越来越多的科学方面的重大成就。这一新的完整的价值观反映出来的是一种深刻的变化，即由认为事物的存在是相互隔绝的到认为万事万物相互联系并与环境不可分割的转变，这是一种从只见树木不见森林到放眼全局的转变。

第一节　生态经济

人类社会不可持续发展最显著的恶果是地球生态系统的破坏，地球生态系统在若干亿年的演化中，形成了奥秘无穷的生命之网，其结构复杂、但有序，它虽然有比较强的自我组织、调节能力和稳定性，但也经不起人类社会在追求进步和发展的理由下有组织的破坏和折腾。

一、生态是经济的基础

经济是人类社会生存和发展的基础，没有经济的运行发展，社会将停滞不前。在生产力水平相对低下的工业革命前，由于物资短缺和产品匮乏，人类社会努力提高生产力发展水平，谋求经济利益的最大化，是无可厚非的。当时人类社会对自然的开发、利用能力还不足以达到使环境严重恶化以至于积重难返的程度，根本也不可能关注到大力发展经济的持续性问题。随着社会的发展，生产力水平的提高，技术进步导致开发能力的增强，人类社会对自然生态的开发力度显著加大的情况下，使生态环境一再恶化并且威胁到人类的生存时，人们才真切感受到了人类社会的经济发展永远也不可能摆脱与其相互制约的生态背景。

可持续发展社会的经济是在尊重生态学原理的基础上的发展，认为人类社会的经济要想能持续进步，就一定要遵循生态学的基本原理。也就是说，生态良好是经济和社会发展的基础，也是经济和社会发展应当追求的最重要的目标。地球生态有其自身发展的规律，违背地球生态规律的经济和社会的发展必定是不可持续的。

所谓生态经济，就是能够满足我们的需求而又不会危及子孙后代满足其自身之需的经济，即可持续发展思想指导下的经济。生态经济要求所有的经济活动要在尊重自然生态系统规律的前提下开展，要求主持和参与经济活动的人群应当了解维持地球生命的诸生态过程的作用机理，了解光合作用的基本作用和可持续产出的观念，了解营养循环的作用，了解水循环、碳循环和氮循环等与生态系统相关的知识，了解气候的敏感作用，了解动植物王国间错综复杂的关系。要知道地球的生态系统不仅为我们人类提供原材料和产品，也为人类提供服务，并且，后者的价值往往高于前者。

例如，我们可以将树木砍伐后制成木制家具等产品去市场上销售，但这只是利用了树木作为木头的使用价值，其实树木还有更为重要的生态价值。印度加尔各答农业大学的一位教授，对一棵树算了两笔不同的账：一棵正常生长 50 年的树，按市场上的木材价值计算，那么最多值 300 多美元，但是如果按照它的生态效益来计算，其价值就远不止这些了。据粗略测算，一棵生长 50 年的树，每年可以生产出价值 31 250 美元的氧气和价值 2 500 美元的蛋白质，同时可以减轻大气污染（价值 62 500 美元），涵养水源（价值 31 250 美元），还可以为鸟类及其他动物提供栖息环境（价值 31 250 美元）等。将这些价值综合在一起，一棵树的价值就不是 300 美元，而是 20 万美元了。由此可知，树木的生态价值远高于它作为木制产品的价值。

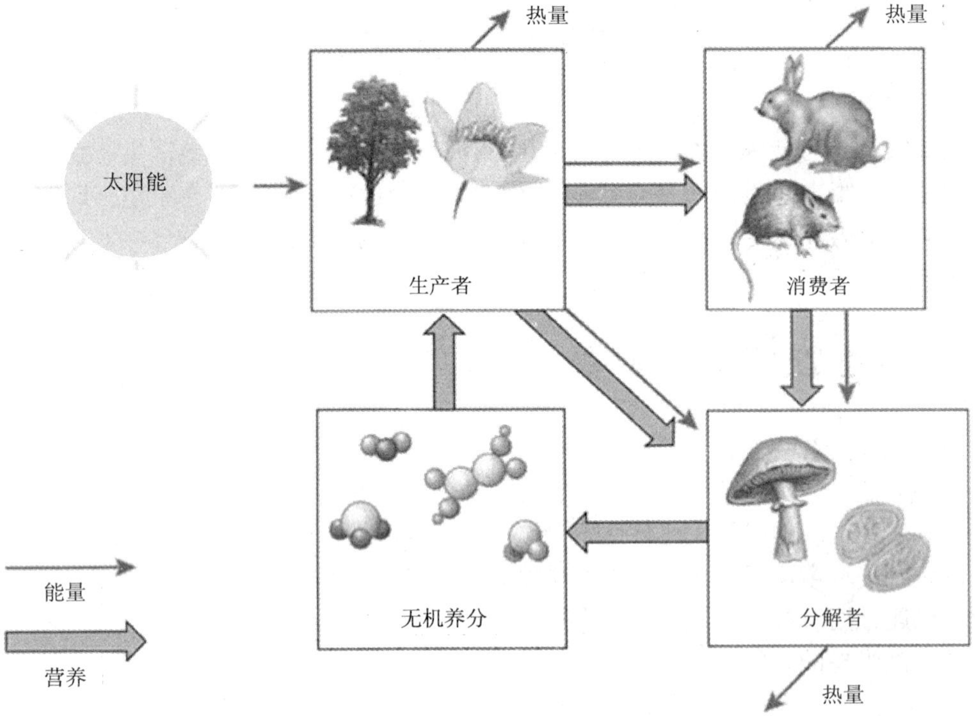

图 5-1 生态系统的物质循环和能量转化

生态经济非常重视经济所赖以维持与发展的各生态系统诸如渔场、森林、牧场和耕地等的可持续产出。某个特定的渔场只可以承受一定规模的捕鱼量，渔场的捕鱼量倘若超过了它的可持续产出量哪怕是一点点，譬如说每年只超过 2%，那么该渔场的鱼类储备量就会开始减少，以致最后变得无鱼可捕。但是，捕鱼量只要不超过渔场的可持续产出量，渔场就会维持久续不衰，森林和牧场的存续机理和渔场是一样的。

生态经济也要极力保持大自然的平衡。这包括土壤侵蚀与新土壤生成间的平衡、碳的排放与碳的固定间的平衡，以及树的消亡与树的再生间的平衡等。大自然是靠循环来维系生命的。在自然界中，一种生物的废物就是另一种生物的养料，营养物质是在不停地循环之中。生态经济就是要把自然界物种的繁衍、运行方式尽可能好地移用到我们的经济发展模式之中。

生态经济高度重视植物将太阳能转化成地球生命赖以生存的生物化学能的过程所起的作用，任何可以减少光合作用产物的过程和活动，诸如土地的荒漠化、在肥沃土地上铺路造房，或者湖泊因酸雨而致的酸化，从最根本的意义上说都是对地球生产能力的削减。

这意味着所有人类经济活动都必须要在可持续的生物物理约束的范围内进行，而且这些活动必须有利于地球的生态健康和生态完整性。这不仅要更高效地利用各类资源，还需要在可持续的约束范围内停止生产有毒废物，停止垃圾的积累。

生态经济是一种与地球的生态系统保持和谐关系的经济，比之于今天的这种污染环境、破坏环境而终将为自己所毁的经济，也就是我们的这种以化石燃料为基础、以大量消费为中心的经济，有着天壤之别。

【专栏 5-1】人类的生存受到了自身的威胁

事实上，连同人类在内的一切物种，都生活在生物圈的恩惠之下。但迄今为止，像生物圈中的其他芸芸众生一样，人类仍无法超越生物圈为他提供的生存空间的限制。人类植根于生物圈并且无法离开它而生存，因此，当人类无限制地索取使生物圈无法再为人类提供生存的资源时，人类的生存便受到了自身的威胁。

【资料来源】周海林，谢高地. 人类生存困境——发展的悖论. 北京：社会科学文献出版社，2003.

西方不可持续的经济发展模式之所以诱人，原因之一是它已经把地球上 1/5 的人的生活水准提高到我们的祖先连做梦都不曾想到过的水平，使人们的饮食变得极为丰富多彩，使人们的物质消费达到了前所未有的水准，使人们的出行方便与快捷得让人难以想象。但是遗憾得很，这种经济模式即使对于世界上最富有的 1/5 的群体来说也不具有持续性，对全世界就更不用说了。

然而，尽管人们对这类生态知识的了解已经由来已久，许多国家政府和利益集团还是不考虑各生态系统固有的可持续产量，不考虑自然界中很容易受到破坏的各种平衡，而随心所欲地扩大了他们的经济活动。在过去的半个世纪中，全球的经济规模已经扩大了 6 倍，这使得人们对当地生态系统的需求在多数国家中突破了可持续产量的限度。自 1950 年以来，全世界的捕鱼量已经增加了 4 倍，这使得人们对多数海洋渔场的需求超过了它们的可持续产出的能力。全世界对纸张的需求量增长了 5 倍，这使得全世界的森林面积在一天天地缩小。自 1950 年以来，全世界的牛羊饲养量翻了一番，这种情况也使各地的牧场一天天地遭到破坏，它们正慢慢地变成荒漠。

经济学家赫尔曼·戴利已经提出了三个简单的法则来帮助人们界定资源消耗的可持续界限：可再生资源（即土壤、水、森林、鱼）的消耗速度不能高于资源的再生速度；不可再生资源（即生物燃料、高级别的矿石、生物地下水）的消耗不能超过将可再生资源作为替代品需要的时间；污染物的排放速度不能够超过对其回收、吸收以及转化成无害物质的速度。

上述原则指出了生态经济对资源和能源开发和利用的限度，是人类社会的一个理想的发展状态，然而要真正转变为可持续的生态经济，使资源和能源的利用做到可持续，涉及的困难和问题是很多的。

人类社会已经体验到了不可持续发展的经济对人类生存的危害性，由此也比较清晰地认识到了生态经济的可持续性，希望可持续的生态经济能够生根、开花、结果。然而到目前为止虽然生态经济的概念、思想得到了许多人的接受和理解，但实践起来却是难上加难，生态经济在市场力量左右的经济模式面前显得不堪一击，非常脆弱。因此我们不但应当从生态科学的角度认识生态经济可持续性，认识人类社会可持续发展的必要性，更应当从人类社会政治、经济、制度的结构上了解和认识其对生态经济的制约性。

二、经济是生态环境的子系统

如果把生态环境比作人体，那么人类社会的经济就是人体系统中最为重要的一个器官，这个重要的器官既要为人体系统的健康运转服务、作出贡献，又要受到人体系统这个大环境的滋养，还要与其他器官高度协同，如果大环境衰落、虚弱了，经济这个重要的器官将不能被受到滋养。缺乏滋养的器官不但不能服务于人体，反而会因病而致大环境致病，与其他器官的协同也就很难一致了。即经济不是能够脱离生态环境而孤立存在的运行系统，生态环境也不是我们可以无限度地获取原材料和排放废弃物的场所，经济只是生态环境的子系统，这与传统的经济与生态环境之间关系的价值观是截然不同的。

【专栏 5-2】物种之间是高度协同的

花朵滋养了蜜蜂，反过来蜜蜂又为花朵传花授粉。不同的物种之间可以相互帮助，这是因为他们相互作用并且彼此需要——没有花朵的滋养就不会有蜜蜂的授粉，没有蜜蜂的授粉就不会有盛开的花朵。

【资料来源】[美]格雷姆·泰勒. 地球危机. 赵娟娟译. 海口：海南出版社，2010.

而我们目前无论是在认识上还是在实践上都与上述思想有着很大的差距，其重要原因之一是当今的全球经济受市场力量所左右，并非受生态学原理所制约。而市场力量不能反映商品和服务的全部成本，主要是不能正确地反映生态成本，所以市场提供给各级经济决策者的信息往往是些误导人的信息，而且企业主也极不情愿让生态成本摊入产品成本。因此造成了一种与地球生态系统极不协调的、被扭曲了的经济，一种正在损害其自然支持系统的经济，因此也是不可持续的。

市场力量看不到、也不愿意看到可持续产出的种种基本生态价值，因而也就不能重视自然界的平衡。譬如说，市场力量是不会去注意碳的排放与自然界固定碳的能力之间的越来越失衡的现象，更不会去注意燃烧化石燃料在造成此类失衡的过程中所起到的作用。在多数经济学家和企业主看来，二氧化碳排放量的陡然增加是用不着焦虑不安的，甚至有人认为是赚钱的机会。而在生态学家们看来，大量燃烧化石燃料而造成的二氧化碳排放量大幅度的增加是警告我们的一种信号。要想避免气温升高、冰盖融化、海平面上升、极端气候泛滥，我们就得尽量减少化石燃料的燃烧，可持续地利用可再生能源。

生态系统为我们人类提供的服务有时候可能比为我们提供的产品更有价值，要想让生态系统提供的这类服务得到保护的话，就有必要对这类服务的价值加以计算，并将其体现在市场信号中。虽然说要做这种计算是极其困难的，但道理是不言自明的，因而任何合理的估计总比像现在这样将其价值设定为 0 要好得多。譬如说，流域上游的森林也许能提供像控制洪涝、循环降水等具有生态功能的服务，而把降水循环到内陆去的这项服务的价值要比此类森林所提供的木材产品高上许多倍。遗憾的是，市场信号并不能反映这一事实，因为现在正在大量砍伐这类树木的伐木商并不承受损害森林服务的代价，他们一定要胡搅蛮缠的，即使知道也要坚持说不知道。对森林实施皆伐作业对伐木公司来说或许有利可图，但是对社会来说，这种做法的经济和生态的代价则是很高的。

市场的另一个重大失误是政府在对人们尽情地耗费资源或者说对那些会给环境带来严重破坏的活动实施补贴的时候未能提供可靠的信息。例如，在几十年的时间里，美国森林局就是用了纳税人的钱在去往一些国有森林中修路，来为那些对森林大施斧锯之威的伐木公司大开方便之门。这种做法使伐木公司大获其利，虽然人为地降低了木材和纸张的生产成本，但导致了洪涝、土壤侵蚀和江河水道的淤塞等危害，这显然是一种短视的不可持续的行为。

在经济需求向自然生态系统的极限不断施以重压的世界里，依靠那种被扭曲了的市场信号来引导投资决策的做法，简直就是一种酿灾致患的处方。纵观历史，凡是在海鱼出现供不应求之时，海鱼的价格自然就会上涨，而鱼价的上涨就会鼓励人们大力投资去添置拖网渔船，对添置拖网渔船捕鱼是否会导致超过可持续产出量却置若罔闻。而在捕鱼量每每超过可持续产出量的今天，人们若是再投资去增加拖网渔船的话，那简直就是促使渔场加速走向崩溃。

其他的自然系统，诸如地下蓄水层、森林、草原等的损害，情况也是一样。人们与日俱增的需求一旦超过地下蓄水层的可持续供水量时，地下水水位就会开始下降，水井就会干枯，这时候，市场就会站出来怂恿人们说，要深挖井。农民争先恐后地大肆挖井，致使地下水水位不断下降。在我国的华北平原，这一过程正在重复进行着。在河北省，1999 年的数据显示，在这一年中有 36 000 眼水井由于地下水位下降而不得不陆续被废弃，与此同时却有 55 000 眼比这深得多的新井又先后挖凿出来。在山东省，有 31 000 眼水井为人们所废弃，取而代之的则是 68 000 眼比这要深得多的新凿水井。注意这里还绝不仅仅是地下水位的下降造成地下水的不可持续供给这么简单，更为严重的是地表的植被和粮食作物得不到地下水的涵养而有可能引起的土地荒漠化。

【专栏 5-3】华北平原地下水超采

华北平原地下水的开采量，占整个供水量的 75%～80%。华北平原目前已经超采地下水 1 000 多亿 m^3，如果依靠自然循环来补充这些地下水，至少需要上万年。

【资料来源】河北沧州因地下水过度开采 40 年沉降 2.4 m. 广州日报. 2011-10-24.

按照生态经济的原则，地下水一旦出现水位下降的迹象时就不应当再多打水井了。在这个时候，不是花钱打深井，而是要把这笔钱转投在提高用水效率和稳定人口的措施上，以便使水的利用恢复到与地下水可持续产出量保持平衡的程度。但提高用水效率和稳定人口不是一朝一夕可以完成的，需要正确的政策的逐步落实、新技术的运用和观念的转变，是慢工夫、长周期的事情。而实际上往往是自然灾害来了，为了人的生存，临渴而掘井也是迫不得已的事情，也不太会顾及生态系统可持续的原则。这也仅仅是事物的一个方面，在更多的时候，则根本不是为了基本的生存，而是为了少数人的更多的利润而与生态经济原则背道而驰，这说明生态经济的实现所面临的困难是多方面的。

我们的全球经济现在正在几条战线上慢慢地自伤自毁着。如果我们想让经济进步不断地持续下去的话，我们就只有重新来架构我们的全球经济，使之成为一种能维系环境永续不衰的经济，除此之外别无他途。

将我们的经济转变为生态经济，是一项艰巨而伟大的工作。要将一种以市场力量为控制的经济转变成一种以生态法则为导向的经济，我们是没有经验的，也无任何先例可循。

要想在我们尚可利用的时间内建立一种生态经济，我们就必须得从根本上迅速改变我们的现行做法。若仅是头痛医头、脚痛医脚，是决然不会成功的。现在我们虽然也可以赢得少数几次或者是局部性的小战役，但却终将会输掉整个战争，因为我们并没有实施这种带根本性的经济变革的总体战略，而我们所要进行的这项经济变革正是要把世界引导到一条能维系生态环境的久续不衰的发展道路上。

尽管保护生态环境的呼声和观念早在几十年前就已经慢慢地形成了，可现在还没有一个国家已经制定了要建立一种生态经济的战略，也就是要恢复碳的平衡，要稳定人口和地下水水位，要保护其森林、土壤和动植物多样性。我们也能发现有个别的国家在重构国家经济的某一两个或某几个方面正走向成功，但是我们却找不到一个国家在所有方面已经成功地走上了健康发展的道路。

虽然这么说，现在在一些国家中人们还是显然已经可以见到一点点生态经济的曙光。例如，欧洲的 31 个国家，外加日本，现在已经稳定住了自己的人口，已经具备了生态经济的一个最基本的条件。这些欧洲国家已经把人口稳定在他们的粮食生产能力所能满足的数量以内，他们多余的可以出口的粮食也就能为填补发展中国家在粮食供给上出现的赤字助上一臂之力。此外，我国现在也已经将人口出生率降到了低于美国的水平上，正在朝着人口稳定的方向发展。

在世界各国中，丹麦是生态经济的先行者。丹麦已经稳定了自己的人口，已经禁止了燃煤发电厂的建设，已经不允许使用不可再充装的饮料容器，而且现在，其电力的15%已是来自于风能。除此之外，丹麦已经重新建构了自己的城市运输网。在哥本哈根，人们现在的全部出行有32%是用自行车作代步工具。这个国家虽然还仍然没有接近其平衡碳排放与碳固定的目标，但却是正在朝着这一方向而努力。

另有一些国家也已经实现了某些特定的目标。韩国在 30 多年前开始实施的一项重新造林的计划已经结出硕果，昔日的光山秃岭如今已是林木茂盛，遥接天际。哥斯达黎加已有一项要在 2025 年前全部改用可再生能源的计划。冰岛正与以壳牌和戴姆勒-克莱斯勒为首的几个公司组成的一个合作集团合作，计划将这个国家改造成为世界上第一个以氢能为动力源的经济体。

所以说，我们可以看到生态经济已经是曙光初露，但是经济的根本性转变则要求市场信号要有个基本的转变，也就是要求它们转变成尊重可维系生态永续不衰的那些法则的信号。如果我们不准备把税负从收入所得身上转移到像治理碳排放和滥用水资源这类危害环境的活动身上的话，我们就不要指望能成功地建立一种生态经济。

由此看来，人们对生态系统如何可持续运行是心知肚明的，对生态经济的概念、思想和基本原理也是有一定的了解的，生态经济的愿景或者说蓝图也是可以勾勒出来的，也非常希望人类社会的不可持续发展的经济尽可能快地转变为可持续的生态经济。但在资本的控制下，为了经济一时的快速增长和利润，一般又不会顾及生态环境的安全与否，更不会过多地考虑可持续发展的问题。生态是大家的，破坏了大家承担，大体上是穷人承担的更多，而利润则是自己的，只要有了钱，就有可能通过迁徙等手段逃避局部的生态恶化的后果。这充分说明了现行的社会制度和市场经济体系对可持续的生态经济发展是有一定的制约性的，人类社会需要变革的是经济的发展方式，更需要改变的是认识和价值观。

三、生态经济的能源结构应当以可再生能源为主

与传统经济的发展一样，生态经济的发展同样离不开能源和各类资源的支撑。然而，维持生态经济运作的能源、资源结构将与传统经济有着明显的不同，其能源和资源耗散的总量也必须大大降低。传统经济的能源结构以化石燃料为主，而生态经济的能源结构中应当主要是可再生能源。煤、石油、天然气被看做传统能源，它们是通过了若干万年的时间才形成，是不可再生的，用一点就少一点。而太阳能、风能、现代生物质能、海洋潮汐能等则是可再生的，大中型水电虽然属于传统能源，但也可看做是可再生能源。随着技术的进步和可持续发展观念的树立，过去一直被视作垃圾的工业与生活有机废弃物被重新认识，作为一种能源资源化利用的物质而得到深入的研究和开发利用，因此，废弃物的资源化利用也可看做是可再生能源技术的一种形式。

在生态经济中，将大幅度地降低化石燃料的燃烧，使大气中二氧化碳气体的浓度保持相对稳定。生态经济中的能源组成将是多元的，而且是要逐步过渡到以可再生能源为主。像今天这样全世界的大部分能源在很大程度上都依赖中东这一个地区来供给石油的局面，很可能会随着那些对气候破坏较少的可再生的能源登上舞台而渐渐改变。

【专栏 5-4】石油资源将越来越少、越来越贵

石器时代的消失并不是因为缺乏石料，石油时代也将远远等不到世界石油资源消耗殆尽的那一天就将早早地走向终结。

【资料来源】[美]格雷姆·泰勒. 地球危机. 赵娟娟译. 海口：海南出版社，2010.

我们预期维持生态经济运作与发展的主要动力源是可再生能源，一方面是不可再生能源的短缺使得我们必须这样做，另外从经济学的角度看也是有道理的。因为如果把使用石油、煤炭燃料在环境和健康方面付出的代价作为形成能源价格的因素进行考虑的话，那么今天大多数可再生能源将更具竞争力。一个由欧洲委员会资助的项目 ExternE 做出了这样的估算，如果发电厂需要对污染的全部成本埋单，那么生产天然气的成本将会上涨 30%，而生产煤和石油的成本则将会翻一番。如果用于发展化石燃料与核能源的直接和间接的补贴也被取消，那么可再生能源的利用在成本上有可能是合算的。由此说来，各国尤其是发达国家对化石能源利用的政策是排斥可再生能源的开发和利用的。

很显然，让能源结构以化石燃料为主的传统经济转变为以可再生能源为主的生态经济绝不是一件简单的事情，不仅有技术上的难度，更有体制、政策以及传统习惯和观念上的障碍。要使可持续的生态经济顺利实施，不但要用现代科技手段改造传统能源的利用方式，尽量减少不可再生能源的开发和利用，而且要显著降低能源耗散的总量。否则的话，可持续的生态经济仍然是一句空话。

可持续的生态经济应当尽量少地耗散能源，而现实中人类社会无论是可再生资源还是不可再生资源都在超限度开发和利用，对能源的需要依然强劲。因此生态经济不但要充分地利用新技术开发和利用新能源，以改变目前的能源结构，另一方面也要使用多种调控手段，使能源耗散的总量降低，使生态经济真正是在可持续的框架内运行。仅仅增加可再生资源的供给还不足以阻止环境与经济的崩溃，全球经济也需要减少资源消耗。

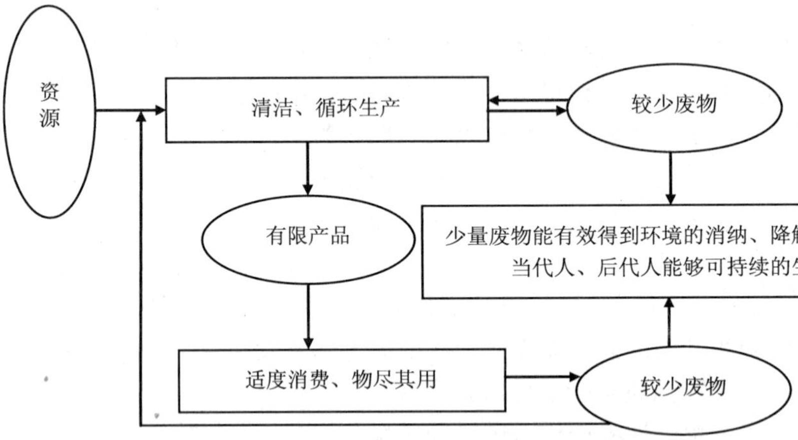

图 5-2　清洁生产、适度消费示意图

从图 5-2 也可以看出，生态经济实际上就是要最大限度地减少各类资源的耗散，最大可能地减少废物的产生，最大限度地使废物得到再利用，从而使生态系统得到保护和繁衍，使人类社会可持续地发展。要达到上述目的，最关键的是要减少不必要的消费，控制所有与人的基本生存无关、甚至有害的消费行为。然而当今人类社会的结构以及由此而形成的价值观所倡导的仍然是大量消费，而且大量消费中有许多是与基本的生存需求无关的和有害的，改变这一行为首先需要改变的仍然是价值观。其实人的基本生存所需要的物质是有限的，一日三餐、夜卧三尺，而精神追求则是无限的。结果我们本末倒置，用有限的生命殚精竭虑地、甚至以健康的损害为代价去无限度地追求生存的有限物质需求，对应当争取的无限的精神追求却逐渐淡化，这都是资本在背后作怪。“绝对权力，绝对腐败”，资本的绝对权力决定了资本的绝对腐败。今天资本在全世界横冲直撞横行无忌，资本的贪婪已经把地球生态系统搅得一塌糊涂了。

降低能源耗散总量的最重要的办法就是对能源利用的节约，节能被称为第五能源。无论是在生产领域还是在日常生活中，节能的潜力是非常大的。对大量消费行为熟视无睹，节能减排的目标是达不到的，无论今后能源结构如何变化发展，节能应当是一个永恒的主题，也是实现可持续发展愿景的前提条件。

减少浪费，要减少对商品的需求，减少提供每一单位产品或服务所需的资源。而只有通过改变个人的价值观从而改变过度消费的生活方式才能做到减少需求。需求的减少也可以通过人们共享资源来实现，比如说使用公共交通来替代私家车。还有通过生产经久耐用的产品，最大限度地提高产品质量，同时尽量把资源浪费降到最低限度，如在居民区周围建立购物场所，倡导居民尽量使用本地生产的产品，鼓励消费者步行购物，减少往来奔波的麻烦等方式来达到。如能做到这一点，所生产产品的数量也会自然而然地降低，资源的节约才有可能真正实现。

【专栏 5-5】全球经济低效而且浪费

全球经济不仅非常低效而且还造成巨大的浪费。例如，英国每年进出口 15 000 t 华夫饼，并与澳大利亚交换 20 t 瓶装水。阿根廷的柠檬运往西班牙的各大超级市场出售，而西班牙当地的柠檬却无人问津烂在地里。节约不仅意味着避免生产没有用的产品，还要缩小异地船运原材料和制成品的需求。

【资料来源】[美]格雷姆·泰勒. 地球危机. 赵娟娟译. 海口：海南出版社，2010.

第二节　生态城市

城市是人类社会高度发展的产物，不可持续发展思想指导下快速发展的现代大都市在一定程度上背离了生态学原则，资源和能源大量耗散，垃圾巨量产生，严重地破坏了生态系统的有序性和稳定性。目前我国许多城市特别是大城市都面临着城市病集中爆发的挑战，城市的生产和生活成本快速上升，环境资源压力越来越大，交通拥堵现象日益严重，致使现代大都市城市病丛生，人们越来越远离自然，为世人所诟病。

生态城市是人类社会可持续发展的愿景，也是由于我们在当今的城市环境中所感受到的种种弊端而期望实现的理想化的人居环境。虽然人类社会对实现生态城市的愿景显然缺乏信心，因为所面临的困难和困惑太多，但我们仍然憧憬在人类社会的努力下建设未来的理想化的人居环境的生态城市。

一、生态城市的一般概念

生态城市的概念是在 20 世纪 70 年代联合国教科文组织发起的“人与生物圈”(MAB）计划研究过程中提出的，一经出现，立刻就受到全球的广泛关注。关于生态城市的概念众说纷纭，但至今还没有一个公认的确切定义。

一般认为，生态城市是以社会公平公正、关心并保护大多数人民的利益为基础以及经济高度发达、社会繁荣昌盛、人民安居乐业、生态良性循环四者保持高度和谐的城市。其城市环境及人居环境清洁、优美、舒适、安全，失业率低、社会保障体系完善，资源耗散的总量低，资源利用效率高，可再生资源的利用所占比例大，高新技术占主导地位，技术与自然达到充分融合，能最大限度地发挥人的创造力和生产力，有利于提高城市文明程度的稳定、协调、持续发展的人工复合生态系统。

这里所谓的人工复合生态系统，简单地说就是社会、经济、自然人工复合生态系统，蕴涵社会、经济、自然协调发展和整体生态化的人工复合生态系统。具体地说，社会生态化表现为，人们拥有自觉的生态意识和环境价值观，人口素质、生活质量、健康水平与社会进步与经济发展相适应，有一个保障人人平等、自由、接受教育、人权和免受暴力的社会环境。经济的生态化表现为，采用可持续发展的生产、消费、交通和居住发展模式，实现清洁生产和文明消费，推广生态产业和生态工程技术。对于经济增长，不仅重视数量的增长，更追求质量的提高，提高资源的再生和综合利用水平，节约能源、提高热能利用率，降低矿物燃料使用率，研究开发替代能源，提倡大力使用可再生自然能源。

环境的生态化表现为：发展以保护自然为基础，与环境的承载能力相协调。自然环境及其演进过程得到最大限度的保护，合理利用一切自然资源和保护生命保障系统，开发建设活动始终保持在环境的承载能力之内。

既然是生态城市，就要依照生态学原理去规划和建造，生态城市应当是有序、宜居、低能耗、人与人及人与自然和谐和具有现代文化教育功能以及经济活力的城市。联合国原副秘书长安娜博士认为："最好的城市就是景观上看上去像农村一样的城市，人与自然、城市与自然、社会与自然能实现和谐统一。只有这样的城市才有资格获得联合国人居奖。"也有人把生态城市描述为"把田园的宽裕带给城市，把城市的活力带给田园"，也就是说城市应当充分拥有农村的自然生态、绿色园林，悠闲的景观，农村应具有城市的基础设施、交通卫生条件和竞争创新意识。这里所说的实际上就是城乡统筹、城乡联动、城乡融合、城乡一体化的思想，也是当今城市化进程的主流和愿景。

上述无论是从内涵上还是形态上所勾勒的生态城市仅仅是大致的、概念性的，其一般概念是可以理解的，但其理论和实践都很不充分，也很不具体。因此目前还很难找到一个大家公认的生态城市的样板，这说明生态城市本身就是一种探索，一种希望既能够克服现代城市弊端，又尊重生态学原理的比较理想化和可持续的人居环境的探索。但在生态城市建设的实践中，要克服现代城市的弊端谈何容易。怎样由传统的、有损生态的现代城市过渡到可持续的生态良好的城市，我们首先应当了解和反思现代城市给我们带来的困扰，分析其产生的原因，更为理性地、具体地规划可持续意义上的生态城市，在实践中摸索生态城市的蓝图和愿景。

二、世界城市发展的步伐

现代城市是一种比较新的社会组织，其历史可以追溯到矿物燃料大规模使用的时期。在现代中心城市崛起前，人类社会也有一些所谓的城市。然而根据现代标准，这些"城市"根本算不上是城市。比如说，文艺复兴前的古代雅典仅有 5 万市民，巴比伦则只有 10 万稍多一点。文艺复兴时期，城市规模稍有改观。达·芬奇寓居的佛罗伦萨市拥有 5 万居民。米开朗琪罗为西斯廷教堂的天花板作画时，罗马的人口在 5.5 万上下。直到 16 世纪，多数欧洲大城市的人口还是不足 20 万。18 世纪时的美国革命时期，殖民地的三大城市波士顿、费城和纽约的人口都不到 5 万。

城市化现象发端于工业革命。工业革命所带来的大规模使用机器的生产活动，要求劳动要素相对集中，再加上工业区域劳动力市场价格的吸引作用，造成了农村人口向某些中心区域的迅速集中。人群的集中也带来了市场活动、商业经营以及服务业的发展，人群集中本身也创造就业机会。上述诸种因素的相互影响，于是使得工业化、城市化、市场化以及所谓"现代化"成为同样的一个历史进程。这样，从 18 世纪中叶开始，到了 20 世纪中叶，在将近 200 年的时间里，多数西方发达国家基本上实现了"城市化"。也就是说，多数人口形成了聚集居住的格局。例如，20 世纪中叶，一些西方国家的城市人口占全部人口比例分别为：美国 72%，英国 87%，联邦德国 79%，荷兰 86%，加拿大 77%，澳大利亚 83%。更进一步观察发达国家城市化的演进过程，可以看到，发达国家的城市化进程大体上可分为前后相继的两个阶段。第一阶段以“集中化”为特征，就是前述的从工业革命开始，到 20 世纪 50 年代前后，表现为工业和人口的持续的、大规模的集中，城市数量不断增加，规模不断扩大，大城市不断增多。第二阶段则以“分散化”为特征。20 世纪 60 年代以后，西方发达国家城市化中出现了所谓“市郊化”以及后来的“超市郊化”现象，即大批居民从城市的中心地迁往城市的郊区地带。这一方面是因为城市的中心地带环境污染问题严峻；另一方面，发达的现代交通工具，也为人们从城市移居到郊区提供了可能。于是，这一阶段的区域发展模式表现为城市中心区域人口增长停滞，城市周边区域不断扩增，卫星城式的居民区发展迅速。于是，以大城市为中心的“都市圈”或“城市群”、“城市带”发展较快。

从全世界的角度看，在 1800 年，当时全世界的城市化率仅有 3%，到 1850 年达到 7%，1900 年为 15%，而到了 2000 年，全世界的城市化率达到 48%，中国的城市化步伐也在近 10 年中显著加快，目前已接近世界平均水平。

全世界现在拥有 100 万人口以上的城市有 326 个，其中 19 个特大城市有 1 000 万或更多的居民。东京的人口是 2 600 万，近似加拿大的人口总数，墨西哥城人口是 1 800 万，接近澳大利亚的人口。2010 年我国最新的人口普查显示，我国的北京、上海城市人口均已达到 2 000 万以上。孟买、圣保罗、纽约、拉各斯、洛杉矶、加尔各答紧随其后。长期以来，大城市对于中小城市和农村的人群来说有着非常大的吸引力，它象征着好运气，更多的就业和个人发展机会，更高级的文化，然而大城市具有吸引力但并不代表宜居和有利于健康。

三、世界能源环境变化对城市发展的影响

过去两个世纪里，产生了世界性的能源结构变化，城市生活发生的令人难以置信的变化与此直接有关。传统农业生产不出足够的余粮来养活大量城市非农业人口，由于城市直接依靠周围农村提供粮食和各类物资，矿物燃料时代之前，运输主要是通过畜力或人力进行的，所以过去的城市不能依靠从遥远的地区运送粮食和其他所需要的物资。因此，社会的能源结构完全限制了各类物资运输的速度和距离，所以城市未能像今天这样扩展。为了防止外来入侵，古代、中世纪城市周围筑起了具有军事和管理意义上的城墙，这些城墙也确保城市不超过能源环境的允许范围。例如，伟大城市巴比伦占地仅 8.29 km^2。中世纪时，伦敦城城墙内的面积还不及今日伦敦的 1/150。

然而古罗马城是这些历史限制的一个例外。罗马城最兴盛的高峰时拥有近百万人口。罗马城得以维持，完全是因为它推行的殖民政策。如果没有大量的奴隶，没有精耕细作的农业技术，没有大规模的导水管建筑工程，而且，没有无比重要的帝国军队，罗马便不可能负担起它的人口。从某种意义上说，为了克服传统农业能源基础带来的限制，就得掠夺整个已发现的世界。

古罗马城的衰落可以从罗马的上升中得到解释。它一跃变成帝国不是因为它的周围农村拥有丰富资源，而是因为它有计划地掠夺了中东、埃及和北非的财富。维护罗马中心城

市的同时，摧毁了其他中心城市。

而一旦走上了城市快速扩张的道路，罗马便开始每况愈下了。城市越大，人口越多，所需输入的各类资源、能源就越多。流进城市的资源、能源越多，随之而来的混乱就越厉害。混乱越厉害，组织内部结构便更趋庞大以对付各种骚乱，这个过程不能被永久地维持下去。军队保护下的资源、能源补给线越拉越长，如此，军队耗费的资源、能源比输入城市的资源、能源还多。由于滥用土地，农业系统的产出也开始减少。连奴隶的膳宿费用都涨到人们不敢问津的程度。罗马城市官僚机构已变成庞然大物，而且其开支之大令人难以招架。最后，恶性膨胀的城市分崩离析地垮掉了，在被武力征服后，罗马又恢复了与资源、能源环境相适应的生态平衡。罗马衰落后，就只有 3 万居民了。

罗马这个实例表现了如城市不顾周围的能源基础，对发展不加限制时会带来什么样的后果。外来能源可暂缓崩溃的发生，但清算的日子终究要到来的。我们的时代正是如此，现代城市以类似罗马的殖民方式维持自身。但是，像罗马一样，现代城市由于过分超越了地区资源、能源环境的生产能力，因此，一旦到达了国内和国际资源、能源基础的极限，它们便会很容易走向崩溃。

现代城市的食物需求在这点上表现得尤为明显，一个典型的百万人口城市每天仅粮食就需要很大的量，为了取得这些食物，城市不得不更多地依靠以矿物燃料为基础的农业系统，如石化农业，否则不能维持高产。国内交通系统如不能将粮食、蔬菜、水果以及肉类食物从数百千米外运到各个城市地区，那么，大城市便会很难维持运转。但是，我们已经看到，由于矿物燃料的不断紧缺而且越来越昂贵，已经威胁到了城市赖以生存的石化农业和运输系统。

此外，大城市和特大城市每日需要输入的燃料和淡水数量几乎是天文数字。同时，还必须向它们输入大量的自然资源，没有各种形式的大量资源、能源的输入，城市便会瘫痪，许多人便会失业，城市生活便会变得难以忍受。现在许多大城市的基础设施，如下水道、街道、桥梁、公交系统和供水系统等，已陈旧不堪，需要花在更换、维修、运转、保养等项目上的资金也大得令人吃惊。

世界能源结构的变化促进了城市的发展，尤其是化石能源的大量使用推动了城市的快速扩张，然而这往往是一种无计划的、不计后果的扩张，带来的问题已经显现，令人头疼。

四、当今的城市病

随着历史的推进，社会经济的发展和人口的膨胀，世界城市化的进程，特别是发展中国家的城市化进程不断加快，预计 2025 年将会有 2/3 人口居住在城市，因此城市生态环境将成为人类生态环境的重要组成部分。

城市是社会生产力和商品经济发展的产物。在城市中集中了大量社会物质财富、人类智慧和古今文明；同时也集中了当代人类的各种矛盾，产生了所谓的城市病。

当今城市的城市病（或者说是大城市病）是一个综合性的概念，是城市人口多种生存困境以及心理障碍的组合。它不仅表现在城市的大气污染、水污染、垃圾污染、噪声污染以及城市的基础设施落后、水资源短缺、交通拥堵、犯罪率上升等显性宏观问题，也反映在城市人口肥胖和亚健康人群的急剧增加以及心理疾病的蔓延等方面。这些都严重阻碍了城市所具有的社会、经济和环境功能的正常发挥，甚至给人们的身心健康带来很大的危害。而城市病在全球已经不是一个新鲜的话题，对于城市病的认识仁者见仁、智者见智，提出的解决方案不胜枚举，所付出的解决相关问题的努力以及资金相当可观，然而，效果却非常不尽如人意，往往是按下葫芦浮起瓢。而城市仍然在不断扩张，汽车拥堵日益严重，空气污染无所不在，垃圾的处理成本与日俱增，饮用水的质量更是让人忧心忡忡。

【专栏 5-6】大城市正在衰落

过去 200 年里，多亏有了大城市，美国才得以发展。然而，大城市正在衰落之中，这已不是什么新闻了。人们面临的挑战是，要么就制止这种衰落，要么就听任所有的大城市进退维谷，直至变成明日黄花。

【资料来源】[美] E.F.舒马赫. 小是美好的. 李华夏译. 上海：译林出版社，2007.

（一）大城市的人与货物处于高强度的流动之中

人类社会长期以来都以规模不大的狩猎、采集群体聚居，生活在自然环境之中。进入农耕社会，城市的规模和现在相比也还是非常之小，到了 20 世纪，内燃机加上廉价的汽油，推动了人和货物的流动，刺激了城市的大发展。

城市也是远离自然的产物，生活在城市中的人，给地球生态系统压上了极其沉重的负担。因为要想使城市正常运转，必须集散大量的各类资源运送到城市，以满足居民的日常需要。大量的食品、水、能源和一系列的生产、生活原材料被送入城市，然后再以废水、废气及固体废弃物的形式将它们分散出去。城市中的工厂、企业要使用原材料，这些原材料也必须经过运输，而且常常是远距离的运输。然后，制成品必须运到国内市场，而且随着全球化的进程，还要运到世界的其他地方。

早期城市严重依赖于围绕着它的农村地区的粮食和水资源，但今天的城市常常依赖于远处的资源，甚至像粮食和水这种基本物资也是如此。例如，美国的洛杉矶大部分的供水来自 970 km 以外的科罗拉多河。墨西哥城日益增长的人口，居住于海拔 3 000 m 的高度，现在必须依靠更昂贵的、从 150 km 外和海拔高度 1 000 m 或更低的地方泵水，以改善城市供水的不足。北京也是严重缺水的城市之一，为改善北京缺水的状况，正在加紧实施南水北调工程，从将近 1 500 km 以外的长江流域调水。

粮食甚至来自更远的地方，如东京所显示的，东京市目前的人口超过了 1900 年世界 10 个最大城市的人口总和。东京所需的稻米，仍然依赖于日本高生产率的农民和受到政府政策强有力保护的耕地，但是东京所需的小麦则大部分来自美国的大平原、加拿大和澳大利亚，玉米大部分来自美国的中西部，大豆来自美国的中西部和巴西中东部的半干旱地区。

由此可知，在大城市中，为了维持城市的正常运转，人与货物始终处于高强度的流动之中，这不但使城市的生活成本显著增高，耗费大量的能源，而且要产生巨量的垃圾和处理费用，人们所为此耗费的时间和成本也难以计数。世界观察研究所的研究人莫利·奥马拉·希恩报道：虽然城市的面积不到地球表面的 2%，但城市的人口是世界人口的 50%，碳的排放量占世界的 78%，居民用水占 60%，工业用木材占 76%。

人们普遍认为，城市化仍将继续。但当我们面对水资源的极度短缺的现实时，远距离调水的花费极有可能抑制城市的发展。此外，未来的水荒，几乎必定是未来的粮荒，因为从地下抽出的水和从河流引出的水，其中70%是用于灌溉。

我国是一个既缺耕地又缺水的国家，土地和水的价值都可能猛增，从而改变城乡之间的贸易条件。从工业革命开始以来，城乡之间的贸易总是有利于城市，因为城市控制了资金和技术等难得的资源。但是如果土地和水成为最稀有的资源，那么，在农村地区的、控制了土地和水的人们或许要占上风。如果这样，这种贸易条件在某些情况下可能会使城市化逆转。

（二）城市无度扩张必然使汽车泛滥

20世纪后半叶，由于农村缺乏机遇，大多数发展中国家来自农村的人口大量流入城市，使城市的规模迅速扩张，城市中的人口和汽车的数量在无计划地快速增长，远远超过城市提供的工作、住房、电、水、污水排放等社会服务的能力。

在大城市中，过分拥堵的交通使效率低下，人们极为反感无所不在的空气污染，但又很无奈。在一些国家如美国和许多发展中国家，汽车出现以后，城市扩展得很大，而忽略了有计划地使用土地，城市无计划、摊大饼似的延伸已经成为城市发展的主要模式。

城市无度扩张的后果是，对小轿车的依赖增加了，道路拥堵已成常态，致使通勤时间越来越长，空气污染也在不断恶化。

【专栏5-7】北京的汽车

2003年8月，北京市机动车保有量突破200万辆，到2007年5月，这个数字改写为300万辆。而从300万辆到400万辆，仅用了2年7个月。从400万辆到450万辆，仅用了几个月。已经有预测，2015年时这个数字会达到700万辆。

【资料来源】李松涛. GDP与幸福感之辩能否求解城市病. 中国青年报，2010-10-08.

在美国的大城市，交通拥堵时等候的时间，从1982年人均11小时增加到1999年人均36小时。在华盛顿有代表性的乘汽车通勤者，因交通拥堵每年要坐等46小时，减少了与家人在一起和锻炼身体的时间。交通拥堵越恶化，生活方式就越趋于常坐不动型。今天，伦敦平均车速与一个世纪前马拉车的速度相差无几。在巴黎，在20世纪60年代，由于采取了“适应小汽车发展”的政策，结果私人小汽车与日俱增，导致市区交通严重阻塞，1973年环城快速路开通后不久就出现了持续性的拥挤。在曼谷，由于车速过慢，整个城市就像一个停车场，甚至出现过3个月内有900名孕妇因堵车被迫在轿车中分娩的情况。小汽车可能增加流动性和出行方便，但在大城市，汽车和城市之间固有的冲突已经非常明显，几乎全世界所有的大城市目前都忍受着交通拥堵、喧嚣和由车辆引起的空气污染的祸患。

很多城市试图以多建和拓宽道路来对付交通拥塞，但基本没有成效。每一次道路的拓宽都引来了新一轮的购车狂潮，紧接着就是拥堵依旧。所以有人说：“多建公路以缓解交通拥塞，恰似以松解腰带来治疗肥胖症。”

以汽车为中心的运输系统，还有一个更重要的问题。对于土地短缺的发展中国家，以汽车为中心的运输系统是不可行的。许多发展中国家如孟加拉国、中国、埃及、印度、印度度尼西亚、伊朗和巴基斯坦等，人口密度大，人均耕地少，缺少土地去兼顾以汽车为中心的运输系统和供养他们的人民。他们必须在汽车和粮食保障方面做出选择。

在日常生活中进行体育锻炼不是件容易的事。为汽车设计的今天的城市，已经达到了剥夺体育锻炼甚至是威胁健康和生命的程度。我们的健康有赖于创建人们能够散步、慢跑和骑自行车的聚居区。

生态城市需要重新设计社区，使公共交通在城市交通中占核心地位，并以人行道、慢跑小路和自行车路扩展它的作用。这也意味着，以公园、游乐场和野外运动场代替露天停车场。除非我们能够设计出一种生活方式，系统地复兴体育锻炼使之成为日常习惯，否则，与健康恶化有关的肥胖流行病将继续随着城市化而蔓延。

（三）城市化和肥胖症

除了大城市的空气污染对健康的危害外，肥胖症的蔓延也成为都市人的一大烦恼，人们对肥胖症的恐惧程度甚至超过空气污染。现代城市化的后果之一，就是汽车剧增，造成人们缺少机会去散步、骑自行车和进行其他形式的体育锻炼。体育锻炼被剥夺和食物增加，合在一起转化为体重增加。结果，以城市为中心的肥胖症在世界范围内正在成为流行病的一个部分。肥胖症不再仅局限于工业化国家，已经成为世界公共健康的首要问题。例如，在中国和印度尼西亚城市肥胖症的规模比乡村高 1 倍，刚果则高出 5 倍。

无论是在发达国家还是在发展中国家，越来越多的人都为肥胖症所苦恼。肥胖症损害人类健康，促发心脏病、中风、乳腺癌、结肠癌、关节炎和成年人发作的糖尿病。美国疾病控制和预防中心估计：现在每年有 30 万美国人过早地死于和肥胖症有关的疾病。

试图只通过节食保持健康体重的美国人 95%都失败了，因为坐着不动的生活方式剥夺了体育锻炼的机会，因而促成肥胖。千百万年高强度的狩猎和采集活动所形成的人类新陈代谢系统，使得大多数人不可能不从事有规律的体育锻炼，而能保持健康的体重。

在高度城市化的社会，很多成年人都超重，这在人类历史上是没有过的。在美国，超重者占全部成年人的 61%，俄罗斯的这一数据为 54%，英国 51%，德国 50%。欧洲作为一个整体，在 35～60 岁的成年人中，有半数是超重的。这一数字在发展中国家也在上升。例如巴西，36%的成年人超重。

不仅更多的人比过去超重，而且肥胖者队伍的扩大速度也一再创新纪录。在美国，1980—1994 年，成年人中的肥胖者增加了一半。美国人中，20%的男性和 25%的女性超重 13.6 kg。在中国的调查显示，在 20 世纪 90 年代，成年人超重的比例从 9%激增至 15%。

青少年肥胖症也在快速上升。在美国 6～17 岁的青少年中，10 人中至少有 1 人超重。在最近的一代儿童中，肥胖的也比前一代儿童翻了一番。不仅仅青少年的肥胖症会典型地转化为成年人肥胖，而且肥胖也造成新陈代谢的变化，以致到成年时期，一些疾病难以治疗。

全世界营养过剩和超重的人数已经升至 11 亿，超过了营养不足和体重不足的人数。伦敦皇家医学院的彼得·戈拜尔曼概括了医学见解：“肥胖不应再被简单地认为是影响某些个人的外表问题，而应被看做是威胁全球福利的流行病。”

肥胖损害健康表现为许多种形式，除了前面提到的多种病症，沉重的体重增加了心脏泵血的阻力，提升了血压。肥胖也加重了关节的压力，常常造成下背部疼痛。肥胖的人比不肥胖的人患糖尿病的可能高 3 倍。

体重上升，预期寿命则下降。一项基础广泛的研究发现，在 26 年内，每增加体重 0.45 kg 死亡风险增加 1%。

肥胖主要由于一方面摄取热量不断增多，另一方面体育锻炼却在减少。经济现代化，系统地排除了我们生活中的体育锻炼。从家里去办公室或工厂，简直就是开着车从门到门。小轿车消除了日常的散步和骑自行车。电梯和自动楼梯代替了爬楼梯，休闲时间消磨于看电视。一天看电视 5 个小时或以上的孩子比一天看电视少于 2 小时的孩子更可能超重。时间消耗于玩电子游戏，网上浏览代替户外玩耍也使肥胖症蜂拥而来。

（四）大都市引发的紧张、焦虑

近半个多世纪以来的发展证明：现代化进程越深入，人类的焦虑越严重。城市是高度现代化的产物，因此城市人群的焦虑是一个不可回避的事实。黑格尔认为，人类文明的过程就是理性发展的过程。高度发展的理性把人类推向自我强迫和自我反强迫的境地。有人提出“焦虑是产生于理性而脱离了理性的轨道的一种情绪障碍”。人类的理性越发达，焦虑就越严重。传统中国人优游于“理性不足，情理有余”的传统文化氛围中，并不产生明显的焦虑。中国进入现代化进程和社会转型后，即处于所谓“挑战与应对”的态势，中国传统文化遭受到前所未有的危机。在这个过程中，许多中国人出现了严重的焦虑。

【专栏 5-8】城市人群的焦虑

目前我国有抑郁障碍者 225 万，其中，每年约 25 万人死于自杀，200 万人自杀未遂。

【资料来源】文摘报. 2011-09-13.

在美国，大城市里的自杀率也较高，进精神病院的人占有较大的比例，精神分裂症、精神病、性格异常等在城市环境里发病率都很高。犯罪率尤使人震惊：在拥有 2.5 万～6 万人口的城市里，每 10 万人中才有 5.7 人被谋杀，但是，在百万人口的城市里，每 10 万人中竟有 29.2 人被谋杀。在小于等于 10 万人口的城市里，每年平均发生 300 起暴力犯罪活动，在百万人口城市里，竟有 11 880 起。

当今社会竞争激烈，工作生活压力重。在我国，人们都很在意地位和财富。不久前《环球时报》报道，国外有媒体认为，中国已成为世界第一“拜金主义”国家。由十多家媒体联合搞的《2009 幸福指数调查报告》说，超过一半的受访者认为，赚到钱才能“赚”到幸福。钱等于幸福，当人们都在追求同样的价值，人生价值相当普遍地存在一元化、同质化时，能不焦虑吗？

媒体在 2011 年也披露了一份《中产家庭幸福白皮书》，说在经济发达的深圳、北京、上海等地中产阶层的幸福指数却最低，被称为“伪幸福”。“我的包袱很重，我的肩膀很痛，我扛着面子流浪在人群之中……我的欲望很多，我的薪水很少……是不是就这样平凡到老，我的日子一直是不坏不好。”郑智化的歌，唱出了中产阶层的欲望与无奈、失落，道出他们的焦虑。弥漫于整个中国社会的焦虑，难道是一个转型国家的人们必须走过的心路历程？

大城市生活的集中程度也可以更微妙的形式影响人际关系和交流，城里人结交的较为亲近朋友要比乡民们结交的少得多。邻居间可能互不知对方尊姓大名。我们就像救生艇里的水手，周围都是海水，但一滴也不能喝。

在偏远的乡村、在欧洲的小镇，你会看到不一样的情景，那里的人们未必富裕，物质生活未必就是到了共产主义，但是，他们脸上的表情是平和而安静的，他们的步态是从容而悠闲的。两相对比，我们的贫乏和苍白是多么显而易见！

焦虑是一种心态，但严重的焦虑感就是种心理疾病。心药还要心来治。医治焦虑的良药是精神，是信仰，是哲学，是创造，是爱，是同情心，是善良，是宽容以及勤劳、智慧和稳定的社会延续。如果说今天的中国已经成功地找到了创造财富的道路，我们还要继续寻找创造内心平和的道路，以克服我们内心越来越严重的焦虑感。

五、城市耗费大量资源带来的问题

（一）城市资源、能源的大量输入将会引起重大的生态变化

现代城市的运转需要持续地输入大量资源、能源，北京市98%的能源性资源靠从外地调入。全市年均可利用水资源仅为26亿 m^3，实际年均用水约36亿 m^3，超出部分依靠消耗水库库容、超采地下水及应急水源常态化维持。如果人口持续膨胀，南水北调的水量将被快速增长的人口所吞噬。

然而城市资源、能源的大量输入将会引起重大的生态变化，大城市的年均气温要比周围地区高出3～4℃。这是因为发电厂、汽车、空调机排出了各种废气，公路和建筑物引起太阳反射变化。城市里的空气污染物要比农村多出约 10 倍。由于城市对能量的需求而引起其他的气象变化包括：冬季里，雾天比周围农村多10%，夏季里，雾天比周围农村多30%，城市雨雪量增加5%～10%；太阳辐射减少5%～10%，风量减少20%～30%。

（二）高能耗、高消费产生巨量垃圾

很明显，城市每天都在产生大量的垃圾，任何大城市的垃圾问题都确实非常棘手。大城市周围新的垃圾填埋场地越来越难找，任何新的垃圾填埋场都将不可避免地建造在有人群居住的旁边，尽管大家都希望有人替他们拾垃圾、倒垃圾，但没有人会同意在家宅旁边造个垃圾坑。对这个问题，只能有两个选择：一是烧掉这些垃圾，这将使空气更加污浊，产生出更大的污染；二是将垃圾运输到更远的、人口密度小一些的新的填埋场，但这将耗费数量可观的能源，费用极大，这是所有特大城市的管理者感到头疼的问题。

城市里的高能耗、高消费和由此产生的巨量垃圾，严重地影响了城市居民的健康，除癌症发病率高得出奇外，城市的其他多发病有气管炎、溃疡和心脏病。比起那些生活在较低能耗环境的人们，城市居民也更容易表现出反社会行为，他们充满敌意，而且自私自利。

人人都讨厌垃圾，人人都制造垃圾。垃圾问题，可以说是伴随着人类文明史的一个“世界难题”。垃圾是城市的附属物，城市的运转每年将产生上亿吨的垃圾。

【专栏 5-9】北京市垃圾处理的困境

目前，北京 90%的垃圾为填埋处理，每年约占用 500 亩土地。处理方式过于单一，加之目前实现垃圾分类处理有难度，如果新的设施不能及时建设，4 年后，北京将面临垃圾无法处理的严峻局面。

【资料来源】中国新闻网. http://www.chinanews.com/. 2009-12-30.

而今，当人们陶醉在繁华的都市生活中，这支垃圾“大军”也正一步一步地包围着他们，并随着城市的增大而增大。刺鼻的空气，巨大的垃圾山，周围灌木和树上零星点缀着的脏塑料袋，在风中不停地打着旋儿……随着这样的情景越来越多地出现在人们的视线中，中国城市的“垃圾之困”也愈发地凸显出来。

“北京每年的垃圾可以形成一座占地 36 hm^2、高 40 m 的垃圾山。”2011 年 3 月，北京市政管委会主任陈永疾呼，北京垃圾危机即将出现。

1983 年，北京曾进行过一次航空遥感观测，发现在当时规划区 750 km^2 的范围内，大于 16 m^2 的固体废弃物堆共有 4 699 堆，占地 9 300 亩，平均每 1 km^2 有 6 堆多，包括农业肥料堆、生活垃圾堆、混合垃圾堆和工业废渣等。为此，北京市政府斥资 23 亿元，才逐渐攻陷这座惊人的“围城”。

20 多年后，垃圾巨兽卷土重来，并且来势更加凶猛——日产垃圾 18 400 t，垃圾处理缺口 8 000 t，67%的高缺口率，如一颗巨型“炸弹”，隐藏在城市地下。

宁夏银川曾有“全国卫生先进城市”、“中国优秀旅游城市”之称，然而，在城市垃圾处理上，由于场地、技术等问题，却出现了城内干干净净，城外垃圾成堆的怪现象……随着城市化和经济的高速发展，中国城市垃圾问题已变得越来越突出。

【专栏 5-10】垃圾围城

全世界垃圾年均增长速度为 8.42%，而中国垃圾增长率达到 10%以上，我国已成为世界上垃圾包围城市最严重的国家之一。全世界每年产生 4.9 亿 t 垃圾，而仅中国每年就产生近 1.5 亿 t 城市垃圾。

【资料来源】观察与思考. 2009-07-17.

统计资料显示，目前，全国城市生活垃圾累积堆存量已达 70 亿 t，占地约 80 多万亩，近年来又以平均每年 4.8%的速度持续增长。全国 600 多座城市，除县城外，已有 2/3 的大中城市陷入垃圾的包围之中，且有 1/4 的城市已没有合适场所堆放垃圾。

与此相对应的，是仅为 50%左右的城市垃圾处理率。一些早早兴建的垃圾处理设施，在城市的快速膨胀中，也迅速陷入超负荷运转的窘境。

在上海，两座垃圾焚烧电厂规划之初周围都是农田，而高歌猛进的城市化不到 10 年就把城区和居民住宅推到了它们的眼前。2005 年，上海市市容管理局的数据显示，全市平均日产生活垃圾 1.5 万 t 左右，其中有 36.6%的垃圾因处置能力不足，只能简单填埋。2002 年，全市共有 220 处简易堆放点，其中 10 亩以上的“垃圾山”就有 9 座。

而这种直接堆放的简易处理方式，不仅使得堆放区域气味难闻，垃圾渗漏液流入周围水体和土壤后，还会对环境造成严重污染，给城市居民的身体健康带来极大威胁。

面对逼近的城市垃圾危机，许多专家毫不掩饰自己的担忧：“垃圾处理不好，矛盾会变得越来越尖锐。”

2007 年，意大利南部城市那不勒斯爆发“垃圾危机”，街头垃圾成堆，有些学校因为老鼠横行而停课，旅馆客房入住率明显下降。人们愤而放火焚烧垃圾。暴力冲突造成数十人受伤。于是，有人开始怀疑：到底是垃圾在向人类进攻，还是人类首先向垃圾发动了进攻？是城市扩张侵占了垃圾的地盘，让垃圾开始丧失它的“栖息地”，还是垃圾想侵占城市的地盘，要求人类放弃城市的栖息地？答案难以给出，事实却可以肯定——那就是“垃圾围城”正愈演愈烈。

20 世纪 90 年代末，为解决生活垃圾问题，不少城市开始推行分类、收费等新措施。但这些国际通行的“好办法”效果却不尽如人意——分类流于形式，收费进展缓慢，个别地方甚至越收越少。2000 年，北京、上海、杭州等 8 个城市开始垃圾分类收集试点。然而，媒体在随后的采访中发现，这种做法在大部分城市都形同虚设。直到现在，绝大多数市民仍然不清楚可回收与不可回收垃圾之间的区别究竟在哪里。

而更为重要的是，处理垃圾的“代价”颇大。调查显示，北京市日产生活垃圾总量达近 2 万 t。每运 1 t 垃圾，从垃圾中转站到垃圾堆放场至少得花 100 多元人民币。1 年光运这些垃圾就得耗去 6 亿多元的市财政收入，其中还不包括垃圾无害化处理的费用(每吨 100 元左右)。建造垃圾填埋场的费用则更为高昂。据估算，建造一个日处理垃圾 200 t 的卫生填埋场，需要的资金是 2 亿元。而一个日处理垃圾 500 t 的垃圾焚烧场则需要 5 亿～6 亿元的资金。而一些城市投入到环保方面的资金比例本身就不高，再从环保资金里面分到垃圾处理后，就更少了。

一直以来，中国城市的垃圾处理都由政府包干，采取非营利性收费的形式，政府投资、政府经营。连年攀高的垃圾处理费用使得许多地方政府不堪重荷，也着实令这些城市的市长们感到头疼不已。

目前，卫生填埋、堆肥和焚烧是国际上通用的三种垃圾无害化处理方法。其中，卫生填埋是垃圾经过焚烧或者堆肥处理工艺、实现垃圾利用最大价值后，剩余残留物的最终处理方法。到了填埋处理这一环节，垃圾的填埋量已经很少，只有垃圾原有量的 10%左右。

而由于环境意识、政策法规、管理体制、运行机制、资金投入、技术装备、设施配套等诸多因素的影响，目前国内大多数城市的生活垃圾处理沿用的依然是露天堆存、简单填埋等陈旧落后的方式，即人们所称的“搬家式”垃圾转移。

其间，尽管也有一些大中城市和经济发达地区先后建设了一批生活垃圾处理场，有些城市还花巨资从国外引进了技术和设备，但就总体而言，垃圾处理依然在低水平上徘徊。

除此之外，大量存在的非正规垃圾填埋场也对一些城市的环境安全构成隐患。

北京市地勘局地调研究院公布的《北京城市生活垃圾处理现状及选址地质环境调查》显示：北京市平原区现有生活垃圾处理场地近 500 处。其中正在运营的非正规垃圾处理场及转运站共有 360 多处，占正在运营的垃圾处理场地总数的 95%。

一面是城市化进程，一面是生活垃圾“围城”的困境，双重压力之下，该如何突围？2006 年 2 月，国务院首次发布《关于落实科学发展观　加强环境保护的决定》，将垃圾处理列为政府环境保护重点工作之一。在追求城市化的同时，政府也开始寻找破解“垃圾围城”窘境的途径。

（三）城市扩张使管理成本和压力增大

大城市不仅容易在经济危机时期发生大规模失业现象，而且，人口拥挤，交通、通信费用的上涨，犯罪猖獗以及空气和饮用水污染等问题时时困扰着人们。城市扩张意味着高能流动和混乱加剧。为管束这些愈演愈烈的混乱，城市管理人员在不断增加，而效率却在下降。每个大城市依然缺少满足诸如电力、下水道、学校、公路、治安、公共住宿等需求的对策。

大城市、特大城市的居民比小城镇、农村居民更易遭受犯罪和健康的危害，城市的快速扩张，使城市的社会问题趋于几何级数的增长，而人们的应付能力却是以算术级数发展。

总之，今天的大都市看似繁华，但不是符合人类健康要求的居住场所，西方国家的过度城市化是在资本推动下唯利是图的短期行为，其极高的能耗破坏了生态和人类生存的安全，并不值得发展中国家效仿和学习。而我国现在有非常多的城市还在不切实际地规划发展国际大都市，这往往是在利益集团的驱动和诱导下，不考虑也不愿意考虑日后极有可能暴发的城市病。而一旦出现问题，又亡羊补牢，采取“头疼医头、脚疼医脚”的治疗方式，不是从根本上分析、思考问题的原因以找出治本的办法，而是简单从事，大拆大建，浪费资源和纳税人的利益。

现在全国多数城市都在声称打造生态城市，尽管也有“绿色城市”、“低碳城市”等不同的说法，但其实质是一样的。然而在实际中，许多城市的发展完全不顾生态学的原则。例如，各大媒体 2011 年 8 月发布的“2011 中国摩天城市排行榜”指出：当今中国正在建设的摩天大楼总数超过 200 座，这一数量相当于今天美国同类摩天大楼的总数。未来 3 年，我国平均每 5 天就有 1 座摩天大楼在中国封顶。5 年后中国的摩天大楼总数将超过 800 座，达到现今美国总数的 4 倍。广西防城港市的人口还不足 100 万，就计划要兴建 528 m 的亚洲国际金融中心，GDP 总量刚破 1 000 亿元的贵阳，却规划了 17 座摩天大楼。

生态城市最基本的要求就是要尽可能使化石燃料的燃烧降到最低限度，尽可能地利用可再生能源。而摩天大楼每天都要通过电梯克服地心引力将人与货物送到一定的高度，其能耗是相当高的，毫无“绿色”可言。摩天大楼的维持费用、防火要求和整个社会成本也都非常高，因此摩天大楼对整个城市的生态是有很大破坏性的。

生态城市的理念是亲近自然，摩天大楼是鼓励人们脱离自然。无论是衡量一座城市的经济实力还是生态环境，并非是楼越高、越多越好，也不是小汽车越多越好。一座与自然和谐的经济发达、休闲宜居的城市，百姓生活的幸福感才会强，这样的城市才更有魅力。

六、生态城市愿景

（一）生态城市以社会公平、公正、关心并保护大多数人民的利益为基础

从生态学原理的角度看，生态城市首先应当能体现出公平、公正、平等和关心并保护绝大多数人的利益为宗旨，其次应当是低能耗的。只有体现出公平、公正、平等和真正为绝大多数人谋利益的社会，人民才能感受到更加幸福、安全和健康，也才是一个以人为本的城市，低能耗的城市才能使生态系统得到真正有效的保护。

然而，我们目前的城市远不能达到生态城市的要求，公平、公正、平等和真正为绝大多数人谋利益的要求，纵向比较虽然有了很大的改善，但社会的公平、公正、平等还只是一个努力争取的目标。现在一方面环境问题造成的影响在人类社会中不公平地分布着，穷人总是较多地受到环境恶化的伤害。另一方面，社会的不公平性也深深地根植于导致环境问题的原因中。社会不公平既是污染、过度消费、资源耗竭、生态环境破坏、危险技术和人口爆炸的制造者，同时也是这些问题的产物。而且，社会不公平也影响着我们对环境问题的认识。

多年来，我们的发展以城市，尤其以大城市为中心，造成了城市之间、城乡之间巨大的反差或者说不公平，城市的外表越来越光鲜靓丽，而农村的发展则缓慢得多，在许多欠发达地区，乡村明显走向凋敝、萧条。

城市之间、城乡之间发展的不均衡、资源投入的不平等，城乡之间收入、教育、社会福利等方面的不平等是造成城市病的最主要原因。我国的城市化没有能够自然地走向城乡一体化，城乡之间没有能够实现高度的融合，导致城乡差距越来越大。致使越来越多的人涌入一线大城市，和劳动力一起涌入大城市的，还有资金、技术、政策、资源，这种种要素混合产生了所谓的“发展机会”、“居民福利”，又反过来刺激了城市的扩张。大城市与中小城市和乡镇相比，总能耗和人均能耗都要高得多。因此城市之间、城乡之间的分化和不平等，使得大城市的能耗随着城市的快速发展骤然增加，而乡村则受到冷落和令人厌烦。

公平、公正、平等历来都是人类社会追求的目标，也是生态城市希望实现的愿景。当今的城市病实际上是反映了一定程度的不公平、不平等，城乡的过度分化本身对于大多数普通的老百姓来说就是极大的不公平。造成城乡之间不平等的原因虽然是多方面的，但公平缺失是最基本的原因。这里有市场的因素，也有非市场因素。

而现在，我们在进行城市规划时，仍然是在设计以小汽车为中心的、高耗能的城市，这样做的结果可能是满足了所谓“社会主流群体”需求，而大多数人的基本需求如公共空间、空气质量则受到了挤压、恶化，这当然也是不公平的。

生态城市是低能耗的城市，而我们又不能割断历史，让已有的大城市瘦身为低能耗的小城市几乎是不可能的，控制中小城市的扩张也很难做到，撇开现有的城市不顾而另起炉灶建设新的城市恐怕也就不是真正意义上的生态城市了。因为在现存的社会结构、经济体系和价值观下，经济利益作为几乎是唯一的决策理由，城市化仍然是带动经济发展的强大动力，因此在城市化的发展浪潮中贯彻生态原则是很困难的。当然这只是事物的一方面，另一方面，城市病又让人们认为必须要改变现代城市杂乱无章、生态恶化的状况，使生态思想逐渐地渗入到城市和乡村的生产和生活中，让生态城市的理念在城市的规划、建设的实践中逐渐清晰、具体并被付诸行动，而不只是流于形式和口号。

尽管现代城市有种种弊端，但它毕竟是人类社会高度文明发展的产物，所以我们只能在现代城市的基础上依照可持续发展的思想改革旧有的积弊，克服现代城市病，建立生态良好、公平公正、真正以保护大多数人的利益为基础的城市。近年来提出的新农村建设实际上也是改善城市生态的措施之一，然而进展并不顺利，也较为缓慢，也带来一些新的问题。

【专栏 5-11】重要的是雪中送炭

衡量人类行为进步与否的标准并不是我们是否能够做到锦上添花，而是我们是否能够做到雪中送炭。

【资料来源】[美]格雷姆·泰勒. 地球危机. 赵娟娟译. 海口：海南出版社，2010.

城市之间、城乡之间巨大的反差是社会管理的巨大失误，有着深刻的政治、经济、社会和思想的根源。在过去的几十年中，城乡分化、城市分化的状况一直在激化，社会越不平等，社会关系就越趋紧张。一旦存在一个长长的社会等级阶梯，生活在底层的人们就意味着屈辱与贫困，所有的人都会感到爬上更高一级阶梯的紧迫性和紧张感，社会各阶层的抱怨也就不可避免了。然而在解决此类问题时，我们往往更多地使用了技术手段，就城市论城市，就乡村论乡村，而缺乏整体的、具有生态思想的思维。其实感冒了只能吃感冒药，而不是手头有什么药就吃什么药，社会问题的解绝不能总是在技术手段上兜圈子。

今天，由于城市病的蔓延，众多的美国人对大城市越来越不感兴趣了。最近民意测验显示，大多数人其实想住进小些的社区里。32%的人情愿生活在小城镇上，25%的人想住在郊区；26%的人想住在农村，只有 17%的人才想住在大城市里。人们正在将他们的想法付诸行动。当问及离开这些大城市的原因时，外迁移民们可能会有很多不同的回答。他们可能要举出犯罪、污染、失业、食品安全和房租高等原因。

在我国，情况与发达国家还有所不同。2009 年 6 月，零点研究咨询集团发布了“中国城市和农村居民流动意愿调查”，其结论是：如果可以自由选择居住地，人们普遍表现出向大城市流动的意愿。此次通过多阶段随机抽样方式、针对 3 262 名 18 周岁及以上常住居民的入户访问调查显示，在城市和县城受访者中，近半数人（45.7%）首选居住地是北京、上海和广州等一线城市。北京、上海和广州的受访者中有 97%希望自己仍然居住在北京、上海和广州。

美国大部分人情愿生活在小的社区、小城镇和农村，一方面说明美国也有城市病的困扰，另一方面也表明美国的城乡分化是可以忍受的，或者说城乡差距不是很大。而在我国，人们普遍表现出向大城市流动的意愿，并不是我们的城市病不严重，而是难以忍受农村的落后和与城市的巨大反差。当然，城市之间、城乡之间、各阶层之间的差距是客观存在的（包括收入），但绝不能像我们现在这样悬殊。

因此说，生态城市规划和建设首先要关心的是弱势群体，无论他是城市的还是乡村的，而不仅仅是关注利润，这也是生态城市必须应当体现的公平。没有城市之间、城乡之间的均衡发展、公平互动，生态城市的建设只能是纸上谈兵。生态城市是一个更加公平、更加平等的社会，也是更加幸福、安全和健康的社会。

（二）生态城市的交通要以铁路、公交、自行车和步行相组合为基础

从道理上讲，全世界所有的人都应当有权利像美国人一样人人拥有小汽车，而实际上不可能实现。仅中国就有 13.7 亿人口，并且每年还有 0.5～1.0 个百分点的增长，这一最大的国情决定中国绝不可能每 2 人拥有 1 辆小汽车（这是美国水平），而每 3 人拥有 1 辆小汽车也绝不可能（这是日本水平），即使是每 5 人拥有 1 辆小汽车也极难成为可能（这是

荷兰水平，发达国家中最低的)。这里暂不讨论环境与噪声污染、空间拥挤、温室效应等，仅从能源经济学角度作点分析。

目前全国石油超过一半被汽车所消耗，假如全国 13.7 亿人口像美国那样每 2 人 1 辆小汽车，全国则有近 7 亿辆。再假设每辆小车每年消耗 0.5 t 汽油(这一个标准肯定是偏低的)，此时，全国仅私人小车每年耗油就达到了 3.5 亿 t，这相当于美国目前从世界进口的总量。如果假设每 3 人一辆小汽车，则全国至少拥有 4 亿辆，这一数量比美国、日本现有小汽车数量总和还要高 1 倍，此时每年需消耗汽油 2 亿 t。如果假设 5 人一辆小汽车（像自行车王国荷兰)，全国也至少拥有 2.5 亿辆，这一数量也相当于美国与日本目前所拥有小汽车的总和，此时每年需消耗汽油 1.3 亿 t。以上是从汽车能耗角度的分析，如果从总耗能角度分析，2003 年我国人均耗能 1.3 t（标准煤)，如果按全世界平均人均耗能 2 t 计算，则我国将耗能 30 亿 t，相当于美国目前的耗能总量；如果按美国人均耗能水平的一半（相当于日本的人均耗能水平)，则中国总耗能将达到 70 亿～80 亿 t，这一数字相当于全世界目前年耗能的一半！显然这是绝不可能实现的！可见，无论我们设定人均耗能水平多么得低，只要用 13 亿人口数一乘，就将是一个巨量。

2011 年 8 月 3 日，中国新闻网播发工信部公布的数据显示，前 5 个月，国内进口原油 1.07 亿 t，同比增长 11.3%，月均进口量 2 130.2 万 t；进口石油金额 788.99 亿美元，同比增长 45.6%，占进口贸易总额的 45.1%。以上数据表明，我国像美国人一样拥有汽车是绝对不可能的，即使石油能够稳定供给，这么多汽车停放又将占去多少极为紧缺的土地资源？大量汽车带来的空气污染又怎能让人忍受？但我们现在还在极力规划以汽车为中心的城市，不断地拓宽道路，不断地蚕食绿地。

【专栏 5-12】我国汽车保有量破亿

根据公安部交管局发布的最新数据，截至今年 8 月底，全国机动车保有量达到 2.19 亿辆。其中，摩托车占 54.12％，约为 1.19 亿辆。汽车保有量占机动车总量的 45.88％，刚刚超过 1 亿辆。这是中国汽车保有量首次突破 1 亿辆大关，仅次于美国的 2.85 亿辆，位居世界第二。

【资料来源】张毅. http://www.stdaily.com. 科技日报. 2011-09-22.

2007 年美国原油对外依存度为 67%，2008 年降为 65.79%，2009 年降至 61.5%，2010 年微升至 62.7%，今年前 5 个月又降至 53.5%。美国总统奥巴马在华盛顿乔治敦大学演讲时甚至宣称，未来 10 年美国将把石油进口量再削减 1/3。

与美国相反，我国近年来石油消费比例快速上升，对外依存度逐年扩大。我国石油对外依存度 2007 年为 49%，2008 年突破 50%，2009 年达到 53%，2010 年达到 55%，今年前 5 个月则升至 55.2%（已超过美国)。有机构预测，2020 年我国石油对外依存度将超过 60%。

按照国际通用标准，一个国家 100 个家庭中有 20 个拥有汽车，就是进入了汽车社会。截至今年 8 月底，国内千人汽车保有量在 60 辆左右，基本达到汽车社会国际公认的标准。中国已经进入汽车社会，但是还只是初级阶段，刚刚进入。

国家能源委员会专家表示，“十一五”期间，国内新增的炼油能力，全部被新增汽车吃掉。每年因汽车增长而增加的石油消费达到 3 000 万 t。迅速增加的汽车保有量，已经对国内燃油供应带来巨大压力。

随着汽车保有量的急剧增加，道路和停车资源严重不足。据有关部门统计，全国 667 个城市中，有 2/3 高峰时段出现交通拥堵。北京、上海、广州、深圳等一些特大城市，已经车多为患，交通拥堵十分严重。由于规划滞后，许多城市停车位严重短缺，北京市近 500 万辆汽车，停车位缺口达到 235 万个。

交通拥挤对社会生活最直接的影响是增加了居民的出行时间和成本。出行成本的增加不仅影响了工作效率，而且也会抑制人们的日常活动，使城市活力大打折扣，居民的生活质量也随之下降。另外，交通拥挤也导致了事故的增多，事故增多又加剧了拥挤。据相关统计，欧洲每年因交通事故造成的经济损失达 500 亿美元之多。另外，交通拥挤还破坏了城市环境。在机动车迅速增长的过程中，交通对环境的污染也在不断增加，并且逐步成为城市环境质量恶化的主要污染源。根据伦敦 20 世纪 90 年代的检测报告，大气中 74%的氮氧化物来自汽车尾气排放。交通拥挤导致车辆只能在低速状态行驶，频繁停车和启动不仅增加了汽车的能源消耗，也增加了尾气排放量，增加了噪声。据英国 SYSTRA 公司对发达国家大城市交通状况的分析，交通拥塞使经济增长付出的代价约占国民生产总值的 2%，交通事故的代价约占 GDP 的 1.5%～2%，交通噪声污染的代价约占 GDP 的 0.3%，汽车空气污染的代价约占 GDP 的 0.4%，转移到其他地区的汽车空气污染的代价约占 GDP 的 1%～10%。

为汽车而设计城市所付出的另一项代价是心理上的，一个剥夺与自然界接触机会的“柏油综合征”。生态学家和心理学家都已经注意到了人类有与自然界接触的内在需求。剥夺了与大自然接触机会的人会蒙受到心理上的损伤，这种剥夺将导致身心健康水平的下降。以宾夕法尼亚州一所医院里病人的康复速度为例，揭示人类对自然的依赖。那些所在病房窗口面对花园的病人，比那些窗口面对停车场的病人恢复得更快。

现代科技给我们发明许多能够节省时间的产品，如汽车、电话、电脑等，但我们却并没有感觉到获得了闲暇，而是把节省下来的时间都消耗在充满了污浊空气的路上。当今大多数城市都不是人类健康要求的居住场所，城市普遍以小汽车为中心，而不再对骑自行车的人或步行者友好，城市剥夺了人们需要进行的体力活动，致使肥胖症的发生极为普遍。

生态城市是建立在轨道线路、公交线路、自行车道和步行通道为主的组合之上的城市交通系统，从提供运力、低成本交通和有利健康的城市环境几个方面来看，堪称世界上最好的城市交通模式。特大城市通常依靠地铁系统来提供运力，无论是地铁，还是地面的轻轨系统，或者是两者的结合，具体交通设计方案都部分地取决于城市的规模和地理位置。对中型城市而言，轻轨交通通常是一个富有吸引力的选择。

轨道交通系统是城市交通的基础。轨道的位置是固定的而为人们提供了一个永久性的可靠交通方式。一旦铺设到位，轨道交通系统的停靠站点就会成为办公楼、高层公寓和商店显而易见的聚集地。

许多城市通过向车辆收取入城费的方式来减少交通拥堵和空气污染。新加坡在所有通向市中心的道路上征收费用。电子传感器可以识别每一辆车，然后将收费金额计入车主的信用卡。该系统已经减少了新加坡汽车的数量，为市民提供了比大多数其他城市更好的运力和清洁的空气。

伦敦和几个挪威城市，包括奥斯陆、卑尔根和特隆赫姆，已经加入了新加坡的行列。2003 年年初，伦敦开始征收交通拥堵税，向所有在每天早上 7 点至晚上 6 点半之间进城的车辆征收 5 英镑费用，立即减少了汽车的数量，使得几年以前平均车速无异于一个世纪以前的马车的市内交通通畅起来，同时也减少了污染和噪声。

在开征这一新税项后的第一年，使用公交车进入伦敦市中心的人数上升了 38%。自征收这一交通拥堵费以来，每天进入伦敦市中心的汽车数量减少了 65 000～70 000 辆，比之前下降了 18%，交通延误率也下降了 30%。自行车和电动助力车的使用量上升了 17%，主要街道的车速从每小时 8.7 英里（1 英里=1.6 千米）提高至 10.6 英里，提高了 21%。

与人们所担心的利润下降的局面相反，伦敦内城 65%的商店的营业情况并未显现出受到新收费政策任何影响的迹象。绝大多数店主认为，车流减少对城市的形象有正面的影响。其他考虑该项收费措施的城市还包括斯德哥尔摩、圣保罗、旧金山、米兰和巴塞罗那。法国官员也正在考虑用征收拥堵费的方式来解决巴黎令人窒息的空气污染问题。

作为个人交通方式的自行车有许多优点。它可以缓解交通拥堵、降低空气污染、减少肥胖病患者、改善身体健康、不排放破坏环境的二氧化碳，并且其价格也可为数 10 亿买不起汽车的人所承受。自行车可以提高机动性，同时减轻交通拥堵、减少柏油路面。一辆汽车所使用的道路面积通常可以容纳下 6 辆自行车通行。就停车而言，自行车的优点更为突出。一辆汽车所占用的空间可以停放 20 辆自行车。

自行车不仅是一种灵活的交通工具，也是一种恢复热量摄取和消耗之间平衡的理想方式。骑自行车能够提供锻炼机会，这本身就非常宝贵。骑车上班所提供的定期锻炼可以减少心血管疾病、骨质疏松、关节炎，并能加强免疫系统。数以百万计的人去按月收费的健身中心——往往是驾车前去，在那里的固定式自行车上锻炼，只是试图获得相同的效果。

在减少碳排放方面，很少有哪种方式能够像在短途交通时用自行车代替汽车那样有效。自行车是工程效率的奇迹，它只需要 13 kg 金属和橡胶的投资，却能将个人的运力提高 2 倍。依靠 1 只土豆所含的热量，就能轻松地骑行 11 km。与之相比，1 辆汽车即使只运载 1 个人，也需要投入 1～2 t 的金属材料，效率实在极低。

自行车为低收入人口提供运力的功能在中国得到了很好的体现。1976 年，中国生产了 600 万辆自行车。1978 年的改革带来经济的迅速发展、收入的不断提高和人们可以自由选择的市场经济，自行车的年产量开始上升，直至 1988 年超过 4 000 万辆。当市场大体饱和以后，年产量有所下降，并稳定在 3 000 万～4 000 万辆之间，一直延续到 20 世纪 90 年代。从 1999 年起，自行车产量再次起飞，2004 年上升到 7 900 万辆。自 1978 年起，中国自行车用户大幅度增加到 5.45 亿人，是有史以来人类运力的最大提升。

很多城市正在发掘自行车的多种用途。在美国，在为人口数目在 5 万～25 万的城镇服务的警察局的 80%以上，为人口数在 25 万以上的城镇服务的警察局的 96%以上，现在都使用自行车进行日常巡逻。骑自行车的警察在城市内的服务效果更好，部分原因在于他们的机动性更高，能够比驾驶汽车的警察更快速和更安静地抵达事故或犯罪现场。他们每天执行逮捕任务的回数通常比驾车的警察高出 50%。在花钱上十分谨慎的警察局上层都明白，自行车的成本和机动警车绝不可同日而语。

在世界各地的较大城市中，自行车邮递服务非常普遍。自行车能比机动车更快地递送小件邮包，价格也便宜得多。随着信息经济的兴起和电子商务的发展，对快速、可靠的城市递送服务的需求不断增长。对许多相互竞争的网络销售公司而言，快速递送是赢得顾客的关键。在纽约这样的城市，这就意味着自行车递送。目前纽约开业的自行车递送公司大约有300家，力争在每年价值约为7亿美元的市场中分得一杯羹。在大城市里，自行车正在成为电子商务支持系统中不可分割的组成部分。

发挥自行车潜力的关键，在于建立对自行车友好的交通体系。这意味着提供自行车专用路和在街道上划定自行车专用车道。这些车道应该设计成既能服务于骑车通勤者，也能服务于骑车锻炼者。另外，提供自行车停放设施和工作场所的淋浴设备，可以促进自行车的普及。工业化国家中，荷兰、丹麦和德国都是设计对自行车友好的交通体系方面的领先者。

荷兰是工业化国家中鼓励使用自行车方面毋庸置疑的领先者。它已将自行车使用的远景发展目标纳入到一个名为“自行车整体规划”的项目当中。在该项目中，除了拟在所有的城市里建立自行车专用车道和专用自行车路，该项目还将赋予骑车人高于驾车人的通行权和交通信号灯处的优先放行权，一些交通信号灯允许自行车比汽车先行移动。荷兰大约30%的交通依靠自行车完成。与之相比，美国只有1%。

西班牙是新近登上“自行车彩车”的国家之一。它于1993年开始将废弃的铁路线改为休闲道路。全国各地新建了52条这样的“绿色道路”，其中有1 300 km为自行车道，可通往全国的各地方。

在荷兰已出现了一个名为“交流自行车经验”的非政府组织，旨在推广该国突出强调自行车作用的现代交通体系的设计经验。该组织正在与巴西、哥伦比亚、加纳、印度、肯尼亚、南非、斯里兰卡、坦桑尼亚和乌干达的其他组织合作来促进自行车的使用，据该组织的领导人罗洛夫·维廷克指出：“如果你只为汽车设计交通，驾车人会感到自己是道路之王。这就会强化那种认为自行车是落后的、仅供穷人使用的交通工具的观念。但是，如果你为自行车设计交通，就会改变公众的态度。”

荷兰和日本都已经通力打造出了将自行车和轨道交通服务合到一起的系统，其方式是在轨道车站提供自行车停车场，使骑车人可以更方便地换乘轨道交通。在日本，骑自行车前往轨道交通站的趋势发展迅速，一些车站已投资建设垂直多层的自行车停场，就同一向为汽车所建设的此类停车场相类似。

轨道交通和自行车的结合，尤其是将它们整合进一个统一的交通体系，将会使一座城市比那些单纯依靠私人汽车的城市更适于居住。噪声、污染、交通拥堵和郁闷感都会得到减轻。人们和地球都会更为健康。

自行车的好处是很多的，我国21世纪之前的几十年城市居民上下班主要是依赖自行车，曾被外国人描述为是自行车王国。城市的扩张使人们从居住地到工作地点之间的距离不断增加，花费大量的通勤时间不说，还搞得所有的人都疲惫不堪。

（三）生态城市是用城乡一体取代城乡分离

现代城市城乡严重分离，我国尤其如此。城乡的二元结构，是在不可持续发展思想的指导下快速发展经济的结果，在此过程中，农村往往遭受不平等的待遇，受到剥夺较多。而城市的畸形发展也带来一系列的问题。城乡的严重分离将永远无法解决城市和乡村各自出现的诸多问题。针对工业社会中城市出现的严峻、复杂的社会与环境问题，只有摆脱只顾城市发展的狭隘观念，从城市结合乡村的角度将其作为一个整体考虑，才能从根本上解决这个长期困扰人类社会发展的问题。城市与乡村相互依存，城乡一体的融合发展模式是资源利用和收益最大化的唯一形式。根据此思想，近年来人们提出了都市农业的概念，其定义为："都市农业（Agriculture in city countryside）指在经济发达国家的一些大都市里，保留一些可以耕作的土地，由城里人耕种，即都市农业。"

2005 年 6 月，联合国粮农组织报道说，城市和城市周边地区的农田，为全世界约 7 亿城市居民提供了食物。这些农田大多数是小块的空地、院子甚至是屋顶。

在坦桑尼亚首都达累斯萨拉姆市内和附近，有大约 650 hm^2 生产蔬菜的土地。这些土地不仅为城市提供了新鲜的农产品，而且也为终年在他们的小块土地上精耕细作的 4 000 名农民提供了生计。在非洲大陆的另一边，在联合国粮农组织一个项目的支持下，塞内加尔的达喀尔市的居民被动员起来，在屋顶不间断地进行农作活动，每平方米屋顶的西红柿年产量最高可达 30 kg。

在河内，80%的新鲜蔬菜来自市内或城市近郊的农场。这些市镇农场出产着该市消费猪肉和家禽的 50%。该市一半的淡水鱼是由具有开拓精神的市镇渔场主所生产。大约 40%的禽蛋供应可从市内或其周边地区得到满足。市镇农民聪明地循环利用人畜粪便为菜地和鱼池提供养分。

生活在印度东加尔各答地区湿地环境的居民，经营着面积近 3 500 hm^2 的污水鱼池。该市的污水都蓄到这里，并分阶段流过不同的水池，以便细菌能够分解有机废物。这些有机物又支持了水藻的快速生长，为各种食草性当地鱼种提供了食物。上述系统为城市提供了稳定的鱼产品供应，而且其质量始终好于任何其他进入加尔各答市场的产品。

上海市一半的猪肉和家禽供应，90%的牛奶和禽蛋的供应也来自这一城市拓展区和周边地区。在委内瑞拉的加拉加斯，一个由政府发起并得到联合国粮农组织支持的项目，在城乡结合部建起了 4 000 个平均面积为 1 m^2 的微型菜园，其中的许多都建在离家庭厨房几步路的地方。一旦蔬菜成熟了，就可马上采摘，然后播种下新的秧苗。在一茬接一茬土地不停息的情况下，每平方米土地每年可以提供 330 棵生菜、18 kg 西红柿或者 16 kg 卷心菜。

委内瑞拉计划在全国各地的城市里建立 10 万个微型菜园和 1 000 hm^2 以城市堆肥为基础的菜地。该国农村综合发展部副司长莱奥纳多·吉尔·莫拉指出："在城镇也好，在整个委内瑞拉也好，人是我们拥有的最重要的资源。通过发展城市农业，我们希望增强穷人的自信心，并以此提高他们对社会的参与程度。"

在欧洲城市，社区菜园有着悠久的传统。每个飞往巴黎的来访者，都能在空中看到城市周边不计其数的社区菜园。这些小块园地不仅可以生产高质量的食物，也为城市居民提供一种康乐情调和社区精神。

古巴在全国范围内扩大城市农作物的面积。哈瓦那现在可以生产本市居民所需蔬菜的一半。城市国家新加坡拥有 10 000 名城市农民，他们生产了国民所需的 4/5 的家禽和 1/4 的蔬菜。2003 年的研究结果表明，英国伦敦 760 万居民中的 14%自行生产某些食物。在加拿大最大的西部沿海城市温哥华，该比例达到可观的 44%。

在美国的费城，有人询问在住宅区菜园里忙活的人为什么要在家里种菜。大约 20%的人回答说是为了娱乐，19%的人回答说可以增进脑力健康，17%的人认为可以增强体力。另外 14%的人回答是需要高质量的新鲜产品，而这只有家里的菜园才能提供。10%的人是为了精神上的原因，还有 7%的人说这样得来的蔬菜最经济，时间上也经济。城市菜园也是社交聚集场所，可以营造社区精神。此外，每周在园地里劳作 3～4 次给身体带来的好处，与适度步行和骑车效果相当。

在美国等一些国家，城市菜园有着巨大的待开发潜力。一项调查表明，芝加哥有 70 000 块空地，费城有 31 000 块。美国全国城市的空地数量可达到几十万块。《城市农业》杂志将城市农业受到大力需求的原因，归纳为具有“一种起死回生的效果，把杂草丛生、垃圾遍布、危险聚集的空地转变为硕果累累、美丽安全的园地，从而从物质上和心灵上给人们以酬劳。”

鉴于未来石油价格不可避免地上涨，发展城市农业的经济利益将会更为明显，甚至对富裕国家也会如此。除了提供更多的新鲜农产品，城市农业也将帮助数以百万计的人发现城市菜园的社会效益和心理作用。

支持社区菜园的论点之一，是它不仅能提供食物，也提供郁郁葱葱的环境和促成社区意识。和土壤打交道，看着植物生长，对人起着治疗的作用。

（四）生态城市是崇尚节约的城市

生态城市不但要大大减少能源性资源的使用，也要尽力节约其他资源。如城市水资源的短缺，使得生产和生活中的一次性用水方式成为过时的模式。因为废水的大量排放不断污染河流、湖泊、地下蓄水层甚至海洋生态系统，使得地表和地下水都不能安全饮用。因此必须大幅度减少城市生产和生活的用水需求，并且使排放的污水及时得到净化处理，即源头减废和末端治理，以保证水资源的循环使用。

当前处理生活污水的主要方式是使用大量的水将其冲走，然后经排放污水的收集系统处理成中水后排入当地的河流，或者用于绿化、洗车等。但这种模式目前存在两方面的问题，一是得到有效处理的污水的比例还比较低，二是中水处理的费用往往得不到保证，处理后的中水的循环利用也存在许多困难，主要原因是资金短缺，也有政策的原因。

随着水稀缺的不断蔓延，以水为基础的污染物处理系统的可行性将逐渐降低。以水为基础的污染物处理系统通常将来源于土壤的营养物质排放到河流、湖泊或海洋。这不仅导致营养物质从农业系统的流失，而且养分的过度供给，也造成许多河流死亡带的形成。将未经处理的污染物大量排入河的下水道系统，是疾病和死亡的主要来源之一。

从设计上来看，现有的下水道系统实际上是一个病源扩散系统。只要出现少量的污染物，就能使大量的水体不适于人类使用，“一冲了之”的模式并不可行，它经常是直接将污物排放到附近的河流里。

病源的扩散是一个巨大的公共卫生挑战。世界范围内，糟糕的公共卫生和个人卫生状况每年会夺去 270 万人的生命，仅次于夺去 590 万人生命的饥饿和营养不良的威胁。

由瑞典首先发明的节水厕所在多种不同的条件下都可以良好地运行，包括瑞典的公寓楼、美国的私人住宅和中国的农村。这是一个低成本的替代方案：积肥厕所。一种和小型积肥设施连接起来的简单、无水和无臭的厕所。厨房垃圾也可以纳入这一处理系统。经干燥处理后，人的有机废弃物便转化为类似土壤的腐殖质，其体积不到原来的 10%而且基本无臭。根据其设计方式和规模，这样的积肥设施需一年左右清空一次。商贩定期收集这些腐殖质，然后将其作为土壤添加物销售，从而确保养分和有机物质能回归土壤，减少对肥料的需求。

这种技术可减少生活用水，从而削减水费，减少抽汲水和净化水的燃料需求。一个额外的好处是，如果厨房垃圾也被纳入该系统，就能减少垃圾运输量，消除污水处理问题，并有助于恢复养分循环。美国环境保护局现在列出了几种已经批准使用的免冲厕所。

随着用水成本的上升（这实际上是不可避免的），家庭业主将认识到花钱改建积肥厕所和更换节水器具更为合算。

对城市来说，节水最有效的步骤是采用综合的水处理和循环系统，以实现对水的反复使用。有了这样的系统，每次循环过程中仅有少量的水因蒸发而损失。在目前已有的各种技术的基础上，对城市供水广泛进行循环利用已是十分可行的，大体上可以解决许多城市对稀缺水资源的需求。

有些面临供水来源萎缩和用水成本上升的城市，已经开始以循环方式供水。以新加坡为例，由于从马来西亚购水的价格越来越高，他们正开始推进水的循环利用，以减少水的进口量。另外一些城市，水的连续循环利用已成为其生存的必要条件。

与城市面临同样用水问题的工业企业，也开始转变用水来清洗工业废物的模式。例如造纸和纸浆业、工业洗衣业等，正着手开发可对废水进行内部循环使用的“闭路循环系统”，这种系统仅需要一小部分淡水来弥补被产品吸收或蒸发损失的水分。

现有的以水为基础的废物处理体系在经济上已不再行得通。在我们这个拥挤的星球上，有太多的家庭、工厂和饲养场试图仅依靠水来冲刷废物。这样做在生态上是没有头脑的和过时的，是一种属于过去人口较少和经济活动不多的时代的做法。

人类的经济扩张已经到了这样一个关键时刻：未来的经济若想有所增长，就必须减轻对不断增长的能源消耗的依赖。这办法可以通过以下方式来实现：将增加使用原材料和不可再生能源转变成对资源的高效利用；由创造体积更大和功能更强的产品向制造更高效的产品转变；由集中生产模式向分散生产模式转变。

再比如，利用现有的技术，我们完全可以设计出更为节能的房屋和城市，当我们将遵循生态学原则应用于房屋节能设计的时候，我们明白了需要改变的不仅是我们建造房屋的方式，还有我们的城市和全球经济的模式的设计。随着将来资源的日益稀缺，城市需要自行生产电力、热能和食品以及循环利用大部分的水资源。低成本地利用风能、太阳能和生物质能。创建绿色城市包括建立小型社区网络，人们可以在住所附近工作、购物和娱乐。这种做法不仅产生了经济效益和环境效益，而且还通过提高身体和精神健康、减少犯罪以及创建更有生机和吸引力的社区改善了人们的生活质量。

必须逆转持续的环境退化的步伐，否则将无法避免生态环境的崩溃。这意味着可持续性经济的第一条法则就是：所有人类经济活动都必须要在可持续的生物物理约束的范围内进行，而且这些活动必须有利于生态健康和生态完整性。

发展可持续性需要一种完全不同于经济意义的途径。更高效地利用资源还不够，我们需要在可持续的约束范围内发挥作用并停止生产有毒废物。我们需要对环境的认识加以转变，原先我们把环境看做经济体系的一个外部条件——当做是我们可以获取原材料和排放废物的场所，现在我们需要把经济看做环境的一个子系统。这就涉及我们价值观的改变：现实中，环境不是脱离经济孤立存在的，经济是环境内在系统的一部分。

第三节 低碳生活

实现生态经济、建设生态城市的目的是为了使生态系统得到有效的保护和人类社会的可持续发展，最终使人民群众有一个稳定、健康、幸福、可持续的生活环境，而生态经济、生态城市需要低碳生活的支撑，否则就谈不上对生态系统的保护。

近年来，在环境保护与可持续发展领域，西方国家又率先提出了低碳经济、低碳生活的概念，实际上，低碳经济、生态经济说法不一，但实质一样，本意都是要求经济运行、城市发展要在保证生态系统安全和持续、稳定、有序的基础上，低碳生活则是倡导和抛弃大手大脚、挥霍浪费而实行节制、节约的生活方式。

一、低碳经济的概念及形成背景

“低碳经济”是近年来国际社会应对人类大量消耗化石能源、大量排放二氧化碳引起全球气候灾害性变化而提出的新概念。它的核心是在市场机制基础上，通过制度框架和政策措施的制定和创新，形成明确、稳定和长期的引导和鼓励，推动提高能效技术、节约能源技术、可再生能源技术和温室气体减排技术的开发和运用，并促进整个社会经济朝向高能效、低能耗和低碳排放的模式转变。

进入 21 世纪，全球石油、天然气资源不断趋紧，保障能源安全压力逐渐增大，全球环境容量瓶颈凸显，同时气候变化问题也成为有史以来人类面临的最大的“市场失灵”问题。在此背景下，英国率先提出“低碳经济”概念，并于 2003 年颁布了能源白皮书《英国能源的未来——创建低碳经济》。现在，欧美发达国家大力推进以高能效、低排放为核心的“低碳革命”，着力发展“低碳技术”，并对产业、能源、技术、贸易等政策进行重大调整，以抢占先机和产业制高点。日本作为推动“低碳经济”的急先锋，投入巨资致力于发展“低碳技术”；美国参议院 2007 年提出了《低碳经济法案》，制定了低碳技术开发计划。这一切对我国而言，已形成压力和挑战。

我国现在正处于工业化、城市化、现代化加快推进的阶段，基础设施建设规模庞大，能源需求快速增长。“高碳经济”特征突出的现实，成为我国经济社会、生态环境可持续发展的一大制约。怎样走出一条既确保经济社会快速发展，又不重复西方发达国家以牺牲环境为代价谋求发展的老路，是我们必须面对的课题。

21 世纪初，因使用化石能源排放二氧化碳导致气候变化似乎成为压倒性的话题，这种思潮的依据是 IPCC（Intergovernmental Panel on Climate Change，联合国政府间气候变化专门委员会）的历次评估报告，然而一直有人从科学研究的角度对此发出不同声音。气温升高受多种因素影响，南极冰芯气泡研究成果显示，气候变化不只与二氧化碳浓度有关，至少也与甲烷、氯氟烃等浓度有关。全世界地质学、考古学、物候学研究表明，在人类进入工业化以前，地球气候就存在比现今气温增减 2℃的若干次周期性温度变化。研究过程中应强调多因素间的复杂相互作用，而不应在复杂的体系中仅强调某一两种事物的单一因果关系。

假如承认使用化石能源排放二氧化碳是导致气温升高的重要因素之一，也应该允许不同国情、不同资源禀赋的国家对二氧化碳减排采取不同的对策。一种是大幅削减化石能源消费量；另一种是强调节能减排，尽量降低化石能源的耗散强度和单位GDP的碳排放量。发达国家应当更多地强调大幅削减化石能源消费量，而发展中国家目前应着重强调节能减排。中国目前最严重的环境污染还不是二氧化碳的排放，减排首先应指向那些严重污染土壤、水体、大气，直接危害人体健康的污染物。提出对能源与气候关系的质疑，绝对不意味着对环境问题的忽视。面对严肃的科学问题我国应采取实事求是的态度，应组织本国的科学家进行多学科参与的综合研究，我国在关乎人类发展的重大问题上要有自己的研究和发言权，而不是盲目让西方国家牵着鼻子走。

二、从技术角度看低碳经济

保障能源安全和应对气候变化无疑是“低碳经济”要实现的最重要的两个目标，当然也是生态经济和生态城市的目标。英国所倡导的“低碳经济”，是通过制定和实施工业生产、建筑和交通等领域的产品和服务的能效标准和相关政策措施，通过一系列制度框架和激励机制促进能源形式、能源来源、运输渠道的多元化，尤其是对新能源和可再生能源等清洁能源的开发利用，实现低能源消耗和低碳排放的目标。最终实现以更少的能源消耗和温室气体排放支持经济社会可持续发展的目的，这里主要是政策和技术方面的措施。

（一）新能源的概念

一般认为，常规能源是指技术上比较成熟且已被大规模利用的能源，而新能源通常是指尚未大规模利用、正在积极研究开发的能源。因此，煤、石油、天然气以及大中型水力发电都被看做常规能源，而把太阳能、风能、现代生物质能、地热能、海洋能以及核能、氢能等作为新能源。

环境污染和能源短缺的现实压力令全世界开始重新关注新能源，而且希望新能源能够克服化石燃料燃烧带来的污染和有可能出现的能源枯竭。新能源看似有很多优点，如太阳能和风能，取之不尽、用之不竭，利用过程中也不会排放很多的污染物。然而世界各国利用现代科技手段开发不同种类的新能源也已有几十年的历史，当然也取得很大进步，包括太阳能发电、风力发电、核能、生物质能等，但至今还没有一种新能源能够取代现在普遍使用的化石能源，目前新能源还只能作为常规能源有限的补充。比如说仅靠太阳能和风力发出的电能给现代化的大型工厂企业提供充足的电力，从而驱动大型机械设备是做不到的，更不可能牵引火车在铁轨上飞奔，甚至连牵引高层建筑的电梯都很难实现。这一方面说明了各国还没有取得技术上的全面突破，另外目前尚未清楚新能源开发利用本身是否也存在一些依靠技术难以克服的障碍。因此应当正视新能源本身的问题和开发利用过程中出现的问题，对于对新能源过高的期待也应有更为理性的认识。

（二）新能源的开发制造过程需要耗费大量的资源

以目前较为普遍利用的也是人们最为关注的新能源太阳能光伏发电和风力发电为例，其最显著的特点是在实际利用过程中比起燃烧化石燃料来说排放的二氧化碳以及相关的污染物非常之少。如一次性投资建成后，就可以不燃烧化石燃料而依靠自然力运转若干年，基本不排放二氧化碳，维护成本也不太高。即使是生物质能如技术比较成熟的玉米乙醇，它的燃烧产物也相对比较清洁，更为关键的是新能源是可再生、可持续的能源，因此认为新能源是低碳的。

太阳能发电和风力发电的过程无疑是低碳的，而它的开发制造过程则是另外一回事。无论是太阳能发电还是风力发电，总是要和地球上其他的大量非再生资源结合后它们才能正常运转起来，发出电能。如生产和制造太阳能和风力发电装置过程中要消耗大量的金属和非金属材料，包括钢材、铜、镉、硅、锗、硒、镓、砷等，还需要大量的玻璃、塑料、橡胶等化工产品。上述所需要的材料，事先都需要经过开矿、熔炼、提纯、合成等复杂的加工过程，每一过程都要耗散大量的石油、煤炭等不可再生资源，排放大量的二氧化碳等污染物。此外发电装置的安装就位还要大量占地、远距离的运输等，这些过程应当说都是高碳的，是需要大量的化石燃料作支撑的，同时也大大提高了新能源开发利用的成本。目前风力发电成本是火电的2～3倍，太阳能光伏发电是火电的5～10倍。

由于风力发电和光伏发电设备的制造要消耗大量的金属材料，这自然就推高了发电成本。现在吨钢综合能耗的国家标准（GB）为Ⅰ类企业700 kg（标准煤）/t，Ⅱ类企业730 kg（标准煤）/t。这里所谓的吨钢综合能耗并不包括钢铁工业企业的采矿、选矿、铁合金、耐火材料制品、碳素制品、煤化工产品及其他产品生产、辅助生产及非生产的能耗。这些前过程耗能没有计算到吨钢综合能耗中去，但成本是一定要摊的。因此仅看吨钢综合能耗的数据还不足以说明风力发电开发制造和利用全过程的排碳量，而市场价格以及成本的数据则比较全面地反映了风电的全程排碳量以及和火电排碳量定性的比较。

很显然，新能源开发和设备制造过程对化石燃料的依赖、高成本和二氧化碳等污染物的排放之间是有正相关性的，虽然目前还很难比较准确地计算出新能源和常规能源开发制造和利用的全过程各自的排碳量、排污量的多少，但目前的高成本说明了新能源的开发利用并不经济，全程排碳量也不见得少，媒体和利益集团所鼓噪的新能源低碳、无污染、零排放等说法是不全面、不客观的。

（三）太阳能发电的转化效率低、成本高

据2008年中国能源投资论坛中最新报告可知，上海市在纳米专项基金的支持下，经过3年多实验与探索，已经研制出新型仿生太阳能电池。它的光电转化效率已超过10%，达到接近11%的世界最高水平。从数据能够看出，世界最高水准的光电转化效率也仅有11%。如果在阳光不太充足的多云天气或者是雨天和闷热的天气里，太阳光伏效应转换的效率还将会大幅度降低。

在太阳能电池中硅系太阳能电池是发展最成熟的，但其成本居高不下，晶硅太阳能电池的主要材料是硅片，比如铺设大面积的太阳能电池幕墙。然而目前太阳能电池板主要用的高纯硅，其纯度达到99.999 9%。高纯硅的提炼技术被德国、日本、美国等几个公司垄断。太阳能电池用的高纯硅都是进口的，它的价值不菲，成本太高，远不能满足大规模推广应用的要求，所以太阳能发电系统在未来的领域中仍需要人们不断的探索与完善。

目前国内太阳能光伏发电投资约为5万元/kW，而火电约为5千元/kW。太阳能光伏发电投资的高成本，意味着就当前的技术大规模开发太阳能光伏发电是不合算的，虽然随

着太阳能光伏发电设备生产技术的改进、生产规模的扩大以及生产链的完善，成本降低是可以预期的。而从另外的角度看，太阳能光伏发电的基本材料，多晶硅和单晶硅的生产能耗是很高的，规模生产极有可能反过来抬高常规能源的价格，因此期望太阳能光伏发电组件生产成本的大幅度降低也是不现实的。

中国已成为世界最大的太阳能电池组件生产国。然而，由于中国还没有启动太阳能电池的需求市场，所生产太阳能电池组件的98%以上都需出口。发达国家为了保护自己的环境，将大量耗能的前期生产放到了中国，我们虽然赚得一些利润，但付出的环境代价是不言而喻的。还有国内光伏产业市场启动速度太慢，市场和产业不协调，说明了市场承受不了目前光伏技术应用的高成本。这种基本依赖于出口市场的产业存在着潜在的危机，发达国家一旦因为经济危机或是为了保护本国的行业利益，将压缩或暂停太阳能电池片的进口，势必对我国太阳能电池和硅材料行业产生巨大影响，甚至可能引起我国该行业的运转困难。这必须引起我们的足够重视，未雨绸缪地做好应对。我们应当加快我国光伏技术的应用和的市场发展，完善产业链，而不能不顾环境压力仅仅是关注产业某一环节的利润。

（四）太阳能和风力发电装置是有一定寿命的

太阳能发电装置和风力发电装置目前的设计适用寿命最多是 20 年，在这期间设备要经受全天候的考验。生产风电设备的技术是集空气动力学、材料力学、工艺制造学、气象学、电机学、自动控制学、电力传输、保护与控制等多学科于一体的综合性技术，技术含量非常之高。制造企业必须具备先进的设计理念和一流的制造技术才有可能制造出先进的风电设备，即使是这样也很难保证在 20 年时间内设备不出问题，太阳能光伏发电装置同样存在此类问题。我国中西部地区风沙较大，风沙对风力发电设备磨损非常严重，风沙的侵蚀会使风电设备的寿命大打折扣。

事实上，我国的风电设备生产企业的发展还不到 20 年，也没有已经运营了 20 年的风电场。根据欧洲风能协会的测算，陆上风电的投资成本在 800～1 150 欧元/kW，发电成本在 4～6 欧分/kW・h，海上风电的投资和发电成本分别比陆上高出 50%～100%，投资成本在 1 250～1 800 欧元/kW，发电成本在 7.1～9.6 欧分/kW・h，根据资源条件不同而有所变化。

发达国家在掌握专利和先进生产技术的条件下，其成本依然高于常规能源的电价，而我国风电不但成本高而且还存在风沙侵蚀等潜在的问题。发达国家发展风电多是利用海洋风，我国也已经开始了海上风电的开发，不过海上的空气含盐量和湿度都相对较高，因此对应着陆上的沙尘，海风对风电设备的腐蚀作用恐怕也会给风电设备企业提出新的难题。

（五）政府的补贴是有限的

与其他行业不同的是，新能源行业十分倚重政府资金和政策支持，其自身竞争力往往难以承受市场考验，而经济压力又让政府补贴不可能长久进行下去，企业也不能总是指望政府的补贴或贷款生存。我国目前在没有真正掌握核心技术和新能源技术还有待改进的情况下，政府的优惠政策不能成为支持浪费的始作俑者，要避免新能源低碳概念的炒作，更要防止某些企业钻新能源政策的空子，就不太成熟技术的推广而给予企业补贴是要慎重的。

三、新能源的发展规划要结合国情、趋利避害

（一）新能源的开发不能一哄而起

新能源的不确定性决定了其开发和利用不可操之过急，一哄而起。而据媒体报道，2008年我国新增风力发电机组 5 030 台，累计装机容量已超过 1 200 万 kW。而当年的风力发电量仅为 128 亿 kW·h。这意味着我国风电平均每千瓦装机容量 1 年只工作 1 000 小时，电费收入才几百元。这使用效率实在太低，连投资都收不回来，不要说人工、维护等成本。目前国内已经有 18 个省市提出了打造新能源基地，或者把新能源当做支柱产业来发展，另外，有近百个城市把太阳能、风能作为城市的支柱产业，这种一窝蜂地发展，不但浪费，也势必影响整个产业的可持续发展。

（二）新能源开发竞争的关键是技术的创新和成本的不断降低

对一个前景看好，但技术还有待突破的行业，国家和企业应当把有限的资金更多地投入到研发上。新能源的研发也需要市场竞争，从而选择出更科学的技术路径，成本更低的产品。对于企业来说竞争的关键是技术的创新和成本不断降低的努力，而不是看谁能获得政府的优惠政策和补贴。新能源行业目前竞争力不强的一个重要原因是我们对新能源的开发抱有了太多美好的期望甚至是“永动机”式的幻想，并且将新能源开发所面临的复杂技术看得过于简单，认为只要有资金支持，技术的突破是可以实现的。实际上技术也不是万能的，技术能带来社会财富，也确实能解决一些问题，但同时也带来了环境污染甚至技术陷阱。因此在开发利用新能源技术时，一定要做到趋利避害。

综上所述，即使是新能源中人们比较看好的风力风电、光伏风电，目前也还存在许多难以克服的技术和应用的障碍，它们不但不能在实际的生产、生活的能源供给中不依赖化石能源而独立运行，而且也不见得像人们想象的那样“低碳”。开发和利用新能源本来是为了减少污染，然而如果开发和利用的代价太大、浪费过多，本身就会造成更为严重的污染。因此大规模地开发利用新能源一定要慎重，不能被国内外利益集团为了自身的资本增值而欺骗。

全球的能源利用已经经历了两次大转换：从烧薪柴、秸秆到烧煤炭，从烧煤炭到烧石油、天然气，现在是第三次能源大转换，要从烧石油、天然气到具有低碳性质的利用可再生能源的能源体系。能源转换的过程是缓慢的，第一次能源大转换前后经历了 200 余年，第二次能源大转换使石油、天然气在商品能源中的比重达到 50%用了 100 年。虽然可以预期，在不远的将来，新能源会有一个大的发展，但第三次能源大转换比起前两次要艰难得多，目前前景仍然模糊，除了技术上的原因外，恐怕还有类似“由奢返俭难”等众多难以克服的困难和社会问题，因此，世界能源结构转变到以可再生能源为主，很可能是一个很漫长的过程。对于第三次能源大转换，新能源也仅仅是在利用过程中具有低碳的优势，大多数新能源属于间歇性、分散性能源，其不稳定性是显而易见的。即使在最近几年化石能源价格暴涨以后，可再生能源仍然不具备市场竞争力。

然而，全球能源利用的第三次大转换是一个必然的趋势，从以烧石油、天然气和煤炭

为主过渡到以具有低碳性质的利用可再生能源为主的能源体系是生态经济的愿景，恐怕也是不以人类社会的意志为转移的，因为化石燃料将越来越少、越来越贵，其开采的难度和成本也越来越高。因此新能源开发和利用的步伐不应当放慢，而是要更加科学地开发、利用和选择。

四、重视生物质能的开发和利用

生物质能是可再生能源，也是新能源的一种，其开发和利用价值越来越受到重视。近年来生物质能的开发用于燃料主要集中在两个方面，一是发展玉米乙醇，二是纤维素乙醇。但发展玉米乙醇从目前实施的结果看，它带来的问题似乎比解决的问题还要多。美国发展生物质能的新政策出台后，美国的粮农们纷纷扩大玉米的种植面积，或将种植其他作物的土地也改种为玉米。据统计，2007 年美国玉米种植面积和产量均创下 1944 年来最高纪录，产出的玉米中多达 1/5 被用来生产乙醇汽油。如此旺盛的需求当然也带来了价格的上扬，仅 2007 年一年，美国国内的玉米价格就上涨了 50%。此外，由于被玉米挤占了种植空间，大豆的供应量减少，价格也开始上涨。因此美国政府的新能源政策招致了不少人的批评。联合国粮农组织专家琼·齐格勒警告说，一些国家将粮食转化为燃油的做法是一种“反人类罪”，这种做法将加剧全球范围内的粮食短缺，抬高粮食价格，让更多贫困人口难以承受。把粮食作物转换成生物燃料的政策对于日益严峻的全球粮食短缺问题无疑雪上加霜，必将给世界造成更大规模饥荒。

在中国，近年来，猪肉、食用油以及食品价格的上涨，其中一个重要的原因就是饲料价格的上涨，而且粮食价格上涨波及的不仅仅是中国。美国的一项能源政策对世界范围内的食品价格产生这么大的影响，可谓美国的生物燃料政策的实施客观上已经形成了全球 8 亿有车一族与 20 亿最贫困人口之间针对粮食展开的较量。而具有讽刺意味的是，开发和利用玉米乙醇作为燃料的计划并未带来化石能源紧张问题丝毫的缓解，倒是使新旧问题相互交织，给人类带来了更多的困扰。

原油价格不断上涨，如果粮食的价格也大幅上涨这就等于是火上浇油，有可能带来全球通胀、饥饿甚至经济危机等一系列问题。因此发展用玉米乙醇作为燃料的计划不但在中国不能推广，在发达国家也应当控制。

纤维素乙醇作为生物燃料的一种，其开发和利用的技术已经相对成熟一些，其标志是近年来成本已经下降了数倍，从而使纤维素乙醇技术越来越具有竞争力。

纤维素乙醇是第二代生物燃料，是以纤维素（农作物秸秆、林业加工废料、甘蔗渣等）为原料制成的乙醇。美国通用汽车公司的研究成果表明，每单位纤维素乙醇所产生的能量是其生产过程中所消耗能量的 7.7 倍，温室气体的排放最多可降低 96%。由于在环境友好型、能效较高等方面的优势，生物能源被视为可以大规模替代汽油和柴油的可再生能源，公众和各国政府对生物燃料的关注日渐升温。中国目前的粮食产量大约是 5 亿 t，生产粮食产生的地上茎秆和地下根茎大约也各有 5 亿 t，还有地上的林木枝杈、灌木以及自然生长的野草都含有纤维素，量是很大的。对于我国来说，用粮食生产燃料不符合国情，而用茎秆、根茎、林木枝杈和农产品加工废料等生产纤维素乙醇则应提倡和推广。虽然发展纤维素乙醇到底能在多大程度上实现节能、环保、低碳，目前还存在一些问题，如原料集散的耗能、二次污染等，但纤维素乙醇制造技术的突破是可以预期的，相关问题的解决也相对容易。

国外已经将禾本科多年生高大的丛生草本植物如芦竹、象草、柳枝稷、草芦等作为重要的能源植物（Energy Source Plant）进行开发利用，并称为能源草。这些植物都具有生长快、产量高、光合作用效率高、热值高和生长迅速的特点。例如，1 亩柳枝稷 1 年的干草产量为 1.2 t，而 1 亩象草 1 年可生产出 3.6 t 干草。其次能源草的根系发达，对炎热、寒冷、干旱、盐碱等环境都有较强的适应性。还有能源草燃烧时放出的二氧化碳与它生长时吸收的大致相当，不会像燃烧传统的化石燃料那样使大气中的二氧化碳含量急剧上升。虽然能源草也可能产生甲烷和一氧化碳等温室气体，但是通过改进燃烧技术，还是可以控制这些温室气体的排放的。因此借鉴国外利用生物质能的经验，加强生物质能的开发和利用应当是正确的选择。

在化石燃料出现之前，人类社会在非常漫长的时间里主要利用的能源就是生物质能，如薪柴等，只不过是由于科技手段的落后，其能源的利用效率非常低下。而在今天是用现代科技手段改造传统能源的利用方式，一定意义上是回归自然和传统，但不是重复，因此它的实际意义是巨大的。

总之，新能源的开发和利用过程是一个事物的两个方面，我们不应仅仅看到新能源利用过程的低碳和环保，更应关注开发制造过程的高能耗、高成本以及技术的不成熟，要全面看待新能源开发利用的优势和存在的问题，一个明显的结论是：传统能源仍不能被替代，风能、太阳能等新兴能源在较长时间内都只能作为能源的补充，这些新兴能源在现代化大工业中要堪其大任，还有很长一段路要走。因此目前主要是应当加强研发、稳步推进，避免浪费，对不同种类新能源的发展规划要结合国情做出科学合理的选择。

五、低碳经济应与低碳生活相依托

新能源的开发和利用虽然遇到许多困难，但并不能认为新能源的发展对于“低碳经济”不重要，而是我们在推行“低碳经济”的同时要倡导“低碳生活”，或者说，“低碳生活”应当是“低碳经济”的重要组成部分。

“低碳经济”的重要含义之一，不仅意味着制造业要加快淘汰高能耗、高污染的落后生产能力，而且意味着引导公众反思那些浪费能源、增排污染的不良嗜好，从而充分发掘消费和生活领域节能减排的巨大潜力。

在市场经济体制和观念下，社会所标榜的“低碳经济”高能效、低能耗技术状态下的生产仍然是追逐最大利润，因此企业的大量生产就是不可避免的，所生产的大量产品最终一定要想办法卖出去的，而且是卖得越多越好。大量生产必然会产生大量污染、大量排碳，这是不言而喻的。单位能耗降低了，但总量大大增加，二氧化碳的排放量是不会减少多少的。举例来说，通过几十年的努力小汽车行驶 100 km 的耗油量最多也就下降了不到 50%，但小汽车的总量却增加了几十倍，显而易见的是污染和二氧化碳排放量也增加了许多倍。因此说，“低碳经济”仅有先进技术的支撑是不够的，必须依托于“低碳生活”才能实现减排的目的。

（一）“低碳生活”是可持续的生活方式

“低碳生活”是一种简单、简约和俭朴的生活方式。我们的衣食住行都与二氧化碳排放量乃至气候变化有关，比如 1 张 A4 纸的能源含量接近 0.1kW·h 电，由此也可算出它的二氧化碳排放量。每节约 1kW·h 电，就相当于节约了 0.4 kg 标准煤和 4 L 净水，同时减少了 0.272 kg 碳粉尘、0.997 kg 二氧化碳、0.03 kg 二氧化硫等污染物的排放，可见节能的巨大潜力。一种巨大、廉价、优质的绿色能源就是节约能源的行动本身。如果绝大多数人的生活能够采取低排碳的适度消费的方式，那么“低碳经济”的实现是有可能的，有怎样的生活方式就有怎样的经济。

“低碳生活”不只是制造业、建筑业中许多节能技术改进的细节，它包括日常生活习惯中许多节能细节。中国作为世界第一人口大国来说，每个人生活习惯中浪费能源和二氧化碳排放量的数量看似微小，一旦以众多人口乘数计算，就是巨大的数量。

如今在发达国家，很多人已经接受了由低碳经济带来的低碳生活方式的观念，为了过上低碳生活，他们愿意做出自我牺牲，从关掉暖气到放弃驾车去上班。今天欧洲人越来越喜欢乘坐火车出行，一个主要原因是乘高速列车带来的人均碳排放只有飞机的 1/10。

简约生活，也正成为更多中国人奉行的生活准则。一些收入早已进入中产阶级的市民，也会穿着旧衣服去早市买便宜青菜，骑自行车出行，使用最老款的手机。煮鸡蛋早关一分钟煤气、用洗衣服的水冲厕所、随手关灯，打印用双面纸等习惯早已深入到那些最有教养的阶层中去，以此带来心灵的宁静。

然而，能够自觉地在可持续消费价值观指导下做到适度消费的人是不多的，大量消费、大量废弃依然是社会生活的主旋律。低碳经济在绝大部分时刻还只是一个概念，低碳生活也只是处在令人尴尬的纸上谈兵阶段。

在实际生活中，以大量消耗能源、大量排放温室气体为代价的“面子消费”、“奢侈消费”的比例太高。一方面在努力实现“低碳经济”，另一方面又不停地挥霍。这些都是消费主义文化使然。

消费主义文化总是不断刺激你去换最新款的手机、电视、衣服、鞋子，轰炸般的商业广告煽动着公众一浪高过一浪的消费欲望，把人变成商业利润的工具。不少刚参加工作不久的年轻人，用一个月的收入买一款新式手机或一个名牌皮包觉得不算什么。中国现在每年平均淘汰近 7 000 多万部手机，产生大量的电子垃圾。不少年轻女性家里堆满了各种款式的鞋子和皮包，但还是要去买更新的款式。在提倡“低碳生活”的今天，“能挣会花”的口号不再象征着现代化理念，而象征着一种浪费资源的野蛮消费方式。

大量生产、过度消费、大量废弃的生活方式，正走向人类文明和生态经济的反面，严重制约了可持续发展战略的实施，不但污染了生态环境，而且污染了人们的心灵。正是这种无限膨胀的消费欲望造成了世界能源、资源的紧张。

我们不能一方面耗费大量非再生能源去开发新能源，另一方面又在大量地挥霍和浪费能源。目前强调生产领域的经济结构调整和经济增长方式的转变比较多，当然这也是节能的题中应有之义，而对生活领域的大量消费行为对资源的浪费却关注不够，对两者之间的联动效应也认识不足。实际上，生活和生产领域所期望达到的节能减排目标是一致的、联动的、相互影响的。对大量消费行为熟视无睹，节能减排的目标是达不到的，无论今后能源结构如何变化发展，节能应当是一个永恒的主题。

（二）“低碳生活”要有制度保障

有媒体报道，我国的公共建筑包括办公楼、写字楼、购物中心等每年每平方米的平均耗电量为是普通民宅的 3～4 倍。国家及政府部门也多次发布建筑节能降耗通知，并且也有一些具体的要求，如空调温度不能低于 26℃等。不能取得明显成效的根本原因在于，公务人员的节能纯粹是个人道德、认识的体现，即使有一些具体的要求，也只是柔性的，没有一种刚性的制度约束，来催逼他节能。如果政府节能有制度保证，那么公务人员一旦不节能，就会受到组织、经济等方面的惩戒，将会极大地推进节能在政府层面的落实。

2010 年 6 月 16 日《解放日报》报道，上海市将办公节能措施具体化，如制定了“夏季着清凉装上班，除外事礼仪需要外不穿西装不系领带”、“办公楼四楼以下不乘用电梯”、“公务出行拼车、乘用公交车”等规定，正在将办公节能措施具体化，并率先在公务人员中推行，这在大方向上应该看做是走向了制度化。如果这些制度再辅之以惩戒措施，将会更现实化，也便于操作。

全民的环境与可持续发展宣传教育开展以多年，公众的环保意识有了一定程度的提高，除了道德层面的教育引导外，还必须有制度的约束。许多人怀疑“限塑令”的可操作性，但颁布后，还是得到了广大市民的理解，并且取得了一定的实效，虽然效果有限。

总之，“低碳生活”的广泛实施，将遏制“高碳经济”的蔓延，促进“低碳经济”发展。而实现这一目标，“低碳生活”的宣传引导和制度保障是缺一不可的。

思考与练习题

1. 生态经济高度重视植物将太阳能转化成地球生命赖以生存的生物化学能的过程所起的作用，那么人类社会的哪些活动减少和减弱了光合作用的过程？

2. 请简述不可再生能源和可再生能源的区别，并举例。

3. 如何理解环境恶化是在人类社会有组织的活动下进行的。

4. 在实际生产和生活中如何才能做到可再生资源（即土壤、水、森林、鱼等）的消耗速度不能高于资源的再生速度，举实例说明。

5. 将现有的城市转变为生态城市需要做哪些工作？

6. 如何理解“把田园的宽裕带给城市，把城市的活力带给田园”。

第六章　环境道德观与可持续发展思想

第一节　环境道德观

道德是反映和调整人们在现实生活中的利益关系的价值观念和行为规范的总和，是由各种各样的规则所构成的规范体系。道德是随历史的发展而发展的，一定社会的生产力和生产方式形成一定的道德。

环境道德就是调节人与人、人与社会之间关于生态环境利益关系的规范。环境道德观是人类传统伦理道德观念的继承和发展，是在现代工业文明引发的人与环境关系日益尖锐的情况下产生和发展起来的，一种人类与环境和谐相处的新的道德观念，是人类有史以来环境意识发展的最高阶段。环境道德观的核心主要是人类社会应学会与自然和谐相处，共同发展。环境道德观的建立把道德行为的领域从人与人、人与社会扩展到人与自然之间，将公平、正义、善恶、良心、义务等道德观念应用到处理人与自然生态的关系中去，从人类社会能动性的角度出发，倡导人们主动承担起对自然界的道德责任和义务，它是新形势下人类社会道德的进步和完善。

一、当代环境意识的形成和发展

（一）当代环境意识的形成和发展

当人类对自身主体以外的自然环境及社会环境有所区别和认识时，环境意识就出现了。最古老的环境意识及对人和环境矛盾的解决，就是原始先民的自然崇拜和原始宗教活动。环境意识是客观存在的环境条件在人们头脑中的反映，是一种历史观念，它是随着人类和环境条件相互作用关系向深度和广度发展而变化的。

古代，由于人类作用于自然环境的力量有限，人们对环境的客观存在感觉到了，但还没有引起对人与环境能否长期共存问题的思考和担心。有史以来，环境意识都是思辨着人类怎样利用周围的环境以谋求自己生活得更好的问题。人类环境意识的差异，主要取决于人类对环境作用力量变化的差异。有什么样的生产作用力，便有什么样的环境意识。

但是自近代以来，短短300年间，由于科学、技术的巨大进步，大大增强了人类对自然环境作用的方式和力量，这种力量，今天几乎已发展到可以从整体上动摇和摧毁人类赖以生存的生态环境系统。因此，人类的环境意识发生了急剧的方向性变化，并成为今天人类普遍存在的主要意识流之一。

1949年，美国一位伟大的环境学家奥尔多·利奥波尔德（1887—1948年）的遗著《沙乡的沉思》（又译《荒原纪事》）问世，书中从多个角度阐述了人与自然的关系。并对人为了自身的利益无视和蹂躏大自然的行为发出感叹。利奥波尔德在书中分别从美学、生态学及道德的角度论述了人与自然，特别是人与土地的关系。并提出了“土地道德”的概念，第一次把人类的环境意识提高到了道德问题的高度去认识，具有重大的划时代的意义。但是当时由于全社会人地关系矛盾还没有明朗化，也没有达到尖锐的程度，所以对利奥波尔德当时超前的环境意识，并没有得到美国人民普遍的理解和支持。

1962年美国海洋科学家R. 卡逊《寂静的春天》一书的问世，标志着人类现代环境意识跃升到环境科学阶段的开始。虽然在此之前，世界各国已经出现了不少具有当代环境意识的著作，以及保护环境的个人或集体行为。但这些只是某些专家、学者和少数人的行为，而《寂静的春天》则吹响了公众环境意识觉醒的号角。

R. 卡逊（1907—1964年）1962年出版《寂静的春天》时，经过第二次世界大战以后20世纪40年代末至60年代初经济的高速发展，美国已成为世界上经济最繁荣、科技最发达、生活最富裕的国家。这些成就的取得除国际形势及部分政治、经济原因外，最重要的就是依靠科学技术的进步，加强对自然环境资源进行掠夺性开发实现的。有些资源虽然来自非工业化的落后地区和国家，但因消费自然资源所产生的“三废”还是积聚在本国的土地上，引起生产和生活环境的急剧恶化和国民随着生活水平的提高对环境质量提出的较高要求产生了巨大反差。所以当《寂静的春天》深刻地揭露了DDT及其他农药对环境的危害，并把这种危害与核污染性质等同起来论述的时候，立刻在美国甚至全世界掀起了轩然大波。

卡逊揭露化学污染的目的是希望人类改变过去征服自然的观念，认为那是生物学和哲学幼稚时代的产物。希望人们用一种道德的态度去尊重自然。《寂静的春天》第一次站在人与自然关系的立场上，揭露了人类科学和技术进步所带来的负面影响，给全人类敲响了环境危机的警钟。因此把《寂静的春天》当成当代环境科学的开山之作，它是当之无愧的。

但总的来说，上述也还只是着重从个人行为上去研究人与生存环境的关系，而没有从人与自然、人与社会、社会与自然等多重关系中去认识人与生存环境的关系。因此，结论往往也就只是提出保护环境的要求而已，没有上升到环境道德的更高层次去观察和思考问题。

（二）当代环境意识在全球形成共识

随着人类社会和经济的发展，人类社会对生态环境的征服已取得了决定性的胜利。但是这个胜利每前进一步，都是要以生存环境的恶化作为代价的。在超出环境容量的每一个环节上，环境都对人类社会的行为做出了相应的反馈甚至报复，这就使得人们对环境问题的危害性有了更加明确的认识。数千年来对人与自然环境关系认识的发展，经过了一条从朦胧到明朗，从崇拜再到征服的道路。最近半个世纪，由于环境对人类报复造成人类社会巨大损失的事实和经验教训以及未来学家们的理论争议，保护环境已经成了当代人类应有的认识。为了我们今天的生存发展和明天我们以及子孙后代的生存和发展，保护环境已经成为当今人们生产与生活过程中的大事。

对和人类个体或群体生存活动直接发生关系的局部环境或个别环境因素的保护意识，是从人类诞生以来就有的。人类早期先民对自然的崇拜和敬畏客观上就起到环境保护的作用。某些宗教教义，如佛教的“不杀生”信条也起到了不自觉的作用。但今天的环境保护已发展到一个包含理论探索、宣传教育、工程技术防治、行政法规管理、制度创新和价值观变革在内的人类为解决与自身生存环境关系的系统活动。

现代环境保护意识得到世界公认的第一次高潮，是 1972 年 6 月 5 日联合国在瑞典首都斯德哥尔摩召开的第一次人类环境会议，那次会议世界上有 117 个国家的 1 300 多名代表参加，其中政府首脑除瑞典首相帕尔梅外只有印度总理甘地夫人两人。会议 6 月 12 日通过的《人类环境宣言》，向当时世界上的 40 多亿人发出了人类“只有一个地球”，人类必须共同关心、共同爱护地球生态环境的号召。提出人类只有和环境和谐相处，才能与环境共存共荣，保护环境就是保护人类的生存。人类对保护环境的认识，第一次被提到了事关人类生死存亡的高度去认识。人类的环境意识开始产生质的变化。

联合国人类环境会议后，环境保护的呼声和行动在世界范围内迅速掀起高潮。会议以后半年，联合国就成立了环境规划署，负责处理联合国在环境方面的日常事务，并作为国际环境活动中心，促进和协调联合国内外的环境保护工作，成为推动全世界环境保护工作的中心和重要力量。1980 年，国际自然及自然资源保护同盟在联合国环境规划署及其他国际组织的支持下起草并发表了具有重大国际意义的《世界自然资源保护大纲》，提出自然保护的主要目标是保持基本的生态过程和生命维持系统，保存遗传的多样性，保证物种和生态系统的永续利用。并且建议各国采取国际行动。《大纲》发表后，世界各国很快根据各国国情制定出了本国的自然保护纲要。

1982 年 10 月 28 日，为了统一和规范人类对待大自然的行为，联合国大会第 37 届会议还通过了《世界大自然宪章》，比较全面地、系统地规定了世界各国和人民在利用和保护大自然方面应该遵循的原则和应采取的基本措施。宪章特别指出，人类不仅可以改变自然，也可以耗尽自然资源，因此人类必须重视养护自然资源，同时要保证能够保存各种物种和生态系统，以造福今世和后代。必须在国家和国际、个人和集体、公共和私人各个层次上采取适当措施，以保护大自然和促进这方面的国际合作。

1992 年 6 月 3—14 日，在巴西首都里约热内卢举行了有 183 个国家的代表和 70 多个国际组织代表参加的联合国环境与发展大会。因为会议有 102 位国家元首或政府首脑出席，因此这次会议又被称为第一次“地球高峰会议”。会议通过的《里约环境与发展宣言》和《21 世纪议程》，是两个全世界进行环境保护的纲领性文件。《里约环境与发展宣言》进一步指出，环境保护应成为发展进程中不可缺少的组成部分，必须对环境与发展进行综合决策。《21 世纪议程》成了全球、区域各范围内实现持续发展的行动纲领。两个文件都提出要建立“新的全球伙伴关系”，为今后在环境与发展领域开展国际合作提出了一系列指导原则和行动纲领，为建立国际新秩序进行了积极的探讨。因此也有人把《里约宣言》称为《地球宪章》，这也是十分恰当的。

1972 年以来，在联合国有关机构的组织和支持下，世界各国在共同保护地球环境方面签订了大量有关的条约和公约。在人类和自然关系发展史上作出了重大贡献。与此相适应，世界各国也根据自己的国情，在环境保护方面做了大量工作。例如中国就是在这段时间集中拟定并完成了包括环境保护法、土地管理法、森林法、水法、野生动物保护法、渔业法等大量有关环境保护的法律和法规。并且在1991年6月，由中国发起在北京召开了“发展中国家环境与发展部长级会议”。有41个发展中国家的部长或部长级代表，10个国际组织的特邀代表和9个发达国家的观察员出席了大会。会议就“全球环境与发展”这一当代人类共同关心的问题，进行了广泛深入的磋商。会议发表的《北京宣言》在推进环境与发展国际合作中具有重要的划时代意义。中国人民为世界环境保护与发展作出了应有的贡献。

但遗憾的是，在环境保护国际呼声日益高涨的情况下，世界的环境受污染和被破坏情况不仅没有得到相应的控制和治理，在不少国家和地区还有愈演愈烈的趋势。对这个问题很难用一般的环境意识去理解和认识，这实质上就是我们所要研究的、受人生观和价值观左右的环境道德问题。

二、当代环境道德观念的形成和发展

（一）环境道德观是人类环境意识发展的历史必然

人类的环境意识，是人类与自然环境及社会与自然环境相互作用过程在人们头脑中的反映，是一种主观思维运动过程。在环境问题日益加剧的今天，它应该包括两个方面，即人们既应当有自觉地认识到自身与生存环境的辩证统一关系，又要有为了自身与环境的可持续发展自觉地善待环境的行为与认识。这种正确的环境意识或称完全的环境观念，就是我们现在所讲的环境道德。

人类的环境意识，是人类对自身与生存环境关系的认定。这个关系永远不变的一点是人类永远要依赖自然生态环境条件才能生存和发展。没有了自然生态环境，便没有了人类的一切，没有了人类的昨天、今天和明天。对于这一点，早期人类是通过直觉认识的。反映在人类的环境意识上就是古代先民普遍存在，今天部分少数民族仍然存在着的自然崇拜——对自然力和自然物的敬畏和退让。那个时候，人和自然生态环境可以说是“和谐”的。在巨大的自然生态环境容量面前，人类不过是沧海一粟。

到了农业社会，人类和自然生态环境的关系总体还是比较和谐的，因为人类和自然生态环境的关系主要发生在对地表可再生资源的利用上，主要矛盾集中在人和土地的关系上。人类破坏土地资源的状况是时有发生的，但一是由于当时地表可供开垦的后备资源仍然丰富，二是破坏的强度不大，自然生态环境也有一定的自我调节和自我恢复能力。在中国传统文化中，从“天人合一”的角度出发，自发地调节人类和自然环境关系的环境意识和行为措施还是很多的。最典型的是老子“人法地，地法天，天法道，道发自然”的理论概括。老子已明确指出了天、地、人的运动都具有自己的客观规律，但这些规律又紧密相连并具有同一性，均必须按照自然规律对待客观事物。

人类发展进入工业社会后，由于科学技术的进步，劳动工具的巨大改革和进步，人对自然界的作用力大大提高，尤其是在工业社会发展的后期，人类的生产和生活主要建立在对自然环境中不可再生矿产资源的开采和利用上。其后果主要有两个方面，一是不可再生资源的天然赋存量不断减少，直至面临枯竭的边缘，二是这些资源开发利用过程中所产生各种废弃物对人类生存环境的负面影响，这种影响又和人类对资源的需求和利用存在着一种正相关关系。这样，一种不幸的两难关系产生了；要么停止对矿物资源的开发利用，以求得自然环境恶化的停止，以及人类和环境的和谐相处；要么继续扩大对矿物资源的开采利用，以满足人类物质欲望的需求，而不去考虑环境的恶化和破坏。

对于这种两难的选择，有些人认为只要依赖于科学技术的不断进步，改变对资源的利用方式或采取资源替代技术就可以解决这种矛盾。而事实证明这种认识是靠不住的，因为任何可替代资源最后也有可以穷尽的一天。而且生产替代物质的技术含量越高，对环境的负面影响可能也越大。正确的道路只有一条，就是克服和消除人类和生态环境的对立关系，把人类与生态环境的作用过程纳入到人类主体行为的自我意识控制范畴——环境道德范畴才能实现。

此外，人类与自然生态环境关系的发生主要是以群体行为方式出现的。也就是说，人类是先组成社会，随即就发生了与其他动物显著不同的和自然环境的关系，这也是人类超越动物界的重要特征之一。

人类社会虽然是一个历史过程，但它一旦形成便具有了相对的稳定性。这种稳定性在制约人们的生产关系及道德关系的同时，也制约着人类和自然环境的关系。在一个由不同阶段和不同利益集团组成的社会里，社会和自然环境的关系，是以统治阶级的意志或权力集团的利益为转移的。

而统治阶段和权力集团的共同特性就是对物质的强烈占有欲，由他们主宰社会和自然环境的作用，完全是为少数人积累财富的利益服务的，这就极大地背离了作为整体的人类群体依赖自然环境生存的目的，从而使人类社会和自然环境的关系具有了道德意义，进入了道德范畴。

在一个阶级差异巨大的社会里，为了协调社会与自然环境的关系，不解决人与人之间的物质利益差异和社会地位的差异，片面采用共性的环境保护措施去进行“环保”，是不可能达到目的的。一定要在人生观和价值观上解决人与自然环境的关系问题，协调好人与人之间的关系后才有可能。在阶级分化的社会里，主张人与人的社会和谐，是以牺牲弱者的利益，以达到维护强权者的利益为目的的。现在人类所面临的环境问题，虽然解决的是全人类所共同面临的问题，但最终解决在很大程度上是建立在抑制富裕阶级的盲目掠夺欲和占有欲的基础上的。因此，当前人类所面临的环境问题及其解决，实质上就是一个环境道德问题。站在一般环境意识立场上不能正确认识和解决人类所面临的环境问题。环境意识历史地发展到了环境道德的最高阶段。

（二）环境道德观的确立是传统道德观质的飞跃

传统道德，即人类群体社会中人与人之间行为关系的伦理规范，它是与人类社会群体的形成同日月、共长久的，已经经历了漫漫数千年的历程。像人类社会形态一样，人与人之间行为的道德关系也是一个历史过程，经历了由低级到高级，由简单到复杂的发展变化阶段。不过，尽管传统道德的表现形式、规范、原则因时空范围不同有所差异，但其主要功能都是始终如一的，即保障、调节、激励、沟通和预测人们正常交往的作用始终没有变。人类社会的生存和发展，除了靠他律性的政策、法令、法规等外在的原则、规范作硬性调节以外，如果没有自律性的内在感情——道德规范和原则作软性调节，社会生活的和谐性必将降到令人难以想象的地步。因此，传统道德在人类社会前进发展的道路上是起过重大历史作用的。

但是，人类社会发展到今天，单纯依靠传统社会道德来维系社会的和谐发展已经变成完全不可能。因为人类社会的能否继续生存和发展，以及每前进一步，都已和自然环境发生了越来越尖锐的矛盾，也可以说是越来越密切的关系。所以对于调节人类和生存环境的和谐共存关系，已经只有把只局限于调节人际关系的传统道德，提高到既调节人际关系，也调节人与自然环境关系，即调节人类与综合性的人类生存发展环境的环境道德高度去进行才有可能。在 21 世纪，环境道德将成为调节人类与人类生存发展环境的关系，以实现人类和人类的生存发展环境同时可持续发展的有效途径。正是在这一点上，环境道德引起传统道德发生了质的变化。

回过头去看，在人类伦理道德观念形成发展的过程中，在传统道德占主导地位的情况下，环境道德的观念并未引起人们的注意。这首先是因为当时人与自然环境的矛盾不像今天这样突出，自然环境对于人类的不道德行为还有较大的宽容度；其次是作为能动的行为主体的人类，对自然环境资源的贪欲和占有还没有达到像今天这种疯狂的程度；三是和人类对自然资源的贪欲互为表里的，人类对自然环境资源的掠夺方式和能力，也还没有达到像今天这样可能穷尽一切自然环境资源的水平。所以从上述三个方面调节人类与生存发展环境关系的环境道德就长期被人们忽视了。人类几千年来面临的生存矛盾主要表现在社会方面，即马克思概括的阶级斗争方面。因此，研究调节人际关系的传统道德得到了特别的重视，并构成为人类传统文化中的重要组成部分之一。伦理道德学家也在各民族的历史中占据着十分显赫的地位，成为为维护历代统治阶级利益的吹鼓手之一。

而环境道德是一个善待自然环境的问题。在中国的传统文化中，早就有一种善待环境的传统美德。这种美德的形成，和中国传统的自然观、政治观、价值观及审美观都有极大关系。

据《中国环境保护史稿》介绍，中国自商周时期形成的《诗经》中便有了“天命靡常”的认识，统治者便有了“敬天保民”的环境意识。以后从老子的《道德经》直到清代的蒲松龄的《农桑经》，绵延不绝 2 000 余年，中国古代的环境及环境保护思想有一个特点，“即尽管不同时代的不同学者对环境提出了种种不同的观点，如‘天人合一论’、‘天人交融论’、‘天人相分论’，甚至‘天人感应论’等，但是，他们追求的共同目标都是‘天’、‘人’之间的一种协调、和谐”。而这一目标同当代世界环境保护潮流是基本一致的。中国的环境保护思想不仅具有“超前性”，而且具有历史的继承性、完整性和连续性。因此，“中国环境保护思想的历史虽然也承袭了传统的古朴形式，但就其基本问题探究之执著，涉及范围之广泛，影响之深远都是世界其他各国同类思想史所无法比拟的。以致其众多思想至今仍焕发着旺盛的生命力”。

然而，中国在 2 000 多年前产生并形成的含有合理内核的“天人合一”的人与自然环境关系观念，虽然对于自然环境运动有整体性认识，但是却不够具体和清晰，只是停留在直观反映和直觉思维的较低层次上。这可能是由于逻辑思维发展程度不足，最终没有形成理论性的环境道德观念。

在西方，从古代到近代，人们对自然宇宙的看法与中国有所不同，“都是把自然宇宙看成是与人类不可调和的对立关系”，“在西方文化中，宇宙纯粹是自然现象，无善恶美丑可言，不带有价值色彩。以其哲学为代表，大都认为在自然现象以外，有比自然现象更真实的本体存在。为了说明本体与现象二者的关系，产生了知识形而上学。特别是从 16 世纪开始发展起来的机械自然观，经过培根集其大成，提出‘知识就是力量’、‘人定胜天’、‘征服自然’等勘天思想。这些都是建立在人与自然相对立的基础之上，完全是以一种功利的眼光去对待，了解和认识自然。”[①]但正是这种“功利主义”和“征服自然”观念的结合，导致了西方近代数百年来科学技术的飞速发展，导致了人们对自然环境资源无休止的开采、掠夺和破坏，以满足人们无限膨胀的对物质私欲的需要。这正是西方当代环境问题最深厚的思想历史根源。

环境道德观念最早产生于生态学界，随着生态学研究生物与非生物环境关系的深入发展，对环境科学的兴起起到了重大作用。环境科学从最初对人类生存环境外在客观条件的研究，逐渐转向人类主体意识的研究后，才开始产生了环境伦理思想，即产生了环境道德观念。最初环境伦理学是完全被生态伦理学概念所替代的。

生态伦理学概念的提出，比较普遍的观点认为是从 1923 年，由法国哲学家 A. 施韦兹（1952 年诺贝尔和平奖得主）在其《文化和伦理学》一书中提出的。主要论点是“把道德对象的范围从人与人关系的领域扩大到人与自然关系的领域，把道德共同体的范围从人类扩大到‘人-自然’系统。”施韦兹认为“所谓‘善’，就是维护生命和发展生命”。

更为明确的环境伦理学概念，是由美国自然保护之父，利奥波尔德（1887—1948 年）在其逝世一年后出版的《沙乡的沉思》一书中提出的。利奥波尔德在批判了人们只把自己和土地的关系建立在经济关系上，只要求对土地的特权而不讲义务后，认为，“道德观念向人类环境中的这一第三维（自然、土地）方向延伸是进化的趋势，也是生态之必需。”并认为：“土地道德观把智人从土地群落的征服者变成群落中的一名普通公民，这意味着尊重自己的异种伙伴（自然和土地），尊重整个群落体系。”认为“自然平衡”的观念并不能正确反映人类和土地的关系。利奥波尔德提出，“导致土地道德形成的关键简单说来如下：不要再把土地利用仅仅看成经济问题。每遇到一个问题都扪心自问：从道德和美学角度看是否正确，从经济的角度看是否切实有益。如果一个行动倾向于保护生物群落的整体性、稳定性和美的价值，那就是正确的，否则即为错误的。”并且最后指出，“土地道德的演化既是理性也是感情发展的过程。”这是十分正确的。利奥波尔德提出了土地道德，甚至可以说“整体、稳定、美”是环境道德的至关重要的三原则。

进入 20 世纪 90 年代以来，人类与自身生存环境间关系日益尖锐的态势日趋明朗。在此期间，人类的环境保护意识不能说没有提高。从 1972 年的《斯德哥尔摩宣言》到 1992 年的《里约宣言》，更不能说人类在阻止环境恶化方面无所作为。用于环境保护的资金、技术和人们的环境意识都胜过以往，但为什么全球性环境问题却日益严重呢？一种可能的解释是，近半个世纪的环境意识宣传教育、环境保护的政策和措施等，都被局限在了功利主义的经济利益关系上，把人类生存环境变成了人类生存本身的外在条件，没有把环境与人类自身融合成统一体，没有把环境当成和人类具有同等主体地位的伙伴去对待。也就是说，人类和生存环境之间的关系缺乏应有的道德意识联系。人类社会发展到今天，人类和生存环境两大主要因子的关系，由于科学、技术的作用，环境的脆弱性已转变成对于人类行为的敏感性，如果人类不去善待生态环境，把人类与生态环境二者的关系改变成一种和谐的道德关系，人们将面对完全服从于自然规律的生态环境的抵制和报复，变成人类不幸

① 李中华：《中国文化概论》，北京华文出版社，1994：100。

生活的重要根源。

为了实现人类与生存环境的和谐共存，除了克服人类的功利主义意识，降低人类社会的盲目性，强化人类的自然本性，主动把人与生存环境的关系纳入环境道德范畴外，在21世纪已别无他途。人类传统道德向环境道德的发展和过渡，是人类道德发展道路上质的飞跃，实质就是人类在高科技时代的自然回归。

三、环境道德观与可持续发展

（一）人类贪欲本性导致道德危机

几千年来，人类的进步和社会的发展，是伴随着人际伦理道德观念的不断完善和升华一起进行的。而这种完善和升华，集中到一点，就是对人类自然贪欲本性的规范和抑制。也就是说，人类的道德观实质是人的价值观和人生观问题。人只有确定了自己为什么活着以后，才有应该怎样活着的问题。

人应该怎样活着？这是千百年来一直困扰着整个人类思想和行为过程，没有形成终极答案的问题。人类一切社会行为差异、纷争，都是由于对这个问题答案和态度的不同，甚至对立而导致的。

20世纪最伟大的科学家爱因斯坦是这样认为的："我强烈地向往着俭朴的生活。并且时常为发觉自己占用了同胞的过多劳动而难以忍受。""我从来不把安逸和享乐看做是生活目的本身——这种伦理基础，我叫它猪栏的理想。照亮我的道路，并且不断地给我新的勇气去愉快地正视生活的理想，是善、美和真。""人们所努力追求的庸俗的目标——财产、虚荣、奢侈的生活，我总觉得都是可鄙的。"

但是在爱因斯坦逝世十几年以后，正是在他生活过的国度里，在年轻人中刮起了一股"后现代主义"潮流。"它抛弃了对生命的审美合理化，完全代之以本能、冲动和感受，它把现实已肯定生命的理智反而变为了敌人。""反对父辈的青年人以新左派为自己洗礼，提出了自己的口号：'创造反文化'，表达了他们的要求：形成新的人际关系；形成和运用新价值制定新的社会规范、原则、理想、伦理标准和审美标准；培养具有新意识、新行为方式的新型个体。""无道德现象贬谪了传统的道德价值系统，冲击既有的道德标准，使各种道德真空。"多元的价值观，使人们失去了价值观念。在欧洲，"大多数欧洲人的中心价值是个人，亦即自我。这已成为西方社会的普遍价值取向。""80年代美国生活中起支配作用的精神特质是彻底的个人主义——这种观念认为个人是至高无上的和独立自主的。活着是为了自身。"这种自我迷恋破坏了人的品德，导致维持社会、协调秩序的一致性的要求与个人主义的价值取向之间产生了根本的冲突。在当代西方高度发达的生产和富裕的物质生活后面，道德的功能几乎丧失殆尽。最终导致了"人的尊严的丧失"。

人和动物的根本区别就是具有尊严意识，这里还包括了荣誉意识、自我实现的意识和价值意识。在近当代，人的尊严和荣誉恰恰是在无限的科学里和没有节制的欲望中丧失的。在"后现代化"现代文明词句遮掩下，实现了人类自然贪欲本性的复归。人性和品德的丧失，使人与环境的关系降到了只有个人眼前利益的短期关系。与可持续发展思想产生了尖锐对立。因此，把人类前进的脚步推向了危险的边缘。

从最深层次的内涵来说，可持续发展主要是为子孙后代节约和保存自然资本，实现代际公平的问题。在实现过程中，往往会造成代内市场经济实体经济效益的降低甚至损失，某些为了保护宏观环境（后代的自然资本）的法规为什么难以执行，原因就是与个人代内预期经济利益发生了冲突。所以说，人类贪欲本性不除，随着生产能力的提高，人类的发展将极有可能会出现“发展—高速发展—发展减缓—发展停滞—负向发展（灭亡）”的过程。

【专栏 6-1】环境问题提出了基本的伦理学和哲学问题

环境问题并不专门是也不主要是科学技术方面的问题，环境问题提出了一些更基本的问题，如我们人类的基本价值是什么？我们的生物本性是什么？生活方式怎么样？在自然界的位置如何？以及我们的社会类型是什么？环境问题提出了基本的伦理学和哲学问题，它有关我们追求的目的，科学和技术最多是我们达到这些目的的手段。

【资料来源】[美]戴斯•贾丁斯. 环境伦理学. 林官民，等译. 北京：北京大学出版社，2002.

（二）人口膨胀和贫富分化造成环境恶性发展

在人类社会发展史上，人口的总量增长，曾经是促进社会发展的重要原因和手段之一，包括增值社会财富和保证国家安全两个方面。但从人类社会发展进入 20 世纪中期以来，人类数量增长的社会进步意义开始淡出历史舞台。这个过程最初是从物质生产领域开始的。人类赖以生存的物质财富的生产和增值，开始主要取决于科学技术的进步，人口中的绝大多数的社会意义，几乎退到了只有“人口”本意的地步。时至 20 世纪末，随着高科技战争环境的出现，人口数量在战争中也开始失去了历史上所具有的意义（历史上战争胜负也很少由士兵绝对数量决定过）。相反，人口的大量增长，已经变成人类生存和发展的灾难。这时如不自觉控制人口的增长，已成为一种不道德行为：

首先，增长人口就要增加对生存物质总量的需求，要加大对环境可再生资源和不可再生资源的掠取，加速资源濒临枯竭的临界度，威胁人类整体的继续生存，因此是不道德的。

其次，人口需求压力超过社会经济增长速度后，必然使大量人口陷入贫困生活的深渊，降低人们的生存质量，迫使这些被人类盲目衍生的人口在贫困、饥饿、疾病、失学、失业的痛苦中挣扎，本身就是一种不道德行为。当然，造成贫困的直接原因不一定直接来自繁衍这些人的父母亲，但他们起码要为盲目增加被掠夺和被剥削后代人口负道义上的责任。

贫困，是一部分人对另一部分人掠夺、剥削、压迫和分配不公的结果。消除贫困，始终是哲学家、政治家、经济学家、社会学家历数千年研究不衰的、与人类生存发展永远与共的社会现象和社会问题。近百年的实践证明，要消除贫困还将是人类道德领域研究旷日持久的重点课题。因为，贫困无论就其原因和结果来说，都是一种人类环境行为最深层次的不道德现象：

（1）贫困是由少数人私欲无限膨胀，攫取多数人的公共财产造成的。在工业社会及以前，主要是通过剥削雇佣工人的剩余劳动（产品），通过市场规则转化成财富或资本。在信息时代，主要是通过垄断知识产权，通过市场转化为货币——财富的等价物。这时暴富者手中的货币不一定全部转化为资本，他的资本主要依靠脑力转化的知识的投入。经积聚的货币有可能退出资本市场形成消费资金或金融积淀。如世界首富比尔·盖茨建造耗资几千万美元的豪宅就是一例。贫困和富裕是永不分离的情侣，贫困最根本的原因就是少数人的暴富。有人计算过，中国当前只要拿出每年豢养“公车”经费的一半，就可以使全部下岗工人得到起码的生活保障。

（2）富裕者恣意挥霍的环境不道德性。一是富者过度、过量消费造成的物质能量损耗的负能量积累造成的代内不公平。富人的过度消费使地球的生命支持系统已不堪承受，从而极大地削弱了贫困者的生存和发展条件，因此是不道德的。二是富者所拥有财富所包含的高额环境成本，极大地损害了子孙后代生存发展的利益，透支了后代的生存和发展权利，造成代际间不公平。三是给后代留下以“三废”为代表的大量垃圾，窒息了后代的生存空间和发展的可持续性，这也是一种不道德行为。

（3）穷人为生活所迫破坏环境的不道德性。穷人从三个方面产生环境不道德行为：第一是被生活所迫，在走投无路的情况下，只有加大对自然环境成本的投入，在缺乏资金和科学技术手段的情况下，向生态环境追求低效率的基本生活资料的产出，结果和富人殊途同归，从另一个侧面毁坏了人类今天和明天赖以生存发展的环境资源，造成直接的水土流失和生物多样性的损失。第二是在认为孩子多或能得救的错误思想促使大量繁殖低素质人口，增加了环境承载压力，从质和量两方面降低了环境的适生性。对那些被迫在穷困生境中苦苦挣扎生存的子女，其父母应该被认为是不道德的。第三是大量低素质人口的存在，不仅破坏了自然生境，也严重恶化了社会环境，造成社会环境的长期不安定。对于贩毒、制假、卖淫、偷盗、杀人、强奸等社会癌变，富人虽然难辞其咎，但直接从事这些活动的大量贫穷人口也应负有重大的环境道德责任。

（三）非理性科学技术发展的环境不道德性

科学和技术是人类及社会进步的手段，也是人类通向未来世纪的桥梁。由于科学和技术发展带来近、现代人类及社会的飞速发展和进步，人们对科学和技术的发展几乎已经转化成为一种无意识的本能行为。现在世界上每天有多少人力、物力和脑力在科学、技术领域涌动，在不断推动着科学、技术的发展和人类社会的进步，这是无法估计的。但正像任何事物的发展都具有双重性一样，科学技术的发展也不例外。尤其是一些妄想科学家的非理性研究行为，导致科学、技术发展的负面作用正在日益扩大，甚至威胁着人类的生存和发展，表现出其极大的环境不道德性。

在人类社会发展早期，在神秘狂暴的自然力面前，人类原始宗教对物的崇拜是理所当然的。人们注重的是人与物的关系，但随着生产力有了很大提高，生活资料有了剩余，季节性的生产休闲和以家庭为单位的生产方式，密切了人们的关系和感情，拜物现象有所减弱，人们的生存意识和宗教逐渐多元化，这是人类思想文化和价值观念进化的一种表现。

人类社会发展进入工业化社会以后，物质产品进一步丰富，市场经济迅速左右、控制和统治了人们的一切生活、思想、观念、意识，人与人的关系开始被商品与商品、金钱与金钱的关系所代替，人们又进入了商品拜物和金钱拜物的历史发展阶段。

20世纪中后期以来，由于科学、技术的迅猛发展，人类社会生存发展过程中起决定性作用的关系，由具体物质、商品、金钱演变成为思想智慧领域的科学、技术。国家兴衰、个人富裕、人际关系、生活方式，一切都服从于科学技术的发展程度。由人所创造的科学、技术反过来统治人类。人变成了科学和技术的奴隶。

科学和技术革命扩展了人的物质生活空间，但精神道德空间日益缩小，人际关系开始抽象化和金钱化，家庭、社团、国家、政治、经济架构都在发生深刻的变化。社会鸿沟进一步扩大，青少年犯罪率迅速上升，形成了科学、技术对自然和对人本身的双重掠夺现象。

对自然的掠夺，主要表现为对人类生存系统中自然生存环境系统的污染和破坏，造成人类社会可持续发展的物质基础接近崩溃的危机。对人本身的掠夺主要表现为人的尊严的丧失，人的物化和城市化。

人的尊严是以人的主体意识体现的。在无所不能和威力巨大的科学技术面前，人变成了科学技术的奴隶。当代人类社会面临的种种环境灾难几乎都是与科学、技术发展和应用密切相关的，人类社会今天已经发展到了和科学、技术片刻都不能分离的地步，在科学和技术面前，人的主体意识已丧失殆尽，人变成了现代科学和技术的奴隶。

人的物化也是科学技术发展的结果。各种高度自动化机械的发明与应用，人在生产和生活中直接接触的主要是没有人性的冰凉的机器。人与人的关系、感情、爱情及一切人性都开始日益淡薄。见物不见人，以物代人的意识逐渐增强。人与机械，人与物完全步入了同质状态。

城市，是现代科学技术发展的成果和结晶，是现代人类文明的集中表现。人类局部摆脱自然束缚的人工环境，主要也表现在城市环境的建设和扩大上。但是随着科学技术的发展，生产能力的提高，城市规模的扩大，城市又成了污染和破坏人类生存环境的重大污染源。人类生存过程中形成的污染物质，主要产生在城市中。此外，城市还是人类近、现代社会病的发生中心。人类精神文明和道德的失落首先是从城市开始的。此外，城市还是世界贫困人口遭受污染、贫穷、饥饿、疾病及一切社会危害和不安全的中心。城市，是富人的天堂，穷人的地狱，是穷人永远值得诅咒和仇恨的地方。所以人类一切社会性的动乱和灾难都首先发生在城市就成了历史的必然。但是发展中国家的很多穷人又把摆脱困境的希望寄托在城市生活上面，仍源源不断涌入城市，从而加剧了城市环境对原生自然生境的破坏。

科学和技术的巨大力量，原本是中性的。科学和技术力量的“善”与“恶”，完全由掌握科学、技术的人决定。而在现代，在占世界人口总数不到20%的富人的贪欲本性面前，科学和技术充分表现了它助纣为虐的特性。因为掌握“科学、技术”基本上是属于中上层人的特权，特别是其中的少数富人。而富人，贪欲已经成为他们存在的特征甚至已经成为他们的“遗传基因”。这就是为什么人类面临的环境形势日益严峻的根本原因。所以汤因比说：“科学如果不上升到伦理地位，它给人类带来的只能是灾难和耻辱。”“科学所创造的各种恶果，不能用科学本身来根治。”“要对付（科学的）力量所带来的邪恶结果，需要的不是智力的行为，而是伦理行为。”即伦理原则的贯彻比技术手段的实施重要得多。

（四）可持续发展有着浓厚的环境道德色彩

可持续发展作为一种发展观，已得到人类社会的普遍承认。可持续发展作为一个术语，几乎进入了人类社会一切知识领域和研究范畴。因为可持续发展是从一个多世纪以来世界工业化付出的代价中总结出来的发展理论，它是对既往片面的社会发展观念的批判和创新，是现代理想思潮介入社会发展现实的积极产物，是人类对社会发展规律的认识上的一次飞跃。

可持续发展思想本身就有着更为浓厚的环境道德色彩，它不但强调代内公平，而且强调代际公平。认为不可持续的发展模式是不公平的，这种不公平体现在发达国家和少数富人消耗了过多的资源，破坏了环境，使得当代穷人和后代人不得不生活在一个环境恶化、资源匮乏的状态中，以至于后代人还不得不花费很大的代价去治理前代人遗留下的环境问题。代际不公平问题是关注的焦点，但要解决这一问题，就必然要去关注代内不公平的问题。只有解决后者，才能解决前者。理由在于代内不公平是环境问题的重要原因。“这种不平等是地球上的主要‘环境’问题，也是重要的‘发展’问题。”这句话意味着人类认识到：其一，代内不公平是原有的发展模式和此种发展模式的政治、经济和社会结构造成的；其二，贫穷是不平等发展的后果，也是环境资源压力不断加重的必然现象，贫穷问题的解决要在发展之中通过加速发展来实现。

可持续发展的上述思想与环境道德观是相通和包容的。环境道德观首先关注的同样是公平问题，其基本内容包括以下三个方面：

1. 环境道德观关注的公平问题

（1）代内公平。代内公平系指当代人在利用自然资源、满足自身利益上机会均等。由于大自然是人类共同栖居的家园，因而，在空间和地域上不同国家和民族应公平地享有地球，平等地享有生存和发展的权利。这就意味着任何国家和地区的发展都不能以牺牲其他国家和地区的利益为代价，但是由于种种历史原因，当代社会存在巨大的贫富差距。发达国家总是利用不平等手段和方式，廉价地过多地利用地球资源，掠夺不发达地区资源，因此，富裕地区的人们应对自己的发展行为实行自律，并且履行扶持贫困的责任和义务，已成为人类真正平等的道德要求与道德责任。

【专栏 6-2】泰勒斯在 2600 年前就说过

“如果在一个国家既没有过度的富有也没有过分的贫穷，那么公正可以说是成功的了。”

【资料来源】[美]艾伦·杜宁. 多少算够——消费社会与地球的未来. 长春：吉林人民出版社，1997.

（2）代际公平。代际公平系指当代人与后代人公平地享有自然资源与生态资源。由于地球资源的有限性，人类的经济活动方式，直接影响到资源的持续性。工业时代那种浪费式、掠夺式的资源开发和利用方式，急功近利的短视行为导致人与自然的对立，威胁到人类的生存。因此，强调既要满足当代的需要，又不能对满足后代人需求的能力构成危害，不可以因当代人的自私和无限度地消耗自然资源而使人类发展的链条中断，而应该给后代留下一个健全的生态环境。

（3）人地公平。人地公平系指人与自然界保持一种公正的关系。这一全新的观念要求尊重、实现和维护自然价值，追求人与自然和谐共进。尊重自然，摒弃对自然的极端功利主义态度，把人类与环境、社会发展与生态环境融合在一起，要求人类有意识地控制自己的行为，合理地控制利用、改造自然界的程度，维护生态系统的完整性，保护生物的多样性。

2. 环境道德观教育的有效途径

环境道德观作为人类道德整体的一部分，从表面上看，是人与自然之间的道德，着重强调人对自然界的态度，实际效果却是对人类的保护。现代社会需要培育环境道德，这不仅是道德自身的要求，也是可持续发展的必要保障。要将环境道德观付诸实践，环境道德观的教育是一个首要和必要的有效途径。

（1）更新道德价值观念。道德对象从人与人扩展到人与自然，特别是可持续发展理念的提出，大大拓展了传统价值观的内涵。首先要向人们揭示自然的内在价值，使人们能够将自然视为人类的伙伴，并产生一种尊重自然的态度，产生对自然的亲近感情和关怀。其次引导当代人要自觉维护下一代的发展权利，学会正确处理当代人之间、当代人与子孙后代人之间、人与自然之间的利益关系，从而在平等的基础上真正实现资源共享。

（2）树立合理的利益理念。利益是道德的基础，道德与利益是统一的。正确对待利益问题也是一切道德的出发点。环境道德作为调节人与人、人与社会之间关于生态环境利益关系的规范，其基本原则就是生态整体利益和长远利益高于一切。在利用和改进自然引导各种生产和生活的过程中，要注重自然界各个要素的互利共生、协调发展。环境道德将我们置于一种挑战性的困境中，因为“它们可能会要求我们抛弃一些物质理想，即我们的生活应达到的一定的水准以及为了维持这种水准应该进行各种各样的活动”。尽管如此，培育环境道德并非是可有可无的精神游戏。人类应重新规范人与自然的关系和利益分配，以生态优先的原则重新定位一些产业。

（3）加强生态保护意识。人类的生存和发展离不开自然生态系统的支持。因此人们应当热爱自然、尊重自然、了解自然，与自然为友；只有掌握了自然规律，才有可能正确利用规律，满足人类自身需求，改善和提高人类生活质量。

（4）建立适度消费的环境道德观。占世界人口20%的发达国家，每年消耗资源占全球的80%。如果所有国家的生产和消费都如此，那么，对全球生态影响将是毁灭性的。正如《只有一个地球》一书中所指出的：“对消费的喜新厌旧成风，无限制地使用能量，我们的前途只能是生态系统的灾难。”因此，在消费中考虑对资源环境的影响，以提高生活质量为目的的适度消费应作为可持续的生活方式的一部分，也是环境道德观所倡导的。

今天，“可持续发展”已成为人类精神文化领域的普遍理念。不论任何事物的发展研究，如果缺乏“可持续发展”研究的介入，都不可能保证自身的可持续发展。“可持续发展”已成为人类进入 21 世纪继续保持全面进步的一种最重要的发展意识。它的产生和形成是由于人们在20世纪科学、技术进步和工业快速增长背景上，在个人主义、享乐主义、环境虚无主义等思想支配下片面追求经济增长，财富积累和过度消费，无视和损害了环境价值和环境权利后，由环境对人类实行“报复”，使人们全面陷入环境危机和将不可能持续发展时才出现的。因此，可持续发展是一种关于人类和生存环境在伦理关系上求得共存与和谐发展的全新的科学发展观，是人类理性思维的一大进步。可持续发展问题实质是人与环境（自然和社会）各要素之间的道德关系问题，是人类主体意识怎样代理环境权利，尊重环境对人类存在的支撑价值，主动协调人类在生存系统中与环境要素共同发展的道德观问题。将环境污染、资源枯竭及贫富分化以及人类可持续发展所面临的诸多问题纳入环境道德范畴去认识和解决，人类和环境的协调可持续发展便将充满了希望。

【专栏 6-3】环境道德——公民环保行为规范

1. 节约资源，减少污染

节用电器——为减缓地球温暖化出把力；

控制噪声污染——让我们互相监督；

慎用清洁剂——尽量用肥皂，减少水污染；

使用再生纸——减少森林砍伐；

替代贺年卡——减轻地球负担。

2. 绿色消费，环保选购

买环保电池——防止汞镉污染；

买无公害食品——维护生态环境；

认“环境标志”——选购绿色产品；

认绿色食品标志——保障自身健康；

选绿色包装——减少垃圾灾害；

选无磷洗衣粉——保护江河湖泊；

用无氟制品——保护臭氧层。

3. 重复使用，多次利用

少用一次性筷子——别让森林变木屑；

少用一次性用品——节约地球资源；

自备餐盒——减少白色污染；

自备购物袋——少用塑料袋。

4. 分类回收，循环再生

回收废电池——防止悲剧重演；

回收废塑料——开发第二油田；

回收废纸——再造林木资源；

回收生物垃圾——再生绿色肥料。

5. 保护自然，万物共存

拒食野生动物——改变不良的饮食习惯；

无污染旅游——除了脚印，什么也别留下；

植树护林——与荒漠化抗争。

所以说，“可持续发展”绝不是关于人类生存发展的一种简单的外在发展观，一种措施、方法或手段，而是人类发展在 21 世纪时所形成的一种深刻的道德观念和道德规范，是人类数千年传统道德在人类发展转折关头发展形成的新的道德观念。对人类的明天具有重大的理论意义和实践意义。

21 世纪的全球伦理就是环境伦理，而环境伦理的核心就是抑制人类的贪欲，善待人类生存环境，实现人与环境的和谐共处，并以此保证人与环境的可持续发展。

第二节　马克思主义的环境观

马克思和恩格斯是 19 世纪最伟大的思想家，他们在对当时资本主义社会的深入研究中，已经洞察和关注到了环境问题，并且从辩证唯物主义的角度进行了科学的分析。即使是在 100 多年后的今天，他们关于环境保护的思想也为当今环境问题的解决提供了非常富有启发性的观点，因此说，马克思主义的思想体系中包含和寓意着可持续发展的思想，马克思主义是绿色的。

马克思和恩格斯是从 19 世纪 40 年代初开始研究人类生存环境问题。在当时，尽管英、美等国家产业革命的发展已经造成了局部环境的污染，甚至是比较严重的污染，但这些国家还没有早期的环境立法。英国直到 1857 年才颁布了关于防止煤烟污染的法令，并于 1863 年颁布了《制碱业管理法》，较严格地规定了氯化氢的排放标准，以减少大气污染。1876 年颁布了《河流污染防治法》，禁止向河流排放污染物，以保护水质。美国于 1864 年颁布了《煤烟法》。环境污染后来居上的日本到 1896 年才颁布和实施了《矿业法》和《河川法》。总之，马克思和恩格斯对于人类生存环境问题的早期研究，始于英国完成产业革命 10 多年后而其他主要资本主义国家接近完成产业革命之时，并先于主要资本主义国家早期环境立法 20 余年，亦早于英国伦敦因煤烟污染所导致的最早出现（1873 年）的“公害”事件 30 余年。

19 世纪 40 年代初，年轻的马克思和恩格斯分别开始研究人类的生存环境问题或人类与生存环境的关系问题。其中，恩格斯开始研究人类生存环境问题的标志是他于 1842 年 11 月—1844 年 8 月深入英国产业革命的发源地和工业城市的典型代表——曼彻斯特的具体调查，以及于 1845 年出版的《英国工人阶级状况》一书。在这部著作中，恩格斯具体地分析和论述了当时英国环境污染发生的进程及其具体类型、状况、危害和根源，这也是在人类历史上第一次这样深入、具体、详细地研究了人类的生存环境问题。马克思开始研究人类生存环境问题的标志是他于 1844 年所写的《经济学哲学手稿》一书。在这部著作中，论述了人类和自然界或“人的自然的本质”与“自然界的人的本质”抑或人的自然主义与自然的人本主义的辩证统一关系，指出自然科学通过工业日益在实践上进入人的生活，改变人与自然的关系，并为人的解放做准备。

自 19 世纪 40 年代初以后，马克思和恩格斯在他们合著的《神圣家族》和《德意志意识形态》等著作中，对于人与环境的关系，特别是人与自然环境的关系和人与社会环境的关系的辩证统一等问题进行了理论的分析和探讨。此外，马克思在《资本论》和《法兰西内战》、恩格斯在《反杜林论》和《自然辩证法》等一系列著作中，又进一步深化和丰富了人与环境的辩证关系的理论，告诫人们应当认识到自身和自然界的一致，反对把人类和自然对立起来的反自然的观点。应当“预见”、“控制”和“调节”自身行为的长远的自然影响和社会影响，否则就有可能遭到环境的报复，致使生态失衡、环境恶化。同时，也进一步分析了环境污染的根源和科学技术在协调人与环境关系中的作用，指出了减少环境污染、保持生态平衡的可能途径和人类成为环境的真正的主人的基本条件。

一、马克思和恩格斯对人类与环境关系的认识

人类与环境的关系既是马克思和恩格斯环境哲学思想研究的主题，也是贯穿马克思和恩格哲学思想体系的主线。马克思认为，人类与环境的关系首先是主体与客体之间的关系及其统一，并指出："主体是人，客体是自然。"在人和环境之间，"人创造环境，同样环境也创造人。"

马克思和恩格斯从环境基本构成这一角度出发，认为人类与环境的关系表现为双重的关系：一方面是人与自然环境的关系；另一方面是人与社会环境的关系（或人与人结成的社会关系）。同时，人与自然环境的关系和人与社会环境的关系之间又是相互影响和相互制约的，人类"对自然界的特定关系，是受社会形态制约的，反过来也是一样。……人们对自然界的狭隘的关系制约着他们之间的狭隘的关系，而他们之间的狭隘的关系又制约着他们对自然界的狭隘的关系"。并且，人与自然环境的关系又通过人与社会环境的关系或人与人的社会关系表现出来，也"只有在这些社会联系和社会关系的范围内，才会有他们对自然界的关系"。

马克思和恩格斯从环境的整体这一角度出发，认为人类与环境的关系又是环境对于人类的制约性（或决定性、支配性）和人类对于环境的能动性的统一，或人类对于环境的依赖性与能动性的统一。一方面，环境是人类生存和进化的前提。"人首先依赖于自然"，"人本身是自然界的产物，是在他们的环境中并且和这个环境一起发展起来的"。

另一方面，人类对于环境的能动性，首先表现为人类对于环境的认识与改造的统一。人类能够正确地认识自然规律和社会规律，从而正确地说明、解释和预见自然现象和社会现象，并根据对自然规律和社会规律的正确认识，去能动地支配自身的行为，能动地改造自然环境和社会环境。其次，人类对于环境的能动性又表现为人类对于自身行为的长远的自然影响和社会影响的预见与调节的统一。人类能够预见自身行为的长远的自然影响和社会影响，并根据这种预见去能动地支配和调节自身的行为所引起的自然影响和社会影响（以减少环境的污染，保护人类的生存环境）。对于"自然影响"来说，"从本世纪自然科学大踏步前进以来，我们就越来越能够认识到，因而也学会支配至少是我们最普通的生产行为所引起的比较远的自然影响"。对于"社会影响"而言，"我们在这一领域中，也渐渐学会认清我们的生产活动的间接的、比较远的社会影响，因而我们就有可能也去支配和调节这种影响"。再次，人类对于环境的能动性还表现为人类对已改造过的、已发生变化的环境进行再认识与再改造的统一。人类能够对通过人的改造已发生变化的环境（如已被污染的环境和已被破坏了的生态等）进行再认识与再改造。按照这一思想，正是人所引起的自然界的变化，促使人对变化了的自然界（包括已被污染了的自然界，以下同此）进行再认识和再思考。或通过人所处的自然环境的变化，促使他们自身的需要、能力、劳动资料和活动方式的变化和多样化，并以此支配和指导人的行为和活动，对变化了的自然界进行再改造（包括去再改造已被污染的环境和已被破坏的生态）。"为自己创造新的生存条件"，达到人类与再改造的自然的新的一致和统一。

所以，人类对于环境的能动性又是人类对于环境的认识与改造同人类对于已被改造而变化了的环境进行再认识与再改造的统一。

应当指出，马克思和恩格斯虽然在人类对于环境的能动性方面包含了人类对已经变化了或已被污染了的环境进行再认识、再改造的思想，但未能深入、系统地展开和论述。

还应当指出，马克思和恩格斯关于人类与环境的关系的思想，为我们全面、深刻地分析和认识当代环境问题的实质及其复杂性，指明了角度和思路。

二、马克思和恩格斯对生态破坏与环境污染的认识

生态的破坏与环境的污染既有联系又有区别。马克思和恩格斯既分析了人类历史上生态破坏的状况及其后果，同时也具体深入地分析和揭示了近代以来环境污染的发生、类型、状况、危害和根源。

（一）生态破坏的历史及其后果

马克思、恩格斯根据人类从自然界中获取物质生活资料的能力和方式的发展、变化，分析了生态破坏的发生、状况及其后果。

他们指出，在文明时代及其以后，由于铁制工具的广泛应用、生产力水平的提高、人口的增长和人类活动范围的扩大，日益需要大面积的耕地，于是出现了大面积地开垦草原和毁林造田的活力，在局部范围内造成了一定的甚至是严重的生态破坏。马克思和恩格斯具体描述了这种生态破坏的状况及其所导致的土地荒漠化、水旱灾害和地下水位降低等的结果。例如：

（1）“阿尔卑斯山的意大利人，在山南坡砍光了在北坡被十分细心地保护的松林，他们没有预料到，这样一来，他们把他们区域里的高山牧畜业的基础给摧毁了，……使山泉在一年中的大部分时间内枯竭了，而在雨季又使更加凶猛的洪水倾泻到平原上。”①

（2）“西班牙的种植场主在古巴焚烧山坡上的森林，……以后热带的大雨会冲掉毫无掩护的沃土而只留下赤裸裸的岩石……”①

（3）1892 年 6 月 18 日，恩格斯就指出了“关于这种惊人的经济变化必然带来现象……所有已经或正在经历这种过程的国家，或多或少都有这样的情况。地力耗损——如在美国；森林消失——如在英国和法国，目前在德国和美国也是如此；气候改变、江河淤浅在俄国大概比在其他任何地方都厉害。”②

针对人类对生态环境的破坏，恩格斯一针见血地指出：“我们不要过分陶醉于人类对自然界的胜利，对于每一次这样的胜利，自然界都报复了我们。每一次胜利在第一步都确实取得了我们预期的结果，但是在第二和第三步都有了完全不同的、出乎预料的影响，它常常把最初的结果又消除了。美索不达米亚、希腊、小亚细亚以及其他各地的居民，为了想得到耕地，把森林都砍光了，但他们做梦也想不到，这些地方今天竟因此而成为不毛之地，因为他们使这些地方失去了森林，也就失去了水分的聚集中心和贮藏库”。“因此我们每走一步都要记住：我们统治自然界，绝不像征服者统治异族人那样，绝不像站在自然界之外的人似的—— 相反地，我们连同我们的肉、血和头脑都是属于自然界和存在于自然之中的；我们对自然界的全部统治力量，就在于我们比其他一切生物强，能够认识和正确

① 《马克思恩格斯全集》，第 4 卷，第 17～23 页。
② 《马克思恩格斯全集》，第 34 卷，第 25 页。

运用自然规律。”[①]

恩格斯所说的自然界对人类“报复”的这种见解，从当代生态学的观点来看是极为精辟的。比如现在大规模的开发在没有充分考虑到对地域的生态系统造成怎样的影响的情况下就进行，其结果极其容易引起生态环境的破坏，也就是说，恩格斯所讲的自然界的“报复”。就自然的开发来说，为了不引起自然界的“报复”，必须充分考虑“第二步和第三步”会带来什么样的影响。其实，尽管或者即使人们考虑得非常充分，由于人的认识有限，也有可能发生无法想象的负面影响。

（二）环境污染的发生、类型、状况与危害

马克思和恩格斯（主要是恩格斯）根据资本主义工场手工业和产业革命后大机器工业的发展，具体地分析和描述了近代环境污染的发生、类型（或领域）状况及其所造成的危害。

青年恩格斯在《英国工人阶级状况》的报告中揭露了公害与环境卫生问题，他在以后的著作中又从文明史的角度来论述了自然环境问题。来看看他的论述：

《英国工人阶级状况》（1845 年）是青年恩格斯尖锐地揭露自产业革命以来英国工人阶级所处的“非人状态”的实情报告，青年恩格斯对现实的这一认识使他投身于共产主义运动，形成了唯物史观。这个报告指出：

（1）对除了伦敦极少数地区以外的英国全部的“工人阶级一般住宅”周围的环境卫生作了如下描述：“这里的街道通常是没有铺砌过的，肮脏的，坑坑洼洼的，到处是垃圾，没有排水沟，也没有污水沟，有的只是臭气熏天的死水洼。城市中这些地区的不合理的杂乱无章的建筑形式妨碍了空气的流通，由于很多人住在这一个不大的空间里，所以这些工人区的空气如何，是容易想象的。”

（2）关于工人的劳动环境的恶劣性也有记述。“工厂里的空气通常都是又潮又暖，而且多半是过分的暖，只要通风的情形不很好，空气就很恶劣，令人窒息，没有足够的氧气，充满尘埃和机器油蒸发的臭气。而机器油几乎总是弄得满地都是，并且还渗到地里。”

恩格斯的报告中引人注目的是，不仅提出了工人的居住、工作场地的环境卫生的恶劣，而且还揭露了由于高速的经济增长所引起的产业公害，造成了河流、大气的污染这些问题（尽管恩格斯没有使用“公害”这一术语）。

（3）关于河流的污染，是这样描述的：“桥底下流着，或者更确切地说，停滞着艾尔克河，这是一条狭窄的、黝黑的、发臭的小河，里面充满了污泥和废弃物，河水把这些东西冲积在右边的较平坦的河岸上。天气干燥的时候，这个岸上就留下一长串龌龊透顶的暗绿色的淤泥坑，臭气泡经常不断地从坑底冒上来，散发着臭气，甚至在高出水面四五十英尺的桥上也使人感到受不了。此外，河本身每隔几步就被高高的堤堰所隔断，堤堰近旁，淤泥和垃圾积成厚厚的一层并且在腐烂着，桥以上是制革厂，再上去是染坊、骨粉厂和瓦斯厂，这些工厂的脏水和废弃物统统汇集在艾尔克河里。”

（4）关于大气污染，恩格斯写道：“伦敦的空气永远不会像乡间那样清新而充满氧气。……呼吸和燃烧所产生的碳酸气体，由于本身比重大，都滞留在房屋之间，而大气的

① 《马克思恩格斯全集》，第 4 卷，第 17～23 页。

主流只从屋顶掠过。住在这些房子里面的人得不到足够的氧气，结果身体和精神都委靡不振，生活力减弱。因此（由于城市人口的集中与妨碍空气流通的杂乱无章的建筑形式）大城市的居民患急性病的，特别是患各种炎症的，虽然比生活在清新的空气里的农村居民少得多，但是患慢性病的却多得多。”

恩格斯在《英国工人阶级状况》中，不只是简单地揭露了工人的住处、工作场地的环境卫生情况与河流、大气的污染情况。支持这种揭露的是，对工人的无限的爱和作为人的信赖。这一点从他以下的话可以看出：“但是我断定，成千的勤劳而诚实的家庭，比伦敦所有一切阔佬都诚实得多。值得尊敬得多的家庭，都过着这种非人的生活，而且每一个无产者都毫无例外地可能遭遇到这种命运，虽然他没有任何罪过，虽然他尽了一切努力来避免这种命运。”

同时重要的是，恩格斯谈到了使工人阶级陷入“非人的状况”、造成“人的精神和肉体在逐渐地无休止地受到摧残”的原因。他在资产阶级“为了自己发财致富”去兴办“工业”这一事实中去寻找其原因。当然在那时，恩格斯还没有把握资本主义的生产方式，但是对处于“非人的状况”的工人阶级的无限的爱与作为人的信赖，如开头指出的那样，使他投身于共产主义运动并创建了唯物史观的理论。

（三）近代生态破坏和环境污染的认识根源、阶级根源和社会根源

马克思和恩格斯从当时的社会状况和历史条件出发，揭示了导致生态破坏和环境污染的认识根源、阶级根源和社会根源。

首先，在认识根源上，马克思和恩格斯认为，由于科学技术和人们认识能力的水平的局限，对于有可能破坏生态平衡、污染生存环境的事物缺乏科学的分析和认识，对于自身行为的长远的自然影响和社会影响缺乏科学的分析和预见，或者历史的结果与预定的目的之间往往不一致，如果用历史的结果与预定的目的的符合程度“这个尺度来衡量人类的历史，即使衡量现代最发达的民族的历史，我们就会发现：在这里，预定的目的和达到的结果之间还存在着非常大的出入，不能预见的作用占了优势，不能控制的力量比有计划发动的力量强得多”。①或者是“只注意到最初的最显著的结果……为达到上述结果而采取的行为比较远的影响，却完全是另外一回事，在大多数情形下甚至是完全相反的”。或者是在对于人与自然界的关系的认识上，人们往往欢呼于科学技术的发展和应用所焕发出来的巨大自然力，陶醉于人对自然界的“巨大能动性”和“伟大胜利”，忽视或忘记了自然界对于人的制约性和可能的报复。马克思和恩格斯所揭示的这种认识根源在科学技术迅速发展和人类认识能力不断提高的今天，仍然具有长期的影响，不能预见的有害的影响和作用还时有发生。人们在大量生产和广泛应用 DDT（以及除草剂、农药、化肥和氟利昂制冷剂等）时，往往欢呼和陶醉于它的广谱杀虫效果，甚至授予其世界科学的最高奖——诺贝尔奖，而没有预见到它的广泛应用会给大气、河流、湖泊和海洋带来严重和长期的污染，会对生物和人类造成严重而又长期的危害，等等。

其次，在阶级根源上，马克思、恩格斯认为，由于资产阶级的贪婪和唯利是图的阶级本性，只追求眼前的经济利益和高额利润，而置其行为的长远的自然影响和社会后果于不

① 《马克思恩格斯全集》，第3卷，第457页。

顾，加剧了生态的破坏和环境的污染。“支配着生产和交换的一个一个的资本家所能关心的，只是他们的行为的最直接的有益效果，……出售时要获得利润，成了唯一动力。”[①]“在资产阶级看来，世界上没有一样东西不是为了金钱而存在的，连他们本身也不例外，因为他们活着就是为了赚钱，除了快快发财，他们不知道还有别的幸福，除了金钱的损失，也不知道还有别的痛苦。”[②]“曼彻斯特及其郊区的 35 万工人几乎全都住在恶劣、潮湿而肮脏的小宅子里，而这些小宅子所在的街道又多半是极其糟糕极不清洁的，建造时一点也没有考虑到空气是否流通，所考虑的只是业主的巨额利润”。[③]

最后，在社会根源上，马克思和恩格斯从当时资本主义国家或政府还没有制定和实施保护生存环境、减少或防止生存环境污染的法律和法规，以有效地约束和控制在资本主义工业发展中不断发生的破坏生态平衡、污染生存环境的行为这一事实出发，深刻地指出，到目前为止存在过的一切生产方式，都只在于取得劳动的最近的、最直接的有益效果。那些在以后凸显现出来的、由于逐渐的重复和积累才发生影响和作用的进一步的结果——生态平衡的破坏和生存环境的污染及其对人体的危害，则是完全被忽视的。这在西欧当时占统治地位的资本主义生产方式中表现得最完全。所以，“如果社会把成百的无产者置于这样一种境地，即注定他们不可避免地遭到过早的非自然的死亡……如果社会剥夺了成千人的必需的生活条件，把他们置于不能生存的境地，如果社会利用法律的铁腕强制他们处在这种条件之下，直到不可避免的结局——死亡来临为止，如果社会知道，而且知道得很清楚，这成千的人一定会成为这些条件的牺牲品，而它仍然不消除这些条件，那么，这也是一种谋杀……只不过是一种隐蔽的阴险的谋杀，没有人能够防御它”。[④]英国社会把工人置于这样一种生活环境和工作环境之中，“他们既不能保持健康，也不能活得长久；它就这样不停地一点一点地毁坏着工人的身体，过早地把他们送进坟墓……社会知道这种状况对工人的健康和生命是怎样有害，可是一点也不设法来改善”。[④]同时马克思和恩格斯还结合当时资本主义社会中对于技术的应用和工业发展的状况具体地指出，对于技术的“资本主义的应用”和“工业的资本主义性质”也是破坏生态平衡和造成环境污染的社会根源之一。其中，技术的“资本主义应用”是指人们应用技术的盲目性和短视性，“工业的资本主义性质”则是指工业发展中的盲目性和短见性以及工业城市的扩大和资本主义工业（作为污染源）的集中，并且它们都只追求最直接和最近的有益的经济效果，而不考虑技术应用和工业发展的长远的自然影响和社会后果，甚至不惜以破坏生态平衡和污染生存环境来作为换取最高利润的代价。所以，马克思和恩格斯指出，在这种技术的“资本主义的应用”和“工业的资本主义性质”的条件下，一个国家越是以大工业为自己发展的起点，那么它对于环境的破坏和污染的过程也就越迅速”。[⑤]

应当指出，马克思和恩格斯所揭示的生态破坏和环境污染的阶级根源和社会根源只是在当时的资本主义制度下才存在的，但并不只是在资本主义制度下才具有的，在当代也仍然具有极其广泛而深远的影响。一些发达国家为了减轻本国的环境污染，置全人类的长远

① 《马克思恩格斯全集》，第 3 卷，第 520 页。
② 《马克思恩格斯全集》，第 2 卷，第 564 页。
③ 《马克思恩格斯全集》，第 2 卷，第 354 页。
④ 《马克思恩格斯全集》，第 2 卷，第 379 页。
⑤ 《马克思恩格斯全集》，第 23 卷，第 553 页。

利益和国际公法于不顾，肆意向公海或他国海域大量倾倒污染物；为了本国眼前的经济利益，甚至置发展中国家的环境污染和人民利益于不顾，向发展中国家大量倾销具有污染性的废料，转嫁环境污染和环境危机。在一些发展中国家，为了尽快地发展经济，取得眼前的经济利益，不仅置已经造成的严重环境污染于不顾，而且新上马的技术或工业项目也不加强综合治理，从而导致环境污染的加剧，甚至形成恶性循环。在我国，从总体上说，环境法的实施和环境污染的防治已经取得了积极的进展。但是，特别是在一些个体或乡镇企业中，为了取得个人或集体的眼前的经济利益，竟置环境法和子孙后代的长远利益于不顾，肆意排放大量污染物，造成了严重的环境污染。这种行为如不及时加以有效地限制和规范，这种状况如不及时加以有效地治理和转变，其环境污染的后果与危害是难以设想的。

三、减少环境污染和保持生态平衡的基本途径

马克思和恩格斯根据当时生态破坏和环境污染的发生、状况和危害，针对当时生态环境污染的认识根源、阶级根源和社会根源，并从当时资本主义工农业生产发展的状况和科学、技术发展的可能出发，指出了减少环境污染、保持生态平衡的可能的或基本的途径。

（一）提高认识，更新观念

为了减少环境的污染和保持生态的平衡，马克思和恩格斯强调要提高认识和更新观念，指出人类应当努力“学会更加正确地理解自然规律”、“学会认识我们对自然界的惯常行程的干涉所引起的比较近或比较远的影响”、“学会估计”和“支配至少是我们普通的生产行为所引起的比较远的自然影响”、“学会预见”和调节我们的生产行为的比较远的社会影响”。要“认识到自身和自然界的一致”，反对“那种把……人类和自然…对立起来的荒谬的、反自然的观点”。

马克思和恩格斯同时警告说：“人靠科学和创造天才征服了自然力，那么自然力也对人进行报复。”

应当指出，马克思和恩格斯的上述思想实际上已经涉及当代的环境意识问题。在主要资本主义国家完成或接近完成产业革命、大机器工业尚处在形成和发展的时期，马克思和恩格斯就强调人类社会与自然界的一致与和谐，反对把人类社会和自然对立起来，并视之为荒谬的和反自然的观点，特别是对人类社会所提出的劝诫和警告等。应当说，这些思想是深刻的，这些思想的意义又是深远的。同时，这些思想也恰恰是当代环境意识中的核心问题。

（二）对废物进行“再利用”和“再加工”

在马克思和恩格斯看来，废物——包括生产排泄物和消费排泄物，是造成环境污染的原因之一；依靠科学技术对废物进行“再加工”和“再利用”，则是减少环境污染的可能途径之一。

通过科学的进步，去发现或揭示那些废物的新的有用的性质，不仅可以利用本工业的废料，而且还可以再利用其他工业的各种各样的废料。例如，把以前几乎毫无用处的煤焦油，变为苯胺染料，茜红染料（茜素），甚至把它变成药品。

通过应用新的生产工具和生产工艺，使那些在原有形式上本来不能利用的废物，获得一种新的生产中可以再利用的形式。例如，应用经过改良的机器和工艺，对废毛、破烂毛皮和棉毛混纺织物进行再加工，已成为约克郡毛纺织工业的一个重要部门——再生呢绒业。毫无疑问，废棉加工业作为一个新的生产部门，也会很快发展起来。此外，应用经过改良的机器和工艺，也能够把本来几乎毫无价值的废丝制成有多种用途的丝织品。[①]在这里，马克思和恩格斯实际上已经涉及依靠科学、技术对工业原材料进行深度开发和综合利用，以及基于某一种原材料的深度开发和综合利用所形成的各种工业企业的合理配套和综合发展的问题。当代科学、技术和工业发展的事实说明，有越来越多的固体、液体和气体废物，经过深度开发和综合加工，既变成了有用的产品，又减少甚至避免了对于环境的污染。[①]

（三）改进技术，减少废物，以降低污染

在马克思和恩格斯看来，依靠科学技术，发明和采用新的生产工具，改进和革新工艺方法，可以有效地减少生产中废物的产生，从而降低或减少对于环境的污染。他们指出废料的减少，或在生产过程中究竟有多大一部分原料变为废料，这主要取决于所使用的机器和工具的质量。同时，还要取决于原料本身的质量，而原料的质量又取决于科学、技术进步的程度。[②]

（四）改良耕作，保持生态平衡

在马克思和恩格斯看来，依靠科学和技术，特别是农艺学和农业技术，改良耕作方法，如采用革新的排灌法，实行合理的轮作制，施用骨粉等有机肥料等，可以保持和改良土质，保持和提高土地的肥力。此外，合理地开发和利用休闲土地、沙地和荒地，使之变为种植牧草、甜菜、小麦和大麦的良田。这样，一方面增加了谷物的产量，另一方面也为饲养牛羊提供了极好的饲料，促进了畜牧业的发展（同时，采用不同品种杂交的方法增加牲畜头数和改良畜牧业），进而又为农业的发展提供更多有机肥料。此外，在客观上也改变和优化了生态环境。[③]应当说，马克思和恩格斯的上述观点包含着现代生态农业的初步设想或萌芽思想。

（五）实现“城市和乡村的融合”和“大工业在全国的尽可能平衡的分布”

马克思和恩格斯针对当时资本主义“工厂城市”的扩大和大工业生产的集中所造成的污染状况，指出“城市和乡村的对立的消灭……已经成为工业生产本身的直接需要，正如它已经成为农业生产和公共卫生事业的需要一样。只有通过城市和乡村的融合，现在的空气、水和土地的污毒才能排除，只有通过这种融合，才能使现在城市中日益病弱的群众的粪便不致引起疾病，而是用来作为植物的肥料”。[④]而“大工业在全国的尽可能平衡的分布，是消灭城市和乡村的分离的条件”。下面紧接着又指出了消除现在的空气、水和土地的污

---

① 《马克思恩格斯全集》，第25卷，第117页。
② 《马克思恩格斯全集》，第2卷，第379页。
③ 《马克思恩格斯全集》，第47卷，第599页。
④ 《马克思恩格斯全集》，第3卷，第335页。

毒的长期性，“的确，文明在大城市中给我们留下了一种需要花费许多时间和努力才能消除的遗产，但是这种遗产必须被消除而且必将被消除，即使这是一个长期的过程”。[①]

事实上，马克思和恩格斯的这一观点已经涉及下面两个问题。一是涉及对已经造成的环境污染进行治理或对已被污染的环境进行再改造的问题，即排除或消除现在的空气、水和土地的污毒。但是，正如他们在人类对已被污染的环境进行再改造的主观能动性问题上未能深入、系统地展开和论述一样，这一问题也未能深入、系统地展开和论述。二是涉及污染源及其所排放的污染物的密度和总量同环境自净能力的关系问题，强调要防止大工业和污染源的集中及其所排放的污染物的密度和总量的增大；通过城市与乡村的融合和大工业的平衡分布，以防止工厂城市的扩大和大工业（作为污染源）的过度集中，分散污染源，降低污染物排放的密度和总量，使之接近环境的自净能力，减少或避免对于环境的污染。最近，世界卫生组织发表公报指出，世界上人口和工业高度集中的大城市的空气、水源和食品的污染已对数亿居民的健康造成危害，如不积极、有效地治理已经造成的环境污染，防止新的污染，世界的都市化将是21世纪人类健康面临的最大问题之一。

（六）防止技术的“资本主义的应用”，“消灭工业的资本主义性质”

马克思和恩格斯认为，对于蒸汽技术的“资本主义的应用才使它主要地集中于城市，并把工厂乡村转变为工厂城市。但是，这样一来它就同时破坏了它自己的活动的条件。蒸汽机的第一需要和大工业中差不多一切生产部门的主要需要，都是比较纯洁的水。但是工厂城市把一切水都变成臭气冲天的污水……资本主义大工业不断地从城市迁往农村，因而不断地造成新的大城市……在那里，一部分另外的原因造成同样的结果”，[①]这就势必造成环境污染的恶性循环。“要消灭这种新的恶性循环，要消灭这个不断重新产生的现代工业的矛盾，又只有消灭工业的资本主义性质才有可能。只有按照统一的总计划协调地安排自己的生产力的那种社会，才能允许工业按照最适合于它自己的发展和其他生产要素的保持或发展的原则分布于全国”。[②]在这里，马克思和恩格斯强调的最适合于其他生产要素的保持或发展的原则，特别是最适合于作为生产要素的劳动资料中的物质资料和物质条件的保持或发展的原则，实际上已包含了当代可持续发展原则或“生态工业”的基本构想和基本观点。同时，马克思和恩格斯也强调了要把技术应用和工业发展的最直接的最近的经济利益同其长远的自然影响和社会后果协调起来，或者是把技术应用和工业发展的经济效益、社会效益和环境效益统一起来。

（七）变革生产方式和社会制度

从马克思和恩格斯的基本思想和环境法的意义上来说，生产方式和社会制度既以人与自然的关系为基础，又反映着人与人之间结成的社会关系或人与社会的关系，同时还影响和制约着人与自然的关系。因此，要调整和改变人与自然的关系，其可能的途径之一就是通过调整和改变人与人之间的社会关系或人与社会的关系，变革生产方式和社会制度。环境法就是通过调整人与人的社会关系来达到它调整人与自然的关系的目的的。所以，马克思和恩格斯指出，要支配和调节人的活动的比较长远的自然影响和社会后果，防止或减少

---

① 《马克思恩格斯全集》，第3卷，第334页。

生态的破坏和环境的污染，“单是依靠认识是不够的，这还需要对我们对现有的生产方式，以及和这种生产方式连在一起的我们今天的整个社会制度实行完全的变革”。①

四、马克思主义思想体系中包含着可持续发展思想

全球环境问题的本质说到底，就是人与自然、人与人关系之间出现了裂痕，这个裂痕对于人类社会和人类的生存是非常危险的。在这当中，人与自然关系之间的裂痕只不过是表象，其深刻的背景是人与人之间关系的失衡。而可持续发展的总体思想就是要协调和修正当今人类社会人与自然以及人与人关系之间的矛盾。人类社会经过长期的发展，出现了一系列的环境问题，又经过较长时间的环境治理实践和认识，才提出了可持续发展的思想和理论。

而马克思和恩格斯从关于人与自然的关系理论出发，论述了人在自然界中所具有的双重属性——自然属性和社会属性。人类是自然界的存在物，具有自然属性，同时人类是有意识、有目的、能动的社会存在物，具有社会属性。因此，人类在改造自然的同时必须遵循自然规律，必须尊重自然，否则要受到自然的惩罚。马克思主义认为劳动不是一切财富的源泉，劳动和自然界一起才是一切财富的源泉。人与自然的关系同时也是人与社会的关系，生态问题也是一个社会历史问题，资本主义制度是生态危机的主要社会根源。社会主义也面临着严重的生态环境问题，只有实现了共产主义，人类才能实现两种和解——人同自然的和解以及人本身的和解。辩证法思想、唯物论观点和前瞻性思想是马克思和恩格斯生态环境观的特点。私有财产的扬弃之所以会成为异化的扬弃，马克思认为主要是感觉复归为人的感觉，需要丢弃利己主义性质、对自然界的关系丢弃纯粹的功利性，从而得到彻底的解放。这种人的解放和人与自然和谐关系的重建就是共产主义社会的建立。

正如马克思所说：“共产主义是私有财产即人的自我异化的积极的扬弃，因而是通过人并且为了人而对人的本质的真正占有；因此，它是人向自身、向社会的（即人的）人的复归，这种复归是完全的、自觉的而且保存了以往发展的全部财富的。这种共产主义，作为完成了的自然主义，等于人道主义，而作为完成了的人道主义，等于自然主义，它是人和自然之间、人和人之间的矛盾的真正解决，是存在和本质、对象化和自我确证、自由和必然、个体和类之间的斗争的真正解决。它是历史之谜的解答，而且知道自己就是这种解答。”②

这是一个极为深刻的理论阐释，包含着极为丰富的哲学内涵：共产主义作为人的自我异化的扬弃即是私有财产的扬弃；这种扬弃是人的自觉性在保留以往发展全部财富的基础上向更高层次的复归，是一种哲学上的否定之否定；共产主义作为完成了的自然主义，由于包含着人这个最高级的自然存在物，因而等于人道主义；而共产主义作为完成了人道主义，由于将人的自由自觉性延伸到自然领域，所以又等于自然主义；共产主义的实质是人与自然、人与人、存在与本质、对象化与自我确证、自由与必然、个体与类之间矛盾的解决；这就是人类从历史和自身局限中摆脱出来并得到解放的历史之谜的解答，但这是一个由低到高的否定之否定的永无止境的历史过程。在这里，共产主义是私有财产（资本主义

① 《马克思恩格斯全集》，第 3 卷，第 519 页。

② 《马克思恩格斯全集》，第 42 卷，第 120 页，人民出版社，1979 年 9 月版。

私有制）的积极扬弃，从而真正解决人与自然、人与人之间的矛盾，实现人道主义与自然主义的统一，实现人的真正解放是其主旨所在。这是 100 多年前，马克思对于资本主义私有制所造成的自然与人以及人与人之异化现象及其解决的深刻思考，具有极强的理论的与现实的意义，与当代可持续发展思想有着惊人的一致性。如果说，当代“深层生态学”是对生态环境问题进行哲学和价值学层面的“深层追问”的话，那么马克思在《1844 年经济学哲学手稿》中已对人与自然的关系进行了社会学的沉思，并将其同社会政治制度紧密联系。马克思这种沉思的当代价值应该是显而易见的。

在当前，历史地、系统地和全面地研究马克思和恩格斯的环境哲学思想具有重要的现实意义。它有利于我们正确地认识和把握马克思和恩格斯的环境哲学思想体系以及他们整个的理论体系和思想体系，有利于我们正确地认识和理解人类环境哲学思想的形成和发展。其次对于我们正确地分析和认识人类与环境的关系及其发展和变革，正确地认识和把握生态破坏和环境污染发生和加剧的历史根源，正确地选择和确定减少环境污染和保持生态平衡的基本途径等，也具有重要的指导意义。特别是对于我们分析和认识当代环境问题的复杂性和综合性，就更具有特殊的意义。从环境的基本构成以及人类与环境的关系上来看，环境问题既是自然环境领域的问题，也是社会环境领域的问题；既是人类与自然环境关系的不协调问题，也是人类与自然环境的关系同人类与社会环境的关系之间的不协调问题；还是自然环境对于人类的制约性和人类对于自然环境的能动性的不协调问题。就人类的主观能动性而论，环境问题既是人类对于自身行为的长远的自然影响和社会后果的认识、预见、调节和控制的不协调问题，也是人类对于环境的认识和改造与再认识和再改造的不协调问题。从环境污染与生态破坏的根源上来说，环境问题既是一种（对于环境、对于人类与环境的关系和对于人类行为的可能结果等的）认识问题，同时，也是一种“阶级性”和社会性的问题。从减少环境污染和保持生态平衡的手段和途径上来讲，环境问题既是有关科学技术的发展和应用问题，也是有关方针、政策的政治性问题，同时还是经济性和法律性的问题等。

但是，尽管马克思和恩格斯在 19 世纪下半叶较系统、深入地研究了人类的生存环境问题，并对人类提出了忠告，但是并未能遏制住环境污染和生态破坏日益加剧的势头，从 19 世纪末开始先后出现了一系列公害事件。

思考与练习题

1. 简述环境道德与传统道德的关系。
2. 道德重建对于可持续发展的实施是极端重要的，你认为是可能的吗？
3. 如何理解“伦理原则的贯彻比技术手段的实施重要得多”？
4. 为什么说可持续发展有着浓厚的环境道德色彩？
5. 为什么说马克思主义是“绿色”的？
6. 请举出 5 例发生在我们身边、非常容易做到并有益于生态环境的小事。

第七章　可持续发展教育与公众参与

第一节　环境与可持续发展教育

教育促进可持续发展的思想是在环境教育的基础上形成的。20 世纪 60—70 年代以来兴起的世界环境教育运动，主要谋求从根本上解决环境问题，以实现人类与自然的和谐相处。在近 40 多年的发展过程中，环境教育经过不断演化，逐步从单纯对自然环境的关注，向同时关注环境、社会、经济、人口以及可持续发展教育，再向教育促进社会、环境与经济可持续发展转变。2005 年，以联合国决定在全球范围推进《十年计划》为标志，教育对可持续发展的促进关系得到了国际社会的广泛认同。

一、国际环境与可持续发展教育的兴起

环境教育在国外已有上百年的历史。早在 19 世纪末 20 世纪初，人们对人类与自然系统不可分割的依存关系就有所认识，于是纷纷成立相应组织，宣传保护自然资源的重要性。这标志着人类开始关注自然和人类自身的和谐相处问题。20 世纪中期以后，部分国家零星开展的环境教育活动逐渐得到国际社会的普遍重视和积极倡导。1968 年，联合国教科文组织在巴黎召开了“生物圈会议”，第一次使世界环境教育的意识得以全面呈现。此次会议倡导在世界各国建立国家环境教育协调机构，并丰富充实各级教育中与环境学习相关的课程材料，以便激发人们的环境意识。英国首先响应会议号召，1968 年建立了该国的环境教育委员会（CEE），并于 20 世纪 70 年代将环境研究和环境科学的科目引入到高级和普通中小学考试中。美国则采取更有保障的措施，于 1970 年颁布世界第一部《环境教育法》，以法律手段促进各级各类教育中环境教育的发展与实施。

20 世纪 70 年代召开的三次国际环境会议，促使环境教育在学校教育中获得了正式地位。

1972 年在斯德哥尔摩召开了第一次联合国人类环境会议，这次会议标志着国际上对当时存在的环境问题的认同与关心，认为应该设立国际环境教育项目，通过跨学科的途径在校内和校外及各级教育层次上进行环境教育。世界上许多国家的环境教育就是从此逐渐开展起来的。

1975 年，联合国教科文组织和联合国环境规划署确立国际环境教育项目（IEEP），其主要目的是帮助政府和国家、地区的、国际的机构将环境教育纳入正规与非正规的教育系

统中，使受教育者在有关环境的知识、技能、态度及价值观等方面，形成有助于环境保护的观念。从此，环境教育在世界上许多国家蓬勃开展起来。

【专栏 7-1】学校课程中的环境教育国际会议终期报告

环境教育是一个认识价值观和澄清观念的过程，这些价值和观念是为了培养、认识和评价人与其文化环境、生态环境之间相互关系所必需的技能与态度。环境教育还促使人们对环境质量相关的问题做出决策，并形成与环境质量相关的人类行为准则。

【资料来源】张力，康宁. 中国教育与可持续发展. 北京：科学出版社，2007.

1977 年，在苏联第比利斯召开了政府间教育会议，并发表了《第比利斯宣言》，指出环境教育应当为各级各类人士在一切水准上、在正规与非正规教育中提供。

【专栏 7-2】《第比利斯报告》建议 2

环境教育：

- 是一个终生学习的过程；
- 在自然和应用中，是跨学科性和整体性的；
- 总体上是一种方法而不是一个学科；
- 关注人类与自然系统的相互关系和关联性；
- 从社会、政治、经济、技术、道德、英学和精神的各个侧面全面、整体地看待环境；
- 认为能源和矿物资源都具有当前可能性和有限性的特点；
- 鼓励在学习体验中的参与；
- 强调主动负责；
- 利用广泛的教学技术，注重实践活动和亲身体验；
- 空间上关注从地方到全球的各级空间尺度，时间上关注从过去、现在到未来的各种时间尺度；
- 学习的情境与机构在组织和结构上作为一个整体来支持环境教育；
- 鼓励培养学生的感知、意识、认识、批判性思维能力、思考和解决问题的技能；
- 鼓励并培养净化价值观念和对环境价值判断的能力；
- 关注环境伦理的建设。

【资料来源】张力，康宁. 中国教育与可持续发展. 北京：科学出版社，2007.

1977 年召开的第比利斯会议标志着国际环境教育达到第一次高潮，这次大会不仅是有关环境教育的第一次国际政府间大会，有 66 个国家的政府代表、30 个国际组织和 300 余位专家出席会议，同时也是促使全世界关注、重视环境教育并付诸行动的里程碑会议。

1987 年，为纪念第比利斯大会召开 10 周年，联合国教科文组织和联合国环境规划署在莫斯科召开了国际环境教育与培训会议。此次会议讨论了环境教育的一系列议题，涉及“教育及知识大众”、“教育方案和资源”、“对内容和方法进行研究和实验”及“人才培训”等方面。在重申环境教育重要性的基础上，会议认为，要克服国内外环境所面临的威胁，必须依赖公众意识的变革，而增强环境意识的有效途径就是环境教育，因此建议 20 世纪

90年代为“国际环境教育的10年”，并确定了90年代国际环境教育与培训的行动策略。

美国在修订1970年的《环境教育法》的基础上颁布《1990年国家环境教育法》，在中小学课程计划中设立了独立的环境保护课程（见专栏7-3）。

【专栏7-3】美国《1990年国家环境教育法》

第二款第八条

联邦政府应该通过国家环境保护署，与当地的教育机构、各州教育局、非营利性教育和环境组织、非商业性传媒团体及私人团体共同关心并支持相关课程、特定项目和其他活动的发展，以此来增加对自然和建设环境的理解，加强对环境问题的意识。

第五款

需要建立环境教育和培训计划，旨在培养环境教育和培训项目与学习的发展与转移中的教育专业人员。因此，计划的功能和活动应该包括：

- 环境教育教学培训及对环境科学与理论、教育方法和实践、环境职业或专业教育、环境主题和问题的学习；
- 设计与执行环境户外学习和评价的示范；
- 发展符合多样化种族及道德团体需要的环境教育课程与计划；
- 资助并管理有关环境计划和环境问题的教师及其他教育专业人员在美国、加拿大、墨西哥之间开展的国际交流项目；
- 维护并支持实施环境教育的资料、文献、信息及技术的电子和文本阅览室；
- 评价并传播与环境教育相关的材料、培训方法和相关的计划；
- 支持与之相关的国内外会议、研讨会及论坛；
- 支持有效的伙伴关系及网络。

【资料来源】张力，康宁. 中国教育与可持续发展. 北京：科学出版社，2007.

总之，20世纪80年代是环境教育发展的重要阶段，政府和公众对环境问题的日益关注给各国在学校中推行环境教育注入强大的推动力。有的国家在学校开设环境课，或者加大各科教学中环境教育的力度，有的国家甚至把环境教育写进宪法，如巴西宪法要求为全民族系统地、有效地建立起一套环境保护教学计划。此时，学校中的环境教育已经脱离了自发进行的状态，转为系统、正规的组织形式。同时，20世纪80年代也是环境教育整体哲学观开始形成的10年，其标志就是环境教育内容向多学科化发展，也更多地从当地社区转向全球角度。例如，世界环境与发展委员会指出，“人类活动的后果在世界各地、一切广泛领域（包括环境、经济、社会）都存在着……各种各样的全球危机已经成为人们关注的中心……这些并非独立的危机：环境危机、能源危机、发展危机，它们实际上是一个整体。”

1992年6月，在巴西里约热内卢召开了联合国环境与发展大会，第一次将环境与发展联系起来。会议通过了《里约热内卢环境与发展宣言》、《21世纪议程》等重要文件，并签署了联合国从《气候变化框架公约》与《生物多样性公约》。这些文件充分体现了当今社会可持续发展的新思想，反映了环境与发展领域的全球共识。从此可持续发展的思想在全世界不同经济水平和文化背景的国家得到共识和普遍认同，教育对于促进可持续发展和公众有效参与决策的重要性被一再肯定，于是可持续发展的教育成为当今教育发展的必然趋势。环境教育也不可避免地融入了面向可持续发展的教育事业中，开始在可持续发展思想指导下重新定向，由此开始了“可持续发展教育时代”。

2002 年 8 月可持续发展世界首脑会议在南非约翰内斯堡举行，这是继 1992 年《21 世纪议程》发布 10 年后又一次重要的会议，这次会议重申了与会各国共同推进可持续发展的承诺，发表了《关于可持续发展的约翰内斯堡宣言》，希望世界各国在更加广泛的领域推进可持续发展战略。于是 2005 年 3 月联合国在纽约总部正式启动了“联合国教育促进可持续发展十年计划”（2005—2014 年），该计划的主要目标是，鼓励联合国成员国政府将可持续发展方面的内容，融入各国的教育政策中，从早期教育到成人教育、职业教育、教师培训乃至高等教育，从正规教育到非正规教育，重新整合和定位教育（包括课程、教学和考试）的各个方面，突破过去仅以环境保护为目标的环境教育概念，积极发展和落实“可持续发展教育”的理念，促进人们价值观与行为的改变；充分发挥教育的力量，创造性地建设一个以尊重自然、普及人权、经济公正以及和平文化为基础的更加可持续发展与公正的社会。

二、中国的环境与可持续发展教育的产生与发展

（一）中国环境教育发展的四个阶段

中国的环境教育同样源于对本国恶化的自然环境的关注和保护。受到斯德哥尔摩会议的影响，中国环境教育在 20 世纪 70 年代开始起步，随着环境保护事业的兴起而发展，并迅速得以完善。这一发展过程大致经历了四个阶段。

1. 起步阶段（1973—1983 年）

1973 年，国务院委托原国家计委召开了第一次全国环境会议，提出了进行环境保护教育的设想，这标志着我国环境教育的开端。在此期间，北京大学、中山大学等高校也相继设立了环境保护专业课程，开始培养环境保护方向的专门人才。

1978 年，中共中央批转了国务院环境保护小组的《环境保护工作要点》，提出“普通中小学也要增强环境保护知识的教学内容”。随后颁布的小学自然、中学地理、化学、生物等学科的教学大纲中便增加了有关环境保护的内容，这是我国正规教育机构步入环境教育的开端。

1979 年，全国人大颁布的《中华人民共和国环境保护法（试行）》明确提出，“国家鼓励环境保护科学教育事业，加强环境保护科学技术的研究和开发，提高环境保护科学技术水平，普及环境保护的科学知识。”同年，中国环境科学委员会第一次工作会议建议在全国若干省市进行中小学环境教育试点工作，在高中增设环境地学课。1980 年国务院环境保护领导小组等机构制定了《环境教育发展规划》，并纳入国家教育计划之中。1981 年国务院在《关于国民经济调整时期加强环境保护工作的决定》进一步明确指出，“中小学要普及环境科学知识”。

2. 发展阶段（1983—1992 年）

1983 年，全国第二次环境保护工作会议召开。会议宣布将“环境保护”确定为中国的

基本国策，并在中小学开展环境教育。

1985 年，原国家环保局、原国家教委办公厅和中国环境科学学会联合召开了“全国中小学环境教育经验交流及学术研讨会”。原国家教委在 1987 年颁布的《九年制义务教育全日制小学、初中教学计划（试行）》中规定，能源、环境保护、生态等教育要渗透在相关学科教学和课外活动中进行。1989 年“全国部分省市自治区中小学环境教育座谈会”则要求中小学环境教育应当制度化、规范化和经常化，并要进行师资培训和编写环境教育读本。

1990 年原国家教委颁布了《对现行普通高中教学计划的调整意见》，规定普通高中要开设环境保护选修课，并组织人民教育出版社编写了全国第一本统编教材《环境保护》。1991 年，原国家教委制定的《中小学加强中国近代现代史及国情教育的总体纲要》规定，要加强人口、资源与环境的国情教育。

可见，20 世纪 80 年代中期以来，环境教育已在我国各地中小学得到广泛开展。但是，这一阶段的学校环境教育以环境科学的知识传授为主，教育教学方法是灌输、说教型的，因而效果并不理想。

3. 定向阶段（1992—1996 年）

1992 年上半年，原国家教委组织“全国中小学教材审定委员会”审查并通过了义务教育阶段各科教学大纲，颁布了《九年义务教育全日制小学、初级中学课程计划（试行）》，其中明确且具体地规定了有关环境教育的内容和要求，提出“要使学生懂得有关人口、资源、环境等方面的基本国情。小学自然、社会，初中物理、化学、生物、地理等学科应当重视进行环境教育”。这一规定已经注意到需要把环境教育和德育、国情教育结合起来共同进行。

同年，我国政府提出“环境保护、教育为本”的方针，把环境教育确定为一项重要的国家政策，首次在全国教育工作会议上强调大力推动中小学环境教育、提高青年一代环境意识的重要性。此后，我国开始致力于构建一个多层次、多规格、多形式的有中国特色的环境教育体系。

1994 年《中国 21 世纪议程》颁布后，培养和提高公众对可持续发展的意识及参与能力被确定为中国环境教育的目标之一，环境教育也被相应地列为提高中国可持续发展能力建设的重要内容。

1995 年国务院《关于制定国民经济和社会发展“九五”计划和 2010 年远景目标的建议》中提出，“要搞好环境保护宣传教育，增强全民环境意识。”原国家环境保护总局也制定了《中国环境保护 21 世纪议程》，明确要“通过高校的各个专业、中小学、幼儿园开展环境教育，来提高青少年和儿童的环境意识”。同年，有关部门还在北京召开了全国环境教育先进单位、先进个人和优秀教师表彰大会。在此次会议上，李岚清副总理讲话指出，“环境保护是可持续发展的核心内容之一，加强环境教育是实现可持续发展的一项战略性措施。提高全民族环境意识，培养德才兼备的环境专业人才是环保战线和教育战线共同面临的重要任务。”

4. 深化阶段（1996 年至今）

1996 年，国务院提出“逐步普及中小学环境教育”的要求，原国家教委随后响应，在 1997 年颁布了新的《全日制普通高级中学课程计划（试验）》，并规定“环境教育主要渗透在思想政治、劳动技术、生物、地理、历史、物理、化学等相关学科中，也可以利用任意选修课和活动类课程的课时开设专题讲座”，这就为中小学环境教育提供了多途径、多角度的实施方式，形成了课堂内外有机结合的环境教育局面，环境教育开始走向普及。此外，教育在环境保护和可持续发展中的地位有了重要的提升，可持续发展教育开始进入基础教育领域，这些都有力地促进了我国环境教育的新转向。

同年，原国家环境保护总局、原国家教委、中共中央宣传部联合颁布了《全国环境宣传教育行动纲要（1996—2010年）》，提出“环境教育是提高全民族思想道德素质和科学文化素质（包括环境意识在内）的基本手段之一。要根据大、中、小学的不同特点开展环境教育，使环境教育成为素质教育的一部分。

2001年，教育部等部门颁布了《2001—2005年全国环境宣传教育行动纲要》，再次强调“要建立和完善有中国特色的环境教育体系。要采取多种方式，把环境教育渗透到学校教育的各个环节之中，努力提高环境教育的质量和效果”。这标志着环境教育已经成为我国中小学的一种办学理念，环境教育也从仅仅通过学科教学来培养学生环境素质的一个课程领域，扩展到一个贯穿学校管理、教育、教学和建设的整体性活动，以便促使环境素质和对环境有益的行为构成学校师生生活和道德精神的内在组成。

2001年，国务院《关于基础教育改革与发展的决定》将“具有初步的环境意识”作为素质教育的一项内容。此后，教育部颁布和陆续开始试验了一系列基础教育课程改革方案及学科课程标准，其中对环境教育的目标、内容和方法都作了明确规定，指出了环境教育要采用多学科渗透和跨学科专题的形式加以开展。

另外，教育部在2003年颁发了《中小学环境教育实施指南（试行）》，其中明确规定将环境教育作为一个跨学科的综合性教育内容纳入中小学综合实践活动课程，强调将环境教育定位为“为了可持续发展的环境教育”，并把进行环境教育提高到事关中华民族整体素质的高度，将其视为国情教育、国策教育和素质教育的重要组成部分，从“情感、态度与价值观、过程与方法、知识与能力”三个维度提出培养目标，从而加强了环境教育在引起学生观念和行动方面深刻变革中的作用。

（二）从环境教育到可持续发展教育

可持续发展教育的概念是在可持续发展运动中出现的。自20世纪中叶尤其是20世纪70年代以来，全球环境恶化使得人类面临难以图存的境地。人们希望通过教育解决环境问题，消除环境危机，这就促成了环境教育的迅速发展。但是，环境教育并未能实现人们的理想。20世纪70—90年代，世界环境的持续恶化加深了环境危机，由此产生了越来越严重的社会、经济与文化问题。可持续发展教育思想正是在这种形势下提出并发展起来的，其目的是通过教育达到促进社会、环境与经济可持续发展的目标。

可持续发展的概念是不断发展的。因此，可持续发展教育概念的提出、内涵的演化也受到人类发展所涉及的一系列问题的影响，包括受到世界面临的所有尖锐挑战的影响。可持续发展教育概念的演进可划分为三个阶段。

1. 可持续发展教育概念的提出阶段（20世纪80—90年代初）

1987年4月，联合国“环境和发展世界委员会”（WCED）向联合国提交了报告《我们共同的未来》（Our Common Future，OCF）。该报告最引人注目的内容是明确提出了“可持续发展”（sustainable development）的概念。可持续发展概念的提出进一步深化了各国政府对地球环境与资源有限性的认识，更新了人们对原有以增长为主要内涵的发展概念的理解。

随后在苏联召开的莫斯科政府间环境教育会议上提出了可持续性（sustainability）是环境教育成功的一个基本工具。从对环境教育与发展教育重新整合的思考出发，1988 年联合国教科文组织使用了“可持续发展教育”（ESD）一词。这是国际社会关于教育与可持续发展相互关系的早期设想。

2．可持续发展教育概念的形成阶段（20 世纪 90 年代中—21 世纪初）

1991 年，由世界自然保护同盟、联合国环境规划署和自然基金会出版了《世界自然保护战略》的修订版《关心地球——迈向可持续生活的战略》，扩展了环境教育的视角，提出环境教育的新方向是“可持续生活的教育”。

1992 年，英国环境教育专家斯蒂芬 • 斯特林（Stephen Sterling）向联合国环境与发展大会提交的《善待地球：教育、培训和公众意识为可持续未来服务》报告中，给出了“可持续性的教育”（education for sustainability，EFS）的定义（见专栏 7-4）。该定义围绕环境教育、发展教育及其相关跨学科教育提出发展和整合“可持续性”概念。该报告在国际社会产生了强烈反响。

【专栏 7-4】斯特林等人对可持续性的教育（EFS）的定义

- 能使人们理解地球上所有生命之间的相互关系，理解他们的行为和决策可能在当今或未来不仅对当地而且对资源、国际社会、整个环境都有影响作用；
- 能增长人们关于经济、政治、文化、技术和环境力量的意识，这些力量能促进或阻碍可持续发展；
- 发展人们的意识、能力、态度和价值观，使之能够在当地、国家、国际水平上有效地参与可持续发展，帮助他们为更平等和持续的未来工作，特别能够使人们整合环境和经济决策；
- 强化环境教育、发展教育所提供的不同教育途径的有效性，强调不仅在已有的课程，而且在环境教育和发展教育及其相关跨学科教育途径中进一步发展和整合“可持续性”概念的必要。

【资料来源】张力，康宁. 中国教育与可持续发展. 北京：科学出版社，2007.

1994 年，美国国家科学技术委员会组织召开的“支持环境教育伙伴关系全国研讨会”和总统可持续发展委员会共同商讨出版的《可持续性教育：行动议程》（Education for Sustainability：An Agenda for Action），从为当代和后代造就有益于生态、经济繁荣的公平社会角度，对“可持续性教育”做出了定义。指出：“可持续性教育（EFS）是对知识和技能不断提炼的过程，依次培养知情的公民，他们承诺从事负责任的个人合作行动，这种行动将为当代和后代造就有益于生态、经济繁荣的公平社会。”

1994 年，中国政府制定和发布了中国可持续发展战略——《中国 21 世纪议程》。该文件中就儿童参与可持续发展提出了目标，提出“加强对受教育者的可持续发展思想的灌输。在小学自然课程和中学地理等课程中纳入资源、生态、环境和可持续发展内容”，这是中国第一次正式提出开展可持续发展教育的问题。

1998 年，参加联合国可持续发展委员会年会的各国代表，通过回顾《21 世纪议程》

第 36 章“促进教育，公众意识和培训”和充分研讨，肯定了教育在可持续发展中的重要地位。同时，也看到可持续发展教育进展缓慢的现实问题。为此，美国田纳西州大学地理和环境教育中心主任罗萨琳·麦基翁（Rosalyn McKeown）在会后主持编写了《可持续发展教育实施指南》（Education for Sustainable Development Toolkit；该指南 2000 年发行第一版，2002 年发行修订版），该指南为社区领导和教育工作者开展可持续发展教育提供了指导。

1998 年，英国“可持续发展教育工作组”（Sustainable Development Education Panel，SDE Panel）也在年度报告中从环境、社会和经济可持续生存和活动的角度，针对国家课程和学校教育提出可持续发展教育定义。

【专栏 7-5】英国对可持续发展教育的定义

可持续发展教育（sustainable development education，SDE）是关于维持和提高我们和后代人的生活质量所需要的学习。它能使个人、社区、商业组织和政府不仅理解所涉及的环境、社会和经济问题，而且可持续地生存和活动。它是为我们将要生活在其中的 21 世纪的世界做准备，是为了我们到那时不至于陷入困境所做的准备。

可持续发展教育能够发展人们参与决策的价值观和技能，这种决策涉及我们个人的和集体的，以及地方的和全球意义上的行为方式。这些知识、价值观和技能将改善当今的生活，却不会损伤未来世界。

【资料来源】 First Annual Report，1998（该定义 2000 年被英国新国家课程所采用）.

综上所述，这一时期不同国家和机构从多重角度表述了可持续发展教育思想的内涵，其中，有的是从环境教育内容出发，有的是从教育目的出发，还有的是从教育途径与方法等出发。可以看出，与第比利斯会议提出的环境教育内容与目的相比，这一时期可持续发展教育若干概念的内容与目的已经有了新的变化。因此，有专家认为，可持续发展教育是环境教育的深化和拓展。值得注意的是，一些国家已经开始从环境、社会和经济可持续发展的视角关注教育的作用。这一阶段，国际社会对可持续发展教育已经形成了初步的概念。

在这一时期，“可持续”强调和倡导的是一种人人参加，贯穿人一生的过程，同时还要通过教育改变人们的生活方式，促进社会进步、经济发展和生态平衡，建立公正、和谐的可持续发展的社会。

3．可持续发展教育概念的完善阶段（21 世纪初）

可持续发展问题世界首脑会议于 2002 年 8 月 26 日—9 月 4 日在南非约翰内斯堡举行。104 位国家元首或政府首脑，193 个国家和政府间组织的 10 000 多名代表，8 000 多名非政府组织、工商界的代表，4 000 多名记者参加了这次高举可持续发展行动大旗的历史盛会。

这次大会以“人、星球和繁荣”为主题，重点是提请世界各国注意实现可持续发展的行动。会议强化了可持续发展的观念，进一步明确了教育在实现可持续发展中的关键作用。会议首先回顾了 1992 年《21 世纪议程》以来世界各国对可持续发展全球行动计划的执行情况，强调教育在这一行动中已经发挥了重要作用。“各级教育是可持续发展的关键。对人类进行可持续发展教育不仅意味着将环境保护列入课程，而且意味着促进经济目标、社会需要和生态责任之间的平衡”（联合国，2002）。在会议颁发的一系列文件中，主张首先应该变革教育，以便能使“学生掌握可持续生活所需要的技能、观点、价值观念和知识”。

【专栏 7-6】约翰内斯堡可持续发展宣言

30 年前，在斯德哥尔摩我们认定迫切需要应对环境恶化问题；10 年前在里约热内卢召开的联合国环境与发展大会上，我们认识到环境保护、社会与经济发展是按照里约原则推动可持续发展的基石。为了实现可持续发展，我们通过了题为《21 世纪议程》的全球性方案及《关于环境与发展的里约宣言》。对此，我们再次确认我们的承诺。首脑会议是一个重要的里程碑。

【资料来源】2002 年联合国可持续发展问题世界首脑会议.

会议最后通过了重要文件《可持续发展世界首脑会议实施计划》。这一实施计划进一步确认教育促进可持续发展的重要性，并建议联合国大会“考虑实施‘可持续发展教育十年’，并以 2005 年作为起始年”。

2002 年 12 月 20 日，联合国大会在一致同意的情况下，通过了关于《十年计划》的决议，并指定联合国教科文组织作为领导机构，以组织“可持续发展教育十年”的开展。联合国决议声明，实施可持续发展教育应该建立在已有的重要教育项目基础之上，如《达喀尔全民教育行动框架》和《联合国文化十年计划》，并把他们推向前进。联合国教科文组织将利用全世界对这些活动的支持有目的地将他们结合起来，目的就是用教育作为一项主要的工具使可持续发展成为现实。为此，联合国教科文组织就“可持续发展教育十年”的实施同联合国和其他相关的国际组织、政府、非政府组织及其他重要人士进行了协商，并且动员和帮助各国参照由联合国教科文组织制定的《十年计划》将实施“可持续发展教育十年”的措施和他们各自的教育战略与行动计划结合起来，促进可持续教育的发展。

在 2005 年 3 月 1 日正式发布的联合国《十年计划》中指出，“可持续发展教育十年”明确概括了教育在促进可持续发展中所应当发挥的关键作用，并确定该计划的总目标是“将可持续发展的内在价值观整合进学习的各个方面，鼓励受教育者转变行为方式，以实现一个可持续和更加公正的社会”。因而，“可持续发展教育十年”是一项深远的、复杂的事业。

【专栏 7-7】教育的关键作用

- 教育必须激发这样的信念，即我们每个人都具备能力和责任，在全球尺度的积极改变中起作用。
- 教育是转向可持续发展的主要手段，因为它能增强人们的能力，将他们对社会的构想转变成现实。
- 教育能培育可持续未来所需要的价值观、行为和生活方式。
- 可持续发展教育是学习如何决策的过程，要求在这种决策中考虑长远未来全社会的平等及其经济、生态。
- 教育构建了面向未来的思考能力。

【资料来源】2005 年，十年计划.

2005年3月1日，联合国正式启动了《十年计划》。该计划依据约翰内斯堡可持续发展会议提出的可持续发展社会、经济及环境三大支柱，对教育促进可持续发展概念突破了过去以环境保护为主的理念，突出了教育肩负对可持续发展的更大责任。

从可持续发展教育概念的演化可以看出，可持续发展教育从提出到完善经历了一个过程。可持续发展教育是培养公民获得维护和改善生存发展必需的价值观念、责任感，以及相关的知识与技能的价值观的教育；可持续发展教育并非一门课程，而是了解各门学科是如何通过环境、经济和社会问题相联系，开发这一新的教育所要求的内容，一切正规教育、非正规教育都应进行可持续发展教育；可持续发展教育囊括了从幼儿到老年教育的全部人生教育，并遍及社会的各个方面，需要教育者与参与教育的学生家长、企业、社区及政府的合作。可持续发展价值观的核心是尊重，其内容主要包含：尊重所有人（包括尊重当代人与后代人）；尊重差异与多样性；尊重环境；尊重地球资源。

三、可持续发展教育概念和基本特征

（一）可持续发展教育的含义

可持续发展教育概念的中心思想是明确教育对可持续发展的促进关系，其基本含义是根据推动可持续发展进程的需要，教育应当承担起为可持续发展服务的时代使命，应当发挥促进社会、环境与经济可持续发展的重要功能。可持续发展教育概念的基本界定是，可持续发展教育是以可持续发展价值观为核心的教育，旨在使每个受教育者形成可持续发展需要的价值观念、行为和生活方式，进而促进社会、环境与经济的可持续发展。

人类社会发展到今天，一系列可持续发展的紧迫性问题愈加严峻地摆在人们面前，需要加以认真面对与实际解决。因此国际社会将社会、环境与经济确定为可持续发展的三大支柱。在中国，要建设环境友好型和资源节约型社会，其目标也是实现社会、环境与经济的可持续发展。在这样的背景下，教育必须做出抉择，与时俱进，拿出变革与创新的思路和举措，以促进可持续发展进程。这就是要确定"可持续发展与教育不可分割的关系"，进一步发挥"教育对促进可持续发展和提高人们解决环境与发展问题能力"的作用。这也意味着教育要与时代俱进，与发展俱进。

围绕教育促进可持续发展这一基本含义，联合国《十年计划》明确强调：首先，可持续发展教育是实现可持续发展战略的中心支柱。教育是可持续发展变革的主要手段，教育增强人们把可持续发展理念变为现实的能力；教育形成可持续未来需要的价值观、行为和生活方式；教育掌握社会平等、经济进步和生态活力的选择与决策的方法；教育培养具有国际视野责任感、具有展望新未来和面对现实社会实施改革能力的人（联合国，2005-03-18）。其次，可持续发展教育是培养可持续发展价值观的教育，可持续发展价值观的核心是尊重。具体要求是：提高公众可持续发展意识和态度，使他们获得维护和改善生存发展需要的知识与技能，掌握批判性思维和解决问题的能力。这类教育能够使公众理解自己同他人及更广阔的自然环境和社会环境的联系，以改变人们的行为方式，建设一个更加可持续发展、公正、和谐的社会。

（二）可持续发展教育的原则

（1）面向可持续发展的原则：环境教育必须面向可持续发展，以自然资源的合理开发利用为基础，将环境道德观与可持续发展观结合起来以实现人类永久、持续发展的根本目标。

（2）综合性原则：指在进行可持续发展教育的活动中，坚持全面、发展和联系的立场，使学习者从整体的角度获得较为全面的环境意识、知识和技能，适应不断变化的环境问题，形成综合的可持续发展的价值观，进而能从更高的层次和更宽广的角度理解并思考解决环境与可持续发展问题。

（3）伦理性原则：可持续发展教育要培养学习者保护环境和改善环境的道德责任感，形成正确的环境观与对待环境的态度，将良好的环境道德作为学生或受教育者良好思想品质的组成部分。要把环境道德教育作为终身教育的过程。通过环境教育，端正人们的行为动机，使环境道德成为人们行为的思想指导，使爱护环境、美化环境成为社会公德的重要组成部分。

（4）科学性原则：指在可持续发展教育过程中，以科学的态度对学习者施教环境与可持续发展方面的知识和概念，并且这些知识和概念都应经过严格的科学验证。同时，通过可持续发展原理的传授，逐步发展学习者对可持续发展问题的科学探究能力。

（5）理论与实践相结合的原则：可持续发展教育的目标之一，是使人们树立起保护环境的意识和责任感，真正参与到环境保护的行动中。但单纯的理论讲授，一方面可能使学习者因为理论的抽象而难以深刻理解；另一方面，也难以实现促使人类尊重自然、热爱环境，采取主动、自觉保护和改善环境的目标。因此，进行可持续发展教育，必须提供实践的机会，通过受教育者的亲身体验，通过解决具体的环境与可持续发展的问题，培养他们的环境保护意识，树立可持续发展的价值观。

第二节　公众参与

现代社会在向可持续发展方向转变时，更需要公众的正确理解和积极参与。早在1994年，《中国21世纪议程》提出可持续发展目标和行动方案时，就指出必须依靠公众及社会团体最大限度的认同、支持和参与。团体及公众既需要参与有关环境与发展的决策过程，特别是参与那些可能影响到他们生活和工作的社区决策，也需要参与对决策执行的监督。公众、团体和组织的参与方式和参与程度，将决定可持续发展目标实现的进程。我国宪法和法律已经对公众参与国家事务作了明确规定，并认识到公众参与在环境与可持续发展领域的重要性。广泛而有效的公众参与才是推动环境保护与可持续发展的根本力量所在。这是一种“自下而上”的力量，也是一种可持续的力量。

公众参与，从社会学角度讲，是指社会群众、社会组织、单位或个人作为主体在其权利义务范围内有目的的社会行动。每一个公民除了享有环境权、环境知情权、参与环境立法和综合决策权等权利外，也具有不可推卸的义务，如学习和遵守各项环境保护法律、法规的义务；积极参加环境保护和生态建设活动的义务；遵守环境伦理道德规范，采取有利于环境和资源保护的行为和习惯的义务；等等。要加强对公众的环境与可持续发展教育，使其认识到自身的权利和义务。

【专栏 7-8】仅依靠政府无法从根本上解决环境问题

目前全球性的环境危机，其实质不是单纯的经济和技术问题，而是文化观念和价值取向问题。全球环境问题的恶化和环境危机的出现与人类对环境的态度密切相关。没有人类对环境态度的改变，仅仅靠科学技术手段是无法从根本上解决环境危机的；同样，没有公众的参与，仅仅依靠政府也无法从根本上解决环境问题。因此，提高公众的环境意识、特别是环境伦理意识是环境保护工作者的重要责任。

【资料来源】周海林，谢高地. 人类生存困境——发展的悖论. 北京：社会科学文献出版社，2003.

一、公民的环境权

（一）环境权概念和由来

所谓公民环境权，是指人民群众享有保护好自己的生存环境，使其不受污染和破坏的权利。也就是说公众有权理直气壮地参与关系自己切身利益的环境事务，政府部门不能将此当成禁区而不准群众过问。这种权利是人们的生存所必需的，是保护大自然所要求的，是法律所赋予的，是生活在地球上的每个人民应有的神圣权利。广泛的群众参与是人民维护自身生存的必然需求，是实现他们环境权益的生动而具体的体现，是我们社会主义制度优越性的重要体现。

有关“环境权”的讨论最早产生于美国。1970 年 1 月，当时的美国总统尼克松在国会演说中提出，拥有适宜人居住的环境应该是每一个美国人与生俱来的权利。地球日的倡导者内尔松（C. Nelson）议员也曾号召修改宪法，以确保每一个美国人都可享受健康的环境。受美国政界的影响，哲学家布莱克斯通（W. T. Blackstone）认为，传统的伦理学和法学只把平等、自由和幸福当做人的权利，而忽视了适宜居住的环境对于人类生存的根本意义。其实，这一点是人获得平等、自由和幸福的前提，没有一个适宜人居住的环境，人们的平等、自由和幸福就无法得到保障。在这个意义上，应该把适宜人居住的环境同样看做是人的一种不可剥夺的天赋权利。

在环境权的相关研究以及环境公正运动的推动下，自 20 世纪 80 年代以来，人们普遍认为，为了健康和幸福，拥有良好的自然环境、生活环境是理所当然的，维护公民的环境权是生态正义的必然要求。由此，公民的环境权成为一项基本人权。

（二）公民环境权的内涵

1. 公民应当拥有享受良好环境的权利

环境是每个公民维持生存必不可少的条件，良好的环境能够保护人的生命和健康、保护植物和动物以及保存遗传基因等。环境破坏了，人类的生存基础和质量也就受到了破坏，人类的生存和发展也相应地受到了破坏。因此，维护公民的环境权应该以环境不受损害为基本标准，这一标准不仅是其他权利所没有的，而且也是对其他权利的限制。

2. 公民对环境状况应该有知情权和监督权

环境信息关系到每一个公民的身心健康，公民有权依法定程序，获得关于自然环境状况及其对居民健康影响等方面的确实可靠信息。1992 年联合国人类环境与发展大会通过的《关于环境与发展的里约宣言》明确指出："环境问题最好是在全体有关市民的参与下，在有关级别上加以处理。在国家一级，每一个人都应能适当地获得公共当局所持有的有关环境的资料，包括关于在其社区内的危险物质和活动的资料，并应有机会参与各项决策进程。"

随着公民环境意识的觉醒，公民的知情权已成为环境保护的重要因素。不仅政府应及时主动地向公众公布有关环境信息，企业、产品的环境信息也应向公众公开。而且，政府、企业也要应公众的要求提供环境信息。虽然公开不一定就公平，但公开是公正解决环境问题的必要前提。保证公民的环境知情权，一方面能够使公民在了解相关的环境信息后趋利避害，采取必要的防护措施，减少环境污染对自身造成的损害；另一方面，通过公布相关信息，借用公众舆论和公众监督，对环境污染和生态破坏的制造者施加压力，达到参与国家环境监督和管理的目的。

我国政府为推进环境信息公开已做了诸多努力，如每年公布环境公报，每月公布大江大河水质状况，每天公布城市空气质量，各媒体都在广泛地报道环境事件。

3. 公民应有环境参与权

公民参与环境管理既是环境保护的需要，也是每个国家是否重视和保护公民环境权利的一个重要标志。从环保发展史上看，美国的环境保护运动是自下而上兴起的，针对日益突出的生态环境问题，经由民间组织向法院起诉、游说、呼吁，最终通过立法，实现对污染和生态破坏的治理、补偿、监督和控制。

公民参与环境保护可以采取多种途径，例如，组成环境保护的团体，参与环境保护的宣传教育和实施公益性环境保护行为；参与环境保护方面的监督、检举和控告，能够运用法律武器起诉任何违反环境权利的行为；参与环境纠纷的处理，参与和公众环境利益有重大关系的各方面决策。

这种参与对于解决环境问题具有重要的作用：有助于激发公众政治参与的责任感和积极性，壮大环境保护的社会力量；有助于让更多的在有关活动中无经济利益的人参与决策，避免既得利益集团按照经济标准制定环境政策而损害环保的缺陷，让决策朝着更为科学、合理的方向前进；有助于实现对政府的监督，制止政府从自身利益出发做出短期行为，制定不恰当的政策；有助于政府更广泛、全面、具体、深入地了解所辖区域内的环境破坏状况与环境损失影响，帮助政府完善环境法规和实施环境治理、救护以及保护行动；有助于社会以和平方式解决环境危机，避免政治动荡和社会冲突；有助于公众通过集体和个人的宣传和行动，逐步抵制、纠正和改变传统的与环境保护相对立的消费观念和生活方式，提倡、推行和完善与环境保护相和谐的消费观念和生活方式。一句话，没有公民的积极参与，环境保护就不能顺利进行。

通常情况下，最基层的环保部门也不过十几人，几十人，而把广大群众发动起来则是成千上万甚至几亿人。这样就有无数只眼睛在监视着破坏环境的人和事，有千万个人在与破坏环境者进行说理、斗争，在众目睽睽之下，破坏者必然要退却、让步。所谓“人言可畏”，这就必然产生“哄动效应”，从而减轻对环境的损坏。

人类散居在地球环境的每一个角落里，覆盖着地球环境的所有地方。海洋、山川、森林、草原、陆地、天空（太空），到处都有人“站岗放哨”，监视环境的状况，从而形成一个由地面到天空（太空），由南极到北极，由岩石圈到生物圈，由城市到乡村的天罗地网，使环境保护置于广大群众的监督之下。

例如，1973 年，印度高帕什渥村庄的 300 棵树被林业官员出售。当他们来到村庄准备伐木时，全村妇女们列队步行，敲鼓齐唱传统歌曲，用身体保护树木。一年后林业部宣布拍卖雷尼森林的 2 500 棵树，一名叫德维的 50 岁寡妇带领 30 名妇女站到了持枪的伐木者面前，她勇敢地说：“兄弟们，这片森林是我们的家，不要砍它们，否则泥石流会毁了我们的房屋和田地。”1980 年，在丹戈瑞潘德利的一个村庄，由男人组成的村委会决定用一片橡树林去交换公路、中学和医院，但被妇女们制止。男人们警告说，如果她们敢反抗，就把她们杀了，但妇女们依然参加了示威集会，政府不得不做出让步。1997 年，在德尼伽惠尔的一个村子，妇女们把圣珠系在要被砍伐的树上，决心不惜付出生命代价保住树。林业官员大发脾气喊道：“你们这些愚蠢的女人，你们知道森林意味着什么？树脂、木材和外汇!”而一位妇女回答道：“是的，我们知道森林的含义，那就是土壤、水和清洁空气。”印度妇女的壮举足以说明群众的智谋和威力。

二、世界各国公众参与环境保护的回顾

在西方一些发达国家比较盛行政党型的环保组织，发展历史也比较早。如 1972 年 3 月，在澳大利亚就成立了联合塔斯马尼亚组即第一个绿党，几乎与此同时，在加拿大成立的“小党”也有类似的章程。1972 年 5 月，在新西兰惠灵顿成立的价值党是世界上第一个全国性的绿党。这些早期绿党的章程逐渐地演变为今天全世界绿党的章程。绿党党章中一般都有环境保护（保存生态平衡）、公正（社会责任感）、民主（在取得决议时使用民主手段）和和平（无暴力主义）的目标，一般都采纳共识决策法来决定他们的政治目标。目前绿党遍布全球，其中参政的绿党有德国绿党、芬兰绿党、比利时绿党以及法国绿党。一般来说，它们与当地的生态学家、环境保护者和左派政党以及和平组织、人权组织结成联盟，四个洲组合成的联盟有非洲绿党联盟、美洲绿党联盟、亚洲和大洋洲绿党联盟、欧洲绿党联盟。

德国的绿党最为典型，已成为德国第三大政党。绿党成立以来，一直呈发展趋势，影响也越来越大。1998 年，绿党更上一层楼，与社会民主党联合组阁，结束其反对党的历史，走上了执政的前台。在 2002 年大选中，绿党再次获得与社会民主党联合执政的机会，并在联邦议院获得 55 个席位。绿党的纲领中环境保护占有重要部分。它主张，为了和谐的生态环境，工业化发展进程不应该没有止境，生态、社会和经济政策应该结合起来，建立可持续发展的经济和技术政策，推进世界范围内的环境保护与可持续发展。

20 世纪 90 年代，民间环保组织得到高速发展，仅在美国，各种类型的民间环保组织数量已经超过 1 万个。在亚洲，除日本外，印度、韩国以及我国的香港特别行政区和台湾省等地的民间环保组织也非常活跃。目前较大的世界民间环保组织有大自然保护协会、西

欧保护生态青年组织、世界自然保护联盟、绿色和平组织等。这些组织活动范围很广、能量很大。例如绿色和平组织，是一个联合会性质的国际组织，活动范围包括：反对破坏海洋动物资源的商业活动，反对损害南极环境的行为；反对在近海开采石油以免对近海造成污染；反对倾倒有毒废料等活动。

20 世纪 60 年代，西方工业发达国家频繁发生震惊世界的公害事件，造成了大量的惨剧。面对环境恶化的状况，人们发出了强烈的呼声。1970 年 4 月 22 日，在一些社会名流和环境工作者的发起和组织下，美国 1 000 所中小学、2 000 所高等院校和美国各大社会团体共计 2 000 多万人，在各地同时举行了各种形式的大规模宣传活动。由于形势所逼，美国国会在这天也休会，以便议员们能在各自的代表区参加活动。这是人类有史以来第一次规模宏大的环境保护运动。在其影响下，1972 年 6 月 5 日，联合国在瑞典首都斯德哥尔摩召开了具有深远意义的人类环境会议。大会通过了《斯德哥尔摩人类环境宣言》，并确定 6 月 5 日为世界环境日。从此，“只有一个地球”的口号就响遍了全世界。

日本的环境运动具有典型意义，大体分为以下四种类型：反公害-受害者运动；反开发运动；反“公害输出”运动；环境保护运动。其中，历史上发生最多的是第一种类型的运动，其次是反开发运动。第三种类型的环境运动是关系到发生在国外的环境问题的运动，受人力资源和经济资源等条件的限制，这种类型的环境运动目前并不多见。但是，构成致害国一个组成部分的日本国民，往往在力所能及的范围内采取向受害国居民赎罪的行动。在寻求解决问题的过程中，通过与受害国居民的共同行动，加深了相互之间的理解和合作。这便是这种类型环境运动的重要意义。第四种类型是以保护现有环境为目的的环境运动。包括保护历史建筑物和街道布局等历史文化环境，以及从英国引进的类似“国民托拉斯”（National Trust）的稀有自然环境保护运动等。

此外还有近年来急速发展起来的以废品再生利用为目的的，并以家庭主妇为中心的新型环保运动。这种类型的环境运动，是 20 世纪 80 年代末才出现的，不同于日本国内以往的任何类型。日本在 20 世纪中叶的工业化进程中，也曾经发生过一系列严重的环境污染公害事件。从 60 年代起，受害的市民进行了大规模的法律诉讼，媒体也进行追踪报道，日本许多地区还成立了反对环境污染的民间组织。1970 年，日本反对只发展经济不考虑环境保护的市民人数第一次以 45%对 33%的比例占据社会主流。公众对环境保护的广泛参与，使自民党与日本国会也开始专门讨论环境公害问题（史称“公害国会”），相继颁布了《公害对策基本法》、《公害健康赔偿法》、《循环型社会形成推进基本法》等一系列环保法规，用强制性手段推进新能源的使用，控制自然资源的消耗，提高废弃物的循环利用水平。经过 10 年努力，使日本形成了一个人口、资源、环境、文化相互协调的循环型社会，实现了环境与经济的“双赢”。

环保的历史经验告诉我们，世界环保事业的最初推动力量来自于公众，没有公众参与就没有后来的环境运动。

因此，我们的政府、环保部门要满腔热忱地鼓励公众参与，并积极为公众参与创造良好的条件。各级领导更要解放思想，与时俱进，既做环境保护的领导者，又做公众参与的引导者和支持者。

三、中国的环境 NGO

环境 NGO（Non-Governmental Organization）也称民间环境保护团体，是相对政府环境保护组织而言的。它围绕环境保护开展活动，是我国环境保护的一支新生力量。

据中华环保联合会发布我国首部《中国环保民间组织发展状况蓝皮书》，披露了我国环保民间组织的生存状况。截至 2006 年，我国有 2 768 家民间环保组织，从业人员共有 22.4 万人，其中全职人员 6.9 万，兼职人员 15.5 万。这些组织主要有 4 类：即由政府部门发起成立、民间自发组成、学生环保社团、港澳台及国际环保民间组织驻大陆机构。其中，由政府部门发起成立的环保民间组织占 49.9%，民间自发组成的占 7.2%，学生环保社团及其联合体占 40.3%，港澳台及国际环保民间组织驻大陆机构占 2.6%。可见民间环保组织正在成为社会政治、经济、环境等领域比肩政府与企业的第三支柱。

一般认为，我国真正意义上的环境 NGO 产生于 20 世纪 90 年代，以 1994 年 3 月在北京成立的“自然之友”为标志，它的正式名称为中国文化书院绿色文化分院。紧跟其后的便是 1996 年成立的“地球村”和“绿家园”。至此，三大环境 NGO 在神州大地上吹响了嘹亮的号角，各地的“民间环保组织”如雨后春笋般破土而出，构成了当今中国一定数量、初具规模、兼具特色和潜力的“民间环保群”。

1972 年联合国人类环境会议召开时，我国只派了一个由 20 多人组成的官方代表团去了解世界环境状况和环境问题，国家对环境问题尚缺乏认识和参与，公众参与在这一阶段还无从谈起。到 1992 年环境与发展大会召开时，中国政府不仅派出正式代表团参加了大会，还派出“中国人民环境代表团”参加了非政府组织会议，虽然“中国人民环境代表团”具有官方背景，但也是一个相当大的进步。在 2002 年约翰内斯堡可持续发展会议上，中国不仅有高级政府代表团参加，而且有符合西方标准的 30 个真正的非政府环境保护组织（共 150 多人的代表）参加了联合国可持续发展世界首脑会议，并将中国非政府组织讨论会（Chinese NGO Caucus）列入大会日程，召开了三次会议，每次中国非政府组织讨论会都爆满，显示了世界对中国非政府组织参与可持续发展的极大关注。

20 世纪 90 年代以来，我国的环境 NGO 大都以开展环保知识和环境意识的宣传，开展环境教育活动为主。以出版书籍、印刷资料、举办讲座、组织植树、观鸟、废电池回收等为主要活动内容和途径，也有少许环境 NGO 以倡导绿色社区建设、开展垃圾分类为主要活动内容。总体而言，这些活动大都停留在生活领域的层面上，公众参与的主观能动性也普遍不高，基本上是一种程序化的、以简单的体力劳动为主的活动方式。

经过 12 年的发展，我国环境 NGO 的面貌与功能已经发生悄然变化。从云南怒江建坝方案的暂时搁置、金光集团 APP 事件，到圆明园防渗工程环境影响听证会的举行，环境 NGO 从和风细雨的环境宣传教育者变为公众或者弱势群体利益的“监护人”，带来了独立的声音，并在社会体制改革向纵深发展，民主法制建设加快完善的大环境下，彰显出作为环境政策的倡导者和推动者的倾向。

（一）积极参与公共政策的制定过程

环境的公共性、环境问题的公害性和环境保护的公益性决定了环境保护需要公众的参与，而且环境保护正是在公众的推动下成长与发展起来的。积极参与公共政策的制定过程，为政府环境政策的制定提供建议，是最近几年我国环境NGO的重要表现。如在2001年，20个环境NGO与奥申委和北京市环保局共同编制了《绿色奥运行动计划》，其中“自然之友”和“地球村”还被北京市奥申委聘为环境顾问。原国家环保总局副局长潘岳在2003年中国环境文化促进会举办的“环境文化与公众参与”座谈会上提出：充分发挥环境NGO的作用是推动环保事业健康发展的重要途径，也是公众参与社会事务的直接方式。

（二）积极监督存在环境生态争议的工程和项目

得益于社会政治文化体制改革的持续深入，以及报刊网络等媒体“绿灯区”的逐渐扩展，环境NGO在环保领域的监督参议作用日益凸显。环境NGO在倡导“人和自然和谐”、维护弱势群体环境权益方面的声音越来越清晰、洪亮。他们通过集体行动，动员媒体，影响政府的决策，扮演了公众代言人的角色。在国内环境保护事务中，公众参与也得到了相当大的发展，比如公众在制止修建青岛音乐广场、水洗孔庙、泰山建索道、张家界建观光电梯、南京紫金山建观光建筑、都江堰修建水库大坝等事件中都发挥了巨大作用。

（三）为弱势群体提供环境法律援助

随着国内污染事件的频繁出现，污染受害者不断增多，而污染受害者大多数又是弱势群体，欲起诉却因资金、环境法律知识的缺乏而搁浅。环境NGO在这方面能发挥自身作用，维护公众合法环境权益。如中华环保联合会成立了中华环保联合会环境法律服务中心，动员组织社会力量运用法律手段对环境权益受到侵害的公民、法人及其他组织，尤其是弱势群体，进行维护和救助；同时，通过对环境权益的宣传教育，提高全社会对维护环境权益的认识，增强自我保护意识。

（四）开展保护生物多样性的各种活动

在经济利益的驱动下，日益猖狂的偷猎行为屡禁不止，民间环保人士为此大声疾呼。比如“自然之友”在濒危野生动物滇金丝猴、藏羚羊和川西原始森林的保护上发挥了积极的作用。

四、我国公众参与环境保护的局限性

20多年来，无论是在环境立法、环境执法方面，还是在环境宣传教育方面，公众和环境NGO都发挥了积极的参与作用。同时，一些国际上比较认同的“草根”性的环境保护团体出现并活跃在环境保护领域。可以认为，我国公众参与环境保护事业已取得长足的进步。但与发达国家相比，我国公众参与环境保护仍然存在不少的问题：

（一）社会团体特别是非政府环境保护组织的数量、规模、资金、影响仍然非常有限

我国是一个拥有13亿人口的泱泱大国，但环境保护社团组织不过3 000个左右，这些组织中大部分还是自上而下的、由政府扶持的官办型民间组织，真正由民间人士发起成立

的自下而上的草根型民间组织比较少，而且每个组织的会员人数最多也不过几千人，环境保护民间组织的资金数量更是有限。这与发达国家环境保护非政府组织数量之多、规模之大和资金之雄厚都有很大的差距。受非政府组织数量、规模、资金的影响，环境保护非政府组织在环境保护中的作用就显得十分有限，表现在公众中知名度、认同度不够，对政府的决策影响不大，对企业等对环境有较大影响的主体没有太多的制约，在维护公众环境权益上没有起到应有的作用，在国际环境保护事务中几近没有什么影响。

（二）从参与的内容来看，主要是参与宣传教育，对决策的参与重视不够

目前公众参与主要集中在参与宣传教育方面，利用各种节日（如“3·12”植树节、“4·22”地球日、“5·22”世界生物多样日、“6·5”世界环境日、“6·25”土地日、“9·16”世界臭氧日等）开展宣传教育，并举办和参加各种环境保护专题讲座、研讨会、培训班、文艺演出、展览，编写环境保护科普读物、杂志，利用新闻媒体进行宣传，组织环境保护先进人物的评选等，公众参与的领域尚未触及和延伸至对政府环境决策的参与。公众在环境保护的宣传教育等微观层次的参与是十分必要的，但是将公众参与仅仅局限在这些领域，不将公众参与环境保护的范围拓展至政府决策等宏观领域，将极大地限制公众参与的层次和作用的发挥。

（三）从参与的过程来看，主要侧重于事后的监督，事前的参与不够

《中华人民共和国环境保护法》第 6 条规定：“一切单位和个人都有保护环境的义务，并有权对污染和破坏环境的单位和个人进行检举和控告。”1996 年《国务院关于环境保护若干问题的决定》也强调：“建立公众参与机制，发挥社会团体的作用，鼓励公众参与环境保护工作，检举和揭发各种违反环境保护法律法规的行为。”从这些规定可以看出，我们从立法上就将公众参与的重点集中锁定在对环境违法行为的事后监督，而缺乏对事前参与的重视。在实践中，公众也主要是针对污染、破坏环境行为，特别是当这些行为危害到自身利益的时候才会向有关部门讨个说法。事后的监督固然重要，但鉴于环境危害后果的严重性，事前的预防更加重要，如果在事前能够充分发挥公众的聪明才智和公众对环境事务关心的热情，将会取得更好的效果。

（四）从参与的效果来看，流于口头的多，见之于行动的参与不够

由于人们越来越认识到环境对人类生存质量的重要性，以及环境与人类其他财产价值的密切关联性，并且人们在一定程度上也意识到保护环境是每一个人应尽的责任，所以在口头上绝大多数人都认为应当保护环境，但是一旦落实到行动上，则不尽然。我国禁止一次性白色发泡餐盒的使用就是一个典型例证。虽然商家、消费者都认为应当禁止使用一次性发泡餐盒，并对国家已经禁止使用一次性发泡餐盒心知肚明，但在国家明确禁用一次性发泡餐盒很长时间之后，白色发泡餐盒依然大行其道的现象表明，人们往往并不将慷慨激昂的语言与见之于行动二者进行等同。

（五）从参与的保障来看，政府组织的较多，制度性建设不够

我国的环境保护群众活动，大多是由政府支持、组织和发动，并没有真正形成制度。

20 世纪 90 年代中后期，国家虽然在新颁和修改的法律、法规如《水污染防治法》和《环境噪声污染防治法》均规定，“环境影响报告书中应当有建设项目所在地有关单位和居民的意见”，《环境影响评价法》也对公众参与专项规划和建设项目的环境影响评价作了明确规定。但是这些规定，都太过原则，缺乏可操作性，如什么是“公众”、公众在环境影响评价的哪个阶段进行参与、参与的方式是什么、如何保障公众参与等一系列具体问题没有规定，再加上中国缺少公众参与的基础性条件——信息公开制度，使得中国的公众参与制度基本上还停留在“纸面上”。另外政府官员对公众的参与在观念上存在的障碍，也使得公众参与没有得到认真地贯彻执行。

思考与练习题

1. 简述公民环境权的内涵。
2. 为什么说环境保护需要公众参与？
3. 应该采取哪些措施以维护公民的环境权？
4. 你了解当地环境 NGO 的活动情况吗？

附录 1

地球宪章

序　言

我们正处于地球历史上人类必须对其未来作出抉择的关键时刻。由于世界变得日益相互依赖和脆弱，所以未来既有巨大的风险又充满了希望。为了进步，我们必须认识到：尽管文化和生活方式纷繁多样，但我们是一个具有共同命运的人类大家庭和地球共同体。我们必须联合起来，创造一个以尊重自然、普遍人权、经济公正以及和平文化为基础的可持续的全球社会。为达此目的，我们地球公民必须宣布对彼此、对更大的生命群落和对子孙后代负责。

地球，我们的家园

人类是不断演化的宇宙的组成部分。地球——我们的家园是独特的生命群落。大自然的力量使生存成为一种强迫的和不定的冒险，不过，地球提供了生命演化所必需的条件。生命群落的恢复力和人类的福祉依赖于：保护一个拥有所有生态系统、种类繁多的动植物、肥沃的土壤、纯净的水和清洁的空气的健全的生物圈。资源有限的全球环境是全人类共同关心的问题。保护地球的生命力、多样性和美丽是一种神圣的职责。

全球形势

目前流行的生产和消费方式正在导致环境破坏、资源枯竭和物种大量灭绝。群落在逐渐遭到破坏，发展的好处未能被公平分享，贫富之间的差距正在扩大。不公平、贫困、无知和暴力冲突比比皆是，这是造成巨大痛苦的根源。前所未有的人口增长使生态和社会系统不堪重负。全球安全的基础受到威胁。这些趋势是危险的——但并非不可避免。

面临的挑战

选择权在我们自己手中：是建立全球伙伴关系，关心地球和彼此关照，还是冒毁灭我们自己和毁灭生命多样性这样一种风险。我们的价值观、机制和生活方式需要进行根本的改变。我们必须认识到：当基本需求得到满足时，人类发展主要是为了取得更多的进步而不是有更强的物质欲望。我们拥有为所有人提供生计和减少我们对环境影响的知识和技术。全球文明社会的显露，正在为建设一个民主和人道的世界创造新的机会。我们在环境、经济、政治、社会和精神方面所面临的挑战是相互联系的，我们携起手来，就能够找到包罗万象的解决办法。

共同的责任

为了实现这些抱负，我们必须决定：要以一种共同的责任感来生活，与全球共同体和本地社区打成一片。我们既是不同国家的公民，又是同一世界的公民。人人都对人类大家庭和更大的生命世界当前和未来的福祉负有责任。只有当我们崇敬生命的奥秘、感激生活的馈赠以及谦恭地看待人类在自然界中的位置时，人类与所有生命的休戚与共精神和亲密关系才会得到加强。我们迫切需要一个共同的基本价值观，以便为正在呈现的世界大家庭提供道德基础。因此，我们怀着共同的希望，批准下列可持续生活方式的相互依存原则，作为一种共同标准，以此来指导和评价所有个人、组织、企业、政府和跨国机构的行为。

原　则

一、尊重和关心生命共同体

1. 尊重地球及其所有生命

（1）认识到所有生命都是相互依存的，每一种生命形式，无论它对人类的价值如何，都有其自身价值。

（2）坚信所有人生来就有的尊严以及人类的知识、艺术、道德和精神潜力。

2. 以理解、同情和爱心来关注生命共同体

（1）接受这一观点：人类有权拥有、管理和使用自然资源，亦有责任防止环境破坏和保护人们的权利。

（2）坚信随着自由、知识和力量的增长，促进共同利益的责任也会增加。

3. 建立公正的、共同参与的、可持续的及和平的民主社会

（1）确保各级社区保证人权和基本自由，使每个人都有机会实现其全部潜能。

（2）促进社会公正和经济公正，使人人都能享有对生态负责的安全而有意义的生活。

4. 为当代和子孙后代确保地球的恩施和美丽

（1）认识到每代人的行动自由均应受到子孙后代需求的限制。

（2）将支持地球人类和生态群落长期繁荣的价值观、传统以及机构和制度传给子孙后代。

为了履行这四大义务，有必要：

二、生态完整性

5. 保护和恢复地球生态系统的完整性，特别关注维系生命的生物多样性和自然过程

（1）在各个层次上均采用可持续发展的计划和规则，使环境保护和恢复成为所有发展计划的有机组成部分。

（2）建立和保护可行的自然保护区和生物圈保护区（包括荒地和海区），以保护地球生命的支撑体系，保持生物多样性并保护我们的自然遗产。

（3）促进濒危物种和生态系统的恢复。

（4）控制和根除对天然物种和环境有害的非天然生物或遗传改变的生物，并防止引入这类有害生物。

（5）以不超过再生速度和保护生态系统健康的方式，管理水、土壤、森林产品和海洋生物等可再生资源的利用。

（6）以最大限度地减少枯竭和不引起严重环境破坏的方式，管理矿物和化石燃料等非再生资源的开采和利用。

6. 防止破坏是最佳的环境保护方法，当知识有限时，采用预防性措施

（1）即使在科学知识不全面或不确凿时，也要采取行动以避免严重的或不可逆转的环境破坏的可能性。

（2）让那些认为拟开展的活动不会造成重大危害的人承担举证责任，并使责任方对环境破坏负责。

（3）确保决策过程重视人类活动的累积性、长期性、非直接性、远距离性以及全球性的后果。

（4）防止对环境的任何部分的污染，不使放射性物质、有毒物质或其他危险物质累积。

（5）避免破坏环境的军事活动。

7. 采用可保护地球的再生能力、人权和社会福利的生产方式、消费方式和繁衍方式

（1）减少、重新利用和重复利用生产和消费系统中使用的物质，并确保残留废物能被生态系统吸收。

（2）有节制地和有效地使用能源，并越来越多地依赖可再生能源，如太阳能和风能。

（3）促进环境无害化技术的开发、应用和公平转让。

（4）在销售价格中包含商品和服务的所有环境代价和社会代价，并确保消费者能识别符合最高社会标准和环境标准的产品。

（5）确保人人享有可促进生育健康和负责任的生育的保健机会。

（6）采用那些强调有限世界中的生活质量和物质充裕的生活方式。

8. 推进生态可持续性研究，促进现有知识的公开交流和广泛应用

（1）支持有关可持续性的国际科学技术合作，特别注意发展中国家的需求。

（2）承认和保护所有文化中对环境保护和人类福祉作出贡献的传统知识和精神智慧。

（3）确保对人类健康和环境保护至关重要的信息（包括遗传信息）能为公众所利用。

三、社会公正与经济公正

9. 把消除贫困作为必须履行的道德责任、社会责任和环境责任

（1）保证人们有权获得饮用水、清洁空气、食品安全、未污染的土壤、居所和安全的卫生条件，分配所需的国内资源和国际资源。

（2）赋予每个人接受教育和资源的权利，以确保可持续的生计，并为那些不能养活自己的人提供社会保险和安全保护。

（3）承认受忽视的人，保护易受伤害的人，为受苦人提供服务，使他们能开发其能力和追求其目标。

10. 确保各级经济活动和机构以公平和可持续的方式促进人类发展

（1）促进国内财富和国家间财富的公平分配。

（2）增加发展中国家的知识资源、金融资源、技术资源和社会资源，并免除它们的沉重国际债务。

（3）确保所有贸易都支持可持续的资源利用、环境保护和渐进的劳动标准。

（4）要求跨国公司和国际金融机构在公共利益方面的行动具有透明度，并对其活动的后果负责。

11．肯定性别平等和公平是可持续发展的先决条件，并保证人人享有受教育机会、保健机会和经济机会

（1）确保妇女和女童的人权，结束所有针对她们的暴力。

（2）促使妇女积极参与经济、政治、公民、社会和文化生活各方面的活动，使她们成为完全和平等的伙伴、决策者、领导者和受益者。

（3）巩固家庭，确保所有家庭成员的安全和关爱。

12．摒弃歧视，坚持所有人拥有一个有利于人类尊严、身体健康和精神健康的自然和社会环境的权利，特别重视土著人和少数民族的权利

（1）消除所有形式的歧视，如基于种族、肤色、性别、性取向、宗教、语言以及国家、种族或社会出身的歧视。

（2）肯定土著人对他们的精神、知识、土地和资源以及他们维持可持续生计的相关方式所拥有的权利。

（3）尊重和支持我们社会中的年轻人，使他们能在创建可持续社会方面发挥必要的作用。

（4）保护和恢复文化胜地和精神胜地。

四、民主、非暴力与和平

13．加强各级民主机制，提供透明和负责任的管理，广泛参与决策，并享受公正对待

（1）坚持每个人都有权得到所有可能影响他们的或他们感兴趣的环境问题以及发展计划和活动的明确和及时的信息。

（2）支持当地、地区和全球文明社会，并促进所有感兴趣的个人和组织有意义地参与决策。

（3）保护自由发表意见、观点、和平集会、集社和持不同政见的权利。

（4）形成有效利用行政和独立司法程序的机制，包括制定对付环境破坏及其威胁的补救措施。

（5）消除所有公共和私人机构中的腐败行为。

（6）强化地方社区，使它们关注环境，并将环境职责赋予最能有效履行的各级政府。

14．将可持续生活方式所需的知识、价值观和技能纳入正规教育和终身教育

（1）为所有人，尤其是儿童和年轻人，提供使他们能对可持续发展作出积极贡献的受教育机会。

（2）促进艺术、人文学科以及科学对可持续发展的教育方面的贡献。

（3）加强大众媒体在提高人们对生态和社会挑战认识方面的作用。

（4）承认道德与精神教育对可持续生活所具有的重要性。

15．尊重和关心所有生物

（1）防止残酷对待人类饲养的动物，保护它们免受痛苦。

（2）保护野生动物不受那些会导致极端痛苦、长期痛苦或可避免的痛苦的狩猎、诱捕和捕捞方法之害。

（3）避免或尽可能排除对非目标物种的获取或破坏。

16. 促进宽容、非暴力及和平的文化

（1）鼓励和支持所有人民之间、国家内部和国家之间的相互理解、团结和合作。

（2）实施综合战略，防止暴力冲突，使用合作解决问题的方法来管理和解决环境冲突以及其他争端。

（3）使国家安全体系非军事化到非挑衅性防御姿态的水平，将军事资源转用于和平目的，包括用于生态恢复。

（4）消除核武器、生物武器和有毒武器以及其他大规模破坏性武器。

（5）确保对轨道空间和外层空间的利用有利于环境保护与和平。

（6）承认和平是由我们自己、其他人、其他文化、其他生命、地球以及所有这些都是其一部分的更大整体形成的正确关系所创造的一个整体。

前进之路

共同的命运史无前例地召唤着我们去寻求新的开端。这一开端是地球宪章原则所允诺的。为了实现这一诺言，我们自己必须致力于采用和促进本宪章的价值观和目标。这需要精神和心灵的转变，需要一种新的全球相互依存感和责任感。我们必须富于想象力地在本地、国内、地区和全球范围内，提出和运用有关可持续生活方式的远见卓识。我们的文化多样性是一种珍贵的遗产，不同的文化将以其独特的方式来实现这种远见卓识。我们必须深化和扩大地球宪章制定过程中所进行的全球性对话，因为通过对真理和智慧的不断发展的合作性探索，我们能学到很多东西。生活中时常会发生重要价值观之间的冲突。这可能意味着不同的选择。但我们必须找到能使多样性与统一性、自由行事与共同利益、短期目标与长期目标相和谐的方法。每个人、每个家庭、每个组织和每个社团都能发挥重要作用。艺术、科学、宗教、教育机构、媒体、企业、非政府组织和政府都要发挥创造性的带头作用。政府、民间社会和企业的伙伴关系对于有效的管理至关重要。

为了建立一个可持续的全球大家庭，世界各国必须重新履行它们对联合国的承诺，根据现有的国际协议，充分履行他们的义务，并以国际环境与发展的法律约束性文件来实施地球宪章的原则。

让我们这个时代成为被后人铭记的时代，因为这个时代唤醒了对生命的重新尊敬，采取了坚定的行动去实现可持续性，加速了争取正义与和平的斗争，并且能够欢庆生命。

附录 2

历年联合国环境署确定的世界环境日主题

1974 年：只有一个地球（Only one Earth）

1975 年：人类居住（Human Settlements）

1976 年：水，生命的重要源泉（Water：Vital Resource for Life）

1977 年：关注臭氧层破坏、水土流失、土壤退化和滥伐森林（Ozone Layer Environmental Concern；Lands Loss and Soil Degradation；Firewood）

1978 年：没有破坏的发展（Development Without Destruction）

1979 年：为了儿童的未来——没有破坏的发展（Only One Future for Our Children——Development Without Destruction）

1980 年：新的十年，新的挑战——没有破坏的发展（A New Challenge for the New Decade：Development Without Destruction）

1981 年：保护地下水和人类食物链，防治有毒化学品污染（Ground Water；Toxic Chemicals in Human Food Chains and Environmental Economics）

1982 年：纪念斯德哥尔摩人类环境会议 10 周年——提高环保境识 Ten Years After Stockholm（Renewal of Environmental Concerns）

1983 年：管理和处置有害废弃物，防治酸雨破坏和提高能源利用率（Managing and Disposing Hazardous Waste：Acid Rain and Energy）

1984 年：沙漠化（Desertification）

1985 年：青年、人口、环境（Youth：Population and the Environment）

1986 年：环境与和平（A Tree for Peace）

1987 年：环境与居住（Environment and Shelter：More Than A Roof）

1988 年：保护环境、持续发展、公众参与（When People Put the Environment First，Development Will Last）

1989 年：警惕全球变暖（Global Warming；Global Warning）

1990 年：儿童与环境（Children and the Environment）

1991 年：气候变化——需要全球合作（Climate Change. Need for Global Partnership）

1992 年：只有一个地球——关心与共享（Only One Earth，Care and Share）

1993 年：贫穷与环境——摆脱恶性循环（Poverty and the Environment——Breaking the Vicious Circle）

1994 年：一个地球一个家庭（One Earth One Family）

1995 年：各国人民联合起来，创造更加美好的世界（We the Peoples: United for the Global Environment）

1996 年：我们的地球、居住地、家园（Our Earth，Our Habitat，Our Home）

1997 年：为了地球上的生命（For Life on Earth）

1998 年：为了地球的生命，拯救我们的海洋（For Life on Earth - Save Our Seas）

1999 年：拯救地球就是拯救未来（Our Earth - Our Future - Just Save It!）

2000 年：2000 环境千年，行动起来（2000 The Environment Millennium - Time to Act）

2001 年：世间万物 生命之网（Connect with the World Wide Web of life）

2002 年：让地球充满生机（Give Earth a Chance）

2003 年：水——二十亿人生于它（Water——Two Billion People are Dying for It!）

2004 年：海洋存亡，匹夫有责（Wanted! Seas and Oceans——Dead or Alive）

2005 年：营造绿色城市，呵护地球家园！（Green Cities——Plan for the Plan）

2006 年：莫使旱地变为沙漠（Deserts and Desertification——Don't Desert Drylands!）

2007 年：冰川消融，后果堪忧（Melting Ice——a Hot Topic）

2008 年：促进低碳经济（Towards a Low Carbon Economy）

2009 年：地球需要你：团结起来应对气候变化（Your Planet Needs You-UNite to Combat Climate Change）

2010 年：唯一的地球，共同的未来（Many Species. One Planet. One Future）

2011 年：森林：大自然为您效劳（Forests：Nature at Your Service）

附录 3

每天生活消耗了多少水？

1．牛肉

生产 0.5 kg 牛肉消耗水 6 810 L，消耗谷物 3.2 kg，外加灌溉用水；消耗草 16.4 kg，外加灌溉用水；消耗饮用水及加工用水 70.5 L。

2．山羊肉

生产 0.5 kg 山羊肉消耗水 480 L，消耗谷物 1.3 kg，外加灌溉用水；消耗草 8.3 kg，外加灌溉用水；消耗饮用水及加工用水 79.5 L。

3．绵羊肉

生产 0.5 kg 绵羊肉消耗水 2 769 L，消耗谷物 1.4 kg，外加灌溉用水；消耗饮用水及加工用水 79.5 L。

4．猪肉

生产 0.5 kg 猪肉消耗水 2 182 L，消耗谷物 1.9 kg，外加灌溉用水；消耗饮用水及加工用水 200 L。

5．鸡肉

生产 0.5 kg 鸡肉消耗水 1 773 L，消耗谷物 0.9 kg，外加灌溉用水；消耗饮用水及加工用水 9.1 L。

6．牛奶

生产 3.8 L 牛奶消耗水 3 331 L，1 杯牛奶（0.2 L）需要消耗水 208 L。在饲养奶牛，加工、包装牛奶等过程中都要消耗水。

7．酒

生产 3.8 L 酒消耗水 3 816 L，1 杯酒（0.2 L）需要消耗水 240 L。生产酒消耗的水主要用于浇灌葡萄。

8．啤酒

生产 3.8 L 啤酒消耗水 2 608 L，1 杯啤酒（0.2 L）需要消耗水 75 L。生产啤酒消耗的水主要用于浇灌大麦。

9．咖啡

生产 3.8 L 咖啡消耗水 3 331 L，1 杯咖啡（0.2 L）需要消耗水 140 L。如果全球每人每天早晨饮用一杯咖啡，每年将消耗水 1 200 亿 m^3。

10．茶

生产 3.8 L 茶消耗水 485 L，1 杯茶（0.2 L）需要消耗水 30 L。如果全球每人每天早晨饮用一杯茶，每年将消耗水 300 亿 m^3。

11．大麦

生产 0.5 kg 大麦消耗水 750 L。全球的大麦种植每年消耗水 1 900 亿 m^3，占全球整个农作物种植用水的 3%。

12．高粱

生产 0.5 kg 高粱消耗水 1 400 L。全球的高粱种植每年消耗水 1 700 亿 m^3，占全球整个农作种植用水的 2.7%。

13．小麦

生产 0.5 kg 小麦消耗水 500 L。全球的小麦种植每年消耗水 7 900 亿 m^3，占全球整个农作物种植用水的 12%。

14．小米

生产 0.5 kg 小米消耗水 2 500 L。全球的小米种植每年消耗水 1 300 亿 m^3，占全球整个农作物种植用水的 2%。

15．大米

生产 0.5 kg 大米消耗水 1 700 L。全球的大米种植每年消耗水 13 500 亿 m^3，占全球整个农作物种植用水的 21%。

16．土豆

生产 0.5 kg 土豆消耗水 450 L。全球的土豆种植每年消耗水 65 亿 m^3，占全球整个农作物种植用水的 0.09%。

17．玉米

生产 0.5 kg 玉米消耗水 409 L。全球的玉米种植每年消耗水 5 500 亿 m^3，占全球整个农作物种植用水的 8%。

18．大豆

生产 0.5 kg 大豆消耗水 818 L。全球的大豆种植每年消耗水 2 900 亿 m^3，占全球整个农作物种植用水的 4.5%。

19．天然气

使用天然气发电每 kW·h 消耗水 0.38 L。

20．煤

使用煤发电每 kW·h 消耗水 0.57 L。

21．原油

使用原油发电每 kW·h 消耗水 3.83 L。

22．铀

使用核电每 kW·h 耗水 0.34 L。

23．风力发电

利用风力发电每 kW·h 耗水 0 L。

24．太阳能

利用太阳能发电每 kW·h 耗水 0.99 L。

25．水力发电

利用水力发电每 kW·h 耗水 79.4 L。

26．生物能源

利用生物能源发电每 kW·h 耗水 233 L。

27．皮革

生产 0.25 kg 皮革消耗水 4 150 L。从一头奶牛鞣制一张皮革消耗水 6 000 m^3。

28．棉花

生产一件 T 恤衫消耗水 2 700 L。其中，45%用来灌溉，41%被蒸发成雨水，14%用来处理废水。

29．纸张

生产 500 张纸消耗水 5 000 L。

30．苹果

生产 1 个苹果消耗水 1 L。生产一杯苹果汁消耗水 225 L。

31．橘子

生产 1 个橘子消耗水 50 L。生产 1 杯橘子汁消耗水 201 L。

32．鸡蛋

生产 1 个鸡蛋消耗水 200 L，生产 0.5 kg 鸡肉消耗谷物 0.9 kg，外加灌溉用水。

33．奶酪

生产 0.5 kg 奶酪消耗水 2 273 L。平均来算，生产 0.5 kg 奶酪需消耗牛奶 4.5 L。

34．巧克力

生产 0.5 kg 巧克力消耗水 1.2 万 L。0.5 kg 巧克力中，40%是可可膏，20%是可可油。生产 0.5 kg 可可油需消耗水 1.511 8 万 L。

35．精制糖

生产 0.5 kg 精制糖消耗水 750 L。全球的甘蔗种植每年消耗水 2 000 亿 m^3。种植甘蔗用水占全球整个农作物种植用水的 3.4%。

36．汉堡

生产 0.15 kg 汉堡消耗水 2 500 L。大部分水消耗在牛肉的生产上，每生产 0.5 kg 牛肉消耗水 6 810 kg。

37．面包

生产 1 片面包消耗水 40 L。大部分水消耗在小麦的种植上，每生产 0.5 kg 小麦消耗水 500 L。

参考文献

[1] 马克思恩格斯全集[M]. 北京：人民出版社，1979.
[2] [美]格雷姆・泰勒. 地球危机[M]. 赵娟娟译. 海口：海南出版社，2010.
[3] 郑易生，等. 深度忧患——当代中国可持续发展问题[M]. 北京：今日中国出版社，1998.
[4] 欧阳志远. 最后的消费[M]. 北京：人民出版社，2000.
[5] [美] James Gustave Speth. 朝霞似火[M]. 李燕姝，等译. 北京：中国社会科学出版社，2007.
[6] 魏波. 环境危机与文化重建[M]. 北京：北京大学出版社，2007.
[7] 张力，康宁. 中国教育与可持续发展[M]. 北京：科学出版社，2007.
[8] 陈南，等. 我们的地球[M]. 广州：广东人民出版社，1999.
[9] 骆世明. 环境生态与可持续发展导论[M]. 北京：中国农业出版社，2004.
[10] [美]杰里米・里夫金，等. 熵——一种新的世界观[M]. 吕明，等译. 上海：上海译文出版社，1987.
[11] [德]约阿希姆・拉德卡. 自然与权力[M]. 王国豫，等译. 保定：河北大学出版社，2004.
[12] [美]汤姆・哈特曼. 古老阳光的末日[M]. 马鸿文译. 上海：上海远东出版社，2005.
[13] [美]比尔・麦克基本. 自然的终结[M]. 孙晓春，等译. 长春：吉林人民出版社，2000.
[14] 肖显静. 环境与社会[M]. 北京：高等教育出版社，2006.
[15] [法]塞尔日・莫斯科维奇. 还自然之魅[M]. 庄晨燕，等译. 北京：生活・读书・新知三联书店.
[16] [英]克莱夫・庞廷. 绿色世界史[M]. 王意，张学广译. 北京：人民出版社，2002.
[17] 岩流. 中国环境保护科学体系探究[M]. 北京：中国环境科学出版社，2010.
[18] 王家枢. 石油与国家安全[M]. 北京：地震出版社，2001.
[19] 爱因斯坦文集（第三卷）[M]. 北京：商务印书馆，1979.
[20] 周海林，谢高地. 人类生存的困境[M]. 北京：社会科学文献出版社，2003.
[21] [美] 丹尼尔・A 科尔曼. 生态政治[M]. 梅俊杰译. 上海：上海译文出版社，2002.
[22] 陈敏豪，等. 归程何处[M]. 北京：中国林业出版社，2002.
[23] 魏智勇. 生态文明新理念[M]. 长沙：湖南教育出版社，2006.
[24] 管仲连，涂方祥. 贫穷与发展[M]. 北京：海洋出版社，2007.
[25] 自然之友. 地球家园[M]. 太原：山西教育出版社，1996.
[26] [美]欧文・拉兹洛. 全球脑的量子跳迁[M]. 刘刚，等译. 北京：金城出版社，2010.
[27] 徐嵩龄. 环境伦理学进展[M]. 北京：社会科学文献出版社，1999.
[28] [美]艾伦・杜宁. 多少算够[M]. 毕聿译. 长春：吉林人民出版社，1997.
[29] [巴西]何塞・卢岑贝格. 自然不可改良[M]. 黄凤祝译. 北京：生活・读书・新知三联书店出版社，1996.
[30] [美]加勒特・哈丁. 生活在极限之内[M]. 戴星翼，张真译. 上海：上海译文出版社，2001.
[31] [美] 莱斯特・R 布朗. 生态经济[M]. 林自新，等译. 北京：东方出版社，2002.
[32] [美] 唐奈勒・H 梅多斯，等. 超越极限[M]. 赵旭，等译. 上海：上海译文出版社，2001.
[33] [德]威廉・恩道尔. 石油战争[M]. 赵刚，等译. 北京：知识产权出版社，2008.
[34] [美] 威廉・R 布莱克本. 可持续发展实践指南[M]. 江河译. 上海：上海人民出版社，2009.

[35] 郭子义．环境化学概论[M]．北京：北京师范大学出版社，2001.
[36] 王正平．环境哲学[M]．上海：上海人民出版社，2004.
[37] 薛晓源，李惠斌．生态文明前沿[M]．上海：华东师范大学出版社，2007.
[38] 魏智勇，赵明．环境与可持续发展[M]．北京：中国环境科学出版社，2007.
[39] [美]罗伯特・艾尔斯. 转折点[M]. 戴星翼，黄文芳译. 上海：上海译文出版社，2001.
[40] 刘大椿，等. 环境问题[M]. 北京：中国人民大学出版社，1995.
[41] 聂晓阳．保卫 21 世纪[M]. 成都：四川人民出版社，2000.
[42] 刘培哲，等．可持续发展理论与中国 21 世纪议程[M]．北京：气象出版社，2001.
[43] 曲格平．环境保护知识读本[M]．北京：红旗出版社，1999.
[44] 潘岳. 环境保护与公众参与[J]. 中国环境在线，2004-06-01.
[45] 余谋昌．生态文化的理论阐述[M]．哈尔滨：东北林业大学出版社，1996.
[46] [美]诺曼・迈尔斯. 最终的安全[M]．王正平，金辉译．上海：上海译文出版社，2001.
[47] 生态环境与保护. 中国人民大学书报资料中心.
[48] [美]巴里・康芒纳. 与地球和平共处[M]．王喜六，等译．上海：上海译文出版社，2002.
[49] [美]彼得・休伯. 硬绿[M]．戴显翼，等译．上海：上海译文出版社，2002.
[50] [美]希拉里・弗伦奇. 消失的边界[M]．李丹译．上海：上海译文出版社，2002.
[51] [美]埃里克・诺伊迈耶. 强与弱[M]．王寅通译．上海：上海译文出版社，2002.
[52] 许英. 环境科学教育基础[M]．北京：中国环境科学出版社，2008.
[53] 白海军. 碳客帝国[M]．北京：中国友谊出版公司，2010.
[54] 管仲连，涂方祥. 贫穷与浪费[M]．北京：海洋出版社，2007.
[55] 邝福光. 环境伦理学教程[M]．北京：中国环境科学出版社，2006.
[56] 吴彩斌，等. 环境科学教育基础[M]．北京：中国环境科学出版社，2005.
[57] 诸大建. 绿色的创新[M]．上海：同济大学出版社，2008.
[58] 李丽. 可持续生存[M]．北京：中国环境科学出版社，2003.
[59] 冯之浚. 循环经济导论[M]．北京：人民出版社，2004.
[60] 曲格平. 能源环境可持续发展研究[M]．北京：中国环境科学出版社，2003.
[61] 林培英，等. 环境问题案例教程[M]．北京：中国环境科学出版社，2002.
[62] 王树恩，等. 人类与环境[M]．天津：天津大学出版社，2002.
[63] 冯永锋. 为民间环保力量呐喊[M]．北京：知识产权出版社，2010.
[64] 卢风. 从现代文明到生态文明[M]．北京：中央编译出版社，2003.
[65] 肖魏，等. 寰球同此凉热——环境科学与人文[M]．合肥：安徽教育出版社，2002.
[66] 韩东娥. 走向未来的战略[M]．太原：山西经济出版社，1996.
[67] 冯永锋. 环保向极端发展主义宣战[M]．广州：中山大学出版社，2007.
[68] 中国科学院可持续发展战略研究组. 中国可持续发展战略报告[M]．北京：科学出版社，2005.
[69] [美]霍尔姆斯・罗尔斯顿. 哲学走向荒野[M]．刘耳，等译．长春：吉林人民出版社，2000.
[70] [美]戴斯・贾丁斯. 环境伦理学[M]．林官明，等译．北京：北京大学出版社，2006.
[71] [加拿大]简・雅各布斯. 美国大城市的死与生[M]．金衡山译．南京：译林出版社，2006.
[72] [英]埃比尼泽・霍华德. 明日的田园城市[M]．金纪元译．北京：商务印书馆，2010.
[73] [美]奥尔多・利奥波德. 沙乡年鉴[M]．侯文蕙译．长春：吉林人民出版社，1997.